EXAMEN CRITIQUE

DE L'OUVRAGE

DE M. LE COMTE PH. DE SÉGUR.

DE L'IMPRIMERIE D'ARNOLD LACROSSE,
RUE DE LA MONTAGNE, N° 1015.

NAPOLÉON

ET

LA GRANDE-ARMÉE EN RUSSIE,

OU

EXAMEN CRITIQUE

DE L'OUVRAGE

DE M. LE COMTE PH. DE SÉGUR;

Par le Général Gourgaud,

Ancien premier officier d'ordonnance et aide-de-camp de l'empereur Napoléon.

Rendez à César ce qui est à César.

BRUXELLES,

H. TARLIER, LIBRAIRE-ÉDITEUR,

RUE DE LA MONTAGNE, Nº 306.

M DCCC XXV.

Avis au Lecteur.

———

Quatre éditions de l'ouvrage que nous allons examiner ont déjà paru, et jusqu'à présent, nous avons gardé dans notre porte-feuille ce travail préparé depuis long-temps. Pourquoi avons-nous tant tardé à le publier? pourquoi le publions-nous aujourd'hui ? Nous devons répondre en peu de mots à ces deux questions, que peut nous adresser le lecteur.

Le format de l'ouvrage de M. de Ségur, son prix élevé, les portraits et les emblèmes dont on l'a successivement enrichi, nous ont fait penser qu'il était destiné aux classes de la société, qui, ayant vu de plus près les hommes et les choses dont il s'agit, n'avaient pas besoin qu'on se mît entre elles et lui pour le juger. Nous avions remarqué aussi que les journaux qui en ont parlé avec le plus d'éloges, s'en sont occupés principalement sous le rapport littéraire; qu'ils l'ont comparé *aux fictions de l'illustre Écossais;* qu'en lisant l'histoire de la grande-armée, *le nom de Walter Scott s'était placé de lui-même sous leurs plumes.* Ce genre de mérite, accordé à M. de Ségur, n'était pas celui que nous pouvions vouloir lui disputer. Peu nous importait que son histoire *fût plus que l'Iliade;*

qu'on lui eût appliqué, comme on l'aurait fait à un
maréchal de l'empire, le *quorum pars magna fui*,
qu'on l'eût loué de *n'avoir oublié de ce grand pé-
riode que ses services ;* l'ironie était trop évidente, et
ne nous laissait rien à dire. Le public, entre les mains
de qui les quatre éditions avaient passé, était prévenu par cela même, et ne pouvait prendre pour une
histoire ce qu'on lui donnait pour un roman.

Mais nous venons d'apprendre qu'une cinquième
édition se prépare; qu'elle sera en petit format, sans
aucun luxe, et que son prix la mettra à la portée des
classes nombreuses, qui ont été trop loin des événemens pour ne pas être entraînées dans les erreurs
où les lecteurs des premières éditions n'ont pas pu
tomber. Nous nous sommes cru obligé alors, de tirer
de notre porte-feuille un travail qui, tout imparfait
qu'il soit, ne sera plus sans quelque utilité.

Un rapprochement se présente à notre esprit. Cour-
tilz de Sandras publia à la fin du dix-septième siècle :
*la Conduite de la France depuis la paix de Nimègue,
la Vie de Coligny, les Mémoires du comte de Rochefort, l'Histoire de la guerre de Hollande depuis
l'an 1672 jusqu'à l'an 1677, la Vie du maréchal
de Turenne, etc., etc., etc.* « Sa plume féconde et
» frivole, dit le nouveau *Dictionnaire Historique,*
» enfanta une foule de romans publiés sous le titre
» d'histoires, et par là même plus dangereux, parce
» que les fables qu'il débita passèrent à la faveur du
» peu de vérité qu'il y mêla. »

Ces romans eurent aussi un débit prodigieux. On

dédaigna long-temps de les réfuter ; long-temps aussi, on regarda Sandras comme une autorité.

« On ne place ici son nom que pour avertir les » Français et les étrangers, combien ils doivent se » défier..... de ces fictions sous le nom d'histoire. » (VOLTAIRE, *Siècle de Louis XIV*.)

L'application se fait d'elle-même ; nous n'ajouterons rien aux phrases que nous avons citées.

EXAMEN CRITIQUE

DE L'OUVRAGE

DE M. LE COMTE PH. DE SÉGUR.

Tout homme qui veut écrire l'histoire, doit, après s'être bien pénétré de son sujet, et avant même de se créer un plan, puiser dans l'ensemble des faits le but moral de son livre, à moins qu'il n'ait pris le parti de les assujettir à un système. Les lecteurs qui entreprennent de juger son ouvrage, doivent chercher à reconnaître dans laquelle de ces deux situations l'auteur s'est placé.

La pensée dominante de M. de Ségur se manifeste dès son premier chapitre. Il va montrer *Napoléon rempli du vaste projet de rester seul maître de l'Europe.* (Page 8.) Peu lui importe que, par cette imputation, il soit l'écho des esprits superficiels et malveillans qui ont jugé un grand homme après sa chute; ou des ennemis qui, lorsqu'il était debout, s'en faisaient une arme pour le renverser. Il est sûr de plaire aux uns, et de ne pas déplaire aux autres. Il flatte l'esprit de parti et la médiocrité contemporaine; il sera lu, il sera loué.

Ce n'est pas tout. Après avoir montré un génie *aussi grand, aussi universel,* se jetant de gaîté de cœur dans une folle entreprise, il essaiera de prouver que *si le succès n'a pas couronné sa témérité,* la cause en est *à l'affai-blissement précoce de sa santé;* et que le grand homme n'était qu'un ambitieux, qui a embrassé plus que les forces de l'homme physique ne pouvaient étreindre. Voilà le but de l'auteur.

Quant à son plan, nous nous flattons de démontrer qu'il n'en a point, qu'il écrit presque au hasard, mêlant les faits, les rapportant sans suite et sans ordre; confondant, lorsqu'il traite une époque, ce qui appartient à une autre; dédaignant de justifier ses accusations ou ses éloges; adoptant sans examen, et sans cet esprit de critique si nécessaire à l'historien, les faux jugemens de la prévention, de la rivalité ou de l'inimitié, et les exagérations de l'humeur ou de la malveillance; prêtant aux uns des actions, aux autres des discours incompatibles avec leur position et avec leur caractère; ne citant jamais d'autres témoins que lui-même, et d'autre autorité que ses propres assertions.

Il raconte tour à tour, et tout à la fois, la politique et les faits militaires.

La politique, qui la lui a révélée? Étranger aux affaires, n'ayant jamais approché ni le cabinet, ni les conseils, ni les hommes d'état, avec lesquels son service au quartier-général ne lui donnait aucun rapport, où a-t-il pris ses documens? dans les pamphlets ou dans les conversations des détracteurs de Napoléon.

Quant aux faits militaires, ils se bornent, dans l'ouvrage que nous examinons, à une suite de récits inexacts, de tableaux sans vérité, à de petites anecdotes, la plupart controuvées, ou à la copie souvent littérale de quelques écrits que presque toujours la malveillance a dictés.

Sans doute il serait injuste d'exiger de M. de Ségur, sous le rapport militaire, ce qu'il n'a pas mis dans son livre. Il a bien le rang et le titre de général; mais où en aurait-il acquis l'expérience? Tous ses grades, il les a reçus en remplissant des fonctions civiles, auxquelles l'usage du palais affectait des broderies et des épaulettes. D'abord adjoint aux adjudans du palais *, il est devenu maréchal-des-logis, lorsque ses fonctions ont été désignées par ce nouveau titre **; il n'en exerçait pas d'autres dans la campagne de Russie, et les partageait avec M. Ernest de Canouville, auditeur au conseil d'état. M. de Ségur, qui, de colonel des chevau-légers de la garde nationale parisienne, s'était trouvé maréchal-de-camp ***, cessa, il est vrai, à son retour de Russie, ses fonctions de maréchal-des-logis; mais il n'entra pas pour cela dans la carrière militaire active : il fut nommé gouverneur des pages, emploi civil qui n'avait encore de militaire que l'habit. S'il fut plus tard chargé d'organiser un régiment de gardes d'honneur, qui se formait à Tours, il dut à cette circonstance, l'avantage de faire avec ce corps la campagne de 1814, et de pouvoir offrir la fidélité de ses gardes au prince de Bénévent (Talleyrand); lorsque l'empereur était encore à Fontainebleau ****.

Ces détails ne sont point hors de propos. Une génération nouvelle, qui était à peine sortie de l'enfance, quand ont fini nos jours de gloire, et le peuple des salons pour qui cette gloire ne fut long-temps qu'un bruit opportun, en lisant sur le titre d'un ouvrage, que les journaux ont prôné avant même qu'il eût un lecteur, ces mots : par M. le GÉNÉRAL comte de Ségur, ont pu croire que ce général, qui s'érigeait en juge du grand homme, avait combattu à ses côtés, tandis qu'il n'avait été employé qu'à faire ses logemens. Ils ont pu

---

* Le 6 octobre 1802.

** Le 24 septembre 1806.

*** Le 22 février 1812.

**** Moniteur du lundi 11 avril 1814.

Extrait de la lettre de M. le comte de Ségur au Gouvernement provisoire.

« J'offre aujourd'hui mes seize cents gardes et moi, au successeur, » au descendant des rois de mes pères.

» Je lui jure fidélité, au nom de mes officiers, de tous mes gardes, et » en mon nom, qui répond de mes sermens. »

le croire l'émule ou le rival, du moins le camarade de ces vieux généraux, dont le sang et les hauts faits ont, pendant trente années, marqué tant de champs de bataille. Ils ont pu voir en lui, sur sa parole, un de ces *vétérans de la grande-armée*, que M. le maréchal-des-logis appelle *ses compagnons* dans son épître dédicatoire, sans songer combien sont faibles ses titres à la vétérance et à cette illustre confraternité. S'il est utile d'apprendre aux lecteurs de M. le comte de Ségur, que sa plume n'est point celle d'un militaire, quoique son épée, dans les occasions rares où elle sortit du fourreau, ait été celle d'un brave soldat, il est juste aussi de l'absoudre des erreurs nombreuses qu'un officier plus expérimenté n'aurait pas commises.

Les qualités militaires qui manquent à M. de Ségur, ne pouvaient-elles pas être suppléées par sa position au quartier-général, et par les relations que lui donnait le service civil dont il était chargé pendant la campagne de 1812 ? Pour répondre à cette question, que nous avons déjà touchée, il faut en peu de mots faire connaître la nature de ce service.

Lorsqu'on se mettait en marche, le maréchal-des-logis recevait du grand-maréchal du palais, ou de celui qui en faisait les fonctions, l'ordre de devancer de quelques heures le quartier-général impérial sur le point où il devait s'arrêter. Là, ayant sous ses ordres deux fourriers du palais, qui composaient le personnel de son commandement, il faisait préparer le logement de l'empereur et de sa suite, veillait à l'établissement du service de santé, de celui de la table, de l'office et des écuries. Ce devoir rempli, M. le comte de Ségur, dans ses loisirs, pouvait voir quels officiers-généraux arrivaient au quartier impérial, et en partaient ; il pouvait recueillir les bruits qui se répandaient, les conjectures qui se formaient au milieu des officiers qui allaient en mission, ou en revenaient ; les conversations plus ou moins animées, et les clameurs souvent indiscrètes du salon de service, ou des officiers qui se délassaient des fatigues de la journée, en exhalant leur humeur sur les hommes et sur les choses. Voilà les témoins de M. de Ségur, voilà ses garans, voilà les sources où il a puisé. C'est ce qui a fait dire à un homme de beaucoup d'esprit, que son livre était le *procès-verbal des caquets du quartier-général.*

Une expédition aussi importante, aussi difficile que celle de Russie, demandait un historien qui joignît le discernement à la connaissance des faits, qui fût inaccessible à toute influence étrangère ; qui, se plaçant dans une situation indépendante, ne vît que les temps, les circonstances, et sût se dérober à l'empire de toute affection nouvelle. Privé de ces qualités indispensables, M. de Ségur n'a pu produire et n'a produit qu'un roman mal tissu, qu'il a décoré du nom d'histoire. Étourdi du succès de ses phrases à effet, et de ses descriptions romantiques, il ne s'est pas aperçu des inconséquences dans lesquelles il est tombé. Cette grande-armée, à la gloire de laquelle le jeune vétéran prétend s'associer, est sous sa plume une horde, qui ne combat que pour le pillage. Le grand homme, dont il voudrait qu'on le crût l'admirateur reconnaissant et fidèle, et qui épuisa sur son grand-père, sur son père et sur lui-même les trésors de sa faveur et de ses bienfaits *, est un insensé courant aveuglément à sa ruine. Le génie prodigieux, qui jusqu'alors avait couronné sa tête de tant de lauriers, et signalé son nom par la réconciliation des partis, et par toutes les prospérités de la patrie, n'est qu'un homme débile, incertain, irrésolu, sans

---

* M. Philippe de Ségur a été doté par l'empereur, le 24 septembre 1806, d'une rente de dix mille francs sur le grand-livre, à l'occasion de son mariage ;

Gratifié, le 15 août 1809, d'une dotation de dix mille francs de rente ;

Idem, le 1er janvier 1812, d'un supplément de dotation de quatre mille francs ;

Etc.

énergie, sans courage, accablé sous le poids de la fatigue et de la maladie. Il est mort avant l'heure suprême!!

Cependant, en peu de mois, il a réparé toutes ses pertes; sa main créatrice a recomposé cette armée qui, sous ses ordres, a vaincu à Lutzen, à Bautzen, à Dresde. Réduit plus tard à un petit nombre de braves, il a tenu en échec, dans les plaines de la Champagne, toutes les forces de l'Europe; et s'il est tombé par la trahison, c'est encore au bruit des chants de victoire de Champaubert et de Mont-mirail. Un an s'était à peine écoulé depuis sa chute, qu'il s'est relevé par une entreprise dont la conception, non moins hardie que l'exécution, fera l'étonnement des siècles. Mais abandonné de nouveau par la fortune, il a, durant six années, donné au monde, sur le rocher de Sainte-Hélène, le mémorable exemple d'une fermeté héroïque et d'un caractère invincible.

M. de Ségur nous apprendra-t-il par quel prodige ce génie, que sa plume nous peint dans la décrépitude, conservait cette vigueur, cette puissance, qui furent si long-temps encore la terreur et l'admiration de ses ennemis? Qu'il eût écrit de telles choses au retour de la campagne de Russie, on aurait pu l'attribuer aux erreurs d'une imagination malade, et d'un esprit mélancolique troublé par l'aspect de si grands désastres; qu'il l'eût fait après les événemens de 1813, de 1814 et de 1815, il était sans excuse; et c'est en 1825 qu'il fait paraître son livre! S'il avait publié, avant la mort du héros, cette œuvre accueillie par des suffrages éphémères, sans doute une protestation éloquente, s'élevant du milieu de l'océan Atlantique, aurait mis un grand témoignage dans la balance; et la postérité, qui gardera la mémoire des paroles comme des actions de Napoléon, la postérité, avec laquelle *l'historien de la Grande-Armée* n'aura rien à démêler, saurait un jour que l'auteur et l'ouvrage ont existé. M. de Ségur a eu peur de cette célébrité; il ne l'obtiendra pas de nos critiques. C'est aux contemporains seuls que nous avons la prétention de parler.

Officier d'ordonnance de l'empereur pendant la campagne de 1812, les ordres que nous avons transmis, les discussions auxquelles nous avons assisté, nous ont laissé de grands souvenirs; mais c'est sur-tout à Sainte-Hélène que nous avons été à même d'amasser des documens historiques. Là, nous avons vécu trois ans dans le passé; là, nous avons pu recueillir dans les conversations du grand homme, qui nous avait admis dans son intimité, des renseignemens précieux.

Ces considérations, mais plus encore notre admiration pour l'empereur, nous ont fait un devoir d'entreprendre ce travail. Il faut bien, quand un détracteur compte sur le silence du tombeau, qu'une voix au moins, quelque faible qu'elle soit, fasse entendre les accens de la vérité.

Nous avons puisé dans les souvenirs de nos amis, et nous avons été principalement secondé dans notre entreprise par un homme qui, placé dans le cabinet de l'empereur depuis la paix d'Amiens jusqu'à la fin de son règne, a été constamment honoré de sa confiance.

NOTA.

Cet Examen critique a été fait sur la première édition de l'ouvrage de M. le comte de Ségur: notre subdivision en Livres et Chapitres se rapporte à la sienne.

NAPOLÉON

ET

LA GRANDE-ARMÉE

EN RUSSIE.

⊙⊙

LIVRE PREMIER.

———◦———

CHAPITRE I.

———

L'AUTEUR de la prétendue *Histoire de Napoléon et de la Grande-Armée* débute par une erreur grave, et par une supposition gratuite.

« L'empereur avait attaqué, par la paix de Tilsitt, l'hon-
» neur et l'intérêt de la Russie. » (Page 7 [7] *, tome I.)

Si M. le comte de Ségur avait lu ce traité, il aurait vu qu'on n'abusa jamais moins de la victoire. La Russie avait

---

* Le premier chiffre désigne la page de la 1ʳᵉ édition de Paris ; le second chiffre, entre crochets, désigne celle de l'édition de Bruxelles.

été rejetée sur son territoire, dont une partie des habitans nous tendait les bras. Elle sortit de la lutte où elle venait de succomber, plus grande et plus forte qu'elle n'y était entrée : elle dut à la modération de l'empereur Napoléon, la gloire d'avoir recréé une Prusse, quand il n'y en avait plus. En quoi donc *l'honneur de la Russie* avait-il été attaqué par la paix de Tilsitt?

Quant à son *intérêt*, elle jugea bien qu'il serait blessé par l'adoption du système continental ; mais elle jugea aussi que le système continental était le seul moyen de forcer l'Angleterre à la paix ; et comme elle était dans l'intérêt de la Russie, c'est sur cet intérêt qu'elle basa ses stipulations à Tilsitt. « Je suis autant que vous l'ennemi de l'Angleterre, » avait dit Alexandre à Napoléon, en entrant sur la barque du Niémen. Ce sentiment rapprochait en un instant les deux souverains ; et la paix fut faite.

« La France s'était aliéné les peuples par ses conquêtes, » et les rois par sa révolution et sa dynastie nouvelle. » (Page 8 [8].)

La Belgique, les provinces Rhénanes, l'Italie, partageaient les bienfaits de son administration ; les peuples de ces pays sont encore attachés à ce que la politique de leurs souverains en a conservé.

Quant à *la révolution*, elle n'était pas du fait de Napoléon. Il avait réconcilié les rois avec ses résultats ; ce que la république n'aurait jamais pu faire. L'empereur et la dynastie nouvelle les avaient rassurés contre la destruction du système monarchique en Europe, proclamée par la république. Cette assertion et ce qui suit, *que la France ne pouvait plus avoir d'amis, mais seulement des sujets*, ont pour objet d'établir, dès le principe, que Napoléon ne pouvait asseoir sa puissance que sur la monarchie universelle ; imputation fausse (soit dit en passant, et pour n'y plus revenir), dont l'expérience des dix dernières années, et le temps qui use les passions et dégage la vérité de ses voiles, ont en partie déjà fait justice. On commence à rougir d'être l'écho des cabinets étrangers qui, à dessein, ont fait retentir l'Europe de leurs clameurs contre l'ambition de Napoléon, parce qu'il employait tous ses efforts à défendre et à assurer la France contre la leur propre; obligation que lui avait léguée la révolution. L'empereur faisait la guerre pour forcer l'Angleterre à la paix, et l'Angleterre excitait contre lui les souverains du continent pour entretenir la guerre. Soldés par son or, ces souverains devinrent ses instrumens.

Napoléon devait-il rester sur la défensive avec des moyens non proportionnés à l'attaque? C'eût été trahir les espérances de la nation, et compromettre le dépôt de gloire et de prospérité qu'elle avait confié à ses mains. Disposant en homme de génie des ressources que lui offrait la France, il triompha de ses ennemis, qui ne purent lui pardonner le haut rang où il l'avait placée, mais cachèrent leur ressentiment sous les dehors de la soumission. Napoléon avait besoin, pour assurer l'avenir de la nation, de se saisir de gages et de moyens d'échange à la paix, en même temps qu'il diminuait les moyens de nuire de ses ennemis.

« Ce vaste projet (d'une monarchie universelle), Napo-
» léon le contenait avec tant de peine, que déjà il commen-
» çait à lui échapper de toutes parts. » (Page 8 [8].)

La description des immenses préparatifs que nécessite une aussi grande entreprise, est tracée avec beaucoup d'emphase; mais l'époque où elle devait recevoir son exécution n'y est pas assignée. On serait tenté d'en conclure que, jusqu'alors, la Russie était dans une profonde sécurité, exécutant fidèlement les conditions de l'alliance, sans soupçonner l'orage qui se formait contre elle; tandis qu'il est prouvé, par les aveux du colonel Boutourlin, aide de-camp de l'empereur Alexandre, dans l'*Histoire de la campagne de 1812,* que c'est la Russie qui, la première, s'est préparée à nous faire la guerre *.

* « L'Autriche ne bougeait pas ; la Prusse n'existait plus ; les Suédois,
» trop faibles pour être d'aucun secours à leurs alliés, pouvaient à peine se
» soutenir eux-mêmes à Stralsund. L'Angleterre, placée dans des circons-
» tances difficiles, ne paraissait pas disposée à pousser la guerre avec acti-
» vité..... Ces considérations engagèrent l'empereur de Russie à provoquer
» un rapprochement avec l'ennemi. La fameuse entrevue qui eut lieu sur le
» Niémen..... eut pour résultat le traité de paix signé à Tilsitt. » (Page 21
du tome Ier de l'*Histoire militaire de la Campagne de Russie*, en 1812 ;
par le colonel Boutourlin, aide-de-camp de S. M. l'empereur de Russie ,
Paris, 1824.) — « L'empereur Alexandre ne pouvait méconnaître l'esprit
» de ces dispositions (du traité de Tilsitt) ; mais les circonstances malheu-
» reuses où se trouvait l'Europe lui prescrivaient d'éloigner à tout prix la
» guerre. Il s'agissait sur-tout de gagner le temps nécessaire pour se prépa-
» rer à soutenir convenablement la lutte que l'on savait bien être dans le
» cas de se renouveler un jour. » (Page 24 du tome Ier.)

« Les sacrifices que le traité de Presbourg avait arrachés à l'Autriche
» étaient trop grands pour que le cabinet de Vienne pût se résigner à les
» supporter avec patience. Mais la désorganisation de ses armées, suite iné-
» vitable des revers multipliés qu'elles avaient essuyés, l'avait empêché
» jusque là de se livrer à la réalisation des projets qu'il nourrissait en se-
» cret..... L'empereur Napoléon désirait sincèrement éviter une nouvelle
» guerre qui devait faire une diversion fâcheuse en Espagne. Mais toutes
» ses démarches, pour en venir à un accommodement, ne furent considé-
» rées par les Autrichiens que comme un aveu de sa faiblesse..... Elle (la
» Russie) ne pouvait refuser d'assister la France, sans violer ouvertement
» les engagemens contractés envers elle, et dont aucune infraction de la part
» de Napoléon n'avait encore affaibli la sainteté. D'ailleurs, quand même le
» cabinet de Pétersbourg, passant par-dessus ces considérations morales en
» faveur des plus hautes vues politiques, se fût décidé à soutenir l'Autriche,
» il n'aurait pu le faire efficacement, à cause de l'éloignement de ses armées
» occupées des affaires de Suède et de Turquie. » (Pag. 35, 36 et 37 du t. Ier.)
— « Les indices du refroidissement qui commençait à s'établir dans les
» rapports de la France avec la Russie, n'avaient pu échapper à la pénétra-
» tion de l'empereur Alexandre *. Il sentit que l'alliance conclue à Tilsitt

* Les seuls indices de refroidissement dont parle le colonel Boutourlin, consistent en ce
qu'il prétend que *Napoléon avait été choqué des difficultés que son projet de mariage
avec une des grandes-duchesses avait rencontrées à Pétersbourg, et qu'il désirait avec
ardeur trouver l'occasion de s'en venger, en faisant sentir à l'empereur Alexandre tout
le poids de son énorme puissance.* Aucun autre n'est allégué.

Après avoir parlé de la nécessité d'une alliance avec l'Autriche, la Prusse, la Suède et la Turquie, M. de Ségur ajoute :

» et cimentée à Erfurt, n'étant plus dans les intérêts de Napoléon, ne sub-
» sisterait pas long-temps..... Dès lors il s'appliqua à organiser sourdement
» tous les moyens de défense que les immenses ressources de ses vastes états
» lui présentaient, pour soutenir une lutte, etc. » (Page 45 du tome Ier.)

« Le cabinet de Pétersbourg ne se dissimula pas que, dans ces circons-
» tances, il devait sur-tout chercher à contraindre les Turcs à la paix, afin
» de pouvoir réunir sans distraction tous ses moyens de guerre sur la fron-
» tière occidentale de l'empire. » (Page 46 du tome Ier.)

« L'empereur Alexandre jugea nécessaire de ne plus tarder à se mettre en
» état de défense, en rassemblant la majeure partie de ses forces sur la fron-
» tière occidentale de son empire. Une division qui, depuis la dernière guerre
» avec la Suède, était demeurée dans l'ancienne Finlande, reçut ordre de
» marcher sur la haute Duna. L'armée du Danube, qui, à la fin de 1810, se
» trouvait forte de neuf divisions, ne fut plus composée que de quatre ; les
» cinq restantes furent portées sur le haut Dniester. » (Pages 56 et 57 du
tome Ier.)

« Dès le lendemain du jour de la signature du traité avec la Prusse, Napo-
» léon l'expédia à Pétersbourg, avec la proposition de travailler à faire dis-
» paraître les griefs des deux partis.

» L'empereur Alexandre sentait trop bien que les griefs avoués ne por-
» taient que sur des accessoires ; mais que le fond de la querelle qui divisait
» les deux empires..... n'était susceptible d'être résolu que par la voie des
» armes. » (Page 71 du tome Ier.)

« L'empereur Alexandre quitta aussitôt Pétersbourg, et se rendit à Wilna,
» où le quartier-général de la grande armée se trouvait établi ; en même temps
» il envoya l'ordre au prince Kourakin, ambassadeur de Russie à Paris, de
» faire connaître au gouvernement français que la conservation de la Prus-
» se, et son indépendance de tout lien politique dirigé contre la Russie,
» était d'autant plus indispensable pour les intérêts de l'empereur Alexan-
» dre, que des rapports solides et stables ne pouvaient être établis avec la
» France qu'autant qu'il y aurait entre elle et la Russie un pays neutre qui
» ne serait occupé par les troupes d'aucune des deux puissances ; consé-
» quemment, que la première base de toute négociation devait être l'enga-
» gement formel de l'entière évacuation des états prussiens, et de toutes les
» places fortes de ce pays, quels qu'aient été l'époque et le motif de leur
» occupation par les troupes françaises ou alliées. La Russie demandait, en
» outre, la réduction de la garnison de Dantzick sur le pied où elle était
» avant le 1er janvier 1811. » (Pages 72 et 73 du tome Ier.)

« Avant son départ pour Dresde, Napoléon avait envoyé à Wilna le gé-

l'Autriche s'y précipita d'elle-même (dans l'entreprise); *néanmoins, elle s'y jeta sans aveuglement.* (P. 9 [8].) Elle s'y jeta avec l'espoir de s'agrandir *. Ce ne fut pas d'après des promesses vagues, mais par un traité signé le 14 mars 1812. L'Autriche, inquiète depuis long-temps de l'énorme agrandissement de la Russie, avait adressé des représentations à Pétersbourg sur les armemens qui se faisaient sur ses frontières; mais la Russie était décidée; elle n'y eut point égard. L'Autriche mécontente conclut avec Napoléon un traité d'alliance; et prévoyant le cas où la Pologne pourrait être rétablie par le résultat de la guerre, elle demanda en indemnité de la Gallicie les provinces Illyriennes; ce qui fut accordé.

Par le même traité, l'Autriche s'engagea à fournir trente mille hommes. Si l'on en croit M. de Ségur, *elle leur prépara en secret de prudentes instructions.* Pour avancer un tel fait, il faudrait une preuve; et il n'en existe point d'autre que son assertion. Les instructions du général autrichien ont pu être de s'éloigner le moins possible de la Po—

» néral comte de Narbonne, son aide-de-camp, avec des propositions de
» paix..... La réponse qu'il rapporta à Dresde fut que l'empereur de Russie
» s'en référait absolument aux communications que son ambassadeur avait
» faites à Paris, et que ce n'était qu'en obtenant ces bases préliminaires
» qu'il pouvait consentir à traiter. » (Pages 74 et 75 du tome Ier.)

« Les fêtes magnifiques qui furent données à cette occasion (la réunion
» de Dresde) continuèrent jusqu'au retour de M. de Narbonne de Wilna. Le
» lendemain, c'est-à-dire le 29/17 mai, Napoléon quitta Dresde, et prit la
» route de Thorn, où il arriva le 5/24 juin du même mois..... Il résolut de
» ne plus tarder à se mettre en campagne, de crainte de perdre en négocia-
» tions infructueuses la saison la plus favorable aux opérations militaires. »
(Pages 76 et 77 du tome Ier.)

* « C'est nous qui l'avons recherchée (l'alliance de l'Autriche avec la
» France), et nous avons bien réfléchi avant de la conclure. » (Paroles de
M. de Metternich à M. Otto, rapportées dans la dépêche de cet ambassadeur au ministre des relations extérieures, datée de Vienne le 15 février
1813.)

logne autrichienne. Que seraient devenues ces *prudentes*
instructions, si Napoléon, écoutant un sentiment de défiance qu'il n'eut jamais, eût emmené en Russie le corps du
prince de Schwartzenberg, en laissant en Pologne l'armée
polonaise? Le seul engagement pris fut que le corps autrichien ne serait pas divisé, et resterait sous le commandement de ses généraux, sans cesser pour cela d'être sous les
ordres absolus, mais immédiats de l'empereur Napoléon.
Si ce fut une faute de laisser ce corps trop indépendant et
trop près de ses frontières, c'est l'effet de la générosité et
de la confiance. On pourrait reprocher la même faute à
l'égard de la Prusse; elle résultait du même principe.

« Le succès de la guerre ne dépendit pas de la cession
» de la Gallicie, et du ménagement qu'imposait la jalousie
» autrichienne pour cette possession; Napoléon aurait donc
» pu, dès son entrée à Wilna, proclamer ouvertement la
» liberté de toute la Pologne, au lieu de tromper son attente,
» de l'étonner, de l'attiédir par des paroles incertaines. »
(Page 9 [9].)

La jalousie autrichienne n'imposait aucun ménagement,
puisque le traité était formel, et que l'Autriche n'avait jamais fait preuve d'un assentiment plus complet. Dans le cas
où le royaume de Pologne aurait été rétabli, l'Autriche cédait
volontiers une grande partie de la Gallicie, pour recouvrer
l'Illyrie. La première de ces provinces était une acquisition
que sa conscience lui reprochait. L'Illyrie, au contraire,
était un ancien pays héréditaire que l'Autriche avait perdu
non sans de vifs regrets; la plaie était toujours saignante.
Napoléon, fidèle à ses traités, ne pouvait réclamer la Gallicie, qu'autant que le royaume de Pologne serait rétabli, par
suite de la guerre, c'est-à-dire par la paix. Il aurait manqué
à l'Autriche, son alliée, qui, déjà, s'était effrayée de voir un
ambassadeur auprès de la confédération de Pologne, si, au
commencement de la guerre, il avait sanctionné par ses pa-

roles le rétablissement de ce royaume. Ce rétablissement aurait entraîné l'insurrection et la réunion violente de la Gallicie autrichienne. Il était bien différent de temporiser, en laissant agir la nature des choses, ou de dire, comme le demandaient les Polonais, *le royaume de Pologne existe;* ce qui aurait équivalu à une reconnaissance de ce royaume. Mais Napoléon n'avait pas seulement pour objet d'ôter tout sujet d'inquiétude à son allié; la paix était le but de la guerre. C'eût été compromettre le but que de prendre une détermination qui eût rendu la paix impossible. L'auteur un peu plus bas prête à l'empereur des paroles dans ce sens : il n'avait donc pas besoin d'aller chercher ailleurs les motifs de son opinion.

En général, l'empereur ne craignait rien tant que d'engager son avenir, parce que personne ne connaissait mieux que lui l'importance de laisser mûrir les événemens : un des grands caractères de sa politique était d'être toujours en mesure de les saisir pour ainsi dire au bond.

M. de Ségur reproche à Napoléon « d'avoir négligé de » nettoyer les provinces polonaises du sud des faibles » armées ennemies qui contenaient leur patriotisme. » (Page 11 [10].)

Aurait-il donc voulu que l'empereur, ayant en tête toutes les forces russes, eût prolongé sa droite jusqu'en Podolie, où les Russes étaient occupés par les Turcs? Cette inadvertance est trop frappante pour qu'il soit nécessaire de s'y arrêter sérieusement.

La réflexion sentencieuse qui suit, que « telle est la fai- » blesse des grands hommes qu'ils se conduisent toujours » par imitation d'eux-mêmes ou des autres » (page 11[10]), n'est pas plus mûrie. L'observation avait au contraire démontré jusqu'ici, que ce qui caractérise *les grands hommes,* ce sont les ressources de leur génie, et cette inépuisable fécondité qui leur présente toujours des moyens nouveaux, ou pour sortir d'un pas difficile, ou pour marcher rapidement au succès.

L'auteur ajoute à l'appui de sa sentence que « Napoléon
» s'en remit au destin des batailles..... qu'il attendit tout de
» la victoire; qu'au lieu de tout sacrifier pour arriver à cette
» victoire, c'est par elle qu'il voulut arriver à tout; qu'il
» s'en servit comme d'un moyen quand elle devait être son
» but. (Page 11 [10].)

Nous ne suivrons pas M. de Ségur dans le développement
de cette singulière opinion qu'il débrouille assez péniblement. Mais nous lui demanderons si, à Wilna, quand l'épée
était tirée, ce n'était pas au destin des batailles qu'il fallait
s'en remettre; et s'il est à la guerre un autre arbitre du
destin que la victoire. Que fallait-il sacrifier pour arriver à
cette victoire? *Tout sacrifier* est une idée bien vague. L'auteur sait-il bien ce qu'il veut dire? qu'il s'explique. Est-ce
du temps pour compléter l'insurrection de la Pologne, qu'il
voulait qu'on sacrifiât? il fallait le dire; et puisqu'il raisonne
sur d'aussi grands événemens, c'était le cas d'examiner pourquoi Napoléon se décida à tenter d'accomplir son expédition
en une seule année, au lieu de la faire en deux campagnes.
La question était grave. L'auteur ne l'a pas même aperçue.

« L'expédition eût vraisemblablement réussi, si l'affai-
» blissement précoce de sa santé eût laissé aux forces phy-
» siques de ce grand homme toute la vigueur qu'avait con-
» servée son esprit. » (Page 12 [10].)

La parfaite santé de l'empereur à cette époque n'a jamais
pu être mise en doute un seul instant. Indépendamment du
temps qu'il donnait aux affaires, il trouvait celui de courir
la chasse à cheval pendant quatre ou cinq heures, de passer
des revues, etc. Comment qualifier ce ménagement de l'auteur, qui, n'osant pas attaquer de front le génie de Napoléon,
suppose un affaiblissement précoce de sa santé, pour se justifier de lui prêter des fautes que ce grand homme n'a point

commises? Il étend son héros sur le lit de Procuste; et,
contre la coutume des historiens qui se plaisent à grandir
leur personnage, il rapetisse le sien, le place dans des situations vicieuses ou ridicules, et, sans doute pour le rabaisser
en l'excusant, dit ensuite qu'il était malade. Est-ce aussi
pour absoudre les auteurs de sa fin prématurée? Napoléon
a montré dans la campagne de Russie autant de supériorité et
d'activité qu'il en a déployée depuis, dans les campagnes
de 1813 et de 1814. Sa constitution devait être bien forte,
puisqu'elle a pu résister six ans au supplice de Prométhée.

Peu de gens ont la capacité, le courage et le temps de
juger les choses en elles-mêmes et d'après leurs effets. On
trouve bien plus court de s'en tenir aux idées reçues. M. de
Ségur, que favorisaient d'un côté ces dispositions naturelles,
qui tiennent sur-tout à la mobilité de notre caractère, et de
l'autre l'influence du nom que son père a illustré par son
talent et les hautes fonctions qu'il a remplies, s'est déterminé à écrire deux volumes sur l'empereur, bien persuadé
que le titre seul de l'ouvrage le ferait rechercher du plus
grand nombre. Ceux qui lisent avec réflexion se sont facilement aperçu qu'il avait pris pour base de son système
une marche entièrement opposée à celle des écrivains qui
se sont ouvertement déclarés les ennemis de Napoléon. A
l'aide de quelques précautions oratoires, qui lui servent
comme d'abri pour échapper aux observations de tous les
partis, il a commencé par établir que toutes les fautes de
l'empereur prennent leur source dans son état habituel de
mauvaise santé.

CHAPITRE II.

———

Nous passons rapidement sur le commencement de ce chapitre fort obscur, et sur les réflexions que l'auteur met dans la bouche de l'empereur touchant la politique de la Prusse, à l'égard de la république française ; mais nous releverons celle-ci.

« Chaque fois que sur ses cartes, il (Napoléon) suivait
» le tracé des frontières prussiennes, il s'irritait de les voir
» encore si étendues, et * s'écriait : Se peut-il que j'aie
» laissé à cet homme tant de pays! » (Page 13 [11].)

Qui peut avoir dit cela à M. de Ségur? où l'a-t-il entendu? Le maréchal-des-logis du palais n'était pas dans la confidence de l'empereur, il n'a jamais mis le pied dans son cabinet. S'il avait quelquefois entendu Napoléon parler des souverains, il saurait qu'il ne s'est jamais servi à leur égard d'expressions aussi inconvenantes, et qu'il ne disait pas d'une tête couronnée : *cet homme*. Cette expression est en usage, il est vrai, dans certains salons, pour désigner l'empereur Napoléon. C'est sans doute par réminiscence que l'auteur en fait l'application au roi de Prusse. Ce prince, relégué au delà de l'Elbe, et dont les états bordaient la Baltique, jusqu'à l'embouchure du Niémen, était vulnérable

---

* Comme M. de Ségur vise toujours à l'effet, il lui a semblé que le mot *s'écrier* a quelque chose de plus relevé que l'expression ordinaire *a dit, disait;* aussi s'en sert-il constamment dans tout le cours de son ouvrage.

par-tout, et l'on ne voit pas ce que Napoléon pouvait lui envier.

« Cette aversion pour un prince pacifique et doux éton- » nait..... on doit en rechercher les causes. » (Page 13 [11].)

Si le roi de Prusse était toujours disposé à la paix, il était toujours prêt à faire la guerre. Napoléon le savait; ce prince lui inspirait donc peu de confiance; mais il n'avait pas d'aversion contre lui. Cependant, l'auteur en indique deux causes; l'une, le *refus* de Louis XVIII aux propositions qui lui furent faites par l'intermédiaire du roi de Prusse. En 1803, le cabinet prussien avait senti qu'il serait avantageux à la tranquillité de l'Europe de tirer les princes de la maison de Bourbon de la situation où ils se trouvaient. Il se chargea d'envoyer à cet effet des instructions à M. Meyer, président de la régence de Varsovie, ville où se trouvait alors le comte de Lille. Ce prince fit, à l'ouverture dont il s'agit, une noble réponse que tout le monde connaît. Comment Napoléon aurait-il gardé du ressentiment d'une démarche qu'il n'avait pas provoquée, à laquelle il n'avait consenti que par déférence pour son allié, et qui d'ailleurs ne compromettait en rien son autorité, puisqu'il n'y était nullement question de droits à la couronne de France? Napoléon, au reste, attachait peu d'importance à cette négociation; l'amour des Français et les intérêts nationaux lui paraissaient suffire à l'affermissement de sa puissance.

Quant à l'autre cause, celle des réclamations de la Prusse au sujet de l'arrestation de M. de Rumboldt; cet agent, ainsi que MM. Vickam, Drake, Spencer Smith, etc., profitait de son caractère de résident anglais près des villes anséatiques, pour tramer des machinations contre le premier consul. Napoléon avait noblement signalé son indignation de la violation du droit des gens dans la personne des Irlandais réfugiés, qui furent livrés par le sénat de Hambourg. Il

montra son respect pour ce même droit des gens, en ne
refusant pas de rendre la liberté à un agent diplomatique,
en faveur duquel le roi de Prusse l'invoquait. La démarche
de ce monarque, qui ne choquait en rien les principes re-
connus par l'empereur, ne pouvait être une cause d'inimitié. Si l'on ne savait pas que l'aversion n'entrait jamais
pour rien dans la politique d'un homme du génie de Napoléon, on pourrait citer deux causes bien autrement efficaces
d'un tel sentiment : les projets et les engagemens de la
Prusse avant la bataille d'Austerlitz, et l'agression de cette
puissance en 1806. Mais M. de Ségur, qui écrit l'histoire,
paraît ignorer tout cela.

« Cependant au commencement de 1805, la Russie,
» l'Autriche et l'Angleterre cherchaient encore vainement
» à engager Frédéric dans leur troisième coalition contre
» la France. » (Page 14 [12].)

Une troisième coalition eut lieu. L'Angleterre parvint à
y faire entrer la Russie et l'Autriche. Son but avoué était
de chasser les Français de l'Allemagne et de l'Italie, de
rétablir le roi de Sardaigne en Piémont, et d'enlever à la
France ses alliés. Les moyens de la coalition paraissaient
immenses ; cinq cent mille hommes et des flottes considérables devaient appuyer ces prétentions que le soleil d'Austerlitz fit évanouir. Ainsi, trois mois après sa formation, la
troisième coalition fut dissoute, l'Autriche forcée de signer
la paix ; et ce ne fut qu'à la générosité du vainqueur
que l'empereur Alexandre dut le salut des débris de son
armée.

La Prusse, qui par le traité de Berlin, signé quelques
mois avant la bataille d'Austerlitz, avait pris part à la ligue,
dut à l'habileté du ministre Haugwitz la conclusion d'un
traité d'alliance offensive et défensive avec la France.

« D'abord la possession du Hanovre séduisit Frédéric ;
» mais quand il fallut signer, sa pudeur hésita.... Napoléon

» ne put concevoir une politique si timide. Ce prince, s'é-
» cria-t-il, n'ose donc faire ni la paix ni la guerre, etc. etc.»
(Page 15 [12].)

L'auteur, qui ne voyait l'empereur que lorsqu'il traversait le salon de service, qui ne l'entendait quelquefois que
dans ses audiences publiques, prend-il ses paroles, lorsqu'il le fait parler, dans son imagination ou dans ses souvenirs? Pour qu'il les prît dans ses souvenirs, il faudrait
qu'elles eussent été dites en public, et il n'en est rien.

« On assure qu'en même temps des hommes ou perfides
» ou abusés ont persuadé à Frédéric que Napoléon est forcé
» de se montrer pacifique, parce que ce guerrier ne veut
» point la guerre; ils ajoutent qu'il traite perfidement de
» la paix avec l'Angleterre, au prix de la restitution du
» Hanovre, qu'il veut reprendre à la Prusse.» (Pag. 16 [13].)

Voici quelles furent les négociations auxquelles l'auteur
paraît faire allusion.

La mort de M. Pitt avait ouvert l'entrée du ministère à
M. Fox. L'ambition de ce dernier était de rétablir la paix
entre la France et la Grande-Bretagne, et il fit à ce sujet
les premières démarches. En février 1806, une correspondance active s'établit entre les deux cabinets. On éprouvait
le même désir d'ouvrir les négociations sur des bases ho-
norables; mais on ne pouvait s'accorder sur le mode de
négocier. L'Angleterre voulait traiter conjointement avec
la Russie; et la France, considérant la troisième coalition
comme dissoute, ne voulait traiter qu'avec l'Angleterre.
Cette difficulté fut levée. Ce fut l'Angleterre qui céda, sur
la proposition de la France, d'adopter avant tout cette base
de la négociation, que l'une et l'autre puissance pourraient
intervenir dans toutes les affaires continentales et mari-
times. Cette circonstance et l'arrivée à Paris de M. d'Oubril, de la part de la Russie, décidèrent Fox à y envoyer
lord Yarmouth, avec les pouvoirs nécessaires pour traiter.

Ce lord eut des conférences régulières avec le cabinet français. L'on était d'accord sur tout; l'Angleterre gardait Malte et le Cap, et rendait toutes les autres colonies. Mais, au moment où l'on allait signer le traité, Fox tomba gravement malade. Sa fin fut prévue, lord Lauderdale fut envoyé à Paris pour faire rétrograder la négociation, et la rompre. A peine arrivé, ce lord demande des passe-ports, si l'on refuse de reconnaître sur-le-champ cette assertion, fausse et nouvelle, que l'*uti possidetis* était la base convenue avec lord Yarmouth, en en exceptant le Hanovre. L'Angleterre aurait ainsi gardé toutes ses conquêtes, et la France, qui n'avait à l'Angleterre que le Hanovre, n'en aurait gardé aucune.

Malgré toutes les menaces de lord Lauderdale, la France se refusa à reconnaître cette base. On écarta, dans les différentes conférences, le principe général de cette base, pour aller au fond de la question. Mais, à cette époque, l'Angleterre ne voulait plus la paix, parce qu'elle concevait des espérances de reformer une quatrième coalition. Déjà, par ses intrigues, elle avait empêché l'empereur Alexandre de ratifier le traité qu'avait signé son envoyé (M. d'Oubril), et elle avait fait naître la mésintelligence entre les cabinets de Berlin et des Tuileries. L'envoi de lord Lauderdale, homme violent, adroit, peu scrupuleux, avait eu principalement pour but d'arracher à la France une déclaration relative au Hanovre, afin de s'en servir pour exciter la Prusse contre elle. La quatrième coalition fut formée et termina les négociations. Les ennemis de la France espéraient beaucoup de la réunion de la Prusse, de l'Autriche et de l'Angleterre. Les troupes prussiennes avaient conservé toute leur réputation.

Dans une dernière conférence, les plénipotentiaires français firent à lord Lauderdale ce raisonnement : « Supposez que la Prusse soit battue comme l'a été l'Autriche, et que l'empereur soit à Berlin trois mois après l'ouverture de la campagne, comme il a été à Vienne. N'aurez-vous pas à regretter d'avoir laissé détruire ce boulevard qui garantissait le Hanovre, la Hollande et toutes les embouchures de l'Elbe et du Véser, si importantes pour votre commerce? Or, les Russes sont encore loin; avant la mi-octobre, le choc entre l'armée prussienne qui couvre Berlin, et l'armée française qui veut y arriver, aura eu lieu. Si, comme il est probable, l'armée prussienne est battue, elle sera détruite comme l'a été l'armée autrichienne; et les Russes ne pourront pas davantage pour la Prusse, après sa défaite, qu'ils n'ont pu pour l'Autriche, monarchie qui avait bien plus de ressources. »

Lord Lauderdale comprit la justesse de ces observations. Il pressentit si bien que la quatrième coalition était morte à sa naissance, parce qu'elle n'aurait dû se déclarer qu'à l'arrivée des Russes entre la Vistule et l'Oder, qu'il demanda « si, dans le cas où l'Angleterre ferait la paix, l'empereur ne marcherait pas contre la Prusse. » On lui répondit par l'affirmative. Mais le conseil des ministres de Londres ne vit que les nouvelles chances qu'allait courir la France, sans calculer les probabilités de l'issue de la campagne : la guerre de Prusse eut lieu.

M. de Ségur reproche à Napoléon *de n'avoir pas démembré la Prusse.* (Page 17 [14].)

Une question aussi grave et que M. le maréchal-des-logis du palais tranche si légèrement, mériterait un long examen. Si Napoléon a reculé devant ce démembrement, c'est sans doute par des considérations bien autrement importantes que les frivoles motifs qui lui sont prêtés par l'auteur, tels que *l'effet de la présence d'Alexandre,* etc. Si l'affaiblissement de la Prusse a produit dans ce royaume une telle exaltation, que n'eût point opéré son démembrement total?

« Cette vaste conspiration était celle des amis de la vertu.
» Son chef...... fut Stein. Peut-être Napoléon eût-il pu le
» gagner ; il préféra le punir. » (Page 18 [14].)

Le baron de Stein était un ennemi ; Napoléon le savait.
Mais il savait aussi qu'un homme de ce caractère était
au-dessus de la corruption. Il n'eut point à choisir ; il
exigea qu'un ennemi fût éloigné de la cour d'un prince
ami.

« En 1809...... c'étaient des Prussiens qui, les premiers,
» avaient osé lever contre Napoléon l'étendard de l'indé-
» pendance. Il les avait fait jeter dans les fers destinés
» aux galériens. » (Page 20 [16].)

Le major Schill avait violé la loi des nations. Aux yeux
des publicistes et des gens d'honneur de tous les pays, Schill
et ses compagnons, traversant une partie de l'Allemagne,
en pillant et tuant les Français, lorsque la Prusse était en
paix avec la France, se rendaient coupables de vols et d'as-
sassinats. Leur crime était le même que celui des forbans
qui, sans lettres de marque ou en pleine paix, vont attaquer les navires d'une puissance amie. L'empereur *ne les fit
pas jeter aux galères* ; ils furent jugés et condamnés par
des tribunaux légalement constitués. Cette satisfaction était
due par la Prusse ; c'est la Prusse qui l'a donnée.

« Dès que l'année 1812 s'approcha..... Frédéric, inquiet
» et fatigué de son asservissement, voulut en sortir par l'al-
» liance ou par la guerre. Ce fut en mars 1811 qu'il s'offrit
» comme auxiliaire de Napoléon pour l'expédition qui se
» préparait. » (Page 20 [16].)

Il ne se préparait pas alors d'expédition. La Russie armait ; elle réunissait des forces considérables sur le Dniester ; et la Prusse, qui voyait l'orage se former, chercha un
allié puissant pour se mettre à l'abri du danger. Mais la
France n'armait point encore ; des explications étaient de-
mandées sur ces armemens ; on négociait. Accepter l'alliance

de la Prusse, c'eût été manifester des intentions hostiles, c'eût été commettre une faute politique. Napoléon n'accepta donc point ; mais il ne refusa pas, réservant les dispositions de la Prusse pour le moment opportun.

Que la Prusse inquiète ait traité secrètement avec Alexandre, comme le dit ensuite l'auteur, cela ne prouverait rien, sinon que le roi de Prusse n'avait pas compris tout ce que la prudence imposait à Napoléon.

L'auteur nous révèle une anecdote curieuse ; c'est que, dès 1810, Alexandre a été au moment de tomber à l'improviste sur Napoléon (page 21 [17]), et à ce sujet M. de Ségur nous dit même une chose assez piquante. Si Alexandre a changé de résolution, *c'est parce qu'il voulut mettre la* JUSTICE DU CIEL *et l'opinion des hommes de son côté, en ne paraissant pas l'agresseur.* (Page 21 [17].) M. de Ségur peut bien supposer que le promoteur de la sainte alliance voulait tromper les hommes ; mais supposer qu'il voulût tromper Dieu, c'est trop fort !

Que le roi de Prusse, lorsqu'il a proposé son alliance et ses places à l'empereur Alexandre, ait été refusé par ce souverain, comme le dit encore l'auteur, que devait-il en résulter ? Qu'il insisterait pour son alliance avec la France, et c'est ce qui n'arriva point. D'où l'on pourrait conclure que le *témoin subalterne* (page 22 [17]), qui a cité la réponse de l'empereur Alexandre à Frédéric, n'a pas dit la vérité. Car, nous le répétons, si la Russie avait refusé l'alliance de la Prusse, la Prusse aurait persisté à aller au-devant de la France. Cependant, lorsque le moment fut arrivé où Napoléon reconnut que, malgré ses efforts pour la paix, toutes les probabilités étaient pour la guerre, il eut à choisir entre deux partis, l'alliance, ou la destruction de la Prusse. Il choisit l'alliance plus facilement que Frédéric ne s'y détermina lui-même. L'auteur convient que ce prince hésita ; et il rattache à cette circonstance l'occupation de la Poméranie, et l'ordre donné au prince d'Eckmülh de *se tenir prêt à s'emparer subitement de toute la Prusse et de son roi.* (Page 22 [17].) L'occupation de la Poméranie fut un acte impolitique, qui ne résulta d'aucune combinaison, mais seulement du caractère du général qui l'entreprit, et de l'exagération de son zèle pour l'exécution du système continental. Il crut, sur de faux rapports, que de nombreux bâtimens chargés de denrées coloniales étaient entrés dans les ports de l'île de Rugen et à Stralsund. Il vit l'occasion de prendre en même temps en faute le gouvernement suédois, et de porter un coup sensible aux intérêts de l'Angleterre. Le maréchal Davoust envahit ces provinces suédoises, sans autre ordre que ses instructions contre le commerce britannique. Il ne fut pas désavoué, parce que le mal étant fait, un désaveu n'eût remédié à rien; il fut excusé sur un excès de zèle.

Cette opération n'avait rien de commun avec les mesures à prendre pour décider la cour de Berlin. On ne sait par quels motifs M. de Ségur suppose l'ordre de s'emparer de la personne du roi de Prusse. Il aurait dû se rappeler qu'après la défection du corps d'York, Napoléon avait vingt mille hommes à Berlin et autant à Postdam; que la politique et l'agitation des esprits en Prusse auraient pu, à cette époque, lui donner de justes motifs de prendre le roi en ôtage; que néanmoins il ne l'avait point fait, et qu'au contraire il avait ordonné à Augereau, qui commandait à Berlin, d'avoir pour ce monarque les plus grands égards.

Le prince d'Eckmülh avait reçu l'ordre de se tenir prêt à entrer en Prusse, si le traité d'alliance n'était pas signé. En effet, dans des circonstances si pressantes, il fallait que la Prusse fût amie ou ennemie, et le refus de s'allier à la France ne devait plus laisser de doute sur les liaisons de cette puissance avec la Russie, que la prudence la plus ordinaire commandait de prévenir puisque la guerre était imminente.

« Cette soumission (celle de la Prusse) n'a point encore
» rassuré Napoléon ; à sa force il ajoute la feinte ; les for-
» teresses que par pudeur il laisse à Frédéric, sa défiance
» en convoite encore l'occupation.... Il exige en même temps
» qu'on leur enlève tout ce qui pourrait leur servir dans
» une révolte ; il désigne tout, jusqu'à la moindre arme. »
(Page 23 [18].)

Nous ne citons ce passage que pour montrer l'esprit
dans lequel M. de Ségur a composé son ouvrage. Nous ne
releverons pas les expressions de *feinte*, de *pudeur*, em-
ployées à l'égard d'un homme aussi puissant que Napoléon,
dont le caractère a toujours répugné à de si petits moyens.
Les assertions avancées fussent-elles exactes, cette surabondance de précautions envers une puissance sur l'amitié
de laquelle on ne pouvait pas compter, serait justifiée par
la prudence. L'événement, au contraire, a démontré que
Napoléon avait été trop confiant dans la Prusse, en lui laissant une nombreuse armée en Silésie ; et ce qui prouve
qu'il ne lui a pas enlevé *tout jusqu'à la moindre arme*,
c'est la rapidité avec laquelle, lors de la trahison d'York,
elle arma cent mille landwerds avec des fusils de *réserve*,
et les fournit de l'artillerie nécessaire.

Il est tout simple que l'empereur Napoléon ait refusé les
vingt-cinq millions que la Prusse fit demander à cette époque par M. de Hatzfeld, puisque cette puissance devait
encore à la France près de quatre-vingts millions, et que
d'ailleurs elle n'inspirait pas de confiance. Quant aux nombreux magasins que, par son traité du 24 février, elle mit
à la disposition de Napoléon, elle ne le fit que par l'impossibilité où elle se trouva de les livrer aux Russes, auxquels
ils étaient originairement destinés.

Tels sont les faits. Faute de les connaître, l'auteur s'é-
gare dans des conjectures ; c'est la condition de tout écrivain qui veut parler de ce qu'il ignore, et c'est celle de

M. de Ségur, qui fait de la diplomatie sans aucune connaissance de négociations, et qui va, dans tout le reste de son
livre, faire de la stratégie sans aucune connaissance de la
guerre,

CHAPITRE III.

« LA Russie est maîtresse des hauteurs de l'Europe.....
» Son gouvernement ne peut que difficilement être acculé
» et forcé à composer dans un espace presque imaginaire.....
» sans le concours de la Suède et de la Turquie, la Russie
» est moins attaquable. » (Page 25 [20].)

Si, par ces expressions singulières, l'auteur veut dire que
la Russie ne peut être attaquée que par une puissance alliée
de la Suède et de la Turquie, nous répondrons :

L'alliance de la Suède aurait été très-avantageuse, sans
doute, puisqu'elle aurait menacé la Russie d'une diversion
dangereuse au nord. Par l'alliance avec la Turquie, on eût
atteint un but important, celui de la maintenir en guerre avec
la Russie, parce que cette guerre eût opéré une puissante
diversion au midi : voilà le véritable secours qu'il eût été
utile d'obtenir. Rien n'a été négligé, quoi qu'en dise l'auteur, d'après les fausses rumeurs qu'il a prises pour guides.

Quand M. de Ségur dit plus bas, que *les plus simples
dans nos rangs s'attendaient à apprendre la marche du
grand-visir vers Kiow* (page 26 [20]), il nous fait voir
qu'il était de ce nombre. Le grand-visir étant en présence
d'une armée russe, il aurait fallu qu'il l'eût battue plus
d'une fois, avant de marcher sur Kiow. Indépendamment
des alliances, qui avaient été conclues avec l'Autriche et
la Prusse (c'étaient les plus importantes), et avec les princes de la confédération du Rhin, des négociations se sui-

vaient en même temps avec le Danemarck et la Suède.
Celle avec le Danemarck réussit ; il en fut autrement avec
la Suède. La négociation avec cette puissance échoua, parce
qu'elle y mit une condition que l'honneur ne permettait
pas d'accorder. Les succès de la politique furent donc obtenus par-tout où ils pouvaient l'être. A Constantinople, l'alliance subsistait ; il ne s'agissait que de la maintenir, et
elle fut maintenue. Elle ne devint pas offensive contre la
Russie, parce que l'Angleterre l'emporta au camp du grand-
visir par une fraude heureuse, au moment même où le
succès paraissait assuré au divan. Le sultan Mahmoud était
dans les intérêts de la France ; il les soutenait encore, lorsqu'il apprit que la paix venait d'être signée par le grand-
visir. Il hésita long-temps à y donner sa ratification. Le
grand-visir avait été trompé par les Anglais, qui lui avaient
persuadé que le comte de Narbonne, envoyé à Wilna auprès
d'Alexandre, était un négociateur prêt à signer un traité
qui mettrait la Porte à la merci de la Russie. L'astuce britannique donna des assurances et fournit même des preuves ; le visir trompé trompa le sultan.

« L'ambassadeur turc est accueilli avec des égards mi-
» nutieux dans le camp français ; il accompagne Napoléon
» dans ses revues ; les soins les plus caressans lui sont pro-
» digués, et déjà le grand-écuyer de France traitait avec lui
» d'une alliance offensive et défensive, quand une attaque
» inopinée des Russes vint interrompre cette négociation.
» Cet ambassadeur retourne à Varsovie, etc. » (Page 30 [23].)

M. de Ségur, qui ne sait les choses qu'à peu près, qui
prend pour guide des notions incomplètes et des souvenirs
mal digérés, et rarement les siens, et qui d'ailleurs était
prisonnier de guerre en Russie à cette époque *, a entendu

---

* Il avait été pris en décembre 1806, préparant le logement de l'empereur,
dans le village de Nasielk.

parler d'ambassadeur venu d'Orient au quartier-général. Il
ne fait mention que d'un ambassadeur turc, et il attribue à
celui-ci un accueil qui fut obtenu et mérité par un autre.
S'il avait pris la peine de s'instruire avant d'écrire, voici ce
qu'il aurait appris :

Le 25 avril 1807, Mirza Rizza, homme d'un mérite émi-
nent et l'un des personnages les plus illustres de la cour de
Teheran, arriva à Finkenstein en qualité d'ambassadeur
extraordinaire auprès de l'empereur Napoléon. Le duc de
Bassano fut chargé de négocier avec lui les conditions d'une
alliance offensive et défensive entre la France et la Perse;
et au bout de quelques jours, la négociation parvint à un
heureux résultat. C'est cet ambassadeur qui *accompagna
Napoléon dans ses revues;* c'est à lui que *les soins les
plus caressans furent prodigués.* Le 7 mai, il partit pour
retourner en Perse. C'était une chose assez nouvelle qu'une
ambassade persane, et une chose assez importante qu'une
alliance entre la France et la Perse, pour qu'on en fît mention. Toute l'Europe fut occupée de cet événement, excepté
M. de Ségur, qui n'en a ni trouvé la trace dans son profond
savoir historique, ni cherché l'indication dans les documens
contemporains. S'il avait seulement lu les bulletins, qu'un
auteur qui écrit sur la guerre doit au moins consulter, il
aurait été averti de cette omission *. Ce fait démontre avec
quelle légèreté M. de Ségur écrit l'histoire. Quelques personnes, qui ont remarqué la défaveur que l'auteur, dans le
cours de son livre, jette sur le ministre qui fut chargé alors
de négocier avec Mirza Rizza, ont pensé qu'il n'avait point

---

* Soixante-treizième bulletin. Elbing, le 8 mai 1807. L'ambassadeur persan a reçu son audience de congé; il a apporté de très-beaux présens à l'empereur de la part de son maître, et a reçu en échange le portrait de l'empereur,
enrichi de très-belles pierreries. Il retourne en Perse directement. C'est un
personnage très-considérable dans son pays, et un homme d'esprit et de
beaucoup de sagacité. Son retour dans sa patrie était nécessaire, etc., etc.

parlé de l'ambassadeur persan, afin de ne pas nommer le négociateur français dans une circonstance où il n'y avait rien de défavorable à en dire. Si le grand-écuyer, qui protégea long-temps le maréchal-des-logis du palais qui le protége à son tour, eût été chargé de cette mission, Mirza Rizza eût peut-être obtenu quelque mention.

Il y avait trois semaines que l'ambassadeur persan avait quitté le quartier-général, lorsque l'ambassadeur turc y arriva (le 27 mai).

Au commencement de 1807 , la Porte envoya Emin Wahib Effendi pour conclure un traité d'alliance avec la France. Cet envoyé négocia long-temps à Varsovie, sans résultat, avec M. de Talleyrand. L'empereur, impatient de terminer, fit venir cet ambassadeur à Finkenstein, où il arriva huit jours avant le départ de l'empereur de ce quartier-général. Le duc de Vicence fut chargé de conférer avec lui, mais il n'avança pas davantage la négociation. L'empereur voulut lui parler lui-même ; mais, fatigué du peu de capacité de cet envoyé, il le renvoya à Caulaincourt, ne voulant pas perdre son temps en de vaines conférences.

L'empereur quitta Finkenstein, et l'ambassadeur suivit à Dantzick le duc de Vicence et le ministère des affaires étrangères. Là, après trois jours de conférences aussi infructueuses que les précédentes, le duc de Vicence partit de Dantzick pour rejoindre le quartier-général, et Emin Wahib fut envoyé à Paris.

La mission de ce Turc, qui se trouva être un homme inepte, et dont on eut lieu de soupçonner que le choix avait été influencé par les Russes, avait pour but d'obtenir que la France s'engageât à ne faire aucun traité avec la Russie, sans le concours de la Turquie. En vain lui représenta-t-on que la France ne pouvait ainsi se lier les mains ; que cette complication ne produirait que des difficultés, des obstacles ;

que, d'après les rapports subsistant entre les deux empires, la Turquie devait se reposer sur la France du soin de ses intérêts; Wahib Effendi resta impassible. Napoléon finit par lui dire, à l'audience qu'il lui donna : «.Vous avez tort; l'empereur Alexandre m'a déjà fait parvenir des propositions de paix. Si vous ne voulez pas en finir avec moi, je ferai la paix avec lui et sans vous. » Ce fut la seule chose que parut comprendre l'envoyé ottoman. Il proposa d'expédier un courrier à Constantinople pour demander des instructions; mais les événemens se pressaient, et la paix de Tilsitt suivit bientôt les victoires d'Heilsberg et de Friedland. L'empereur avait à cœur de resserrer son alliance avec la Porte, puisqu'il avait fait venir son ambassadeur auprès de lui, et avait pressé la conclusion des négociations de tout son pouvoir. Si ses efforts furent inutiles, on ne peut en attribuer la cause qu'au choix de l'envoyé.

Au reste, l'alliance avec la Russie, et la déposition de Sélim, qui arriva en même temps (29 mai), donnèrent une autre direction à la politique de Napoléon, et furent une raison suffisante pour le refroidir à l'égard de la Turquie.

« Cependant une députation de Wilna vient lui deman-
» der la liberté, et lui offrir le même dévouement qu'a
» montré Varsovie, etc. » (Page 31 [24].)

Le prince d'Eckmülh accueillit ces députés, et le duc de Bassano, à qui ils furent renvoyés par l'empereur, remplit à leur égard un devoir d'honnête homme, en les soustrayant aux regards des Russes, en les désabusant de leurs espérances, et en les déterminant à retourner en hâte auprès de leurs commettans, qu'une démarche sans résultat aurait exposés à l'animadversion de leur souverain. En 1812, ils manifestèrent hautement la reconnaissance qu'ils devaient à ce ministre.

« L'empereur de France continua donc à traiter avec
» la Russie; et l'ambassadeur turc, dédaigné, oublié, erre

» dans nos camps, sans être appelé aux négociations qui
» vont terminer la guerre. Bientôt il retourne à Constan-
» tinople pour y porter son mécontentement. » (P.32[25].)

Il n'était pas resté d'ambassadeur turc dans nos camps.
Celui qui était retourné à Paris apprit bientôt la déposition du sultan Sélim, et reprit la route de Constantinople. La mort d'un prince détruit les pouvoirs de son
ambassadeur. Celui-ci ne pouvait point avoir de mécontentement contre le gouvernement français, puisque la
cause qui lui avait ôté ses pouvoirs, était indépendante
de la France. Tout le monde sait que les choses se passent toujours ainsi. Sélim fut déposé le 29 mai; il ne
pouvait pas avoir, le 7 juillet, un plénipotentiaire inter-
venant dans la paix de Tilsitt.

« Si même on doit tout dire, dans l'entrevue de Tilsitt et
» depuis, on assure qu'il fut question d'un traité de partage
» de la Turquie. » (Page 32 [25].)

Un auteur qui écrit l'histoire, doit tout dire sans doute;
mais ne doit pas répéter des assertions sans fondement; or,
il est faux qu'il ait été question d'un traité de partage de
la Turquie à Tilsitt.

« Ce qui est sûr, c'est que bientôt après l'entrevue de
» Tilsitt, Alexandre ne se trouva plus disposé à tant d'am-
» bition. » (Page 33 [25].)

Ce qui est sûr, c'est que des idées de partage de l'empire
ottoman furent mises en avant long-temps après Tilsitt, et
qu'elles furent discutées entre la France et la Russie. La
France y renonça complétement dès le premier moment
où la mésintelligence commença à naître entre les deux
états. Les paroles que M. de Ségur fait dire à l'empereur,
sont de son invention ou de celles de personnes qu'il a con-
sultées.

Il en est de même des discours rapportés dans les pages
suivantes. Le général Sébastiani, qu'on met en scène, et

Napoléon, connaissaient trop bien la géographie de l'Europe, pour en faire le partage à la manière de M. de Ségur, et pour dire qu'on *laisserait l'empereur Alexandre s'empa-* *rer de la Turquie jusqu'au Danube* (page 35 [27]), comme si la Valachie et la Moldavie étaient en Turquie, et comme si la Turquie n'était pas en deçà du Danube.

M. de Ségur a la louable ambition d'imiter les grands historiens de l'antiquité, qui mettaient dans la bouche de leurs personnages de beaux et nobles discours justement admirés ; ce qui lui a valu, de la part de quelques amis complaisans, le surnom de Thucydide et de Tacite moderne. Certes, l'éloge est rare et grand, mais selon nous peu mérité. Ces historiens, indépendamment de l'éloquence et de l'élévation qui caractérisent leurs harangues, s'attachaient à y mettre des choses vraies, justes, raisonnées, appropriées au caractère et à la position des personnages. M. de Ségur ne paraît pas avoir profité de l'étude de ses modèles.

Dans une de ces conversations particulières, que l'auteur prête à Napoléon, après lui avoir supposé l'idée de réunir l'Espagne à la France, il lui fait dire : *Quant à Joseph je* *le dédommagerai* (Page 35 [27].) Par cette insinuation le maréchal-des-logis du palais chercherait-il à faire croire que Napoléon voulait s'emparer de l'Autriche pour la donner à son frère ?

« Ce fut alors que le congrès d'Erfurt eut lieu.... Napo-» léon a donc voulu s'assurer des dispositions d'Alexandre, » conclure avec lui une alliance offensive et défensive, etc. » (Page 35 [27].)

Tels seraient, suivant l'auteur, les motifs de l'entrevue d'Erfurt, qu'il appelle un congrès. Il avait été convenu positivement à Tilsitt entre les deux souverains alliés, qu'ils se reverraient dans un an. Le bombardement de Copenhague par les Anglais, les événemens d'Espagne, les nou-

velles atteintes portées à l'indépendance des pavillons neu-
tres par les ordres du conseil britannique (du 11 novembre
1807), rendirent plus nécessaire cette entrevue. Elle avait
uniquement pour objet de s'entendre sur les moyens d'obliger l'Angleterre à faire la paix; but constant des efforts
de Napoléon.

« Napoléon, forcé de ménager Alexandre, et tout plein
» de regrets de la mort de Sélim, détestant la barbarie des
» musulmans, et méprisant un gouvernement si peu stable,
» ne répondait pas depuis trois ans au nouveau sultan, et
» paraissait ne pas le reconnaître. Il était dans cette posi-
» tion.... quand tout à coup, le 21 mars 1812, etc. »
(Page 36 [27].)

Il semblerait que le sultan Mahmoud n'était pas reconnu
par Napoléon, et ne lui avait pas *répondu depuis trois
ans , au 21 mars 1812.* Il y avait, cependant, une ambassade française à Constantinople, et une ambassade ottomane
à Paris. Comment M. de Ségur nous expliquera-t-il de tels
rapports entre des souverains qui ne se reconnaissent pas ?
Nous dira-t-il comment il se fait qu'on n'ait pas répondu
pendant trois ans à un gouvernement avec lequel on traitait par des ambassadeurs ?

M. de Ségur n'était pas à l'armée en 1807, lorsque l'ambassadeur persan a été vu par tout le monde à Finkenstein.
A Paris, ses fonctions de maréchal-des-logis ne l'obligeaient
à aucun service au palais. Étranger à tout ce qui se passait,
soit dans les cercles des Tuileries, soit dans le cabinet, il
est fort excusable de ne pas savoir les choses les plus simples. Mais il ne l'est pas de n'avoir pas cherché à les apprendre, lorsqu'il s'est donné la mission d'écrire l'histoire.
S'il avait pris seulement la peine d'ouvrir l'almanach, il y
aurait vu que nous avions à Constantinople, en 1808 et
1809, M. le général Sébastiani; en 1810, 1811 et 1812,
M. de Latour-Maubourg; et que, pendant tout ce temps,

Mouhib Effendi était ambassadeur à Paris. Ce dernier n'obtint son rappel, qu'il avait demandé, que dans les premiers mois de l'année 1812. Ayant été comblé d'égards pendant son séjour en France, ses dispositions, peu favorables dans les premières années, étaient tellement changées à son départ, qu'à son arrivée à Constantinople il fut au divan le zélé promoteur de l'union la plus intime entre les deux puissances. Ses vues politiques étaient si bien connues que le sultan Mahmoud, qui les partageait, lui donna entrée au conseil, où l'on discuta la ratification du traité de paix de Bucharest, et où, malgré ce secours, l'influence du muphti et des janissaires l'emporta.

« Ce qu'on ne peut présumer, c'est que Napoléon ignorât
» que les usages invariables des musulmans s'opposaient
» à ce que le grand-seigneur commandât en personne son
» armée. » (Page 36 [28].)

Ce qu'on n'aurait pas *présumé*, c'est l'ignorance que montre l'auteur, d'un point d'histoire qu'il était aussi facile d'éclaircir. S'il se fût donné la peine d'ouvrir l'histoire de l'empire ottoman, il y aurait vu que depuis Othman, premier empereur des Turcs; jusqu'à Mahmoud, aujourd'hui régnant, quatorze sultans ont commandé en personne leurs armées *, et qu'un sultan fait un acte méritoire dans sa croyance, et qui le recommande aux yeux de ses peuples, quand il s'arrache à la mollesse du

* Othman Ier,	en 1299	Sélim Ier,	1512
Orchan II,	1325	Soliman Ier,	1520
Amurat Ier,	1359	Mahomet III,	1595
Bajazet Ier,	1389	Osman Ier,	1617
Mahomet Ier,	1413	Amurat IV,	1622
Amurat II,	1421	Soliman II,	1687
Mahomet II,	1451	jusqu'à Sophie en Bulgarie.	
Bajazet II,	1481	Mustapha II,	1695

sérail, pour marcher à la tête de ses troupes contre les infidèles.

Tout ce que dit M. de Ségur sur la Turquie est aussi exact qu'on peut l'attendre d'un historien qui ignore même ce qu'on trouve dans les almanachs.

CHAPITRE IV.

CE chapitre, qui est relatif à nos rapports avec la Suède et avec Bernadotte, renferme quelques faits vrais. Mais, comme l'auteur n'a de données positives sur rien, et qu'il n'écrit que d'après des ouï-dire, sans se donner la peine de les contrôler, il commet souvent des bévues. Cependant lorsqu'un auteur retrace des faits contemporains, ce n'est pas trop exiger qu'il sache, au moins à peu près, ce qui s'est passé.

« Dans cette même nuit un conciliabule formé de dix
» députés des cinq-cents s'était assemblé chez S.... Bernadotte
» s'y rend. On y convient que le lendemain, dès neuf heures,
» la séance du conseil s'ouvrira ; que ceux de leur opinion
» seront seuls avertis ; que l'on y décrétera que, pour imi-
» ter la sagesse que vient de montrer le conseil des anciens
» en nommant Bonaparte général de sa garde, le conseil
» des cinq-cents choisit Bernadotte pour commander la
» sienne, et que celui-ci, tout armé, se tiendra prêt à y
» être appelé. C'est chez S. que ce projet est formé ; c'est
» S. qui court le révéler à Napoléon. Une menace suffit
» pour contenir ces conjurés. Aucun n'osa paraître au con-
» seil, et, le lendemain, la révolution du 18 brumaire s'ac-
» complit. » (Page 42 [33].)

C'est le 18 et non le 17 que le conseil des anciens a donné au général Bonaparte le commandement des troupes de la première division militaire ; ce qui comprenait la garde du corps législatif. Le conseil des cinq-cents n'avait pas plus

de garde particulière que le conseil des anciens. Il n'y
avait donc pas de commandement à donner à Bernadotte.
M. de Ségur ne sait pas même la date de l'événement qui
a fondé la puissance de Bonaparte, dont il s'est fait l'historien.

Après avoir parlé de la conspiration de Bernadotte dans
l'ouest, il ajoute : « Cette fois Bernadotte était perdu, si
» Napoléon eût pu l'en convaincre. » (Page 43 [33].)

Le premier consul avait plus de preuves qu'il n'en fallait pour mettre Bernadotte en jugement. Il eut la bonté
de céder aux instances de Joseph et de sa femme; il oublia
tout. Pour Bernadotte, il ne put pardonner à Napoléon
cette grace. Il est des ames dans lesquelles les bienfaits ne
laissent que haine et que désir de nuire.

« La fortune aida Bernadotte, déjà à Rochefort, à retar-
» der son embarcation, jusqu'à ce que la guerre avec l'An-
» gleterre eût éclaté. Alors il se refuse de partir, et Napo-
» léon ne peut plus l'y contraindre. » (Page 43 [33].)

Le fortune qui aide à retarder une *embarcation*..... quel
style! c'est sans doute par une figure de rhétorique que
l'auteur prend une embarcation pour un *embarquement*.
C'est prendre la cause pour l'effet. C'est sans doute aussi par
une figure de rhétorique qu'il prétend que la déclaration de
guerre de l'Angleterre mit Napoléon dans l'impossibilité de
faire obéir un général. Ce qu'il y a de vrai, c'est que Napoléon, voyant la guerre se rallumer, sentit le besoin de
conserver en France le général Bernadotte, et ne voulut
pas, en l'envoyant en Amérique, l'exposer à être pris par
les ennemis, qui couvraient déjà les mers.

« Bientôt on entendit Napoléon reprocher à Bernadotte
» son envieuse et perfide inaction pendant la bataille d'Auer-
» staedt, son ordre du jour de Wagram.....; de son côté,
» Bernadotte.... demandait par quels motifs Napoléon l'avait
» placé dans une si dangereuse et si fausse position; pour-

» quoi le rapport de cette victoire lui avait été si désavan-
» tageux, etc. » (Page 44 [33].)

A la bataille d'Auerstaedt, placé par l'empereur à Dorn-
bourg, Bernadotte, par jalousie contre le maréchal Davoust,
et sans aucun motif qui se rapporte à Napoléon, ne voulut
pas aider son collègue à remporter la victoire, et compro-
mit ainsi le sort de la bataille. A Wagram, il donna par un
ordre du jour, en contradiction avec la vérité, dont toute
l'armée avait été témoin, des éloges outrés au corps saxon
qu'il commandait, et qui s'était conduit mollement. Napoléon
se contenta de rétablir la vérité des faits; c'était son devoir;
il eût dû même punir une pareille insolence. Il n'avait pas
placé Bernadotte dans une position plus fausse que Masséna.
Tous deux se trouvaient à la gauche, où, par la faute des
Saxons, une manœuvre inopinée de l'ennemi fut au moment
de réussir. Napoléon, par un changement de front sur toute
la ligne, vint au secours de Masséna et de Bernadotte, et
rétablit les affaires.

« Bernadotte sent d'ailleurs qu'il tient cette couronne du
» hasard, qui l'a fait naître dans une religion semblable à
» celle des Suédois. » (Page 47 [36].)

Qui peut ignorer que Bernadotte professait publiquement
en France la religion catholique romaine, et qu'il fut obligé,
à son arrivée à Gothembourg, de faire abjuration et d'em-
brasser le luthéranisme dans une cérémonie solennelle. On
rapporte même de lui ce propos : « Henri IV a consenti à
aller à la messe pour recouvrer un royaume ; je puis bien,
pour en acquérir un, me passer de la messe. »

Les détails donnés par M. de Ségur sur l'élévation de
Bernadotte au trône manquent d'exactitude ; voici la vérité.
En 1807, lors de l'évacuation de la Poméranie par les
Suédois, deux frères Mörner, officiers dans le régiment de
ce nom, faits prisonniers, furent présentés à Bernadotte,
qui leur donna sa maison pour prison, et environ un mois

après, les renvoya en Suède. En juin 1810, l'un de ces officiers, devenu colonel, se fait annoncer chez Bernadotte à Paris, rue d'Anjou, demande à lui parler en particulier, et lui fait part des vues que quelques Suédois ont sur lui, pour remplacer le prince royal, qui venait de mourir, frappé d'apoplexie. Bernadotte reçoit cette ouverture en riant, et sans y attacher d'importance, résolu de ne point faire de démarches auprès du gouvernement français, jusqu'à ce qu'il lui en soit parlé plus sérieusement. Quatre ou cinq jours après, le ministre de Suède à Paris (le baron de Lagerbielke) vient le voir, lui confirme ce qu'avait dit le colonel Mörner, et lui demande une réponse. C'était un samedi; le lendemain Bernadotte va à Saint-Cloud avant le lever, et rend compte de ce qui se passe à l'empereur, qui lui dit : « Je sais tout; je vous laisse le maître d'accepter ou de refuser : je ferai là-dessus ce que vous voudrez. J'avais cependant d'autres vues; j'avais chargé Alquier de proposer une régence, et d'attendre les événemens. Le fils du dernier roi aurait pu être appelé plus tard; mais on ne veut plus en Suède de cette famille. Ainsi acceptez; j'aime mieux vous voir là que tout autre; je vous appuierai de mon consentement. Faites vos démarches. » Bernadotte envoie à Stockholm un jeune homme, parent de Signeul, consul de Suède, pour s'entendre avec ses partisans, et l'autorise à promettre tout l'argent nécessaire. Mais rien ne fut donné; les quinze cent mille francs avancés par l'empereur, et environ un million prêté par le général Gérard, furent les seules sommes que Bernadotte versa à la banque de Suède, au lieu de quatorze millions qu'il avait promis.

En définitive, aucune intrigue n'a provoqué le choix des Suédois; ils n'ont pensé à Bernadotte que parce qu'il était l'allié de l'empereur, qu'ils ignoraient la sourde mésintelligence que le caractère envieux de ce général avait semée entre Napoléon et lui, et qu'ils croyaient gagner par là les bonnes graces du souverain de la France et sa protection.

« A la lecture de ce style nouveau et inattendu, Napo-
» léon est saisi d'étonnement et de colère.... Il s'écrie, en
» frappant violemment cette lettre et la table sur laquelle
» elle est ouverte : Lui! le misérable! il me donne des con-
» seils! il veut me faire la loi! il m'ose proposer une infa-
» mie! etc.... Dès lors ses instructions se ressentirent de cette
» disposition. Son ministre en adoucit, il est vrai, l'amer-.
» tume; mais une rupture était inévitable. » (Page 52 [59].)

Quand M. de Ségur vient à parler de négociations, il confond tout. Le langage qu'il fait tenir à l'empereur est absurde. Les démarches qu'il prête à son cabinet ne sont pas celles qui ont été faites. Il place la proposition de la cession de la Norwége au commencement des négociations, tandis qu'elle n'en fut que le dernier acte. Il semblerait que ce fut à Paris qu'elle parvint à l'empereur; elle ne lui arriva que lorsqu'il partait de Dresde pour l'expédition de Russie. Tout le monde sait qu'aux communications diplomatiques, le ministre des relations extérieures avait joint des communications confidentielles, dont la princesse royale se prêta à être l'intermédiaire avec un sentiment tout français. Elle écrivait sous la dictée du ministre, et les officiers attachés à sa personne étaient ses courriers. Une dernière lettre, qui annonçait, après de nouvelles exhortations, toutes les concessions désirées, fut envoyée à Stockholm et portée par M. de Signeul, consul-général de Suède à Paris, choisi et expédié à cet effet. Cet agent, revenu de sa mission, en rendit compte au ministre à Dresde, le 29 mai. Il apportait une note dictée par le prince royal, qui faisait dépendre uniquement l'alliance de la Suède de la garantie de la Norwége. Bernadotte trompait ainsi Alexandre, avec qui il avait traité deux mois auparavant. Napoléon était dans son cabinet, quand il reçut la lettre de son ministre; il ne

s'emporta point, et tout se borna à cette réponse : « Je n'a-
chèterai pas un allié douteux aux dépens d'un ami fidèle. »
Ce simple récit est peut-être plus intéressant, il est sur-
tout plus vrai et plus vraisemblable que la grande colère
dont M. de Ségur a inventé les éclats.

Nous ne pouvons trop insister sur l'ignorance que montre
l'auteur du caractère de l'empereur, qu'il nous présente
sans cesse comme exhalant en expressions imprudentes et
déplacées une colère aveugle. Il nous répugne de soupçonner la bonne foi de M. de Ségur; nous aimons à croire que
s'il eût approché de ce prince, s'il l'eût entendu parler
avec ses ministres, il n'eût pas transformé en insensé et en
énergumène l'homme qui était le plus maître de lui-même
dans les affaires sérieuses, et dont la haute pénétration je-
tait une *illumination* soudaine sur la justesse et la convenance d'une question.

LIVRE SECOND.

CHAPITRE I.

« Cependant Napoléon est encore à Paris, au milieu de
» ses grands, effrayés du terrible choc qui se prépare. »
(Page 59 [45].)

Nous allons voir les grands qui se taisent, et immédiatement après les grands qui parlent, ou que M. de Ségur fait
parler. Comment les aurait-il entendus? Il n'entrait ni dans
le cabinet ni dans les conseils, et n'avait de place que dans
le salon de service.

Le premier qui paraît en scène est Cambacérès, qui veut
qu'avant tout Napoléon *soumette et partage ce qui est autour de lui* (page 60 [46]), c'est-à-dire, très-probable-
ment, la confédération du Rhin et une partie de la Prusse,
avec laquelle on venait de s'allier. Pour tenir de pareils discours à l'empereur, il eût fallu être fou, et supposer qu'il
n'était pas plus sage ; mais cela n'embarrasse nullement
M. de Ségur. Il fait répondre Napoléon, et lui fait dire ce
qu'il n'a jamais pu dire ni penser; que *tel avait été son
projet en 1809, mais que le malheur d'Essling avait dé-
rangé son plan.* (Page 60 [46].) Il est certain qu'après *le
malheur d'Essling*, l'empereur ne pouvait s'occuper que

de réparer ses pertes et de battre l'ennemi. Mais le lendemain de Wagram, l'exécution du plan était encore plus facile que la veille d'Essling. La victoire était complète; les
Autrichiens n'avaient plus que des débris d'armée; leurs
landwerds dispersées refusaient de reprendre les armes;
l'archiduc Charles était refoulé vers la Bohême, et l'archiduc Jean sur la Moravie; ils allaient perdre toute communication avec la Hongrie, et une bataille pouvait les rejeter
sur les confins de leurs frontières occidentales; la désaffection
avait fait de rapides progrès, et les peuples de la domination
autrichienne, fatigués de tant de guerres entreprises sans
nécessité et soutenues sans gloire, en étaient venus au point
d'envisager sans effroi la dissolution de la monarchie par là
séparation des états qui la composaient. Telle était la situation de l'Autriche au dedans : au dehors, elle se trouvait
sans alliés, sur le continent. Cependant, le lendemain de
Wagram, l'empereur consent à un armistice, parce qu'il
y a assez de sang répandu, et parce qu'il veut la paix *. Il
ne voulait donc pas *soumettre et partager ce qui était autour de lui;* il n'a donc pas pu dire en 1812 que tel était
son projet en 1809.

« Dès Tilsitt, et par l'entremise de Murat, il voulut s'allier
» à la Russie par un mariage; mais le refus de la princesse
» russe, et son union précipitée avec le duc d'Oldenbourg,
» l'avaient conduit à épouser une princesse autrichienne. »
(Page 61 [46].)

L'entremise de Murat était inutile. Si Napoléon, qui se
trouva bientôt dans les termes de l'intimité avec l'empereur
Alexandre, ne voulait pas, dans leurs longues conversations,

---

* Devant Znaïm, au moment où le prince Jean de Lichstenstein venait
proposer un armistice, le maréchal Bessières insista près de Napoléon pour
livrer bataille : Non, répondit l'empereur, il y a assez de sang versé; et il
signa l'armistice.

jeter quelques insinuations sur une alliance de famille, il avait auprès de lui le prince de Bénévent, l'homme le plus propre à sonder le terrain par ses rapports avec le prince Kourakin. Mais la princesse russe ne fut point refusée à Tilsitt, où elle n'avait pas pu être demandée; car, à cette époque, il n'avait point encore été question de divorce. Ce ne fut que long-temps après, qu'une tentative audacieuse de Fouché jeta dans le public quelques soupçons à ce sujet. On n'en parlait pas en 1809, lors *de l'union précipitée* de la grande-duchesse d'Oldenbourg, précipitation tout-à-fait étrangère à un projet de mariage de l'empereur Napoléon. Il connaissait le caractère décidé de cette princesse, et il y aurait trouvé des raisons pour ne pas songer à s'unir avec elle. Si d'ailleurs il en avait eu la pensée, rien n'aurait empêché que la proposition n'en fût faite à Erfurt, dans le temps où les relations entre les deux souverains avaient pris le caractère de l'amitié.

Lorsqu'en 1810 le divorce fut résolu, Napoléon pensa à la grande-duchesse Anne. Il faut avoir une idée bien fausse de son caractère, pour supposer que si la grande-duchesse Catherine lui avait été refusée, il aurait demandé sa sœur. La négociation qui fut entamée alors ne réussit pas. L'empereur Alexandre demanda du temps pour décider sa mère; mais une autre négociation, entamée en même temps avec l'ambassadeur d'Autriche à Paris, avait eu un succès complet. C'est ainsi que les tergiversations de la Russie conduisirent l'empereur à épouser une princesse autrichienne.

« La fierté de Napoléon était encore blessée du refus » qu'en 1807 la Russie avait fait de sa main, puisqu'il s'était » exposé à la guerre en expropriant la princesse russe » d'Oldenbourg de son duché. » (Page 62 [47].)

Il y a dans cette allégation, autant d'erreurs que de mots. Nous avons expliqué ce qu'on doit croire de ce refus prétendu; nous n'avons pas besoin de montrer ce qu'il y a de ridicule à supposer que c'est par dépit que Napoléon a com-

pris Oldenbourg dans la trente-deuxième division militaire.
L'auteur lui-même ajoute immédiatement que « les passions
» qui gouvernent si despotiquement les autres hommes,
» étaient de trop faibles mobiles pour un génie aussi ferme
» et aussi vaste (que celui de Napoléon). » Que signifie donc
ce qui précède?

Le duché d'Oldenbourg devait, par sa situation géogra-
phique, suivre le sort des villes anséatiques, au milieu desquelles il est enclavé. Le système continental, établi par le
traité de Tilsitt, ne pouvait nuire efficacement à l'Angleterre qu'autant qu'il recevrait une exécution complète par
l'interdiction des ports au commerce anglais ; et cependant
toute l'Allemagne recevait les marchandises anglaises par les
mers du Nord et de la Baltique. La possession d'Oldenbourg
ayant été garantie au duc par le traité de Tilsitt, l'empereur
offrit en indemnité la principauté d'Erfurt et la seigneurie
de Blankenhayn ; mais cet échange fut refusé comme ne présentant pas un équivalent. La Russie saisit avec empressement ce nouveau prétexte de rupture, et adressa aux ministres des cours de l'Europe une protestation qui, par sa forme
autant que par son but réel, était une offense grave faite à
un allié.

Rien au reste n'était plus facile que de s'entendre dans
une négociation à l'égard du duché d'Oldenbourg. Mais la
Russie, au lieu de l'aborder franchement et dans l'esprit
du système qui liait étroitement les deux empires, s'empara avidement de cette occasion de masquer l'intention où
elle était de rompre avec la France pour se livrer à l'influence anglaise.

« Un fait évident suffisait pour le précipiter tôt ou tard
» dans cette lutte ; c'était l'existence d'un empire rival du
» sien, etc.... Il était évident que la guerre seule pouvait
» décider de ce grand débat, de cette grande et éternelle
» lutte du pauvre contre le riche, etc. » (P. 63 [48].)

L'auteur a fait entendre plus haut que la cause de la
guerre se rapportait à l'Angleterre, et au maintien du système continental, seul moyen de porter le cabinet de Londres à la paix. S'il ajoutait à ce motif si vrai, que le résultat
de cette guerre serait avantageux pour l'Europe, et glorieux pour l'empereur, qu'il constituerait le défenseur de
la civilisation contre la barbarie, il serait compris par les
hommes de bonne foi. Mais que signifie cette vague décla-
mation, un peu niaise, devant de si hauts intérêts, malgré
sa prétention philosophique, que cette guerre était *la lutte
du pauvre contre le riche ?*

« Les grands de la cour s'effrayaient de ce redoublement
» de guerre, etc. » (Page 64 [48].)

Ces grands sont les ministres du trésor et des finances,
qu'il est assez singulier de confondre avec les courtisans.
L'auteur, suivant sa méthode, les fait parler. L'un, le
comte Mollien, dit que *ses finances ont besoin de repos;*
langage bien insignifiant dans la bouche d'un homme si
positif. L'autre, le duc de Gaëte, dit que jamais *l'état
des finances n'a été plus satisfaisant.* Comment accorder
ces deux opinions ? Il est vrai que le duc de Gaëte, qui
entendait si bien son affaire, et qui ne s'occupait pas
d'autre chose, va parler comme un ministre de la guerre,
de rations de pain, de fourrages; comme un ministre de la
marine, de chanvres, de goudrons, de mâtures. Que tout
cela est bien imaginé ! Mais la plus belle invention est
celle dont l'auteur fait honneur à l'empereur. Ce ne sera
pas à ses ennemis, mais à ses alliés qu'il fera payer les
frais de la guerre. On voit bien le motif de l'invention;
mais on en voit aussi l'absurdité. Les alliés de Napoléon
étaient la Prusse, encore débitrice de sommes considérables, et à laquelle il n'avait rien à demander; le Danemarck,
qui n'avait rien à donner, et l'Autriche, qui probablement
ne se serait pas laissé faire.

« Ce fut là, peut-être, ce qui lui attira le reproche de
» s'être servi d'un moyen qu'il avait repoussé dans la guerre
» d'Autriche, et dont, en 1793, le célèbre Pitt avait donné
» l'exemple. (Page 66 [50].)

L'auteur veut-il insinuer par là que Napoléon comptait
sur un moyen que n'avoue pas la morale, mais dont la
politique s'est quelquefois servie? L'histoire reproche, il
est vrai, à la mémoire du grand Frédéric et de Pitt, de
n'avoir pas été scrupuleux à cet égard. De nos jours même,
on a vu des agens, à l'insu de ceux dont ils dépendaient,
se livrer à ces sourdes pratiques. La fierté du caractère de
Napoléon a toujours répugné à l'emploi de semblables
fraudes. S'il avait eu le dessein de répandre en Russie de
faux billets de banque russes, cela était facile à celui qui disposait de la moitié de l'Europe, et qui avait plus d'un point
de contact avec les contrées russes. L'auteur, qui va dire
tout à l'heure que Napoléon ne se servit pas de ce moyen,
était bien à son aise pour passer ce trait sous silence. On
serait tenté de croire qu'il n'a pas voulu perdre l'occasion
de chercher à jeter de l'odieux sur le héros de son histoire.

CHAPITRE II.

« CEPENDANT Poniatowski, à qui cette expédition sem-
» blait promettre un trône, se joignait généreusement aux
» ministres de l'empereur pour lui en montrer le danger....
» Il peignit la Lithuanie déserte, peu praticable, la noblesse
» déjà presque à demi russe, etc. » (Page 67 [51].)

L'opinion du prince Poniatowski était toute contraire à
celle que l'auteur lui suppose. Pour peindre la Lithuanie
comme déserte et peu praticable, il aurait fallu qu'il ne
l'eût pas connue. Quel désert en effet que la riche et fertile
Samogitie, qui fait partie du gouvernement de la Lithuanie!
Pour supposer l'auteur de bonne foi, il faudrait qu'il n'eût
pas fait la campagne de Russie. Le prince savait trop bien
que toute la Lithuanie était restée attachée de cœur à la
patrie polonaise; et M. de Ségur lui-même cite (page 31 [24])
l'arrivée à Tilsitt *d'une députation de Wilna* venant *lui
demander* (à Napoléon) *la liberté, et lui offrir le même
dévouement qu'a montré Varsovie.* Le maréchal-des-logis
du palais n'ayant que des notions vagues, il n'est pas étonnant qu'il dise tour à tour le pour et le contre. Mais comment se fait-il que, voulant écrire l'histoire, il n'ait pas
cherché à connaître la vérité, et sur-tout à éviter de
tomber à chaque instant dans des contradictions avec lui-
même ?

« Il s'adressa encore à trois de ses grands officiers, etc. »
(Page 68 [51].)

L'auteur nous donne ici le procès-verbal d'une espèce de conseil de son invention, où il fait parler à sa guise les acteurs qu'il met en scène. On y reconnaîtra une froide copie d'un trait du dialogue d'Eucrate et de Sylla, qu'il emploie sans le citer, et qui est le passage le plus piquant de cette partie de son ouvrage. Quand il fait ensuite parler l'un de ces trois interlocuteurs au sujet du mauvais état de l'armée, il ne prête aucune réponse à Napoléon sur un point aussi important. Sans doute il a pensé que l'empereur y avait suffisamment répondu par la première bataille. Au reste, l'importance que M. de Ségur cherche à donner aux conseils de ces trois personnages, peut être facilement appréciée par le lecteur. L'un d'eux, le duc de Frioul, avait parcouru deux fois la route de Pétersbourg à Memel en courrier. En admettant qu'on connaisse un pays, en courant la poste, M. le duc de Frioul n'aurait connu que l'Estonie, l'Ingrie et la Livonie, qui ne sont pas à proprement parler la Russie. Un autre, le comte de Ségur (1), devait connaître la monarchie, la politique russes au temps de Catherine; mais ses notions, qui remontaient si loin, n'étaient pas applicables aux circonstances. Quant au troisième (le duc de Vicence), il venait de résider pendant plusieurs années à Pétersbourg; son opinion aurait eu plus de poids, si sa prévention pour les Russes n'avait pas été parfaitement connue de Napoléon.

L'auteur, après avoir cherché à établir la ressemblance de l'expédition de Napoléon en Russie, avec celle de Saint-Louis en Afrique, ajoute : « Celle-ci (l'expédition en Rus- » sie) était indispensable à l'achèvement d'un grand dessein » presque accompli. Son but n'était point hors de portée ; » les moyens pour l'atteindre étaient suffisans. » (P. 77 [58].) Singulière conclusion d'un chapitre entièrement consacré à

---

* Père de l'auteur.

prouver tout le contraire. *Le grand dessein presque ac-*
compli, était de contraindre l'Angleterre à la paix par le
système continental. Dire que *son achèvement était indis-*
pensable, que *le but n'était point hors de portée*, que *les*
moyens pour l'atteindre étaient suffisans, c'est justifier
ce grand dessein sous tous les rapports. Ce n'est cependant
pas pour cela que M. de Ségur a écrit son livre.

CHAPITRE III.

———

Nous avons vu Napoléon aux prises avec ses grands dignitaires, ses ministres, ses grands officiers; nous allons voir « *cet homme mystérieux*, donnant à *ses traits, pour tant d'autres si terribles*, l'expression *d'une douce et touchante bienveillance*, employant *l'irrésistible attrait du plus naïf et du plus confiant épanchement*, affectant une *voix caressante*, exerçant enfin *une espèce de puissance magnétique sur le militaire, sur le ministre élevé dans l'ancien monde*, enfin *ne voulant ni s'expliquer, ni se donner la peine de feindre devant les hommes superficiels et sans expérience, et s'écriant brusquément: vous ne comprenez rien à tout ceci; vous en ignorez les antécédens et les conséquens!* » (Pages 78, 79 et 80 [59, 60].)

Nous serions tentés de croire que le maréchal-des-logis du palais se compte parmi ceux qui assistaient au conseil; car ces dernières paroles ne peuvent s'appliquer à personne mieux qu'à l'auteur de la Campagne de 1812.

Vient ensuite le tour des princes de la famille de l'impératrice Joséphine, du cardinal Fesch, qui est vivement tancé pour son obstination à ne pas vouloir voir une étoile en plein midi.

L'auteur fait parler, selon sa fantaisie, ces derniers interlocuteurs, et il met dans la bouche de Napoléon des discours que personne n'a entendus, lui encore moins que tout autre, puisqu'il approchait rarement de l'empereur..

Ce prince, toujours impassible à l'aspect des plus grands
dangers, et plus que jamais infatigable, est représenté,
dans ce chapitre, comme préoccupé de l'idée de sa mort,
et ses forces comme déjà déclinant au point qu'il pouvait à peine soutenir *le court exercice de la chasse, le
galop des chevaux les plus doux.* (Page 85 [64].)

En même temps que l'auteur nous dit « qu'une grande
» inquiétude préoccupait Napoléon, *la pensée de sa mort,* »
il nous montre « son esprit à la fois trop ferme et trop
» éclairé pour laisser dépendre d'une faiblesse d'aussi
» grandes destinées. » (Page 84 [63].)

En même temps qu'il le montre décidé à la guerre
« pour consolider le grand empire en rejetant la puis-
» sance russe au delà du Borysthène. » (page 84 [63]), et
qu'il lui fait dire « que la paix est à Constantinople, c'est-
» à-dire à la fin de l'Europe » (page 79 [6o]), (notez
bien cette charitable insinuation), il le fait voir n'allant
*en Russie que pour attaquer les Anglais dans une cam-
pagne courte, après laquelle on se reposera.* (P. 8o [6o].)

En même temps qu'il montre « sa précipitation à com-
» mencer cette terrible guerre » (page 84 [63]), il le fait
voir ne *s'y décidant qu'après une pénible hésitation*
(page 85 [64]); et lorsqu'il *éclate* dans *l'audience du
3 août* 1811, « cet emportement, présage de la guerre,
» est une preuve de plus de sa répugnance à la commencer....
» et une menace dont l'objet est d'arrêter les préparatifs
» d'Alexandre. » (Page 86 [64].)

Le lecteur qui réfléchit, passe à la hâte ces pages qui ne
lui apprennent rien, sinon que l'auteur ne sait pas même à
quelle opinion s'arrêter.

Pour finir par un trait piquant, il raconte ce singulier
dialogue entre Napoléon et un ambassadeur revenu de son
poste, où il n'a pas vu les préparatifs de la Russie, quoiqu'ils
frappassent les yeux de toute l'Europe. « Vous aussi êtes de-

» venu Russe. Vous êtes séduit par l'empereur Alexandre.
» —Oui, sire, parce que je le crois Français. » (Page 86 [65].)
Napoléon aurait eu raison de dire que M. de Vicence était
Russe, si ce ministre eût pensé comme Alexandre; mais est-il
probable que cet ambassadeur soit convenu qu'il *avait été
séduit,* et que, pendant son séjour à Pétersbourg, il avait
vu un empereur français dans l'empereur de Russie? L'auteur, qui ne sent pas ce qu'un tel récit a d'invraisemblable
et de ridicule, croit cependant écrire l'histoire.

4

CHAPITRE IV.

Dans un chapitre de cinq pages, consacré à la négociation qui avait pour objet de rapprocher les deux parties,
et de prévenir la guerre, l'auteur nous montre Napoléon
gardant le secret de sa perplexité (page 87 [66]), sans
s'apercevoir que celui qui délibère, n'est pas décidé à être
l'agresseur. L'empereur, qu'il nous a peint jusqu'ici si ar-
dent à poursuivre son entreprise, qui, deux pages plus loin,
ne rêve que Moskou, découvre tout à coup ce qu'il n'avait
pas encore soupçonné, c'est que l'état de ses affaires ne lui
permet pas de faire la guerre. Des revers en Espagne, des
démêlés avec le pape, des échecs essuyés par les Turcs,
des inquiétudes sur les subsistances de la France qui ne
compte plus que « des vieillards, des enfans, des femmes et des mères qui pleurent et crient, penchées la-
» borieusement sur cette terre qui, sans elles, resterait
» inculte * » (page 88 [66, 67]); tout cela lui est révélé dans une « des longues nuits d'hiver où son étoile
» paraît l'éclairer de sa plus vive lumière. » (Page 87 [66].)
Les différens génies des peuples qu'il a vaincus, lui
apparaissent menaçans. Troublé par cette fantasmago-
rie, « il devient soucieux et agité. Il rassemble les dif-
» férens états de situation de chaque puissance de l'Eu-

---

* Le dénombrement du peuple français, fait après la chute de Napoléon,
duquel il résulte que la population de la France s'était accrue de cinq millions d'ames, répond victorieusement à cette diatribe.

» rope *, et s'en fait composer un résumé exact et com-
» plet. » (Page 89 [67].)

Le génie de Napoléon, qui alliait à l'audace tant de circonspection, qui n'abordait aucune question sans l'examiner sous toutes ses faces, qui n'exécutait rapidement que
parce qu'il avait longuement et profondément médité, se
reconnaît-il dans les phrases qu'on vient de lire? L'auteur
a-t-il voulu écrire un mélodrame ou l'histoire? Napoléon
sentait vivement le besoin de terminer les affaires d'Espagne. Il regrettait d'être contraint de les abandonner, pour
aller repousser un ennemi puissant que lui suscitait l'infatigable inimitié de l'Angleterre. Il ne se serait pas exposé à
compromettre son ouvrage, pour la gloire brillante, mais
si intempestive, d'ajouter à ses surnoms de conquête celui
de *Russique*, à moins qu'on ne le suppose atteint de folie.
Si ce n'est pas ce que M. de Ségur a voulu prouver, c'est
du reste la moralité qu'on peut tirer de son livre.

Il se place à côté de lui, comme témoin de ses agitations
« au milieu de ces longues nuits d'hiver où l'on reste long-
» temps seul avec soi-même » (page 87 [66]), et oublie
que les nuits de Napoléon, en grande partie consacrées
au travail, et où *il était seul avec lui-même*, n'avaient
pas de témoins. Cependant l'auteur l'a vu « à demi ren-
» versé sur un sopha, se réveillant comme en sursaut,
» croyant s'entendre nommer, et s'écriant : Qui m'ap-
» pelle? » (Page 89 [67].) Comme l'Oreste de Crébillon,
ou comme l'ivrogne à qui l'on prétend que ce tragique a
dérobé ce mouvement sublime.

On ne voit pas encore là de la négociation; nous y voici.
« Le 25 mars 1812, Czernicheff porta de nouvelles pro-
» positions à son souverain. Napoléon offrait de déclarer

---

* Qu'est-ce que c'est que les différens états de situation des puissances
de l'Europe?

» qu'il ne contribuerait ni directement ni indirèctement
» au rétablissement d'un royaume de Pologne. » (P. 90 [68].)
Cette déclaration avait été consentie un an auparavant et
en propres termes.

Le 1er janvier 1811, le duc de Vicence avait signé avec
M. de Romanzoff un traité, qui fut envoyé à Paris avec
la ratification de l'empereur Alexandre. Par l'article premier, la France s'engageait *à ce que le royaume de Pologne
ne fût point rétabli*. Plusieurs autres articles étaient très-
favorables aux projets d'extension de la Russie. Mais ce
fut sur-tout le premier qui choqua l'empereur Napoléon.
« Je ne suis pas le destin, dit-il ; tout ce que je puis faire,
c'est de m'engager à ne contribuer en rien, ni directement
ni indirectement, au rétablissement du royaume de Pologne. » L'article premier ayant été ainsi modifié, l'empereur ne fit aucun changement aux autres. Il signa le traité,
et l'envoya à Pétersbourg. Alexandre se montra blessé de
ce que Napoléon refusait sa ratification pure et simple à
un traité que lui, Alexandre, avait ratifié. Ces discussions,
l'augmentation de l'armée russe sur les frontières du duché
de Varsovie, l'insistance de la Russie pour obtenir Dantzick
en échange d'Oldenbourg, confirmèrent les soupçons de
Napoléon sur la volonté d'Alexandre de profiter, pour
s'emparer de la Pologne, des obstacles que la France éprouvait en Espagne.

On négociait donc depuis une année ; et M. de Ségur,
qui prétend tout dire dans une page et demie, ne voit commencer la négociation qu'au 17 avril, pour la résoudre en
quelques jours. Il est vrai que, dans ce peu de lignes, il
montre Napoléon toujours prêt à traiter, l'empereur russe
éludant les négociations, et *l'ambassadeur moskovite re-
mettant presque en même temps l'ultimatum* (p. 91 [69]),
ou, en d'autres termes, la déclaration de guerre de son
maître. L'auteur qui ne s'embarrasse pas facilement, n'en

peint pas moins Napoléon comme l'agresseur. Il ne manquera pas cependant de dire ailleurs que, ne pouvant pas faire sortir l'ambassadeur du cercle de Popilius, qu'il trace autour de lui, Napoléon fait écrire par son ministre à M. le comte de Romanzoff, pour tenter un rapprochement par cette communication directe ; qu'il envoie pour le même but le comte de Narbonne à Wilna avec une lettre pour l'empereur Alexandre ; que, ne se rebutant pas par le peu de succès de ses démarches pacifiques, il ordonne au comte de Lauriston, son ambassadeur, de demander à se rendre au quartier-général russe, pour y renouveler des instances et des propositions ; et que c'est seulement après l'inutilité de ces tentatives multipliées, qu'il acquiert la certitude que son ennemi ne peut être désarmé, et que, dans l'impossibilité de négocier, la guerre est le seul moyen d'obtenir la paix. Forcé, poussé à bout par la conduite de l'empereur Alexandre, Napoléon part enfin ; il part à regret, et marche au-devant de cette lutte que la persévérance de ses efforts n'a pu prévenir, et contre l'adversaire qui, depuis deux mois, lui a déclaré la guerre.

CHAPITRE V.

M. DE SÉGUR donne six pages à ce chapitre, qui doit
opérer le dénouement de toutes les négociations; il pouvait
être plus court, car il n'y a pas un mot de négociations. Il
est rempli de petites anecdotes controuvées, recueillies pour
avoir l'occasion de louer plusieurs personnes auxquelles
l'empereur accordait quelque confiance, et de jeter des insinuations défavorables sur l'une d'elles.

Voici d'abord M. de Talleyrand « qui doit être envoyé à
» Varsovie, mais la jalousie d'un compétiteur et une intrigue
» le rejettent dans la disgrace. Napoléon, abusé par une
» calomnie adroitement répandue, crut en avoir été trahi;
» Sa colère fut extrême, son expression terrible. Savary
» (seul protecteur de M. de Talleyrand) fit pour l'éclairer
» de vains efforts. » (Page 93 [70].)

Ce compétiteur, jaloux et intrigant, l'auteur fait ce qu'il
peut pour qu'on le devine; c'est le duc de Bassano. L'anecdote a autant de vérité que l'imputation faite au caractère
de ce ministre. Napoléon eut en effet la pensée de charger
M. de Talleyrand d'une ambassade pour opérer la révolution
de la Pologne. Il hésitait, et c'était encore un secret, lorsqu'il apprit, par des rapports privés de Vienne, que ce secret était connu. *Il ne crut pas avoir été trahi; sa colère
ne fut pas extrême, ni son expression terrible;* cela n'en
valait pas la peine. Il renonça à son projet, et voilà tout.
Une lettre écrite par M. de Talleyrand fut plus tard trans-

mise à Wilna, et Napoléon ne *força* pas, comme le dit
l'auteur, « son secrétaire d'envoyer cette lettre à celui-là
» même de ses ministres qui redoutait le plus le crédit de
» Talleyrand. » (Page 94 [71].) Le secrétaire de Napoléon
avait-il besoin d'être *forcé* pour envoyer une lettre sur
les affaires politiques au ministre qui avait la politique dans
son département, parce que ce ministre aurait redouté le
crédit de M. de Talleyrand, qui depuis plusieurs années était
sans crédit? L'histoire a bien à faire de pareilles billevesées.

En voici une autre, et c'est à l'occasion du même ministre.
« On l'entendait répéter que l'empereur n'était pas assez
» grand, qu'il fallait qu'il fût plus grand encore pour pou-
» voir s'arrêter. » (Page 95 [71].) Qui l'entendait? Est-ce
M. de Ségur? M. de Bassano peut l'avoir souvent traité avec
bonté; mais on ne pense pas qu'il lui ait jamais parlé de ses
idées politiques. Il se pourrait qu'on eût vu des ministres
approuver hautement les projets de l'empereur et les blâmer
tout bas, lorsque les événemens avaient prononcé contre eux.
On en a vu aussi s'opposer courageusement, mais auprès de
Napoléon seulement, à des résolutions projetées, et s'inter-
dire ce blâme, aussitôt qu'arrêtées, elles étaient devenues
un décret du souverain. Ces derniers faisaient doublement
leur devoir. Mais peut-être ne s'en sont-ils pas vantés, et l'on
conçoit que M. de Ségur, qui n'avait de rapports avec les
ministres que quand ils l'invitaient à dîner ou à danser, ne
soit pas entré fort avant dans les secrets ministériels.

Il sait cependant, dit-il, qu'un ministre *se taisait;* que
si un autre *flattait* l'empereur (page 95 [72]), d'autres
ne lui épargnaient pas la vérité, l'un *en gémissant,*
l'autre *en pâlissant,* un troisième *en rougissant;* que
les ministres et aides-de-camp de Napoléon « ont été vus
» plusieurs fois terminant ces altercations, en se retirant
» brusquement et en fermant la porte sur eux avec vio-
» lence. » (Page 96 [72].)

Le maréchal-des-logis du palais, qui a peut-être regardé quelquefois de loin la porte extérieure du cabinet, aurait-il aperçu ces belles choses, tandis que personne autre ne les a vues? M. de Ségur, que rien n'arrête, joint à cette liste des opposans le général Rapp et le général Lauriston. Il n'y a qu'une difficulté; c'est que le premier était à Dantzick, et l'autre à Pétersbourg. Au reste, tout le monde sait que les ministres et les aides-de-camp étaient des gens trop bien élevés, et Napoléon un homme trop pénétré de ce qu'on lui devait, pour que de telles incartades aient eu lieu. On croirait que l'auteur n'a jamais approché ni de Napoléon, ni de ses ministres, ni de ses aides-de-camp.

« Il donne ces détails, parce qu'ils sont mal connus, parce » que Napoléon dans son intérieur ne ressemblait pas à l'em- » pereur en public, et que cette partie du palais est restée » secrète. » (Page 96 [72].)

Si elle est restée secrète, comment est-elle parvenue à la connaissance de M. de Ségur, qui, adjudant ou maréchal-des-logis du palais, n'est jamais entré, à aucun titre, dans cet intérieur? L'idée que l'auteur veut donner de la cour des Tuileries, est en effet nouvelle, et dérangera bien celle qu'on s'en était faite en Europe.

« Dans cette cour sérieuse et nouvelle, on parlait peu. » (Page 97 [72].) Dans cette cour sérieuse et nouvelle, on parlait toujours avec respect à l'empereur, et l'on ne faisait point de confidences à ceux à qui la nature de leur service les rendait étrangères.

« Tout était classé sévèrement; de sorte qu'un salon igno- » rait l'autre. » (Page 97 [72].) Comment M. de Ségur a-t-il donc su ce que le salon de service ignorait?

« On ne peut bien comprendre les grands événemens de » l'histoire, qu'en connaissant bien le caractère et les mœurs » de ses principaux personnages. » (Page 97 [72].) L'auteur, par cette réflexion, fait la critique de la peinture qu'il a tracée ; mais il est persuadé qu'elle est fidèle : félicitons la postérité d'avoir ce garant.

« Cependant une famine s'annonçait en France.... Napo-
» léon fut forcé de suspendre son départ.... Cette guerre,
» où chaque heure perdue était irréparable, fut retardée
» de deux mois. » L'auteur va dire dans la phrase suivante,
que ces heures n'étaient pas perdues, puisque « ce retard
» donnait aux moissons nouvelles des Russes le temps de
» croître » (page 97 [75]); mais, peu importe. M. de Ségur
nous dira encore, au commencement du premier chapitre
du livre suivant, que Napoléon, immédiatement après avoir
reçu l'ultimatum de l'ambassadeur moskovite, quitta Paris
le 9 mai. En effet, ce retard de deux mois n'a pas plus
existé que sa cause. Dès le 15 août 1811, et au milieu des
fêtes de cette journée, Napoléon, averti que les apparences
de la récolte n'étaient pas favorables, avait réuni à l'improviste et formé, avec plusieurs de ses conseillers que la solennité du jour amenait à Saint-Cloud, un conseil dont les
subsistances à venir de la France furent l'objet. Ce même
jour, il avait arrêté des mesures de précaution, dont le développement successif procura des ressources abondantes
contre la calamité qu'il prévoyait. Ces mesures furent telles
que, dès la fin de cette même année, tous les approvisionnemens de secours pour la France étaient assurés ; de sorte
que, bien avant de quitter Paris, leur exécution était complète. Il n'en coûta à la France que douze millions, et le
fléau fut conjuré. Ce fait était peut-être digne de l'histoire;
mais il honorait le gouvernement de Napoléon!!!

Si l'auteur estime, dans son jugement, que Napoléon eût
dû partir plus tôt de Paris, il aurait pu, au lieu de supposer
une cause de retard imaginaire, en trouver une bien simple
dans l'utilité de laisser à l'Autriche et à la Prusse le temps
de se mettre en mesure d'exécuter des traités signés en
mars; dans la nécessité de laisser aux troupes qui étaient

sur l'Oder le temps d'arriver sur le Niémen; enfin de ne
pas négliger les dernières espérances de conciliation. Pendant qu'on différait de répondre au prince Kourakin, parce
qu'on n'aurait pu le faire qu'en acceptant la guerre, le ministre des relations extérieure traitait directement par écrit
avec le comte de Romanzoff. On attendait la réponse de ce
ministre, on se flattait qu'il désavouerait les injonctions hostiles de Kourakin.

Quoi qu'il en soit, M. de Ségur se décide à laisser Napoléon sortir de Paris ; mais c'est uniquement pour aller chercher une bataille. « Tel fut son espoir..... dit notre historien,
» tel était Napoléon. Ces fondateurs d'empires, ajoute-t-il,
» ne sont arrêtés ni par la guerre, ni par les tremble-
» mens de terre, ni par tous ces fléaux que le ciel permet,
» sans daigner en faire comprendre l'utilité à ses victimes. »
(Page 98 [73].) A cette réflexion banale, qui a la prétention
d'être philosophique, et qui, par sa nature, appartiendrait
plutôt à un sermon qu'à un ouvrage d'histoire, nous nous
contenterons de répondre que *les fondateurs d'empires*,
les fléaux et *les tremblemens de terre*, dont parle M. le
maréchal-des-logis, n'ont été funestes ni à lui ni à sa
famille.

LIVRE TROISIÈME.

CHAPITRE I.

Les départemens de la France que traversa Napoléon, l'enivrèrent de témoignages de confiance et de dévouement; mais *en Allemagne, il trouva moins d'affection*, dit M. de Ségur. (Page 103 [78].) On n'accusera pas cette réflexion de manquer d'innocence.

La réunion de Dresde, à laquelle un historien, digne de ce nom, aurait dû chercher de hauts et graves motifs, n'en a eu qu'un seul pour Napoléon, suivant le maréchal-des-logis, celui de *montrer son pouvoir et d'en jouir.* (P. 104 [79].) Mais, plus bas (page 110 [83]), il est d'un autre avis, quand il fait dire, par l'empereur, au général Dessolle: *La réunion de Dresde n'ayant pas déterminé Alexandre à la paix, il ne faut plus l'attendre que de la guerre.* De puissantes considérations avaient donc amené cette réunion de Dresde. Un homme aussi bien instruit que M. de Ségur aurait pu nous donner sur cette grande circonstance de la vie de l'empereur quelque chose de moins puéril. Car enfin M. de Ségur est un homme universel; à Paris, il pénètre dans les conseils; il juge les affaires et les hommes; à Dresde, il *voit* tout; il assiste à la réunion des souverains, à leurs banquets, à leurs conversations les plus intimes; il pénètre dans les replis de leurs cœurs; il y saisit l'humiliation, le ressentiment et la haine. Il n'est pas jusqu'aux impératrices dont il ne surprenne le secret : l'une est jalouse de la *parure de sa belle-fille*; l'autre *pleure* (page 107 [81]), si Napoléon lui demande de retrancher quelque chose à sa parure, pour ne pas humilier sa belle-mère. Le maréchal-des-logis du palais se place ainsi en tiers entre l'impératrice et son époux.

« Cependant, dès les premiers jours, on s'était étonné de » n'avoir point vu le roi de Prusse grossir la cour impériale; » mais bientôt on apprit qu'elle lui était comme interdite. » Ce prince s'effraya d'autant plus qu'il avait moins de » torts; sa présence devait embarrasser : toutefois, encou- » ragé par Narbonne *, il se décida à venir. On annonce » son arrivée à l'empereur. Celui-ci irrité refuse d'abord de » le recevoir. Que lui veut ce prince? N'était-ce pas assez. » de l'importunité de ses lettres et de ses réclamations » continuelles? Pourquoi vient-il encore le persécuter de » sa présence? Qu'avait-il besoin de lui? Mais Duroc in- » siste; il rappelle le besoin que Napoléon a de la Prusse » contre la Russie, et les portes de l'empereur s'ouvrent. » au monarque, etc. » (Page 109 [82].)

L'auteur, suivant son usage, n'oublie rien, cite les propres paroles, nomme les témoins. Ces témoins ne le démentiront pas, puisqu'ils sont morts; mais nous n'avons pas besoin d'eux; les faits suffisent et vont apprendre que dans toutes ces belles pages il ne se trouve pas un mot de vérité.

Napoléon était attendu à Berlin; les palais qu'il devait occuper étaient préparés. Il renonça à ce voyage; mais, dans le désir de plaire au roi de Prusse, il s'empressa de l'informer des motifs qui avaient changé ses projets,

---

* M. de Narbonne était à cette époque à Wilna.

et de l'inviter à venir se réunir à Dresde, aux illustres hôtes du roi de Saxe. Une personne attachée au ministère des relations extérieures, M. Benoît, fut envoyé à Berlin avec une lettre du duc de Bassano au roi, et des dépêches pour M. de Hardenberg et M. de Saint-Marsan. Ces lettres furent accueillies avec empressement. Le roi se hâta de se rendre à l'invitation qui lui était faite; il partit pour Dresde, et l'accueil qu'il reçut à son arrivée fut tel qu'il devait l'être après de semblables antécédens. Dans l'émotion qu'il en éprouva, il offrit son fils à Napoléon pour l'accompagner comme aide-de-camp, et le présenta aux aides-de-camp de l'empereur, en demandant leur amitié pour cet illustre compagnon d'armes.

Que deviennent cette intervention du comte de Narbonne et cette résistance de *l'empereur irrité*, qui ne veut pas voir le roi de Prusse? Que deviennent cette résistance de Duroc, qui fait la leçon à son maître, et cette charitable insinuation que le roi de Prusse *s'effraya d'autant plus qu'il avait moins de torts ?*....

CHAPITRE II.

Dans ce chapitre, M. de Ségur semble avoir pour but de représenter l'armée comme une horde de pillards. Il va jusqu'à dire que « quelques chefs donnèrent l'exemple : » qu'il y eut émulation dans le mal. » (Page 116 [88].) L'auteur nous peint Napoléon toujours menaçant, mais en vain, et ne sachant pas se faire obéir. Il prétend qu'il « peut se » reprocher d'être la cause de ces désordres qui l'irritent. » (Page 113 [86].) Qu'entend par là M. de Ségur? Veut-il insinuer que l'empereur les excite, ou a négligé les moyens de les prévenir? Non, puisqu'il dit que Napoléon *veut l'ordre* (page 116 [88]); qu'il tance vertement un prince étranger, fils de roi, pour les désordres commis par ses troupes; que « des approvisionnemens de vivres immenses » comme l'entreprise, étaient rassemblés; qu'aucun détail » n'avait été négligé; que le génie actif et passionné de » Napoléon était alors fixé tout entier sur cette partie im- » portante et la plus difficile de son expédition; qu'il fut » en cela prodigue de recommandations, d'ordres, d'argent » même.... que les jours se passaient à dicter des instructions » sur cet objet; que la nuit, il se relevait pour les répéter » encore, etc. » (Page 120 [91].) Que conclure de pareilles contradictions? Comment Napoléon pourrait-il se faire des reproches, quand l'auteur lui-même le peint comme irréprochable?

Ce n'est pas assez d'avoir représenté l'armée comme désorganisée avant d'entrer en campagne, il faut qu'il montre les maréchaux divisés entre eux. Il suppose une altercation extrêmement vive entre Davoust et Berthier, dont l'inimitié date, suivant lui, de plusieurs années. « En 1809, » dit-il, Berthier fut son chef pendant quelques jours, et » Davoust gagna une bataille et sauva l'armée en lui déso- » béissant. De là une haine terrible. » (Page 117 [89].) L'auteur se trompe encore ici grossièrement sur des faits connus de tout le monde. En 1809, l'empereur arriva à l'armée dans la nuit du 16 au 17 avril. Les Autrichiens avaient passé l'Inn, et marchaient sur l'Iser. Il n'y avait pas eu de bataille : seulement quelques escarmouches avaient eu lieu entre les Autrichiens et les troupes bavaroises. Napoléon n'approuva pas les dispositions que Berthier avait faites jusque là, et il se hâta d'envoyer des ordres aux divers corps d'armée. L'exécution de ces ordres amena les combats de Phaffenhoffen et la bataille de Tann le 19, celle d'Abensberg le 20, le combat de Landshut le 21, et la bataille d'Eckmülh le 22. Au dire de Napoléon, la bataille d'Abensberg, la manœuvre de Landshut et la bataille d'Eckmülh sont ses plus hardies, ses plus savantes et ses plus belles manœuvres. Comment donc l'auteur peut-il avancer que *Davoust gagna une bataille, et sauva l'armée en désobéissant à Berthier*, puisque, ainsi que nous venons de le dire, il n'y avait pas eu de bataille avant l'arrivée de l'empereur, et que celles qui eurent lieu ensuite, furent livrées par ses ordres et sous son commandement immédiat? Cependant il fait accuser Berthier de trahison par Davoust pour amener cette incroyable exclamation de Napoléon : « Il m'arrive quelquefois de douter de la fidé- » lité de mes plus anciens compagnons d'armes; mais alors » la tête me tourne de chagrin, et je m'empresse de re- » pousser de si cruels soupçons. » (Page 118 [89].) Il faut avoir une tête organisée comme celle de M. de Ségur, pour concevoir de pareilles pensées. On voit bien qu'il a écrit son ouvrage depuis 1814.

Voici qui est encore plus fort. L'armée de Davoust est complétement munie de tout. « Il a prévu tous les besoins; » tous les moyens d'y suppléer sont prêts. » Et l'auteur ajoute : « Tant de soins devaient déplaire; ils déplurent. » (Page 119 [90].) Comment caractériser une pareille réflexion? Quoi ! devait-on déplaire à Napoléon en exécutant ses ordres.

« Ce maréchal, disait-on à l'empereur, veut avoir tout » prévu, tout ordonné, tout exécuté. L'empereur n'est-il » donc que le témoin de cette expédition? La gloire en » doit-elle être à Davoust? » (Page 119 [90].) Qui ne s'attend à voir Napoléon réprimer celui qui aurait pu tenir de semblables discours? Il n'en est point ainsi. Le bénin empereur, comme éclairé par un trait de lumière, s'écrie ingénument : « En effet, il semble que ce soit lui qui com-» mande l'armée. » (Page 119 [90].)

Il faut trancher le mot, tous ces commérages sont absurdes. Napoléon savait beaucoup de gré à Davoust de l'habileté avec laquelle il conduisait ses troupes et pourvoyait à leurs besoins, il signalait le talent administratif de ce général comme un modèle; et les hommes qui approchaient réellement l'empereur, l'ont entendu souvent s'étendre avec complaisance sur de tels éloges. C'était le mérite spécial de Davoust; on ne le lui a jamais contesté; et il serait singulier que Napoléon, à qui il était si profitable, s'en fût jamais montré mécontent.

CHAPITRE III.

Ce chapitre débute par un tableau vrai, qui repose l'ame du lecteur, fatiguée des sentimens pénibles qui l'assiégent depuis le commencement de l'ouvrage. Ces pages font regretter que M. de Ségur n'ait pas écrit tout son livre avec ce ton de vérité; mais il se hâte bientôt de quitter cette allure simple et franche, pour rentrer dans la route tortueuse des conjectures et des divagations.

L'état qu'il donne des forces de l'armée est très-inexact. Il résulte des documens officiels que nous possédons, surchargés même de notes de la main de Napoléon, que l'armée comptait, au passage du Niémen, 325,900 hommes présens sous les armes, dont 155,400 français, et 170,500 alliés, et 984 bouches à feu.

M. de Ségur porte à 445,200 hommes le nombre des troupes entrées en Russie à l'ouverture de la campagne. Il est encore plus élevé que celui que M. de Czernicheff avait procuré à l'état-major russe, et qu'il avait obtenu par la séduction, d'un employé des bureaux de la guerre, auquel cette trahison coûta la vie. Cet état ne se montait qu'à 414,600 hommes. Maintenant, si l'on songe que ce dernier état est celui des corps supposés au complet; si, ensuite, l'on fait rentrer dans ce calcul les pertes que ces corps ont nécessairement éprouvées dans leurs marches vers les frontières russes; on comprendra combien l'état de situation donné par M. de Ségur est exagéré.

Dans l'analyse alambiquée et métaphysique des sentimens qui animent l'armée, on cherche vainement les deux sentimens les plus naturels aux Français, l'honneur et l'amour de la patrie, dont les noms même ne sont pas cités. Est-ce omission? ou l'auteur serait-il assez malheureux pour n'en avoir pas senti la puissance? Il ne parle que de mobiles frivoles et dépourvus d'élévation. « A cela, dit-il, il » faut bien ajouter l'espoir du pillage; car l'exigeante am-» bition de Napoléon avait souvent rebuté ses soldats, comme » les désordres de ceux-ci avaient gâté sa gloire. Il fallut » transiger : depuis 1805, ce fut comme une chose con-» venue; eux souffrirent son ambition; lui, leur pillage. » (Page 126 [94].)

Comment la plume d'un militaire français a-t-elle pu tenir note de *l'espoir du pillage!* et de quelle odieuse transaction ose-t-il nous donner l'idée!! A la lecture de ces lignes, qu'il nous coûte de répéter, les vétérans français repousseront avec indignation la dédicace que l'auteur leur offre d'un livre où il leur fait un si sanglant outrage. Nos ennemis les plus acharnés n'ont jamais avancé une accusation aussi déshonorante pour le nom français. Il était réservé à M. le maréchal-des-logis du palais d'en prendre la responsabilité.

- N'avons-nous pas vu tous avec quelle sollicitude l'empereur s'occupait de réprimer les désordres dans l'armée? Avide de connaître la vérité, il interrogeait les habitans et les officiers. Personne n'arrivait auprès de lui, d'une division ou d'un corps d'armée, ou de la route que les troupes avaient parcourue, que ses premières questions n'eussent pour objet ce qui se passait sur les derrières. A peine la vérité était-elle connue de lui, que sa résolution était prise; il faisait former des colonnes mobiles. Il écrivait aux généraux, aux commandans des places sur la route de l'armée; il menaçait de son animadversion, si les désordres ne cessaient pas immédiatement. Il répétait sans cesse que le pillage déshonore les troupes, et détruit les ressources du soldat discipliné. S'il faut citer une époque où sa sollicitude fut sur-tout remarquable, ce fut précisément celle que l'auteur assigne à la transaction honteuse, dont il essaie de flétrir la gloire du chef, des soldats et de la France. M. de Ségur a ignoré tout cela, parce que M. de Ségur n'a rien vu et n'a été en position de rien voir. Sa situation subalterne réduisait à un champ trop étroit le cercle de ses petites observations. Mais comment ne connaît-il pas les ordres du jour foudroyans de Saint-Pœlten en 1805, etc., etc.? Comment ne sait-il pas qu'entre autres exemples, l'empereur fit juger et fusiller à Berlin en 1806, un grenadier de la garde, et en 1808 à Madrid, deux voltigeurs de cette même garde, convaincus de pillage, etc.

Comment concilier les imputations odieuses de la page 126 [94], avec ce que l'auteur dit, à la page 130 [98], où se trouve ce désaveu éclatant? « Nous aimions en lui le » compagnon de nos travaux, le chef qui nous avait con- » duits à la renommée; l'étonnement, l'admiration qu'il » inspirait flattait notre amour-propre..... temps d'ivresse » et de prospérité, où le soldat français, maître de tout » par la victoire, s'estimait plus que le seigneur ou même » le monarque dont il traversait les états! Il lui semblait » que les rois de l'Europe ne régnaient que par la permission » de son chef et de ses armes. » (Pages 129 et 130 [97, 98.])

ooo

LIVRE QUATRIÈME.

———— o ————

CHAPITRE I.

————

« NAPOLÉON satisfait se déclare. » (Page 135 [101].)
Ainsi commence ce chapitre. L'auteur oublie que, dans
les pages qui précèdent, il nous a montré l'empereur sans
cesse « irrité et mécontent. » De quoi donc est-il satisfait, maintenant que toutes les démarches en faveur de la
paix ont échoué, et qu'il est obligé de recourir aux armes ?
M. de Ségur a-t-il voulu insinuer que, quand Napoléon
désirait si ardemment le maintien de la paix, c'était dans
l'espoir d'obtenir la guerre ? S'il eût voulu écrire l'histoire
avec impartialité, il n'eût point passé sous silence un fait
important, connu de toute l'Europe. C'est que le retour
de M. Prevost, secrétaire de légation, arrivé le 19 juin à
Gumbinen, apprit seul à l'empereur que l'ordre donné au
général Lauriston, de se rendre à Wilna auprès d'Alexandre, n'avait pu avoir son effet, des passe-ports lui ayant
été refusés ; et qu'ainsi le dernier espoir du maintien de
la paix était détruit. Ce ne fut même que trois jours après,
que l'empereur fit sa proclamation à l'armée.

« A Tilsitt, dit Napoléon, la Russie a juré éternelle alliance
à la France, et guerre à l'Angleterre. Elle viole aujourd'hui
ses sermens. Elle ne veut donner aucune explication de son

étrange conduite, que les aigles françaises n'aient repassé le Rhin, laissant par là nos alliés à sa discrétion. »

Voilà les vrais motifs de la guerre, exposés franchement. L'auteur ne parle de la proclamation de l'empereur Alexandre que pour lui donner l'avantage sur celle de Napoléon; il la trouve *simple* et *modérée*. Simple! et l'empereur Alexandre fait d'une guerre politique une guerre de religion et de fanatisme. Modérée! oui; mais pourquoi l'était-elle? C'est parce que ce prince était effrayé du danger de la fausse position où il se trouvait placé.

Depuis 1810, tous ses actes avaient eu pour objet l'envahissement du duché de Varsovie. L'arrivée des divisions russes de Moldavie sur les frontières de Pologne; le recrutement extraordinaire opéré dans tout l'empire russe, à une époque où, à l'exception des garnisons des places fortes de la Prusse, il n'y avait plus dans toute l'Allemagne qu'une faible armée française à Hambourg; les menées sourdes qui se tramaient avec le cabinet de Berlin, avaient assez dévoilé ses projets. Si l'on pouvait en douter, la disposition des armées russes, placées sur la lisière de la Prusse et de la Pologne, les immenses magasins rassemblés à Wilna, à Minsk, etc. convaincraient les plus incrédules.

Certes, si Alexandre eût voulu se tenir sur une simple défensive, il n'eût point placé ses troupes sur une étendue de soixante lieues de frontières, et n'eût pas établi, en première ligne, d'aussi immenses magasins. Surpris par les savantes manœuvres de l'empereur, et par la rapidité de ses marches, il voyait son centre enfoncé, et le sort de son aile gauche tout-à-fait compromis. Ajoutons qu'en même temps qu'il faisait sa proclamation, il envoyait son ministre de la police Balachoff au quartier-général de Napoléon, pour arrêter la marche de l'armée française par de feintes négociations. Telles sont les causes du ton modéré de la proclamation d'Alexandre.

CHAPITRE II.

Nous voici au passage du Niémen. « Napoléon, dit l'au-
» teur, qu'une voiture avait transporté jusque là, monte
» à cheval. » (Page 142 [106].) M. de Ségur voudrait-il
faire croire que Napoléon, dédaignant de partager les fatigues du soldat, faisait commodément la guerre en voiture ? Ceux qui l'ont connu, savent que, lorsqu'aucun objet
important ne devait attirer son attention sur la route, il
suppléait, en voiture, au repos que ne lui permettaient pas
de prendre ses occupations multipliées. Mais le plus souvent
il y travaillait.

« Napoléon reconnut le fleuve russe (le Niémen) sans se
» déguiser, comme on l'a cru faussement. » (P. 142 [106].)
Puisque M. de Ségur attache de l'importance à paraître
particulièrement instruit d'un fait fort minutieux en lui-
même, il aurait dû s'en mieux informer. Il eût été exact
de dire que, le 23 juin, l'empereur se couvrit d'une capote
et du bonnet de police de l'un des chevau-légers polonais
de l'escadron de service de sa garde, pour reconnaître le
Niémen. Napoléon ne se *couvrit pas de la nuit* (p. 142[106]),
d'abord, parce qu'il n'aurait pu bien choisir son point de
passage, n'y voyant pas ; ensuite, parce qu'en juin, il fait
déjà jour dans cette contrée à deux heures du matin.

Comment M. de Ségur avance-t-il que Napoléon, dans
cette reconnaissance, a *franchi* la frontière, quand ce n'est
que le 23, à dix heures du soir, que l'armée a commencé

son passage ? Ne se serait-il permis une pareille licence que pour amener ce rapprochement : « que cinq mois après, » Napoléon ne put repasser cette frontière qu'à la faveur » d'une même obscurité » (page 142 [106]); ce qui est un fait aussi inexact que l'intention est peu bienveillante.

On croirait, en voyant la description que fait l'auteur du passage du fleuve, et de la nuit pendant laquelle il s'o-péra, qu'il n'a jamais couché au bivouac. Quelle singulière idée les militaires se feront-ils de lui, en lisant ces jéré-miades pour avoir passé une belle nuit d'été à la belle étoile! Heureusement que les soldats français n'avaient pas été aussi démoralisés par cette nuit de bivouac, que M. de Ségur. Leur courage n'en était pas refroidi, « puisque leur » ardeur était si grande que deux divisions d'avant-garde, « se disputant l'honneur de passer les premières, furent près d'en venir aux mains. » (Page 146 [109].)

Plus bas, il place Napoléon à l'entrée du pont, qu'il a passé *sans hésiter, pour encourager les soldats de ses regards.* (page 146 [109].) Ce sont les mêmes soldats qu'il vient de nous peindre comme prêts à en venir aux mains pour passer.

« Ils parurent plus animés que lui, soit qu'il se sentît » peser sur le cœur une si grande agression, soit que son » corps affaibli ne pût supporter le poids d'une chaleur » excessive, ou que déjà il fût étonné de ne rien trouver à » vaincre. » (Page 146 [109].)

M. de Ségur ignore que, quand il s'agit de surprendre un point de passage sur une rivière, on manœuvre de manière à ne pas y trouver l'ennemi. Lorsqu'on a réussi, comment serait-on *étonné de ne rien trouver à vaincre?* Le seul obstacle à vaincre, c'était le fleuve, et il était vaincu.

M. de Ségur ne l'est pas. Il a plus d'une réserve toute prête : *le corps affaibli de Napoléon ne peut supporter le poids d'une chaleur excessive.* Ainsi le général qui avait

bravé si souvent le climat de l'Italie dans la canicule, qui,
au milieu des sables du désert, avait supporté sans se plaindre les ardeurs du soleil de Syrie, ne pouvait pas, le 24 juin,
au bord du Niémen, résister à la chaleur du nord de l'Europe. Le lecteur serait tenté de croire que c'est d'un autre
Napoléon qu'il s'agit. Et, en effet, le portrait tracé par
M. de Ségur, et qui apparaît dans tout son ouvrage, ne
ressemble pas plus au général de l'armée d'Italie, qu'à celui
qui, l'année suivante, vainquit à Lutzen, à Champaubert,
à Montmirail.

Notre auteur convient que ce qu'il dit n'est pas vraisemblable, mais il n'en est pas plus embarrassé. Ce n'est plus
ni la chaleur ni l'étonnement de ne pas trouver l'ennemi,
qui abat Napoléon, c'est une cause morale : *il se sent peser sur
le cœur une si grande agression.* La phrase n'est pas française ; le sentiment l'est encore moins. M. de Ségur oublie
que, dans ses chapitres précédens, il a montré le prince
Kourakin *dictant un ultimatum* (page 91 [69]) qui ne laissait d'autre alternative que la guerre ; il oublie que l'armée
russe était réunie long-temps avant l'armée française, et que
l'empereur Alexandre *se trouvait au quartier-général de
la grande armée*, avant même que Napoléon eût quitté
Paris pour se rendre à Dresde ; il oublie ces démarches,
qu'il a lui-même rapportées, et qui se rattachent toutes au
refus du maintien de la paix. Par cette conjonction *quoique*
et par ces alternatives multipliées *soit que*, figures qu'il
affectionne particulièrement, il n'offre à son lecteur que
des énigmes à deviner. Mais malheureusement, parmi
tous les mots qu'il en donne, il ne fait jamais connaître le
véritable.

« Tout à coup il s'enfonça à travers le pays, dans la forêt
» qui bordait le fleuve. Il courait de toute la vitesse de son
» cheval. Dans son empressement, il semblait qu'il voulût
» tout seul atteindre l'ennemi, etc. » (Page 146 [109].)

Comment un écrivain, qui porte un titre militaire, ose-t-il travestir en extravagance digne de don Quichotte, l'action toute simple d'un général en chef, qui reconnaît le terrain sur lequel il doit agir? L'empereur ne fit pas la folie que lui prête M. de Ségur de courir tout seul à travers les bois. Il fit lui-même une forte reconnaissance de cavalerie, et en envoya d'autres dans plusieurs directions, afin d'avoir des nouvelles de l'ennemi. Mais le maréchal-des-logis ignore cela; il était probablement resté auprès des tentes, où ses fonctions le retenaient.

En général, ce chapitre est un morceau à effet, sur lequel l'auteur paraît avoir beaucoup compté. On y trouve la matière d'un mélodrame. C'est d'abord l'empereur couché dans sa tente, *étendu sans force dans un air immobile au milieu d'une chaleur lourde.* (Page 143 [106].) Ensuite la nuit vient : quelques sapeurs passent sur l'autre rive; ils y trouvent *un cosaque seul, qui leur demande qui ils sont.* — *Français,* répondent-ils. — *Que voulez-vous,* reprit cet officier, *et pourquoi venez-vous en Russie?* Un sapeur lui réplique brusquement: *Vous faire la guerre! prendre Wilna! délivrer la Pologne!* A ces mots, le cosaque disparaît dans les bois; trois coups de fusil se font entendre; *c'est le signal qu'une grande invasion était commencée.* (Pages 143 et 144 [107].) Les colonnes françaises débouchent. « Le génie des conquêtes enflamme les imaginations. » (Page 145 [108].) On voit Napoléon qui se hâte de poser » le pied sur la terre russe, et de faire sans hésiter ce pre- » mier pas vers sa perte. » (Page 146 [109].) Au génie des conquêtes succède celui des tempêtes. L'auteur n'a pas oublié les présages. « Le cheval de Napoléon s'abat (p. 142 [106]), » le jour s'obscurcit, le vent s'élève, un orage survient, qui » est grand comme l'entreprise. » (Page 147 [109].) L'armée ne veut pas y reconnaître *la réprobation d'une si grande agression.* (Page 148 [110].) Le pont sur la Vilia est rompu;

Napoléon s'irrite *contre elle* : c'est Xerxès faisant frapper de verges l'Hellespont; « il affecte de la mépriser comme » tout ce qui lui fait obstacle, et ordonne à un escadron de » Polonais de se jeter dans cette rivière. » (Page 148 [110].) Ils périssent tous. Ce dénouement du mélodrame fait succéder l'odieux au ridicule. L'auteur fait peser sur la mémoire de l'empereur l'accusation d'avoir sacrifié à une colère insensée la vie de tant de braves gens. Voici la vérité.

Napoléon, arrivant sur la Vilia, trouva le pont rompu. Voulant avoir des nouvelles de l'ennemi, il donna ordre à un escadron du régiment de chevau-légers polonais de la garde * de passer la rivière, comme les cosaques, à la nage. Quelques-uns, moins bons cavaliers que les autres, se séparèrent de l'escadron; un chevau-léger lancier de la première compagnie, nommé Trzcinski, fut le seul qui périt. Un officier de ce même escadron, le comte Joseph Zaluski, alors capitaine, aujourd'hui aide-de-camp du roi de Pologne, ayant abandonné son cheval, courait risque de se noyer; il fut sauvé par des ouvriers sapeurs et des soldats d'infanterie légère. Que deviennent les lamentations de M. de Ségur? Que devient ce saisissement *d'horreur et d'admiration* (page 149 [111]) qu'il prête à l'armée?

Il en est de même de *cet orage grand comme l'entreprise*; il faut le réduire à une simple averse. Ce qui a induit en erreur notre historien, c'est qu'il a lu dans Labaume qu'un orage avait éclaté au moment où le corps du vice-roi passait le Niémen, le 29 juin. Il en fait l'application au passage du Niémen par l'empereur, à Kowno, le 24, sans réfléchir à la différence de cinq jours qui eut lieu entre ces deux opérations. Mais M. de Ségur n'y regarde pas de si

---

* C'était le premier escadron, commandé par le chef d'escadron Kozietulski, et composé de la première compagnie, capitaine Zaluski, et de la cinquième, capitaine Szeptycki. Le général Krasinski, qui commandait le régiment, se jeta à l'eau pour sauver un de ses soldats.

près. D'ailleurs, en plaçant cet orage au passage même de l'empereur, il donnait à son récit une couleur bien plus dramatique, et trouvait l'occasion de grouper autour de ce prétendu phénomène, les réflexions mystiques qui conviennent si bien à la tournure de son esprit. C'est seulement après les torrens de pluie dont parle Labaume, qu'un grand nombre de chevaux périrent, par suite d'un refroidissement subit de l'atmosphère.

Tel est le récit du passage du Niémen, écrit, comme on le dit aujourd'hui, dans le style romantique, puisqu'il est chargé de descriptions et de petits détails racontés avec de grands mots. Pour nous, nous le qualifions de romanesque. Ainsi doit s'appeler une histoire où ce qu'on trouve le moins, c'est la vérité.

~~~~~~

CHAPITRE III.

———

L'AUTEUR nous transporte à Wilna, qu'il nous représente livré au délire de la joie; mais il a soin de nous avertir que cette « exaltation irréfléchie chez les uns, excitée chez les » autres, dura peu. » (Page 153 [114].) Cette exaltation *irréfléchie* est présentée dans la même page, comme l'effet *d'un patriotisme vivant encore*; or, un patriotisme qui vit depuis long-temps n'est pas un sentiment irréfléchi. Cette exaltation était *excitée* selon notre auteur, et cependant il dit qu'elle se manifestait par un épanchement universel. Mais un sentiment excité ne peut être que factice. M. de Ségur devrait nous apprendre comment on l'avait fait naître. La police de Paris avait-elle donc précédé l'avant-garde, pour préparer à l'armée des applaudissemens lorsqu'elle entrerait à Wilna?

L'empereur y reçoit une adresse de la diète de Varsovie, à laquelle il répond. M. de Ségur se hâte de l'accuser d'avoir glacé, par sa réponse, le zèle des Polonais. « Ils ne surent, » dit-il, à quoi en attribuer la circonspection; ils doutèrent » des intentions de Napoléon.... Même autour de lui, on se » demandait les motifs de cette prudence qui paraissait » intempestive. » (Page 156 [116].)

Si par les personnes qui sont autour de Napoléon, on entend les maréchaux-des-logis de son palais, et quelques officiers qui ne voyaient dans cette campagne que la priva-tion des plaisirs de Paris, il est assez peu important pour l'histoire, de savoir ce qu'on se demandait *autour* de ce prince. Ces messieurs étaient bien loin d'avoir alors l'importance qu'ils se donnent aujourd'hui, et ce n'est pas d'après leurs jugemens qu'on jugera l'empereur.

Veut-on savoir pourquoi Napoléon ne dit pas « le royaume » de Pologne existe, » comme le demandaient les députés de la confédération de Pologne ? Le voici. L'empereur avait beaucoup d'intérêts à concilier, de devoirs à remplir. Son premier devoir était la paix, et son premier intérêt, de ne prendre aucun engagement qui le subordonnât à d'autres intérêts qu'à ceux de la France. *Si celui dont chaque parole était un décret*, eût dit : « Le royaume de Polo- » gne existe, » il n'aurait pu poser les armes qu'il n'eût existé en effet. Si *ce royaume* devait son existence *aux efforts* unanimes *d'une population qui couvre des contrées si éloignées et si étendues*, nul n'aurait pu lui imposer l'obligation de ne pas le reconnaître, encore moins de le détruire. Autre chose était pour lui d'être engagé par les événemens, ou par sa libre volonté. Il n'avait lié l'Autriche à la cession *d'une partie de la Gallicie, que pour le cas où, par suite de la guerre, le royaume de Pologne viendrait à être rétabli* (termes du traité d'alliance). Et qu'avait-on entendu par *suite de la guerre ?* C'était la paix qui, en la terminant, aurait affranchi la Pologne. Ce ne pouvait pas être, lorsque la guerre était à peine commencée, l'insurrection, qui, à ce seul mot, *la Pologne existe*, aurait éclaté dans la Gallicie autrichienne, province renfermant autant de cœurs dévoués à la patrie, que celles où le sentiment de l'indépendance est le plus exalté. L'Autriche le savait; elle le craignait.

Napoléon était-il en position, à Wilna, de dire les mots solennels qui auraient justifié les craintes de cette puissance, et de taire ceux qui seuls auraient pu la rassurer? Ses devoirs, ses intérêts, sa conduite sont-ils suffisamment expliqués? Ce ne sont pas là des conjectures ni des rumeurs de quartier-général; c'est la substance des instructions données alors au comte Otto. Dans la campagne de 1806 contre la Prusse, où là Pologne prussienne était seule en question, Napoléon s'était tenu dans la même réserve, parce qu'alors, comme toujours, la paix était pour lui le but de la guerre.

M. de Ségur, après nous avoir exposé la politique du salon de service, peint la « froideur de la Lithuanie, à la-» quelle on dicta jusqu'aux élans de son patriotisme, et » d'où il résulta pour Napoléon comme pour elle, une » fausse position, où tout devint fautes, contradictions et » demi-mesures. (Page 157 [117].)

Pour y mettre le comble, on ajoute que Napoléon laissa former un gouvernement provisoire, dont le « choix fut » malheureux en quelques points, et déplut à la fierté » jalouse d'une noblesse difficile à contenter. (P. 158 [117].) Il est dommage pour l'historien, que rien de tout cela ne soit vrai. Le gouvernement lithuanien, composé de sept membres, en comptait six choisis dans la plus haute noblesse; le comte Soltan, le prince Alexandre Sapieha, comte Potocki, comte Sierakowski, comte Prozor et comte Tysenhaus. Le septième, M. Sniadecki, avait été désigné comme le représentant de la célèbre université de Wilna, dont il était le président. Ces choix eurent l'assentiment unanime.

« Napoléon comptait sur quatre millions de Lithua-» niens; quelques milliers seulement le secondèrent. » (Page 158 [117].) Toute la population s'unit à sa cause et la servit.

« Une garde d'honneur, dit M. de Ségur, lui avait été » décernée; trois cavaliers le suivirent. » (Page 158 [118].) Napoléon avait quitté Wilna depuis plus d'un mois, lors-que le prince Sapieha lui proposa une garde d'honneur, dont il lui envoya la liste, et que l'empereur, peu disposé à l'accepter, n'avait admise qu'au nombre de cinquante hommes. Elle se trouva bien plus considérable, et par l'ordre de Napoléon, elle devint le noyau d'un second régiment de chevau-légers polonais de la garde, dont le commandement fut donné au brave général Konopka. M. de Ségur ne les a pas vus, il n'a pas même été informé de leur sort; car il nous dirait sans doute que plusieurs centaines de ces jeunes gens, appartenant aux familles les plus distinguées de la Lithuanie, surpris par une division de cavalerie commandée par le général Czaplitz, aide-de-camp de l'empereur de Russie, tombèrent à Slonim entre les mains de l'ennemi.

Ce événement aurait pu ne pas échapper à l'historien, qui tient note de trois cavaliers suivant le quartier-général, lesquels étaient trois gentilshommes polonais que le prince de Neufchâtel avait attachés à son état-major comme interprètes. Il y a peu de pages, dans cette histoire, où l'on ne trouve de pareilles bévues.

Nous ne disons rien de ce grand débat entre les généraux polonais qui accompagnaient l'empereur, et quelques-uns des officiers de service auprès de lui. L'imagination de l'auteur n'a, selon son système, arrangé ces conversations que pour fournir des preuves de la tiédeur des Lithuaniens. Le dévouement, les sacrifices et les malheurs de cette noble contrée, auraient pu lui faire naître des inspirations d'un genre plus élevé.

« La fuite de l'ennemi ajourna cette victoire, après la-
» quelle on courait. L'empereur pouvait attendre ses con-
» vois..... Mais il ne voulut pas lâcher prise..... Il lança sur
» les Russes quatre cent mille hommes avec vingt jours
» de vivres, dans un pays (s'empresse-t-on d'ajouter, de
» peur qu'on ne loue tant d'activité), dans un pays qui
» n'avait pas pu nourrir les vingt mille Suédois de Char-
» les XII. » (Page 164 [122].)

Le plan de l'empereur avait complétement réussi. Dès l'ouverture de la campagne, il avait coupé l'aile gauche commandée par le prince Bagration, le corps de Doctoroff, ainsi que la division russe Dorokow *, du centre de l'armée russe, qui fut obligée de fuir vers la Duna sur son camp de Drissa, abandonnant les magasins immenses réunis en Lithuanie et en Samogitie, et nous laissant maîtres de ces deux provinces.

Arrivé à Wilna, l'empereur ne *lança* pas quatre cent mille hommes sur les traces de l'ennemi. Il fit manœuvrer les premier et quatrième corps pour empêcher la réunion, sur la Duna, des corps séparés de l'armée russe, en même temps qu'avec le corps principal il marchait sur Barclay de Tolly. On pouvait attendre de ces opérations la destruction de Bagration, qui, devancé par le maréchal Davoust, ayant sur son flanc le vice-roi, et poussé par le roi de Westphalie à la tête de plus de soixante mille hommes, n'aurait pu passer le Dniéper sans livrer bataille contre des forces qui, par leur grande supériorité, l'auraient écrasé.

---

* Cette division, formant l'avant-garde du comte Schouwalof, était placée à Orany, où le désordre qui régnait au quartier-général après le mouvement de l'empereur, l'avait fait oublier. Elle fut forcée de suivre le mouvement de Bagration sur Smolensk. Le seul corps de Doctoroff put rejoindre le camp de Drissa, en abandonnant son bagage et un grand nombre de traîneurs.

CHAPITRE IV.

M. DE SÉGUR se donne ample carrière dans ce chapitre ; il énumère les pillages, les incendies, les désordres, les misères qu'il dit signaler la marche de l'armée. Nous ne ferons qu'une remarque ; c'est que dans les guerres du beau temps de Louis XIV, dans celles du maréchal de Saxe, du maréchal de Broglie, dans les brillantes campagnes de Marengo, d'Austerlitz, d'Iéna, de Wagram, un écrivain qui se serait amusé à décrire minutieusement ce qui se passait sur les derrières de l'armée, aurait pu faire des tableaux semblables aux siens, et causer dans les salons et les boudoirs de Paris les mêmes émotions que M. de Ségur. Cet historien aime beaucoup les scènes de désordre et de pillage ; il a véritablement la vocation de *peintre des désastres*. Au surplus, voici un échantillon de son style en ce genre, qui sans doute ne lui ouvrira pas les portes de l'Académie. Pour ne point fatiguer le lecteur, nous ne puiserons que dans une seule page.

« Une position si excessive amena des excès.... »

« Ces hommes rudes et armés, assaillis par tant de be-
» soins immodérés, ne purent rester modérés.

» Ils se vengeaient des propriétaires sur les propriétés.

» Il y en eut qui se tuèrent *avant* d'en venir à ces ex-
» trémités.

» Mais plusieurs s'endurcirent. Un excès les entraînait à
» un autre, comme on s'échauffe souvent par les coups
» qu'on donne.....

» Au milieu de cette nature ingrate ils se dénaturèrent.

» Ils crurent que leurs souffrances les autorisaient à faire
» souffrir. » (Page 168 [125].)

Fidèle à son habitude de se contredire sans cesse, M. de
Ségur nous dit, quelques lignes plus loin, « qu'au reste ces
» désastres furent très-rares en Lithuanie. » (P. 169 [126].)

Bientôt il suppose qu'un maréchal vient dire à l'empereur, que plusieurs soldats de la jeune garde sont morts de
faim. Il fait interrompre brusquement ce rapport par Napoléon, qui s'écrie (car l'empereur s'écrie toujours, et ne
parle jamais) : « C'est impossible! où sont leurs vingt jours
» de vivres? des soldats bien commandés ne meurent jamais
» de faim. » (Page 170 [127].)

Cette réponse était très-juste ; mais M. l'officier du palais
l'attribue *au désir d'échapper à la douleur par l'incré-*
dulité.

Puis viennent ici, comme à l'ordinaire, de prétendus ca-
quetages du quartier-général. Ceux auxquels le maréchal
revenu d'Espagne, alla faire ses plaintes, et qui avaient
sans doute mission pour les entendre, devraient bien être
nommés. On doute qu'ils ratifiassent le langage que l'auteur
leur met dans la bouche. Quant à ces conversations faites
après coup, où l'on disait « que la santé du chef était affai-
» blie.... qu'il couvrait de mépris les difficultés.... pour se
» conserver la force d'esprit nécessaire pour les surmonter;
» que, déjà inquiet et fatigué de la nouvelle situation cri-
» tique où il venait de se jeter..... il allait pousser son armée
» en avant, toujours en avant, pour en finir plus tôt »
(page 171 [127]), elles ne sont remarquables que parce
qu'elles font voir l'incohérence des idées naturelles à un
écrivain qui ne sait pas bien ce qu'il veut dire.

Il termine le chapitre en disant que les dispositions de
Napoléon « étaient dictées par la prudence la plus clair-
» voyante, mais qu'il se laissait emporter par l'habitude,

» par la nécessité des guerres courtes, des victoires rapides » et des paix subites. » (Page 172 [128].) Cette réflexion est mal fondée. Lorsqu'une question grave se présentait à l'esprit de Napoléon, il l'examinait sous toutes les faces, avec cette grande perspicacité, qui pour le génie est le coup d'œil de l'aigle; et, dès qu'il en avait reconnu les avantages, sa décision avait la rapidité de la foudre. C'est cette promptitude dans l'exécution, qui a fait croire aux observateurs superficiels qu'il se laissait aller à la fougue de ses passions, et qu'il donnait trop au hasard.

~~~~~~

CHAPITRE V.

Les Russes sont en retraite sur toutes les routes. Aussitôt se présente à Wilna M. de Balachoff, porteur de paroles d'Alexandre. « Du reste, ajoute M. de Ségur, point de nou- » velles propositions ni par écrit ni dans la bouche de Ba- » lachoff...... Napoléon n'hésita point. Il n'avait pu s'arrêter » à Paris; reculerait-il à Wilna? » (Page 173 et 174 [129].)

L'auteur paraît ignorer que M. de Balachoff vint proposer à Napoléon de conclure un armistice, et négocier de la paix, à condition que l'armée française repasserait le Niémen. L'empereur *n'hésita pas*, et ne devait pas hésiter à refuser ces propositions. Néanmoins, son grand désir de la paix lui fit répondre qu'il négocierait volontiers sans conclure d'ar- mistice, et en conservant le pays que chacun occupait. Le maréchal-des-logis aurait-il voulu que Napoléon eût repassé le Niémen avec toutes ses troupes, abandonnant les avan- tages que lui avait procurés la réussite de son plan de cam- pagne, et qu'il eût ainsi donné aux Russes le temps de se réunir vers leur camp retranché de Drissa? Tel eût été ce- pendant le résultat de l'acceptation des propositions dont il s'agit.

Dans l'envoi de M. de Balachoff, l'auteur a vu ce que personne *n'avait compris* encore, excepté lui : « c'est » qu'Alexandre ne devait plus s'adresser à Napoléon, ni » même lui répondre. » (Page 176 [131].) M. de Ségur paraît n'avoir qu'un but; c'est de présenter toujours nos ennemis sous l'aspect le plus favorable, et de rejeter sur nous le reproche de l'agression. Les expressions injurieuses qu'il prête à l'empereur, parlant à M. de Balachoff, au sujet d'Alexandre et de ses généraux, se réfutent d'elles-mêmes.

« Alors montrant Caulaincourt au ministre russe, voilà, » dit-il, un chevalier de votre empereur; c'est un Russe » dans le camp français. » (Page 175 [130].) Puis, vient une longue querelle entre Caulaincourt et Napoléon. Le récit n'en peut être qu'inexact, puisqu'elle est inconvenante, et que personne, autour de l'empereur, ne se serait permis de manquer au respect qu'on lui devait. D'ailleurs, comment expliquer cette prétendue colère de M. de Vicence, de ce que l'empereur l'aurait appelé *Russe,* puisque, selon M. de Ségur (page 86 [65]), chapitre III, livre II), ce même duc répondit *fermement* à Napoléon, qui l'accusait d'être devenu Russe, et d'avoir été séduit par l'empereur Alexandre : *Oui, sire, parce que je le crois Français.* Il semble que M. de Caulaincourt n'aurait pas pu refuser à Wilna un titre dont il se serait glorifié à Paris.

Après une esquisse superficielle de la marche du roi de Naples vers la Duna, et de celle de notre droite contre Doctoroff et Bagration, M. de Ségur s'exprime ainsi : « Plu- » sieurs ont prétendu qu'il y avait eu trop de circonspec- » tion ou de négligence dans ce premier mouvement d'in- » vasion, etc. » (Page 178 [133].)

Ainsi, l'auteur reproche à Napoléon de la lenteur; il oublie que jusqu'à présent il l'a accusé de précipitation.

Comme ceux qui, pour donner plus de poids à leurs assertions, imaginent des détails et des circonstances, M. de Ségur, afin de convaincre son lecteur qu'il a étudié minutieusement l'empereur, au physique comme au moral, nous le peint à Wilna « couché sur ses cartes, dont sa vue » courte comme celle d'Alexandre-le-Grand et de Frédé- » ric II, l'obligeait de se rapprocher ainsi.» (P. 179 [133].)

Napoléon n'avait point la vue courte. M. le maréchal-des-logis du palais ignore que, pour examiner une carte militairement, on est obligé de s'en approcher de très-près. Nous n'aurions pas relevé cette erreur de peu d'importance, si elle n'était pas une nouvelle preuve que M. de Ségur n'a jamais vu l'empereur dans son intérieur.

ww

CHAPITRE VI.

NOTRE aile droite avait devant elle « un général et un » pays difficiles à vaincre. » (Page 182 [135].) Mais dès l'ouverture de la campagne, ce *général difficile à vaincre*, cherche à se mettre en retraite sur le centre de l'armée russe, dont il est coupé. Les manœuvres habiles de Napoléon rendant vains ses efforts, il n'a d'autre parti à prendre que de s'enfoncer dans les marais qui sont en arrière de lui, pour arriver sur le Dniéper avant les Français. Si Davoust, d'un côté, et le roi de Westphalie, de l'autre, exécutent les ordres qu'ils ont reçus, toutes les issues de ces marais seront fermées à Bagration. Napoléon s'attend d'un instant à l'autre à recevoir la nouvelle que le général russe a mis bas les armes, avec ses quarante mille hommes. Il est à Wilna, avec une forte réserve, en mesure de recevoir les rapports de sa droite et de sa gauche, et ceux des mouvemens de l'ennemi, qui lui est opposé. Il ne pouvait quitter cette position centrale, avant de savoir le parti que prendrait Bagration, et tant que ce général menacerait de s'y porter. Il s'occupe en même temps à organiser le gouvernement de la Lithuanie, à faire élever des ouvrages de fortifications autour de sa capitale, à bien se pénétrer des projets de l'ennemi, à presser l'arrivée de ses équipages de ponts, de ses parcs et de ses nombreux convois de vivres, enfin à entretenir l'enthousiasme des Polonais.

A ces motifs puissans du séjour de l'empereur à Wilna,

M. de Ségur juge à propos d'ajouter celui d'un prétendu dépérissement. Cette opinion, qu'il répète sans cesse, et où il puise l'origine des fautes qu'il prête à l'empereur, ainsi que nous l'avons déjà dit, est tout-à-fait dénuée de fondement. *Une vigoureuse constitution ne secondait plus comme autrefois*, fait-il dire à ceux qui l'approchaient, *ce génie si vaste*, etc.; *son embonpoint, les bains* dont il faisait usage, sont un sujet *de regrets* et de tristes réflexions pour eux. (Page 189 [139, 140].)

Dès sa jeunesse, Napoléon avait l'habitude de prendre des bains, non « comme secours indispensable contre une » souffrance d'une nature grave, que sa politique cachait » avec soin » (page 189 [140]); mais, d'abord, parce que sa constitution en avait besoin; et qu'ensuite un travail assidu de cabinet, et les fatigues, les lui rendaient nécessaires. *L'homme* n'a pas *plus manqué au héros* (page 189 [140]), que *le héros* n'a manqué à *l'homme*. L'auteur sacrifie souvent la vérité au désir de faire de brillantes antithèses.

Cette entreprise, que jusqu'à présent il avait présentée comme intempestive, et qu'il appelle ici *la plus utile peut-être à l'Europe*, n'a point manqué par l'effet *d'un jour d'orage* ou *d'une fièvre soudaine*. (Page 189 [140].) Tout ce qui était humainement possible a été tenté et accompli. La bataille de la Moskowa a eu le succès qu'elle pouvait avoir. Ce n'est pas plus l'état de maladie du chef de l'armée française, que l'habileté des généraux russes, qui a fait échouer cette entreprise européenne : c'est le froid prématuré.

L'auteur, par la description emphatique qu'il fait de la Bérésina, semble craindre qu'on ne sache pas assez tôt les malheurs que l'armée y a essuyés à son retour. Les connaissances géographiques qu'il y déploie sont encore en défaut, quand il avance que « toutes les rivières qui, dans » ce pays, coulent dans la direction d'un pôle à l'autre,

» ont leur rive orientale dominant leur rive occidentale,
» comme l'Asie, l'Europe. » (Page 183 [136].) L'Europe,
dans sa partie nord, forme un plateaù, au centre duquel
on peut placer Moskou. Or, au delà de cette capitale, le
versant du plateau fait que toutes les rivières dans cette
partie ont au contraire leurs rives orientales plus basses
que leurs rives occidentales.

CHAPITRE VII.

Aussitôt que Napoléon fut certain que Bagration ne pouvait plus atteindre Wilna, et qu'il apprit que l'armée de Barclay de Tolly s'était concentrée dans le camp retranché de Drissa, il se porta sur le point central de Glubokoé. Dès que les Russes connurent ce mouvement, ils craignirent que Napoléon n'arrivât avant eux à Vitepsk, où ils espéraient se réunir à Bagration, et s'y dirigèrent en toute hâte. Napoléon, apprenant l'évacuation du camp de Drissa, devina leur projet, et marcha dans cette direction.

L'empereur Alexandre, forcé d'abandonner les grands magasins qu'il avait formés sur sa ligne d'opération par Pskow, quitta son armée pour se rendre à Moskou, àfin de s'y créer de nouvelles ressources, tant en hommes qu'en subsistances. Les proclamations qu'il fit alors, ne se distinguent pas par l'esprit de modération que M. de Ségur a tant vanté, en parlant de celle qui fut publiée à Wilna. Devrait-on en conclure que le caractère d'Alexandre était changé? Si, comme le dit notre historien, la première peignait son caractère, celles-ci devraient le peindre également. Napoléon y est désigné sous le nom de *Moloch*, et les Français y sont comparés à *une race de sauterelles qui brûlent la terre, et que la terre repoussera, la trouvant trop pesante pour son sein outragé.* A quoi attribuer cette différence? Ne proviendrait-elle pas de ce que l'empereur

Alexandre n'avait plus le même besoin de dissimuler? Ce sont les flèches que les Parthes lançaient en fuyant.

Napoléon dirige ses forces du centre sur Bezenkowiski. Il se rend à Kamen, « toujours en voiture pendant la nuit, » par nécessité, ou peut-être pour que l'armée ignorât » que son chef ne pouvait plus partager ses fatigues. » (Page 192 [143].)

Ces insinuations montrent que l'auteur ignore absolument les détails de la vie que menait l'empereur à la guerre, ou feraient croire, de sa part, à un sentiment d'injustice, qui le porterait à présenter sans cesse ce prince sous un jour défavorable. Nous ne pouvons mieux répondre à ses allégations qu'en faisant connaître quel était l'emploi des journées de Napoléon, lorsqu'il était à l'armée.

La vie active qu'il menait dans les camps, était subordonnée aux opérations militaires. Habituellement, il marchait à cheval avec l'armée, quand elle était à la suite et près de l'ennemi. Lorsqu'elle était en grandes manœuvres, et que les opérations avaient lieu à de fortes distances, il attendait que les corps qui étaient en marche, fussent près d'être rendus dans les positions qu'il avait indiquées. Il restait alors à son quartier-général. Là, il donnait ses soins à l'administration intérieure de la France, et répondait aux rapports qui lui étaient journellement adressés de Paris par ses ministres. Car il gouvernait l'empire, en même temps qu'il dirigeait l'armée. Économe de son temps, il calculait l'époque de son départ, de manière à se trouver à la tête de ses corps, au moment où sa présence y devenait nécessaire. Il s'y transportait alors rapidement en voiture. Mais, pendant ce trajet même, il ne restait pas oisif. Il s'occupait à lire ses dépêches; et, le plus souvent, il recevait des rapports de ses généraux, et expédiait à l'instant ses réponses. Des estafettes de Paris lui étaient quelquefois remises en même temps. Une lumière, disposée dans le fond de sa voiture, l'éclairait pendant les voyages de nuit, et lui permettait de travailler comme s'il eût été dans son cabinet. Aux portières, marchaient toujours ses aides-de-camp et ses officiers d'ordonnance; et une brigade de ses chevaux de selle suivait avec l'escorte.

C'est ainsi qu'il était resté à Wilna, pendant qu'une partie des corps de son armée se dirigeait sur la Duna. Il ne quitta cette ville que le 16, à dix heures du soir *. Le 17, de bonne heure, il était à Swentziani, d'où, ayant reçu un rapport qui lui faisait connaître que l'ennemi avait repassé la Duna à Druïa, et surpris la cavalerie que commandait Sébastiani, il expédia de nouveaux ordres aux corps d'armée, et arriva au milieu de ses troupes à Glubokoé, le 18 à midi. Il fit de même dans sa marche sur Kamen et Bezenkowiski, où il se trouva au moment même où les corps qui avaient ordre de s'y rendre, y arrivaient.

Telle était l'organisation privilégiée de cet homme extraordinaire en tout, qu'il pouvait dormir une heure, être réveillé par un ordre à donner; se rendormir, être réveillé de nouveau, sans que son repos ou sa santé en souffrissent. Six heures de sommeil lui suffisaient, soit qu'il les prît de suite, soit qu'il dormît, à différens intervalles, dans les vingt-quatre heures.

Les jours qui précédaient une grande bataille, il était constamment à cheval pour reconnaître la force et la position de l'ennemi, étudier son champ de bataille, parcourir

---

* On a vu plus haut que le corps du maréchal Davoust avait marché dans la direction de Minsk. Arrivé en cette ville le 8 juillet, il en était parti le 13, débordant toujours la gauche de Bagration; et passant par Ygumen, il traversa la Bérésina à Bérésino, et arriva à Mohilof le 20, empêchant ainsi la réunion de l'armée de Bagration à celle de Barclay sur la Duna. Le corps du vice-roi avait quitté les environs de Wilna (Neutroki) le 7, et passant par Ochmiana, était arrivé le 17 à Dokszitzi. Le maréchal Mortier, avec la garde et la cavalerie bavaroise, arriva le 16 à Glubokoé.

les bivouacs de ses corps d'armée. La nuit même, il visitait la ligne pour s'assurer encore de la force de l'ennemi par le nombre de ses feux; et, en quelques heures, il fatiguait plusieurs chevaux. Le jour de la bataille, il se plaçait sur un point central, d'où il pouvait voir tout ce qui se passait. Il avait près de lui ses aides-de-camp, ses officiers d'ordonnance. Il les envoyait porter ses ordres sur tous les points. A quelque distance, en arrière de lui, étaient quatre escadrons de la garde, un de chaque arme; mais, lorsqu'il quittait cette position, il ne prenait pour escorte qu'un peloton. Il indiquait ordinairement le lieu qu'il avait choisi à ses maréchaux, afin d'être facilement trouvé par les officiers qu'ils lui enverraient. Aussitôt que sa présence devenait nécessaire quelque part, il s'y portait au galop.

Comment M. de Ségur a-t-il la naïveté de dire (page 193 [144]) que *ce ne fut pas une vanité puérile* qui fit passer la Duna à Napoléon? A l'esprit de qui une pareille puérilité a-t-elle pu se présenter? L'empereur passa la Duna pour faire lui-même une reconnaissance, afin de s'assurer si l'armée de Barclay de Tolly avait déjà passé ce point dans sa marche sur Vitepsk; ce dont il s'assura.

Après avoir fait l'éloge de la précision des marches de tous les corps, qui, au bout d'un mois de séparation et à cent lieues du point où ils s'étaient quittés, arrivèrent à Bezenkowiski, *le même jour* et *à la même heure*, M. de Ségur nous donne un tableau exagéré du tumulte qu'une telle réunion produisit dans cette ville. Il ne peut cependant ignorer que toutes les armées du monde offrent le même aspect, lorsqu'un grand nombre de troupes se rassemblent sur un point capital. Cette circonstance est-elle particulière à nos soldats, ou cherche-t-on à les faire passer pour une horde sans discipline?

« Le 25 juillet, Murat marchait vers Ostrowno avec sa » cavalerie. A deux lieues de ce village, Domont, Du

» Coetlosquet, Carignan et le huitième de hussards s'avan-
» çaient en colonnes. » (Page 196 [145].)

A la lecture de ce passage, ne croirait-on pas que MM. Domont, Coetlosquet, Carignan, étaient tout au moins des
généraux, puisqu'il les nomme comme il nomme Murat,
sans les désigner par aucun titre? On serait dans une grande
erreur; ces messieurs sont tout simplement des officiers du
huitième de hussards, et l'on saura pourquoi l'auteur les
cite seuls, si l'on s'enquiert de ce qu'ils sont maintenant.

Le corps d'Osterman veut défendre les défilés d'Ostrowno : une action assez vive s'engage. M. de Ségur ne
s'aperçoit pas qu'il attaque l'honneur d'un de nos braves
régimens (le quatre-vingt-quatrième de ligne), en disant
que beaucoup de soldats, « sous le prétexte de soutenir les
» blessés, ou d'être blessés eux-mêmes, se détachaient suc-
» cessivement des rangs. » (Page 199 [148].) C'est une tache
gratuite qui serait faite à la gloire française. Le maréchal-
des-logis du palais n'était point à cette affaire. Il ne saurait dire également qu'il a vu Murat à la tête d'un régiment de lanciers polonais, chargeant malgré lui, poussé
par « les lances polonaises qui étaient en arrêt et serrées
» derrière lui. » (Page 200 [148].) L'auteur devrait avoir
assez de connaissances militaires, pour savoir que l'inter-
valle entre les escadrons eût permis au roi de Naples de se
retirer, si sa bravoure personnelle ne l'eût entraîné à prendre part à la charge.

Voici une autre assertion, qui attaque encore la réputation d'un régiment français. Les Russes défendaient un
bois; « le quatre-vingt-douzième régiment, étonné du feu
» qui en sortait, étourdi par une grêle de balles, demeu-
» rait immobile, n'osant ni avancer ni reculer, retenu par
» deux craintes contraires, celles de la honte et du danger,
» et n'évitant ni l'une ni l'autre. » (Page 200 [148].) Comment M. le maréchal-des-logis du palais peut-il prendre

sur lui de compromettre ainsi l'honneur de nos régimens! N'étant point présent à l'affaire, il aurait dû lire les rapports du prince Eugène; il y aurait vu que ce prince, en parlant de ce régiment, s'exprime ainsi : « Il fallait la valeur des troupes et l'opiniâtreté du général qui commandait, pour réussir dans une attaque aussi difficile. »

CHAPITRE VIII.

L'ARMÉE française, après avoir repoussé les Russes au combat d'Ostrowno, continue sa marche sur Vitepsk. Le 27, on découvre l'armée russe rangée en bataille près de cette ville. L'avant-garde française fait ses dispositions pour approcher de l'ennemi; la présence de l'empereur augmente encore l'ardeur des troupes.

« Le roi de Naples qu'enivraient tant de regards, se li-
» vrant à sa fougue ordinaire, précipita les chasseurs du
» seizième sur toute la cavalerie russe. On vit alors, avec
» effroi, cette faible ligne française rompue dans sa mar-
» che par un terrain tranché de profondes ravines, s'avan-
» cer contre les masses ennemies. Ces malheureux, se
» sentant sacrifiés, marchaient avec hésitation à une perte
» certaine. Aussi, dès le premier mouvement que firent
» les lanciers de la garde russe, tournèrent-ils le dos. Mais les
» ravins qu'il fallait repasser, arrêtèrent leur fuite, etc.....
» Ils furent culbutés dans ces bas-fonds où beaucoup pé-
» rirent. » (Page 204 [151].)

Ce fait est rapporté avec autant d'inexactitude que de partialité en faveur des Russes. On y voit avec regret le peu de justice rendu à une poignée de braves.

Après avoir passé le petit pont, qui nous séparait de l'ennemi, le seizième de chasseurs, précédé par deux compagnies de voltigeurs du neuvième régiment de ligne, dut se former en bataille en avant du défilé, afin d'en faciliter

le passage aux autres corps qui suivaient. La gauche du
seizième de chasseurs s'appuyait aux voltigeurs, qui avaient
gagné le bord de la Duna. Le seizième ne se porta point en
avant, conduit par le roi de Naples, pour charger l'ennemi,
mais seulement pour gagner du terrain, et empêcher l'encombrement sur le pont. Ce fut dans ce moment que la
cavalerie de la garde russe, protégée par le feu d'une batterie de douze pièces, chargea ce régiment, à la tête duquel
était le général Piré. Le seizième de chasseurs voulut employer une manœuvre qui lui avait déjà réussi plusieurs
fois; il attendit la charge sans s'ébranler, et, à trente pas
de distance, fit un feu de carabine. La vélocité de la cavalerie russe ne put pas être arrêtée par ce feu, qui ne fit
que causer du désordre dans les rangs du seizième. Ce régiment fut repoussé jusque sur notre infanterie; mais sa
perte fut peu considérable, et bien moindre que celle des
Russes. Ceux-ci perdirent beaucoup de monde, en voulant
enlever les deux compagnies de voltigeurs, qui avaient été
dépassées, et qui, par leur feu, se firent un rempart des
chevaux et cavaliers ennemis : voilà la vérité. Où donc
M. l'officier du palais peut-il avoir pris que les braves chasseurs du seizième *marchaient avec hésitation à une perte*
certaine, se sentant sacrifiés, et tournèrent le dos au
premier mouvement des Russes? Ces sentimens pusillanimes ne peuvent entrer dans le cœur de soldats français
vainqueurs. Dans un ouvrage dédié aux vétérans de l'armée
française, et où l'on remarque tant de minutieux détails,
M. de Ségur aurait dû citer les noms des deux braves officiers qui commandaient les compagnies du neuvième (les
capitaines Guillard et Savary). Il est vrai que ce sont des
noms plébéiens.

L'auteur nous représente Napoléon hésitant à attaquer
les ennemis dans la position qu'ils occupaient. « Les sol-
» dats, dit-il, furent étonnés de cette inaction, à l'instant

» où ils avaient atteint une armée. » Il nous montre « Murat
» ne pouvant persuader son chef d'attaquer, allant témé-
rairement planter sa tente presque au milieu des ennemis. »
(Page 207 [153].) Que nos soldats, animés par la vue des
Russes, aient exprimé le plus grand désir de les attaquer
aussitôt, cela se conçoit ; mais que le roi de Naples presse
l'empereur d'aller attaquer une armée de près de cent
mille hommes en position, avec le peu de forces qui étaient
en ligne, c'est prêter à ce prince des discours et une opinion que son habitude de la guerre ne pouvait faire naître
en lui. Pour bien reconnaître une armée, qui occupe plus
d'une lieue de terrain, l'homme le plus habile, celui qui a
le plus d'expérience, d'activité et de génie, ne peut pas
employer moins d'une journée. Une première reconnaissance ne lui donne qu'une idée générale ; une seconde reconnaissance, au milieu du jour, lui est nécessaire pour
arrêter son plan d'attaque, dont une troisième, faite le soir,
doit confirmer les dispositions. Ce n'est qu'alors qu'il donne
ses ordres pour le lendemain ; et il passe la nuit à juger
par la disposition des feux, si l'ennemi n'a pas changé sa
ligne.

Le général Barclay changea sa détermination, et, pendant
la nuit, l'armée russe se retira dans toutes les directions.

Écoutons M. de Ségur faisant la description du camp
russe : « Tout y attestait la science de la guerre, son heu-
» reux emplacement, la symétrie de toutes ses parties,
» l'exacte et exclusive observation de l'emploi auquel cha-
» cune d'elles avait été destinée, l'ordre, la propreté qui
» en résultait..... il parut plus d'ordre dans leur défaite que
» dans notre victoire, etc., etc. » (Pages 208 et 209 [154].)

Il paraît que M. de Ségur, que ses fonctions appelaient à
Vitepsk pour y faire le logement du quartier impérial, n'a
pas vu ce camp tant vanté. Nous qui avons été chargés
de l'examiner en détail, nous n'y avons trouvé qu'une

extrême irrégularité, une grande malpropreté, et un désordre tel qu'il était impossible d'estimer le nombre d'hommes et d'animaux qui avaient bivouaqué dans cet endroit.

Quant aux leçons que le maréchal-des-logis nous fait donner par les Russes fuyans, nous n'en parlons que pour montrer dans quel esprit son ouvrage paraît écrit, et à quelle nation il cherche à plaire.

« Dès que l'empereur eut pris sa résolution, il revint à
» Vitepsk avec sa garde. Là, le 28 juillet, en entrant dans
» son quartier impérial, il détacha son épée, et la posant
» brusquement sur les cartes, dont sa table était couverte,
» il s'écria : Je m'arrête ici; je veux m'y reconnaître, y
» reposer, y rallier mon armée et organiser la Pologne. La
» campagne de 1812 est finie; celle de 1813 fera le reste. »
(Pages 211 et 212 [156].)

L'empereur, en se portant rapidement sur Vitepsk, avait eu le double but de gagner cette ville avant l'armée de Barclay, et d'empêcher la réunion de Bagration. Aussitôt qu'il apprit la retraite précipitée de Barclay sur Smolensk, pour s'y joindre à Bagration, qui avait échappé à la poursuite des cinquième et huitième corps, il dut s'arrêter. Les motifs de ce repos que nous donne ici M. de Ségur, sont légitimes; mais comme s'il en coûtait trop à l'auteur d'être conséquent, il fait dire à l'empereur, *la campagne de 1812 est finie; celle de 1813 fera le reste;* et il développe cette idée dans le chapitre suivant.

Il ne serait jamais venu dans la tête d'un militaire que Napoléon ait voulu prendre des quartiers d'hiver au mois de juillet.

LIVRE CINQUIÈME.

CHAPITRE I.

« La Lithuanie conquise, le but de la guerre était atteint. »
(Page 215 [159].) L'auteur oublie donc tout ce qu'il a dit
dans les premiers chapitres de son ouvrage, qu'on allait faire
en Russie la guerre à l'Angleterre ; qu'il fallait repousser
les Russes en Asie ; *que cette expédition était indispen-*
sable à l'achèvement d'un grand dessein presque accom-
pli ; que son but n'était point hors de portée ; que les
moyens pour l'atteindre étaient suffisans. (Page 77 [58].)
Le vrai but de la guerre était de forcer l'empereur Alexandre à la paix, et de rentrer dans l'alliance qu'il avait jurée
contre l'Angleterre. Mais M. de Ségur ne débute ainsi que
pour amener cette conséquence : *l'empereur doit s'arrêter*
à Vitepsk.

Après avoir parlé des différens établissemens formés dans
cette ville, il ajoute : « On ne s'en tint pas à l'utile ; on vou-
» lut des embellissemens. Des maisons gâtaient la place du
» palais, l'empereur ordonna de les abattre. » (Page 217
[160].)

Ne croirait-on pas, à cette lecture, que Napoléon s'occupait sérieusement d'embellir la ville de Vitepsk ? S'il a

fait abattre des masures, qui encombraient la place devant la maison qu'il occupait, c'était pour y passer la revue des troupes. D'ailleurs, il est utile que les abords d'un quartier-général ne soient point embarrassés.

Murat vient dire à Napoléon que « l'armée russe est » terrifiée, que sa cavalerie légère seule la mettrait en » déroute. » (Page 218 [161].) A cette exaltation d'ardeur, on fait répondre très-sérieusement par Napoléon : « Deux » grands fleuves marquent notre position; élevons des block- » haus sur cette ligne. Que les feux se croisent par-tout; for- » mons le bataillon carré; des canons aux angles et à l'ex- » térieur. Que l'intérieur contienne les cantonnemens et les » magasins, etc. » (Page 218 [161].)

L'auteur aurait dû nous donner quelques explications sur *ce grand bataillon carré, croisant ses feux de tous côtés.* Il paraît cependant bien comprendre ces dispositions, puis-qu'il ajoute : « Ainsi son génie concevait tout par masse; il » voyait une armée de 400,000 hommes comme un régi- » ment. » (Page 218 [161].)

Maintenant M. de Ségur nous représente Napoléon comme ne donnant aucun ordre, si ce n'est celui de faire faire le *siége de Bobruisk* (place située au milieu des marais) *par de la cavalerie.* (Page 219 [161, 162].) De pareilles absur-dités tombent d'elles-mêmes. La division Dombrowski que l'auteur suppose réduite à douze cents hommes, était forte de douze bataillons et d'une brigade de cavalerie légère, formant environ neuf mille hommes. Elle était destinée à observer la division russe du général Hœrtel et la place de Bobruisk. Le général Dombrówski devait cerner cette place, qui était en mauvais état, avec son infanterie, et sa cavalerie était chargée d'en éclairer les environs. Il avait avec lui vingt-quatre bouches à feu. Ailleurs, *c'est Macdonald, auquel on n'envoyait ni les instructions ni les moyens de s'emparer de Riga,* tandis qu'il a à ses ordres le nombreux équipage de siége de Dantzick, et qu'avant de quitter Wilna, l'empereur lui avait fait connaître ses intentions.

Bientôt M. le maréchal-des-logis oublie ce qu'il a dit de la résolution de Napoléon, *de planter ses aigles* à Vitepsk, et il se rappelle que ce prince s'est écrié en y entrant : *Croyez-vous donc que je sois venu de si loin pour con- quérir cette masure?* (Page 220 [163].)

M. de Ségur, qui aime à faire des tableaux, aurait bien dû faire celui de la cérémonie imposante qui eût lieu, lors de la réception du nouveau colonel des grenadiers à pied de la garde. Mais il passe sur cela si légèrement, que l'on croirait qu'il est question d'un officier ordinaire, tandis qu'il s'agit d'un des généraux les plus distingués, promu à l'un des premiers commandemens de l'armée. L'auteur, qui a cité si souvent de simples officiers, aurait bien pu nommer le général comte Friant, moins connu qu'eux, il est vrai, dans les salons, mais si connu des braves. Il aurait dû dire que l'empereur tira son épée, le reçut lui-même et l'em- brassa en lui disant : « C'est la récompense de vos beaux et bons services, mais j'ai encore besoin de vous. Continuez à commander votre division pendant cette campagne; vous m'y êtes plus nécessaire qu'à la tête de vos grenadiers, que j'ai toujours sous mes yeux. »

Qui pourrait reconnaître l'empereur au portrait suivant? « L'impatience saisit Napoléon... on le voit inquiet... l'image » de Moskou prisonnière obsède son esprit..... une grande » irrésolution s'empare de toute sa personne.... on le voit » errer dans ses appartemens, comme poursuivi par cette » dangereuse tentation.... il marche sans objet, demande » l'heure, considère le temps, et tout absorbé il s'arrête; » puis il fredonne d'un air préoccupé et marche encore... » demandant à ceux qu'il rencontre : Eh bien! que fe- » rons-nous? resterons-nous, irons-nous plus avant? etc. » (Pages 222 et 223 [164, 165].)

M. de Ségur le représente tantôt dans son lit, tantôt en chemise; et après les beaux raisonnemens du chapitre précédent, sur la nécessité de rester à Vitepsk, il nous dit que « le même danger qui peut-être aurait dû le rappeler sur » le Niémen, ou le fixer sur la Duna, le pousse sur Mos- » kou..... qu'alors, décidé, il se relève soudainement, plein » du feu de sa redoutable conception; qu'il paraît possédé » du génie de la guerre; que sa voix s'endurcit, que son » regard devient étincelant, son air farouche; qu'on s'écarte » de lui par frayeur. » (Pages 225 et 226 [166, 167].)

L'historien de la grande-armée a sans doute pris son modèle à Charenton.

CHAPITRE II.

M. DE SÉGUR, sans avoir parlé des nouvelles circonstances qui peuvent avoir disposé Napoléon à changer d'idée, nous le présente comme ne pensant plus qu'à quitter Vitepsk, et à se porter en avant.

« Sa résolution fixée, il lui importait de ne pas mécon-
» tenter ses entours ; c'était par leurs sentimens qu'il ju-
» geait de ceux de l'armée ; il se sentait mal à l'aise, en-
» touré de regards désapprobateurs. » (Page 227 [168].) Il faudrait en conclure qu'il était désapprouvé par tout le monde, et qu'il était seul contre tous. L'empereur s'occupait très-peu *de ses entours.* Il n'avait ni la faiblesse de s'inquiéter *des regards désapprobateurs*, ni la sottise de *juger des sentimens de l'armée* par ceux de personnes qui n'étaient quelque chose que par les objets relatifs au service dont elles étaient chargées près de lui. Il eut, d'un mouvement de ses sourcils, fait baisser *les regards désapprobateurs.* Quant au mécontentement, il existait quelquefois, mais il se manifestait rarement. Napoléon ne savait-il pas que les courtisans sont frondeurs par leur nature, quand ils ne sont pas sous l'œil du maître ? ne savait-il pas aussi ce qu'il fallait accorder à la faiblesse humaine ? et s'il était indulgent pour la mauvaise humeur dont les fatigues et les privations étaient la cause, s'il était trop juste pour s'en irriter, il était assez sage pour ne pas en tenir compte dans ses déterminations. Il l'était sur-tout assez pour ne pas

juger, par les sentimens de personnes qui ne commandaient pas les troupes et qui ne vivaient pas avec elles, des véritables sentimens de l'armée. Napoléon savait apprécier les hommes et les choses, ce que M. l'officier du palais paraît entièrement ignorer.

L'auteur recommence ici les scènes qu'il a déjà fait jouer à Paris, par les mêmes acteurs. (Page 96 [72].) A l'en croire, l'empereur n'aurait eu autour de lui que des bavards, ou des gens sans éducation.

Malgré toutes les observations qui lui sont faites, « il » veut marcher à la fois sur Pétersbourg et sur Moskou, » pour tout détruire dans l'une et tout conserver dans l'au- » tre. » (Page 228 [169].) Voilà une justice distributive bien étrange! Il est malheureux que le duc de Frioul, à qui pareil secret avait été révélé, ne soit plus ici pour nous en expliquer la bizarrerie. Cette conversation avec Duroc est pour amener cette réplique de l'empereur, que, « si la » guerre de Russie ne lui présentait aucune chance avan- » tageuse, il tournerait ses armes contre la Prusse, et lui » ferait payer les frais de la guerre. » (Page 229 [169].) Comment supposer que, quand les Prussiens marchaient sous les drapeaux de Napoléon, il méditait leur ruine! Le général Yorck peut l'avoir dit pour excuser sa défection; mais quel motif M. de Ségur peut-il donner de cette invention.

Il fait dire à M. Daru que cette guerre n'est pas *nationale*. M. Daru ne peut pas avoir tenu un pareil langage. La délivrance de la Pologne rendait cette guerre plus *nationale* que toutes les autres entreprises de Napoléon. Après la guerre de la limite du Rhin, c'était la plus *nationale* qui ait pu être faite.

Dans tout ce chapitre, l'auteur nous présente Napoléon occupé à convaincre les *grands*, à combattre leurs résistances, et à obtenir d'eux qu'ils veuillent bien faire encore

un effort pour aller jusqu'à Smolensk. Napoléon les ca-
jole : quand il les interrompt, c'est « par des raisonnemens
» subtils... Ses manières sont remarquables par une facilité,
» une simplicité, une bonhomie, etc., ce qui explique pour-
» quoi, malgré tant de malheurs, il est encore aimé par
» ceux qui ont vécu dans son intimité. » (Page 233 [172].)
M. le maréchal-des-logis du palais n'a point vécu dans cette
intimité; il le prouve par l'esprit qui a dicté son livre.

Si cette peinture de l'entourage de Napoléon était fidèle,
il faut avouer que ce prince aurait eu des serviteurs bien
peu dévoués, et même étrangement récalcitrans. Il n'y a
pas de général, enfoncé dans une contrée lointaine, qui,
avec autant d'opposition, puisse réussir. Les soldats même
disent qu'ils ne le voyaient plus qu'au jour des combats,
quand il fallait mourir, jamais pour les faire vivre.
(Page 235 [173].) Que deviennent ces soins minutieux que
prend l'empereur pour nourrir le soldat, et *ces approvisionnemens immenses comme l'entreprise,* qu'il a fait
rassembler ? (Page 120 [91].)

Les métamorphoses s'opèrent sous la baguette magique
de M. de Ségur; tous les masques changent; on ne reconnaît plus personne.

Napoléon ne sait plus vouloir, ne sait plus se faire obéir.

Berthier n'est plus l'expéditionnaire empressé de ses
ordres.

Mouton n'est plus ce fier tribun militaire que César a
subjugué *.

Caulaincourt n'est plus ce serviteur exact et ponctuel,
qui oublie jusqu'à ses sentimens et ne connaît que son devoir.

---

* Lorsque le comte de Lobau était colonel du troisième de ligne, son
vote fut contraire à l'élévation de Napoléon au trône impérial. L'empereur, qui tenait à s'attacher un officier de cette distinction, le fit
venir : une simple conversation séduisit ce colonel, qui bientôt devint
son aide-de-camp.

Duroc n'est plus le discret confident qui se tait, quand il n'est pas nécessaire de répéter la voix du maître.

On ôte à M. Daru son rôle de laborieux et sévère administrateur; on en fait un discoureur politique devant l'homme qui lui imposait le plus de réserve.

CHAPITRE III.

LE deuxième corps obtient, sur la route de Sebej, un avantage considérable sur un corps russe et le rejette dans la Drissa. M. de Ségur ne porte la perte des ennemis qu'à deux mille hommes et huit canons, tandis qu'elle fut de trois mille hommes et de quatorze canons. Un général russe, tué dans cette affaire, fournit à l'auteur l'occasion d'en faire un pompeux éloge ; *sa mort fut*, dit-il, *héroïque*. Puis il entre à ce sujet dans de grands détails qui n'ont pu lui être fournis que par des Russes. Nous ne reprochons pas à M. l'officier du palais les éloges qu'il donne à nos ennemis ; toutefois les généraux français qui tombèrent dans cette campagne, sont loin d'exciter autant ses regrets; à peine fait-il connaître leurs noms.

L'auteur suppose que ce n'est qu'à la fin de son séjour à Vitepsk que l'empereur eut connaissance des proclamations d'Alexandre, datées de Polotsk le 18 juillet, et dont nous avons déjà parlé. Il dit que Napoléon fut *ému* des injures grossières qu'elles contenaient. Il se trompe; elles n'excitèrent que son sourire.

Dans sa position de Vitepsk, Napoléon espérait que les armées ennemies, réunies vers Smolensk, feraient quelques faux mouvemens, dont il pourrait profiter. L'attaque des Russes sur le général Sébastiani à Inkowo, le confirma bientôt dans l'idée que toute l'armée de Barclay quittait les environs de Smolensk pour venir l'attaquer. Sa décision est aussitôt prise, et M. de Ségur a raison de dire qu'elle *fut grande et hardie comme l'entreprise.* (Page 241 [179].) Il conçoit l'espoir de se porter rapidement sur la rive gauche du Dniéper, et en remontant ce fleuve, d'atteindre Smolensk avant les Russes; mouvement qui nous plaçait sur le flanc ou sur les derrières de l'armée ennemie; quatre jours lui suffisent pour porter sur Liadoui le corps de Davoust et ceux qu'il a avec lui. La hardiesse de cette manœuvre, que les Russes eux-mêmes ont admirée *, et la rapidité de son exécution réfutent victorieusement tout ce que l'auteur a dit de l'indécision et de l'apathie de l'empereur.

* Voyez l'*Histoire militaire de la Campagne de Russie*, en 1812, par M. le colonel Boutourlin, aide-de-camp de S. M. l'empereur de Russie. (Page 252, tome Ier.)

LIVRE SIXIÈME.

CHAPITRE I.

L'AUTEUR, qui ne craint pas les répétitions, nous décrit
de nouveau la belle manœuvre de Napoléon, dont il a parlé
à la fin du chapitre précédent. Ce mouvement, qui, au dire
de nos ennemis, est une des plus belles opérations militaires
de Napoléon, fournit cependant encore au maréchal-des-logis
du palais un sujet de censure; tant l'éloge est distribué avec
parcimonie, et le blâme avec prodigalité! Ici, c'est une division *qu'un ordre mal écrit a fait errer pendant vingt-quatre heures dans les bois* (page 249 [184]); mouvement qui
ne fut d'aucune importance, et qu'un historien judicieux
se fût bien gardé de rapporter. Mais, quand l'empereur ne
fournit pas à l'auteur matière à critiquer, il s'en prend à
l'armée, qu'il représente comme marchant dans un désordre général.

CHAPITRE II.

Dans notre mouvement sur Smolensk par la rive gauche du Dniéper, nous rencontrâmes, à Krasnoi, la division russe Newerowskoi, que, l'on ne sait trop pourquoi, les Russes avaient ainsi placée. Cette division fut au moment d'être enlevée. M. de Ségur suppose que si elle n'a pas été prise, c'est par un retard de Grouchy. Le fait est que, dans la rapidité de sa fuite, elle ne put être jointe et attaquée que par la cavalerie. L'artillerie qui avait été retardée au passage du défilé de Krasnoi, ne put pas être employée, quoi qu'en ait dit l'auteur. Si elle était arrivée à temps, cette division aurait été totalement détruite. Notre historien, fidèle à son système, s'abstient de faire connaître que, dans une des brillantes charges de cavalerie qui eurent lieu, le colonel Marbeuf fut blessé mortellement.

A l'occasion du 15 août, le prince Eugène vient complimenter l'empereur, qui lui dit : *Tout se prépare pour une bataille ; je la gagnerai ; nous verrons Moskou.* Eugène, suivant notre historien, *garda le silence ;* mais en sortant, il s'empressa de dire au maréchal Mortier : *Moskou nous perdra....* Duroc, *le plus réservé de tous.....* dit *qu'il ne prévoit pas d'époque à notre retour. Ainsi,* ajoute l'auteur, *on commençait à désapprouver.* (Page 257 [189].) Il semble, d'après tout ce qu'il a énoncé dans les chapitres précédens, que ce commencement de désapprobation date de bien plus loin.

CHAPITRE III.

Napoléon avait profité si habilement de l'hésitation et des fausses manœuvres des généraux russes, dans leur marche sur Vitepsk, que ce ne fut que par Smolensk qu'ils apprirent le danger qui les menaçait. Cette place fut au moment d'être prise. M. de Ségur représente le maréchal Ney *enflammé* à la vue de cette ville, et lui reproche d'avoir essayé de s'en emparer immédiatement. « Une balle » le frappa au cou. Irrité, il lança un bataillon contre la » citadelle...... les murailles russes purent seules arrêter ses » soldats. » (Page 262 [194].) Le maréchal Ney était trop habitué aux balles, pour s'irriter d'en avoir reçu une dans ses habits. Ce ne fut donc pas pour se venger qu'il fit marcher un bataillon du quarante-sixième, mais bien pour faire rentrer l'ennemi, qui lui était opposé, dans la citadelle, et la reconnaître. Il est malheureux qu'il n'ait pas suivi sa première pensée, et qu'il n'ait pas fait aussitôt une attaque vigoureuse sur ce point. Car la ville eût été enlevée; la citadelle n'était revêtue qu'en terre. L'officier du palais, qui fait peu de cas des opérations militaires, ne donne pas exactement la position de l'armée française autour de Smolensk. Voici la description qu'il en fait :

« Davoust, puis le comte de Lobau, se déployèrent à la » droite de Ney; la garde au centre, en réserve, et plus loin » l'armée d'Italie. La place de Junot et des Westphaliens » fut indiquée; Murat et Poniatowski formèrent la droite » de l'armée. » (Page 263 [194].)

L'auteur devrait bien nous dire quel corps commandait le comte de Lobau, depuis que le maréchal Davoust lui avait repris les divisions qui lui avaient été confiées. Plus loin, il ajoute : « L'armée française, ainsi placée, était adossée » à des défilés et à des précipices; mais la retraite impor- » tait peu à Napoléon; il ne songeait qu'à la victoire. » (Page 264 [194].) Le maréchal-des-logis, qui semble vou- loir donner des leçons de stratégie à l'empereur, devrait savoir que deux grandes routes assuraient la retraite à notre armée; que le quatrième corps (celui du prince Eugène) avait été placé, ainsi que la division Pajol, à Goritnia, pour éclairer les bords du Dniéper sur notre gauche; et que notre droite se trouvait flanquée, un peu en arrière, par le corps du duc d'Abrantès. M. de Ségur, qui paraît si bien connaître les plans et le caractère de Barclay de Tolly, devrait aussi nous dire pourquoi il envoya Bagration, non pas à Elnia, comme le dit notre historien, mais bien à Do- rogobouje, et pourquoi il resta avec son armée à Smolensk. De deux choses l'une : ou Barclay voulait la bataille, ou il ne la voulait pas. Dans le premier cas, il fallait réunir ses forces, au lieu de les diviser; dans le second cas, il fal- lait évacuer Smolensk. M. l'officier du palais donne pour motif du séjour de Barclay dans cette ville, « qu'ayant en » tête un ennemi colossal, il dut s'attendre à des mouve- » mens gigantesques. » (Page 265 [195].) Nous avouons que nous ne comprenons rien à ceci. Si Barclay avait à faire à un ennemi *colossal*, croyait-il donc augmenter ses forces en les divisant?

CHAPITRE IV.

NAPOLÉON, après s'être assuré qu'une portion de l'armée russe a quitté Smolensk pour se porter sur la route de Moskou, se décide à l'attaquer.

Voici le brave « Murat, prudent quand la présence de » l'ennemi ne l'échauffait pas, qui combat cette résolution.» (Page 268 [198].) L'auteur assure même « qu'il s'est jeté » aux genoux de son frère, le conjurant de s'arrêter.... que » cette Moskou nous perdrait. » (Page 269 [198].)

M. de Ségur n'est pas varié dans les idées qu'il prête à ses personnages, et dans la manière de les exprimer. Murat ne fait que répéter ici ce qu'on a fait dire, quelques pages plus haut, au prince Eugène. Faire parler ainsi le roi de Naples, c'est vouloir le faire passer pour un général peu expérimenté. Comment l'empereur pouvait-il s'arrêter devant Smolensk ? L'officier du palais aurait-il donc voulu qu'il revînt sur ses pas ? Il n'y avait pas d'autre parti à prendre que d'enlever cette place. D'ailleurs, ayant passé une partie de la nuit auprès du roi de Naples, et dans la tente de l'empereur, nous pouvons assurer que les conversations rapportées sont fausses. Tout le monde brûlait du désir de voir tomber Smolensk en notre pouvoir. L'attaque une fois résolue, Napoléon fit resserrer cette ville au-dessus et au-dessous des ponts, pour foudroyer ces passages, et, dès lors, décider l'ennemi à l'évacuer.

C'est dans une des batteries qui furent établies pour cet

objet (celle de notre droite), que M. de Ségur suppose que Murat, désespérant du sort de cette guerre, veut se faire tuer ; absurdité complète.

L'auteur, qui n'a pas des idées nettes sur les mouvemens militaires, nous dit que « Napoléon voulut qu'en même » temps l'artillerie de la garde abattît la grande muraille avec » ses pièces de douze ; l'artillerie désobéit. » (P. 270 [199].) Cette accusation de désobéissance serait flétrissante pour la garde ; mais elle n'est point fondée. L'empereur, dans le moment même où il faisait vigoureusement canonner les ponts, fit tirer quelques coups de douze contre la muraille, pour voir l'effet qu'ils produiraient ; et lorsque l'on eût reconnu qu'il fallait trop de temps et de munitions pour y faire une brèche, Napoléon ordonna au génie d'attaquer par la mine.

« En montant à cet assaut, nos colonnes d'attaque lais- » sèrent une longue et large traînée de blessés, de sang et » de morts. » (Page 270 [199].) A l'assaut de quoi, M. l'officier du palais ? Il n'y avait point d'ouvrages extérieurs ; les faubourgs étaient seulement garnis de troupes, mais n'étaient point retranchés. Il n'y avait donc pas lieu de donner un assaut.

« La faute que Ney avait fait commettre la veille à un » bataillon, venait d'être répétée par l'armée entière. » (Page 271 [199].) Qui peut croire qu'un homme, portant le titre de général, écrive de pareilles choses ! Quel autre moyen y avait-il, pour prendre la place, que de commencer par chasser l'ennemi des faubourgs ?

« Le comte de Lobau, maître du fossé, fit jeter des obus » dans la ville.... Un si grand désastre, qu'il crut son ou- » vrage, effraya le comte de Lobau. » (Page 271 [199].)

Ici, il y a deux choses difficiles à comprendre. La première, c'est de savoir quel corps commandait le comte de Lobau. Car, au dire même de l'auteur, nous voyons autour de Smolensk, à la gauche, Ney dont la droite s'appuie au corps de Davoust, qui lui-même appuie sa droite à Poniatowski. Où donc était placé le corps du comte de Lobau? M. de Ségur aurait bien dû nous en instruire. En second lieu, nous lui demanderons comment le comte de Lobau, qui fait jeter des obus dans la ville, peut *s'effrayer* de ce qu'ils y mettent le feu. Le maréchal-des-logis du palais ignore-t-il que c'est l'effet que produisent des obus? Le brave général polonais Grabowski fut tué en entrant en ville : l'auteur n'en fait pas mention.

~~~~~~

CHAPITRE V.

L'EMPEREUR parcourt le champ de bataille; « triste re-
» vue de morts et de mourans; compte funeste à faire
» et à rendre. » (Page 273 [201].) Là-dessus, M. de Ségur
donne à entendre que nous avions soin de faire enterrer
nos morts pour prévenir de fâcheuses impressions sur nos
soldats. Mais cela était-il si facile à cacher, quand l'armée
entière était là? Voudrait-il faire croire que les soldats français craignent la mort? La petite vanité de briller par des
amplifications de collége, l'emporte chez lui sur toutes les
considérations. Il prête un a-parté à Napoléon, entouré de
Ney, Davoust, Mortier, Duroc, etc., et ajoute que c'est
« par le besoin de décharger son cœur du soin qui l'op-
» pressait.... qu'il s'acharne sur le général et sur l'armée
» ennemie, comme s'il eût pu la détruire par ses raison-
» nemens, ne l'ayant pu par la victoire.... (Pages 275 et
» 276 [202, 203.]) Que ses paroles ne prouvaient que son
» désappointement, etc. » (Page 279 [205].)

Toute la diatribe qu'il prête à l'empereur contre les
Russes, n'est là que pour amener cet éloge magnifique de
ce peuple que l'auteur lui oppose : « Les Russes, dit-il,
» en sont à ce point où les nations ont encore leurs vertus
» primitives, et déjà des vertus acquises. » (Page 277 [204].)
Plus tard, un aide-de-camp vient annoncer qu'à notre
droite, Regnier et le prince de Schwartzenberg ont obtenu
un avantage important sur Tormasof, et l'ont rejeté en Vol-

hynie. Et Napoléon de s'écrier aussitôt : « Vous le voyez,
» les misérables ! ils se laissent battre même par des Au-
» trichiens ! » (Page 279 [205].) Est-il vraisemblable que
l'empereur ait poussé l'imprudence au point d'insulter les
Autrichiens, au moment même où ils méritaient ses éloges?
En rapprochant ce propos de l'intention que l'auteur lui a
déjà prêté à Vitepsk, de *tourner ses armes contre la
Prusse, et de lui faire payer les frais de la guerre, si
la campagne de Russie ne lui présentait plus de chance
avantageuse* (page 229 [169]), ne serait-on pas tenté de
croire que notre historien veut justifier d'avance la conduite qu'ont tenue plus tard ces deux cabinets, et diminuer
ainsi l'odieux de leur défection ?

Il fait dire aux généraux les plus rapprochés de Napoléon : « Si l'Europe se soulevait contre lui, il n'aurait plus
» que ses soldats pour sujets, que son camp pour empire;
» encore le tiers en étant étranger, lui deviendrait ennemi. »
(Page 282 [207].) De pareilles idées pouvaient-elles naître
à cette époque dans l'esprit de qui que ce fût? Cet ana-
chronisme est une nouvelle preuve que ce roman n'a été
écrit qu'avec des idées nouvelles, et dans l'absence de tout
souvenir.

L'auteur nous retrace des scènes de murmures, qui ne
sont qu'une répétition de celles de Wilna, Vitepsk, etc, etc.
Son génie inventif aurait pu lui fournir quelque chose de
plus nouveau.

CHAPITRE VI.

QUE l'empereur Napoléon est malheureux! Ce n'est pas assez d'entendre autour de lui les jérémiades continuelles de Murat, Caulaincourt, Daru, Berthier, Ney, Lobau, etc., il faut encore qu'il ait à faire à deux nouveaux plaignans, Rapp et Lauriston. Rapp est l'orateur; il vient de Dantzick; mais cela ne l'empêche pas de raconter le désordre qui a lieu parmi nos soldats, en Allemagne, depuis l'Elbe jusqu'à l'Oder, et depuis l'Oder jusqu'à la Vistule. Il termine en disant que les troupes se plaignent *de toujours marcher.* (Page 284 [209].) Non content d'avoir prêté son éloquence à Rapp, voici le tableau que M. de Ségur fait lui-même de nos soldats : « Troublés par une vague inquiétude, ils mar» chaient à travers la morne uniformité de ces vastes et si» lencieuses forêts de noirs sapins; ils se traînaient * le long » de ces grands arbres nus, dépouillés jusqu'à la cime, et » s'effrayaient de leur faiblesse au milieu de ces immensi» tés; alors ils se formaient des idées sinistres et bizarres... » (Page 285 [209].)

Les auteurs les plus aguerris des mélodrames des boulevards, auraient hésité à mettre dans la bouche de leur niais cette peinture grotesque.

On se rappelle les déclamations contre les soldats au départ de Wilna. Ici, c'est un autre tableau effrayant du nom-

---

* L'auteur veut-il dire que nos soldats grimpaient sur les arbres?

bre des victimes que nous avons semées sur la route , et que
l'auteur ne porte pas à moins d'un quart pour les Français,
et de moitié pour les alliés.

Rapp n'épargne point les détails , mais l'empereur ne
s'explique pas avec lui : un autre général obtient plus de
confiance ; c'est Sébastiani. Celui-ci rappelle à Napoléon
« qu'il lui avait déclaré à Wilna qu'il ne passerait pas la
» Duna ; il insiste comme les autres sur l'état de l'armée.
» Il est affreux , repartit l'empereur ; dès Wilna, il en traî-
» nait la moitié, aujourd'hui ce sont les deux tiers, il n'y
» a donc plus de temps à perdre. » (Page 287 [211].)
D'après ce calcul, il est évident qu'il faut marcher vite, si
Napoléon veut qu'un seul soldat arrive à Moskou. Car dès
Smolensk, où la moitié du chemin est à peine parcourue, il
ne resterait plus que le tiers des soldats présens sous les ar-
mes : assertion ridicule , qui se réfute d'elle-même.

M. de Ségur trouve que l'empereur se contredit dans les
discours qu'il adresse à ses généraux. Le mal se gagne apparemment ; car , dans le chapitre précédent, cet historien
fait dire au comte de Lobau, en entrant dans Smolensk :
« Voilà une belle tête de cantonnement ; c'était lui dire de
» s'y arrêter ; mais l'empereur ne répondit à cet avis que
» par un coup d'œil sévère. » (Page 280 [205].) Et, quelques pages après (page 288 [211]), c'est Napoléon qui répète devant Davoust et ses généraux, le propos du comte
de Lobau. *Il considère Smolensk , dit-il, comme une
bonne tête de cantonnement, etc.*

Voilà, continue-t-il en parlant à Davoust, *ma ligne
bien couverte ; arrêtons-nous ici !* Mais, en même temps,
il l'envoie seconder Ney et Murat dans la poursuite des
Russes. Il veut éviter désormais *toute affaire sérieuse*
(page 289 [212]); et il confie la poursuite de l'ennemi *aux
deux plus téméraires.* Davoust, *qui est le maréchal prudent, il le met à son insu* sous les ordres *de l'impétueux*

roi de Naples. (Page 289 [212].) *Ainsi*, dit notre auteur, *les contradictions de ses paroles passent dans ses actions.* Il est facile à M. de Ségur de prêter au personnage de fantaisie qu'il s'est créé, des contradictions dans les paroles et dans les actions. Mais ce n'est point sur de frivoles caquets que Napoléon sera jugé par l'histoire. Jamais ce prince n'a dit qu'il s'arrêterait à Smolensk, car jamais il n'en a eu la pensée.

CHAPITRE VII.

AUSSITÔT les ponts rétablis, le maréchal Ney passe le
Dniéper pour marcher à la suite de l'ennemi; mais non
pas, ainsi que l'avance M. l'officier du palais, *l'œil inquiet
et l'oreille attentive.* (Page 290 [215].) Comment cet auteur peut-il dire que, ne trouvant pas l'ennemi, d'aussi
braves troupes, conduites par un chef aussi intrépide, *furent
soulagées du poids d'une grande crainte?* (P. 290 [215].)
Qu'il fasse l'éloge des Russes, lorsqu'il est mérité, rien de
mieux. Mais qu'au moins il ne dise pas que les soldats français les redoutaient. Cette campagne, toute malheureuse
qu'elle a été, a suffisamment prouvé le contraire.

On a vu dans le chapitre précédent, que le général Barclay avait envoyé, dès le 17 août, le corps de Bagration
vers Dorogobouje. Lui-même (Barclay de Tolly) abandonna
Smolensk le 18 à la pointe du jour, en se portant sur la
route de Poreczie, d'où il dirigea son corps en deux colonnes, par des chemins de traverse, pour rejoindre la
route de Smolensk à Moskou; savoir : la colonne de gauche
à Prouditchi, la colonne de droite à Loubino. Toutes deux
devaient ainsi parcourir un arc de cercle, dont la corde
était formée par une portion de la route de Smolensk à
Moskou; mouvement très-imprudent. Car, indépendamment du long détour que Barclay avait à faire, et du
mauvais état des chemins de traverse, qu'il était obligé de
parcourir pour rejoindre la route de Moskou, il n'existait

sur cette dernière, pour retarder notre marche, que quatre régimens de cosaques que Bagration y avait laissés, sous les ordres du général Karpof. Ainsi cette faible arrière-garde se trouvait seule chargée du soin de couvrir les deux débouchés, par lesquels les deux colonnes de l'armée de Barclay devaient rejoindre la grande route. Le général russe, engagé dans ces défilés, sentit le danger dont il était menacé. Il se hâta d'envoyer une avant-garde, commandée par le général Touczkof, pour regagner à marches forcées la grande route, et marcher ensuite, dans la direction de Smolensk, au soutien des cosaques de Karpof.

« Enfin, dit M. de Ségur, après une pénible marche, la » tête du convoi ennemi revit la grande route, à l'instant » où les Français n'avaient plus pour atteindre ce débouché » qu'à forcer la hauteur de Valontina, et le passage de la » Kolowdnia. Ney venait d'emporter violemment celui de » la Stubna..... » (Page 293 [215].)

Le maréchal Ney, après avoir passé le Dniéper, s'était dirigé entre les deux routes de Pétersbourg et de Moskou, vers Gorbounowo, d'où ses troupes légères chassèrent quelques troupes de Baggowoth (de la colonne de droite), qu'elles y rencontrèrent. Ce maréchal, ayant appris alors que les Russes se portaient sur la route de Moskou, reprit lui-même cette direction pour les y suivre. L'ennemi, ainsi que nous l'avons dit, n'ayant conservé aux environs de Smolensk que des cosaques sur cette route, Ney éprouva peu d'obstacles jusqu'à Valontina. « Mais Korf, repoussé » sur Valontina, avait appelé à son secours la colonne qui » le précédait. » (Page 293 [215].) Ce fait est inexact. Le général Korf, commandant l'arrière-garde de Barclay, après avoir défendu le faubourg de Smolensk contre Ney, se dirigea sur la route qu'avait suivie Barclay (celle de Poreczie) vers Palowieno. Il ne se retira donc point, comme le dit l'auteur, par la grande route de Moskou *, et il ne combattit point à Valontina.

Vers onze heures, le maréchal Ney attaqua les corps ennemis qu'il rencontra sur la route de Moskou, et les poussa vivement jusque derrière un ruisseau marécageux, où de nouvelles divisions russes étant venues à leur soutien, l'ennemi tint avec opiniâtreté. Le général Barclay sentait de quelle importance il était d'arrêter à tout prix la marche des Français. Il se transporta à cette position, où il fit arriver successivement d'autres divisions, à mesure qu'elles débouchaient des chemins de traverse sur la grande route. L'empereur, ayant été informé que Ney éprouvait quelque résistance, envoya la division Gudin, qu'il mit sous les ordres de ce maréchal.

Vers les quatre heures du soir, cette division arriva près du lieu du combat. S'étant formée en colonne par pelotons, elle s'avança sur l'ennemi, qui occupait une hauteur, barrant la route, et que couvrait le ruisseau marécageux, sur lequel était un petit pont en bois qu'il fallait passer pour l'aborder. Ce défilé étroit était foudroyé en tout sens par l'artillerie russe. Le septième d'infanterie légère, ayant l'arme au bras et en tête le général Gudin, marcha le premier pour forcer ce passage. Chaque peloton, en franchissant le ruisseau, répondait aux nombreux coups de canon des Russes par le cri mille fois répété de *vive l'empereur!* Ce régiment fut suivi du douzième, du vingt et unième et du cent vingt-septième; mais, en cet instant, le brave général Gudin eut les deux jambes fracassées par un boulet. Il fut remplacé par le comte Gérard. Le combat devint extrêmement vif. Cependant, les Français atteignirent la hauteur

---

* Lorsque les troupes du maréchal Ney attaquèrent Gorbounowo, elles coupèrent cette arrière-garde; et, pour la dégager, Barclay envoya la division du prince Eugène de Wurtemberg, qui reprit Gorbounowo, au moment où le maréchal Ney se dirigea sur Valontina.

opposée. Quatre fois les colonnes russes se précipitèrent sur eux; quatre fois Gérard les repoussa. Tout le corps de Baggowouth, la division Alsuwief, et celle du prince Eugène de Wurtemberg étaient arrivés au combat, qui dura jusqu'à dix heures du soir. En ce moment l'ennemi, n'ayant pu reprendre la position que la division Gérard lui avait enlevée, se mit en retraite.

« Il y eut presque autant de gloire dans leur défaite que » dans notre victoire. » (Page 294 [215].)

Présent nous-mêmes à ce combat, nous savons que les Russes se sont battus avec la plus grande bravoure; mais l'auteur devrait dire, que, supérieur en nombre au corps du maréchal Ney et à la division Gérard, l'ennemi occupait une superbe position, et que sa nombreuse artillerie avait sur nous un avantage d'autant plus grand, que le terrain, de notre côté, ne nous permettait pas de déployer la nôtre. Cependant, malgré tous ces obstacles, l'attaque de la division Gérard parvint à nous rendre maîtres de cette formidable position, que des troupes françaises pouvaient seules enlever. Nous ne craignons pas d'être démenti par aucun militaire, en affirmant que ce combat fut un des faits d'armes les plus glorieux pour nos armées.

« Un des généraux ennemis, resté seul debout sur le « champ de carnage, tenta de s'échapper du milieu de nos sol- « dats, en répétant les commandemens français. La lueur » des coups de feu le fit reconnaître; il fut saisi. » (P. 294[215].)

Ce ne fut point par hasard, comme semble l'indiquer l'auteur, que le général Touczkof fut fait prisonnier. Dans une des dernières attaques, une colonne considérable de grenadiers russes fit une charge à la baïonnette contre un bataillon du septième léger et un bataillon du douzième de ligne. Le choc fut très-violent; mais les ennemis furent repoussés avec la plus grande vigueur. Dans cette mêlée un lieutenant de voltigeurs du douzième de ligne (M. Étienne)

se précipita sur le général russe, et, après lui avoir porté
deux coups de sabre sur la tête, le fit prisonnier au milieu
de ses soldats.

« Les Russes, étonnés de n'avoir été attaqués que de
» front..... appelèrent Murat, par dérision, le général des
» grands chemins. » (Page 295 [216].) Ce reproche, si les
Russes l'ont fait au roi de Naples, aurait dû être mieux relevé par M. de Ségur. Murat, avec sa cavalerie, n'était
point sur la route, mais bien à la droite de l'attaque du
maréchal Ney, afin de communiquer avec le corps de Junot,
qui passait le Dniéper à Prouditchewo, et devait tourner
la gauche de la position des Russes. Nos soldats, avec plus
de raison, appelaient Barclay *le général des routes*.

L'officier du palais semble faire un reproche à l'empereur de ne s'être pas trouvé présent au combat de Valontina; et dans les motifs qu'il énonce, il ne manque pas de
faire entrer celui de la fatigue. C'est une de ses idées domi-
nantes, que de représenter toujours Napoléon comme accablé
par les fatigues, et déchu au physique comme au moral.
On conçoit très bien qu'une sorte de pudeur ait empêché
M. de Ségur d'attaquer l'empereur avec les mêmes armes
que ses ennemis; mais on s'indigne de le voir déguiser l'outrage sous l'apparence de la pitié. C'est la même chose pour
l'effet, et, nous le disons à regret, pour l'intention.

Les deux grandes armées russes, ainsi que nous l'avons
dit, s'étaient retirées, l'une par la route de Moskou, l'autre
par celle de Pétersbourg. En envoyant le corps du maréchal
Ney et la cavalerie du roi de Naples sur la route de Moskou,
que, d'après ses ordres, le duc d'Abrantès devait couper
vers Latichino, l'empereur pensa que ces corps réunis,
qui ne pouvaient avoir à faire qu'à une arrière-garde, seraient plus que suffisans pour la culbuter; et que sa présence était plus nécessaire à Smolensk, comme point central,
pour recevoir les rapports des différentes directions.

Après avoir attendu à une lieue de cette ville, dans une position intermédiaire, entre les routes de Smolensk et de Moskou, Napoléon ne rentra que sur les cinq heures du soir à son quartier-général, croyant la journée finie. Mais, avant de quitter cette position, il envoya auprès du roi de Naples son officier d'ordonnance Gourgaud, sous les ordres duquel il mit plusieurs officiers (entre autres M. Rohan Chabot *). Il le chargea de suivre l'attaque qui avait lieu sur la route de Moskou, et de faire coïncider les mouvemens du maréchal Ney, du roi de Naples et du duc d'Abrantès. Cet officier devait envoyer à l'empereur des rapports sur l'affaire. Ce ne fut qu'après avoir pris ce soin, que Napoléon rentra dans Smolensk.

D'après les dispositions prescrites par l'empereur, les Russes n'auraient pu défendre la position de Valontina. Il devait penser que le duc d'Abrantès, après avoir passé le Dniéper, aurait continué sa marche vers la grande route, et, débordant ainsi la position des Russes par la gauche, les aurait obligés à se retirer précipitamment. Il savait que la division Morand, du corps de Davoust, marchant à gauche de la grande route, déborderait sur sa droite également la position des Russes. Pouvait-il prévoir que ses dispositions ne seraient pas exécutées? Malgré les instances du roi de Naples, malgré les ordres et instructions de l'empereur, que lui fit connaître l'officier d'ordonnance, Junot ne voulut jamais se porter sur la route en arrière des Russes. Il paraît que ce général, qui avait donné tant de preuves de la plus brillante bravoure, ressentait déjà les atteintes de la maladie dont il est mort quelque temps après. L'officier d'ordonnance, voyant que ce général ne voulait pas exécuter l'ordre qu'il lui portait, lui dit : « M. le duc, que devrai-je dire à l'empereur? » Le duc d'Abrantès était en-

---

* M. Rohan Chabot était aide-de-camp du général comte de Narbonne.

touré de son état-major, et paraissait fort abattu. Il répondit avec humeur : « Vous direz, monsieur, que j'ai pris
position, parce que la nuit est venue. » L'officier d'ordonnance eut beau répliquer qu'il y avait encore près de quatre
heures de jour, que le maréchal Ney souffrait beaucoup
dans l'attaque qu'il était obligé de faire de front; toutes ses
instances furent inutiles; le duc d'Abrantès ne voulut faire
aucun mouvement. Le combat fini, l'officier d'ordonnance
arriva à minuit, à Smolensk, chez l'empereur, pour lui en
rendre compte. Napoléon, très-peiné du sang inutilement
versé à Valontina, et de la mort du général Gudin, demanda pourquoi Junot n'avait pas exécuté l'ordre qu'il lui
avait donné. L'officier fit connaître ce qui s'était passé. L'empereur alors fit venir Berthier, et lui dit : « Il paraît que
Junot n'en veut plus; il n'a pas voulu tourner la position
des Russes. Il est cause que nous avons eu une affaire très-
sanglante, que nous avons perdu Gudin.... Je ne veux plus
qu'il commande les Westphaliens; il faut le remplacer par
Rapp, qui parle allemand, et les mènera bien. » Le prince
de Neufchâtel écrivit les ordres relatifs à ce changement;
mais, dans les heures qui suivirent, le maréchal Duroc et
d'autres grands officiers, anciens camarades de Junot, parvinrent à calmer Napoléon, et ce général conserva son
commandement.

« L'empereur donna ordre à Davoust de soutenir Ney et
» Murat. » (Page 299 [219].)

Dans le chapitre précédent, M. de Ségur l'a déjà fait
partir pour cette destination, et a trouvé mauvais que le
maréchal *le plus prudent* ait été mis sous les ordres *du
plus téméraire*. Ces deux chapitres, où l'on parle du
même mouvement, ont si peu de suite, qu'on dirait qu'il
s'agit d'événemens différens passés à deux mois de distance.
Mais tout est confusion dans les récits de M. de Ségur,
comme dans ses souvenirs.

CHAPITRE VIII.

LE tableau que fait l'auteur de la distribution des récompenses décernées par Napoléon, est intéressant, mais il manque de détails. M. de Ségur, qui en est ordinairement prodigue, a omis entre autres ceux-ci : L'empereur en visitant la position de Valontina, dit au général Gérard : « Voilà » comme j'aime un champ de bataille ; quatre Russes pour » un Français ! Gérard, c'est fort bien. » Il loua ensuite le courage des troupes, leur recommanda à plusieur reprises l'ordre et la discipline ; et arrivé devant le septième léger, il fit former le cercle par tous les capitaines, et leur dit : « Désignez-moi le meilleur officier du régiment. — » Sire, ils sont tous bons. — Voyons, désignez-moi le meil- » leur. — Sire, ils sont tous bons. — Allons, ce n'est pas ré- » pondre. Dites-moi comme Thémistocle : le premier, c'est » moi ; le second, c'est mon voisin. » Alors, on nomma le capitaine Moncey, blessé et dans ce moment absent. « Quoi ! » dit l'empereur, Moncey qui a été mon page, le fils du » maréchal ? Voyons un autre. — Sire, c'est le meilleur. — » Eh bien ! je lui donne la décoration. »

M. de Ségur ne laisse pas reposer long-temps l'esprit du lecteur ; il fait immédiatement succéder à cette revue celle des hôpitaux, où son goût pour les scènes affligeantes se déploie. Il ne s'arrête pas à Smolensk ; il rétrograde sur Vitepsk, et même sur Wilna, où il va chercher les couleurs les plus sombres. Il paraît s'en prendre à l'empereur des souffrances et du dénuement des soldats, dont il fait le tableau le plus exagéré.

Pour être juste, nous devons dire, sans crainte d'être démenti, que, de tous les généraux anciens et modernes, Napoléon est celui qui a porté l'intérêt le plus tendre, le plus suivi aux blessés ; que jamais l'ivresse de la victoire ne les lui a fait oublier ; et que sa première pensée, après chaque bataille, a toujours été pour eux. Si ses soldats ont quelquefois manqué de vivres, de lits, de médicamens, d'objets nécessaires au pansement, l'auteur pourrait en faire le reproche à l'intendant-général de l'armée. L'empereur avait donné tous les ordres, et mis à la disposition de l'administration militaire, des moyens aussi considérables en hommes et en chevaux, que ceux de l'artillerie. Cette dernière arme, malgré les combats qui eurent lieu, n'a jamais manqué de munitions. Quand elle faisait marcher un matériel aussi considérable que celui de plusieurs milliers de voitures, l'administration pouvait bien faire marcher quelques caissons d'ambulances ; ce qui aurait empêché l'intendant de l'armée de prier à Smolensk * le général Lariboissière, commandant l'artillerie de l'armée, de lui faire délivrer de l'étoupe, dont on garnit les caissons, pour panser les blessés.

---

* L'artillerie de l'armée devant Smolensk (garde, 1er, 3e, 4e, 5e et 8e corps, et réserve de cavalerie) avait un matériel composé de :

> 57 pièces de 12,
> 267 idem de 6,
> 32 idem de 4,
> 2 idem de 3,
> 10 obusiers de 6 p. 4 l.
> 122 idem de 5 p. 6 l.
> _____
> 490 bouches à feu ;

et de..... 2,477 caissons chargés de munitions. Ce qui formait un total de 2,967 voitures, non compris les équipages de ponts, les forges, affûts de rechange, etc.

CHAPITRE IX.

L'AUTEUR dit « que Napoléon avait chargé deux des
» siens de sonder l'esprit du peuple russe » (p. 310 [227]),
pour le porter à un soulèvement; « mais que cette tentative
» n'avait servi qu'à les mettre en garde contre lui. » Puis
immédiatement il ajoute que « ce moyen lui répugnait, et
» que plus tard différens chefs de famille s'offrirent pour
» chefs d'insurrection, et qu'ils furent refusés. » (P. 310 [227].)
Ainsi, la même page présente deux contradictions maté-
rielles. Nous ne devons pas nous en étonner, l'auteur nous y
a accoutumés. Il dit plus loin, « que notre vue excitait leur
» horreur.... (Page 311 [228].) Qu'alors l'empereur envi-
» sage toute l'énormité de son entreprise; que tant qu'il
» n'a rencontré que des rois, leurs défaites n'ont été que
» des jeux pour lui; que les rois sont vaincus; qu'il en est
» aux peuples; que c'est une autre Espagne qu'il retrouve
» encore à l'autre bout de l'Europe. » En Espagne, la population, fanatisée par les moines, parmi lesquels chaque
famille compte un de ses membres, s'était levée contre
nous. Elle était partie principale dans la guerre, et si l'on
peut s'exprimer ainsi, elle la faisait en personne. A notre
entrée en Russie au contraire, il n'y avait de combattans
que les troupes réglées. C'était l'état qui faisait la guerre;
l'état avait commandé à la nation de se retirer devant nous,
où plutôt il avait ordonné à ses soldats de brûler les habi-
tations dans leur retraite, ce qui était un moyen bien sûr

d'obliger les habitans à s'éloigner. Voilà ce qui s'est passé, et ce qu'aurait dû savoir M. de Ségur. Mais où a-t-il vu des *guérillas* russes? Dans quelles rencontres nos troupes ont-elles eu affaire avec les paysans? Que M. de Ségur le dise, et l'on verra avec lui cette *Espagne qu'il rencontre au bout de l'Europe;* mais rien ne se passait ainsi. Il y a là, comme dans toutes les pages de l'ouvrage, exagération, confusion et supposition. Ce ne fut qu'après la bataille de la Moskowa, et pendant notre retraite, que l'on vit quelques paysans, excités par l'appât du butin, massacrer plusieurs de nos blessés restés entre leurs mains.

    « Il (Napoléon) s'étonne, hésite, s'arrête.... Une fièvre » d'hésitation s'empare de lui; ses regards se portent sur » Kiow, Pétersbourg et Moskou.

    » A Kiow, il envelopperait Titchakoff et son armée..... » En marchant avec Saint-Cyr sur Pétersbourg, il enve- » loppera Wittgenstein....» D'un autre côté, «c'est à Mos- » kou qu'il frappera la Russie au cœur....

    » De ces trois projets, le dernier lui paraît seul possible.... » et cendant, ajoute l'auteur, l'histoire de Charles XII était. » sous ses yeux. » (Pages 312, 313 et 314 [228, 229].)

    Ne devrait-on pas inférer de ces paroles, que Charles XII lui servait de guide dans ce projet de marcher sur Moskou, quand, au contraire, le monarque suédois fit la faute de ne point marcher sur cette capitale. On n'a pas besoin d'être militaire pour savoir cela; il suffisait de lire l'histoire de Charles XII, non pas même celle écrite par le chambellan Alderfeld, mais seulement celle de Voltaire. Il est bien reconnu que, jusqu'à son arrivée à Smolensk, ayant sa ligne d'opérations et ses communications assurées, puisqu'il était maître de la Pologne et de Riga, la marche de Charles XII était conforme à toutes les règles de la stratégie. La faute que commit ce roi, fut de quitter cette route de Moskou pour se diriger sur l'Ukraine; ce qui, en lui faisant perdre sa ligne d'opérations, et en empêchant l'arrivée de Lewenhaupt avec des secours d'hommes et de vivres, fut cause de tous ses désastres.

La position de Napoléon à Smolensk, dont il fit une grande place de dépôt et un point d'appui, lui permettait de se diriger avec sûreté sur Moskou, d'où il n'était éloigné que d'une dixaine de marches. D'ailleurs, ce n'était réellement qu'à partir de Smolensk qu'on entrait en pays ennemi. A huit marches en arrière, se trouvaient les magasins de Minsk et de Wilna ; en troisième ligne, ceux de Kowno, de Grodno et de Bialistock. Ceux de quatrième ligne étaient à Elbing, Marienverder, Thorn, Varsovie, etc.; plus en arrière encore, ceux de Dantzick, Bromberg, Posen ; enfin, en sixième ligne sur l'Oder, les magasins établis dans les places fortes que nous occupions.

CHAPITRE X.

L'AUTEUR donne le détail d'une victoire remportée à Polotsk; elle est d'une importance telle que l'empereur pouvait être tranquille sur ce point, et assuré que l'ennemi n'y
bougerait de long-temps. Cette victoire valut au général
Saint-Cyr le grade de maréchal.

« Malgré ce succès, la détermination de dépasser Smo-
» lensk était trop périlleuse pour que Napoléon s'y dé-
» cidât seul; il fallut qu'il s'y fit entraîner. » (Page 3i8
[233].)

Comment peut-on supposer que l'empereur, une fois
maître de Smolensk, s'y serait arrêté, lorsque les armées
de Bagration et de Barclay se retiraient sur Moskou, et
qu'aucune raison fondée ne l'empêchait de les y suivre
pour les combattre? car l'empereur était certain que l'ennemi livrerait bataille pour défendre sa capitale. Une victoire et la prise de Moskou, aux yeux de tous les êtres
pensans, promettaient la paix. L'auteur, lui-même, dans
les conversations qu'il prête à l'empereur avec ses généraux, dans les chapitres précédens, *sur la désorganisation
de l'armée*, sur le grand nombre d'hommes qui restent
en arrière, etc., lui fait dire *qu'il n'y a pas de temps à
perdre, qu'il faut arracher la paix, qu'elle est à Moskou.* (Page 287 [211].)

Si l'on admettait ces perpétuelles hésitations de la
part de l'empereur, il faudrait reconnaître que ce

grand homme avait perdu ses facultés mentales. Mais les faits démentent constamment les insinuations de M. de Ségur.

A Wilna, à Vitepsk, Napoléon nous est représenté comme un être privé d'énergie, de volonté, même de raison, ne sachant que faire, que devenir, ne donnant aucun ordre, et paraissant tout attendre du hasard. Et cependant, nous le voyons pourvoir à tout, diriger à la fois la politique et la guerre. Nous le voyons, dès la première marche, renverser entièrement le plan de campagne des Russes, couper leur armée en deux, les obliger d'abandonner leur ligne d'opérations, leurs magasins, leur camp retranché, leurs communications, et de nous livrer, pour ainsi dire sans bataille, toute la Lithuanie. A Vitepsk, à l'instant où M. de Ségur nous peint l'empereur enfoncé dans un profond engourdissement, les généraux russes réunis viennent pour l'attaquer; c'est ce qu'il désirait. Ils croient qu'il veut se porter avec l'armée française sur leur droite; ils manœuvrent en conséquence, tandis qu'avec la rapidité de l'éclair, il passe le Dniéper, et se trouve sur leur flanc gauche. Ces mouvemens considérables sont si bien combinés, leur exécution est si précise, que Barclay et Bagration, malgré toutes leurs troupes légères, malgré leurs nombreux agens et partisans dans le pays, ne sont instruits du danger qu'ils courent, que par l'attaque faite sur leurs derrières contre Smolensk, par ce grand capitaine qu'ils espéraient surprendre sur leur droite dans des cantonnemens disséminés, et que M. de Ségur nous montre dans un état presque continu de torpeur et d'indécision.

Nous venons d'établir combien est fausse cette assertion de M. de Ségur. Nous sera-t-il permis d'y ajouter notre témoignage personnel? Nous recevions directement les ordres de l'empereur; nous le voyions sans cesse, soit lorsqu'il nous les donnait, soit lorsque nous lui rendions compte de leur exécution, et nous ne l'avons jamais vu tel que nous le peint M. le maréchal-des-logis du palais *.

N'y a-t-il pas de l'injustice à dire, au commencement de ce chapitre, que ses lieutenans semblaient avoir fait plus que lui? Le général en chef d'une armée de près de quatre cent mille hommes, doit-il donc être présent à toutes les affaires qui se livrent? Il ne peut pas être à la fois par-tout, et c'est un malheur. Il donne ses ordres, ses instructions, fait connaître l'ensemble de ses projets; et c'est à chacun de ses généraux de s'y conformer, autant que le leur permettent les circonstances et les localités.

Certainement, si Napoléon se fût trouvé avec les cinquième, septième et huitième corps, Bagration n'eût point passé le Dniéper; il eût, avec son armée, été perdu pour la Russie. Si Napoléon eût été avec Schwartzenberg, le corps de Tormasof eût éprouvé le même sort; si Napoléon eût été avec Ney, l'armée russe eût payé cher, à sa sortie de Smolensk, la faute que ses généraux avaient commise, en faisant une marche circulaire, au milieu de chemins de

---

* Extrait d'une lettre confidentielle du duc de Frioul, grand-maréchal du palais, et qui est entre nos mains.

Au bivouac devant Vitepsk, le 28 juillet au soir.

« L'armée, en se battant depuis trois jours et en repoussant l'ennemi, est
» arrivée devant Vitepsk. Tous les corps seront réunis cette nuit, et demain
» il y aura une bataille, à moins que l'ennemi ne quitte, comme on le fait
» craindre, la position qu'il a prise devant nous pour couvrir Vitepsk. Hier
» et aujourd'hui, dans les différens combats qui ont eu lieu et dans lesquels
» nous n'avons eu que peu de troupes engagées, les Russes ont toujours
» été vigoureusement repoussés. On leur a fait des prisonniers et pris plu-
» sieurs pièces de canon. *L'empereur jouit de la meilleure santé.* Nous
» avons perdu le général Roussel, de l'armée d'Italie : il a été tué par une
» patrouille, par accident. Le colonel du génie Liedot a été blessé mortelle-
» ment dans une reconnaissance. Ferreri a eu une jambe emportée. On
» attend avec impatience ici la nouvelle que le duc de Tarente a passé la
» Duna, et qu'il a mis en marche l'équipage de siège. »

traverse presque impraticables, pour regagner la grande route de Moskou et le Dniéper à Soloniewo *.

Le maréchal Davoust, qui, dans le chapitre VI, avait été placé *à son insu* (page 289 [212]) sous les ordres du roi de Naples, paraît, dans celui-ci, sortir de son ignorance ; il obéit de mauvaise grace. Heureusement que « Barclay, dit » M. de Ségur, ayant reculé sans résistance jusqu'auprès » de Dorogobouje, Murat n'eut pas besoin de Davoust. » (Page 319 [234].) Nous ne voyons pas trop quelle autre *résistance* que l'honneur eût empêché Barclay de s'enfuir ; certainement ce n'est pas ce que M. de Ségur a voulu dire. Bientôt l'ennemi semble vouloir tenir ; le roi de Naples fait ses dispositions pour l'attaquer. Il veut placer Davoust à gauche, mais celui-ci veut rester à droite.

« Si la discorde est à notre avant-garde, elle est aussi » dans le camp des Russes. » (Page 321 [235].) Les aveux que nous fait M. de Ségur sont assez bons à noter. « La con- » fiance dans le chef y manquait, dit-il, chaque pas y pa- » raissait une faute ; chaque parti pris le pire. La perte de » Smolensk avait tout aigri. » (Page 321 [235].) Ce peu de mots de l'auteur nous semblent réfuter complétement les éloges qu'il a donnés à l'habileté des chefs, et à l'ordre qui régnait dans les armées russes. M. de Ségur tombe de contradictions en contradictions, parce que constamment il ne sait pas mieux ce qu'il dit que ce qu'il veut dire.

A la nouvelle que les Russes semblaient vouloir livrer bataille, Napoléon avait quitté Smolensk. L'auteur paraît lui reprocher d'avoir « négligé les armées ennemies d'Es- » sen à Riga, de Wittgenstein devant Polotsk, d'Hœrtel de- » vant Bobruisk, de Titchakoff en Volhynie : total cent

* Un général que quelques personnes ont long-temps opposé à l'empereur (Moreau), consulté par nos ennemis coalisés sur le meilleur plan d'attaque qu'on pût adopter contre lui, répondit : « Combattre Napoléon par-tout où » il n'est pas. » Il paraît que M. l'officier du palais n'est pas de cet avis.

» vingt mille hommes, dont il se laisse environner avec in-
» différence. » (Page 322 [235].) Mais, suivant son habitude de n'être pas d'accord avec lui-même, il nous dit,
quelques lignes plus bas : « cent cinquante-sept mille hom-
» mes suffisaient pour détruire l'armée russe..... et pour
» s'emparer de Moskou » (page 322 [236]); et il se hâte de
faire un calcul, qui nous montre par-tout supérieurs aux
mêmes corps ennemis dont il a parlé plus haut. « C'était,
» dit-il, s'appuyer sur deux cent quatre-vingt mille hom-
» mes pour faire, avec cent cinquante mille hommes, une
» invasion de quatre-vingt-treize lieues, car telle est la dis-
» tance de Smolensk à Moskou. » (Page 323 [236].) Tout
ce grand dénombrement des forces, agissant sur plusieurs
points, a pour seul but d'en faire jaillir ce reproche, « que
» ces deux cent quatre-vingt mille hommes étaient com-
» mandés par six chefs différens..... et dont le plus élevé,
» celui qui occupait le centre....., était un ministre de paix
» et non de guerre. » (Page 323 [237].) Qu'aurait donc
voulu M. de Ségur ? Depuis la Baltique jusqu'aux confins de
la Turquie, une seule armée, sous un seul chef immédiat,
eût-elle pu occuper un espace aussi étendu? Le ministre
de paix n'avait aucun commandement militaire. Ses fonctions, comme le titre que M. de Ségur lui donne, étaient
purement pacifiques. Le véritable chef de toutes ces armées
était l'empereur. Il communiquait directement avec elles,
et n'avait pas besoin d'intermédiaire.

LIVRE SEPTIÈME.

CHAPITRE I.

A son départ de Dorogobouje , l'armée marche vers Moskou, l'empereur au centre avec Murat, Davoust et Ney, Poniatowski à droite, et l'armée d'Italie à gauche. La colonne du centre, suivant la même route que les Russes , y trouvait peu de ressources. « Pour mieux vivre , dit M. l'offi-» cier du palais, il aurait fallu partir chaque jour plus tard , » et s'arrêter plus tôt, puis s'étendre davantage sur ses » flancs pendant la nuit. » (Page 327 [241].) La question n'était pas seulement de mieux vivre , mais de marcher militairement. M. de Ségur n'a pu résister ici au désir de fronder , quoiqu'il reconnaisse lui-même que ce qu'il indique n'est *guère possible.* (Page 327 [241].)

« C'était un spectacle curieux que celui des efforts vo-» lontaires et continuels de tant d'hommes pour suivre un » seul homme à de si grandes distances. » (Page 328 [241, 242].) L'auteur sait fort bien que dans toutes les armées du monde, un grand nombre d'hommes sont conduits par un seul. Quel est son but en faisant cette réflexion ? Il est vrai que M. de Ségur voit dans l'armée française une armée de volontaires commandés par l'empereur, qui n'était point

accoutumé à regarder comme volontaires les soldats sous
ses ordres.

Ce chapitre contient des détails sur la manière de vivre
des soldats, dont *l'existence* paraît à l'auteur *un prodige*
(page 328 [242]), et sur les soins pris par l'administration
militaire. Des exagérations familières à l'auteur s'y font remarquer, comme les haines des soldats entre eux, « d'où
» l'on aurait infailliblement vu naître des guerres intestines
» fort sanglantes, si tous n'avaient pas été ensuite abattus
» par une même infortune, et réunis dans l'horreur d'un
» même désastre. » (Page 330 [243].)

Il ne manque à cette phrase que le mot *heureusement.*

CHAPITRE II.

———

Voici encore M. de Ségur qui se réfute lui-même. Dans les chapitres précédens, il nous a représenté Napoléon sans prévoyance ; et, dès le début de celui-ci, il nous apprend que près de Dorogobouje, ce prince envoie l'ordre au maréchal Victor de se porter sur Smolensk.

L'auteur reproche à Napoléon d'avoir « daté du milieu « de la vieille Russie une foule de décrets. » (Page 333 [246].) Ne savait-il donc pas que l'empereur, en quittant la France, n'y avait point laissé de régence, et que son gouvernement était si bien organisé, que, du fond de la Russie, il gouvernait la France comme s'il eût été aux Tuileries ?

Que signifie cette circonstance d'un pont que *la garde est chargée de garder, qu'elle brûle par insouciance, et qu'on répare ?* (Page 334 [246].) En racontant un pareil fait, l'auteur ne veut-il pas faire croire que le désordre était tel dans l'armée française, que le corps le plus discipliné s'y livrait même par *insouciance ?*

Dans une affaire d'avant-garde, où le roi de Naples, entraîné par son audace, fut un moment compromis, l'auteur dit : « Au plus fort du danger, une batterie refusa deux fois » de tirer ; son commandant allégua ses instructions, qui » lui défendaient, sous peine de destitution, de combattre » sans l'ordre de Davoust. » (Page 335 [247].) Un maréchal n'aurait pas eu le droit de destituer un officier. Tout ce qu'il pouvait faire, était de le demander à l'empereur, en lui rendant compte des faits; et certes, Napoléon n'aurait pas destitué un officier pour avoir obéi au roi de Naples, et tiré sur les Russes, étant en batterie devant eux. D'ailleurs, le fait est aussi vrai que le refus de l'artillerie de la garde, de tirer à Smolensk, rapporté au Chapitre IV du Livre VI.

M. de Ségur n'a-t-il rapporté cette prétendue insubordination de la part d'un corps d'élite que pour faire croire qu'il régnait un grand désordre dans l'armée? Il est plus probable qu'il n'a présenté cet incident que comme sujet d'une querelle entre Murat et Davoust. Il en profite, d'un côté, pour faire des Russes un éloge pompeux, qui, dans la bouche du maréchal Davoust, est au moins déplacé; et de l'autre, pour faire une satire de la manière dont Murat conduisait ses troupes. Ce qu'il en dit est inexact; car, la cavalerie ainsi menée n'aurait pu tenir à quelques jours de marche. Il est fâcheux que l'auteur ne nous donne pas la réplique de Murat; mais il ajoute que « l'empereur trouvait dans » cette mésintelligence entre ses chefs quelque chose qui » ne lui déplaisait pas. » (Page 339 [250].) L'empereur voyait avec satisfaction, sans doute, une émulation qui tournait au bien du service; mais toute mésintelligence, si elle eût existé, n'aurait pu que l'affliger.

CHAPITRE III.

L'AUTEUR tombe dans une nouvelle contradiction. Il vient d'avancer que les querelles de ses chefs avaient quelque chose qui ne lui déplaisait pas; ici, il dit que *les querelles de ses chefs* (de Napoléon) *l'inquiétaient*. (P. 342 [253].)

La querelle de Murat et de Davoust, qui a déjà occupé presque tout le second chapitre, recommence et remplit la fin de celui-ci. Ces rivalités et ces jalousies, racontées avec tant de complaisance, sont ridiculement exagérées. Elles peuvent avoir occupé les oisifs du salon de service; mais elles avaient si peu d'importance, elles influaient si peu sur la marche des affaires, que les mentionner si longuement peut induire en erreur, et donner une bien fausse idée de notre armée. C'est d'ailleurs une parodie des querelles d'Achille et d'Ajax; Patrocle même y joue un rôle. (P. 344 [254].) A l'armée de l'empereur, tout le monde obéissait. On croirait que les héros de M. de Ségur, comme ceux d'Homère, étaient des princes amenant à la suite du roi des rois, des soldats qui étaient leurs sujets, auxquels ils commandaient en maîtres, et qui ne combattaient plus aussitôt qu'il prenait fantaisie au héros de s'enfermer dans sa tente.

Le fait est que le général Compans, dont la division paraît avoir été le motif de la querelle entre le roi de Naples et le maréchal Davoust, n'a jamais eu directement ni indirectement de discussions avec ce prince. Murat, poursuivant l'ennemi, menait sa cavalerie comme devait le faire un bon général, et non comme le rapporte M. l'officier du palais. Dans plusieurs circonstances, l'infanterie lui était nécessaire. Le maréchal Davoust eut à ce sujet, avec lui, quelque différend près de Viazma. Le roi envoya le général Belliard à l'empereur, pour lui exposer le besoin qu'il aurait d'une division d'infanterie, et lui faire part des difficultés qu'il éprouvait de la part du maréchal Davoust. Napoléon, après avoir écouté Belliard, envoya chercher Compans, et lui dit : Eh bien ! général, que signifie donc cette querelle ? Cela cause du retard dans la marche. Compans répondit qu'il ignorait quelle mésintelligence pouvait exister entre le roi de Naples et le maréchal Davoust ; mais qu'il pensait que l'avant-garde marcherait plus vite, s'il y avait de l'infanterie avec la cavalerie du roi, qui souvent se trouvait arrêtée au moindre défilé, ou à la réparation d'un pont, tandis qu'avec quelque infanterie, pareils inconvéniens n'auraient pas lieu. Je pense comme vous, dit Napoléon : c'est bon ; retournez à votre division. Quelques instans après, l'empereur envoya le prince de Neufchâtel au maréchal Davoust, pour lui faire connaître que désormais la division Compans marcherait à l'avant-garde sous les ordres du roi de Naples. On ne tarda pas à éprouver les bons effets de cette disposition.

~~~~~~

CHAPITRE IV.

L'AUTEUR attribue aux Russes une censure amère de Barclay de Tolly, pour y répondre par une brillante apologie de la conduite et du caractère de ce général ennemi. Il convient que Barclay avait *failli, en se laissant surprendre à Wilna...; mais on remarquait que depuis, à Vitepsk, à Smolensk, il avait prévenu Napoléon, etc.* (Page 353 [260].) Nous prierons M. de Ségur de nous expliquer les manœuvres de ce général russe, qu'il vante tant, lorsqu'il quitta les environs de Smolensk, pour venir nous attaquer dans nos cantonnemens de Vitepsk ; et qu'il se méprit au point de nous croire à sa droite, tandis que nous nous portions sur le flanc de sa gauche. Nous lui demanderons de nous expliquer toutes les allées et venues des armées russes, à cette époque, de Smolensk à Roudnia et Nadwa. Nous lui demanderons de nous expliquer pourquoi, si Barclay avait le plan bien formé de se retirer devant nous, il s'est battu à Smolensk, au lieu de n'occuper cette ville que par une arrière-garde, ayant déjà envoyé le corps de Bagration vers Dorogobouje. Nous lui demanderons encore de nous expliquer pourquoi Barclay a exposé toute son armée à être attaquée et culbutée par la nôtre, dans sa retraite, par des chemins de traverse, pour se porter à Soloniewo, tandis que la grande route de Moskou, beaucoup plus courte pour atteindre ce point, n'était défendue que par une arrière-garde de cosaques. Ce parti était tellement imprudent, que si le mouvement du duc d'Abrantès eût été exécuté ainsi qu'il avait été prescrit, les troupes que plus tard Barclay fit revenir sur la route de Moskou vers Smolensk, pour soutenir cette arrière-garde et arrêter notre marche, eussent été enlevées, et le reste de son armée eût pu très-difficilement atteindre la route de Moskou.

Dans ce même chapitre, au sujet d'un parlementaire, M. de Ségur s'exprime ainsi : Nos avant-postes se gardaient mal ; *il y avait par-tout la même négligence..... chacun dormait.* (Pages 351 et 352 [259, 260].) Nous ne ferons qu'une observation à cet égard; c'est que le maréchal-des-logis du palais n'est jamais allé aux avant-postes, et, par conséquent, il ne peut être sûr de ce qu'il avance. Au surplus, cet épisode manque d'à-propos; si nous nous gardions tellement mal devant un général aussi expérimenté que Barclay de Tolly, pourquoi n'enlevait-il pas l'empereur et son quartier-général ?

~~~~~~

CHAPITRE V.

———

Depuis que Kutusof a pris le commandement, tout annonce une bataille prochaine. Maintenant l'empereur n'est plus le même pour M. de Ségur. Ce n'est plus cet homme fatigué, sans ressort, affaissé sous le poids de son entreprise, ou poussé par la fatalité vers sa perte ; c'est un génie supérieur faisant ses dispositions « avec cette tranquillité » d'ame des hommes extraordinaires.... (page 355 [263]); » envisageant son champ de bataille avec ce coup d'œil du » conquérant, qui voit tout à la fois et sans confusion, qui » perce à travers tous les obstacles, écarte les accessoires, » démêle le point capital, le fixe d'un regard d'aigle, etc. » (Page 358 [265].) Enfin, désespérant de peindre toute la grandeur de son héros, il s'écrie : « Qu'il faut de paroles à » l'historien pour exprimer le coup d'œil d'un homme de » génie! » (Page 360 [266].) Cependant, comme il faut toujours à ces éloges fort rares un correctif, il nous montre l'humanité, comme cet esclave qui rappelait chaque jour aux rois de Perse qu'ils étaient hommes, et il dit « qu'à la » vue de cette Gjatz qui verse ses eaux dans le Volga, on » l'entend s'enorgueillir d'être le maître de ces flots des- » tinés à voir l'Asie, comme s'ils allaient l'annoncer à » cette autre partie du monde, et lui en ouvrir le chemin. » (Page 356 [263].) Ces hyperboles sont d'un rhéteur, et Napoléon ne l'était pas.

« Compans profite habilement des ondulations du ter-

» rain. Ses élévations servirent de plate-forme à ses ca-
» nons pour battre la redoute, et d'abri à son infanterie
» pour la disposer en colonnes d'attaque. Le soixante et
» unième marcha le premier ; la redoute fut enlevée d'un
» seul élan et à la baïonnette. Mais Bagration envoya des
» renforts qui la reprirent. Trois fois le soixante et unième
» l'arracha aux Russes, et trois fois il en fut rechassé.
» Mais enfin il s'y maintint tout sanglant et à demi détruit. »
(Page 360 [266].)

Cette relation contient presque autant d'assertions fausses que de mots. Mais l'auteur est peut-être excusable ; il
n'a pu voir par lui-même ce qu'il raconte. Il n'a eu pour
guides que les relations publiées sur la guerre de Russie,
relations pour la plupart faites par des personnes qui n'ont
point vu les actions militaires qu'elles décrivent, et n'y ont
point pris part.

Cette redoute, armée de douze pièces de position, avait
été élevée sur un mamelon situé entre le village de Schwardino et le bois qui couvre la vieille route de Smolensk à
Moskou. Du côté du village, la pente de ce mamelon était
moins raide que de l'autre côté ; mais entre cette pente et
le bois, se trouvait une plaine assez étendue. En avant de
la redoute, et à environ une soixantaine de toises, s'élevait un petit monticule. Le général Compans, que nous
avons vu, dans les chapitres précédens, marcher avec
l'avant-garde, fut chargé directement par l'empereur, de
l'attaque de cette redoute. Napoléon attachait une grande
importance à s'emparer le soir même (5 septembre) de
cette position, qui couvrait le centre gauche de la ligne de
bataille des Russes. C'est pourquoi, sans attendre l'arrivée
des autres divisions du premier corps, il en ordonna l'attaque. En arrière et sur les flancs de la redoute, on aperce-
vait de fortes colonnes russes, infanterie, artillerie et cavalerie, formant plus de quinze mille hommes.

Le général Compans chassa promptement l'ennemi des villages de Fomkino et de Doronino, et le força de se retirer dans sa position sur les flancs du mamelon. Il fit jeter sur le petit monticule, dont nous avons déjà parlé, cinq ou six compagnies de voltigeurs. Ceux-ci, éparpillés sur le monticule, et s'en couvrant le plus qu'ils pouvaient, avaient ordre de faire un feu continuel sur les canonniers, qui servaient l'artillerie de la redoute, dans laquelle il y avait fort peu d'infanterie. Un bataillon fut établi en arrière du monticule pour soutenir ces tirailleurs.

L'artillerie de la division Compans prit position pour battre celle de la redoute et les troupes russes placées sur ses flancs. Entre la droite de Compans et le bois, s'avança une partie de la cavalerie du roi de Naples; mais l'artillerie et la cavalerie ennemies la continrent. Le général Compans, à la tête des cinquante-septième et soixante et unième régimens, se dirigea sur la droite du mamelon où était la redoute. En même temps, il fit marcher le général Dupelain avec le vingt-cinquième, sur la gauche, du côté de Schwardino. Il fit placer le cent onzième encore plus à gauche, afin de tourner la droite des Russes. Dans son mouvement, le général Compans fut attaqué par des masses de cavalerie; mais il tira habilement parti des accidens du terrain et de la circonstance d'un clayonnage, qui lui permit de continuer son mouvement, malgré ces masses de cavalerie, et même de les repousser avec une grande perte. Une fusillade des plus meurtrières s'établit bientôt de ce côté, entre les deux régimens de Compans et l'infanterie russe, qui soutenait le flanc gauche de la redoute. On n'était séparé que d'une dixaine de toises; mais les troupes, sur deux versans opposés du terrain, se trouvaient couvertes jusqu'à la poitrine. Cette sanglante fusillade dura ainsi trois quarts d'heure; sa vivacité, son bruit, empêchèrent d'entendre le commandement du général, de se porter en avant à la baïonnette ; manœuvre qui nous eût coûté beaucoup moins de monde.

De leur côté, les généraux russes, souffrant encore plus que nous de cette fusillade presque à bout portant, firent de vains efforts pour décider leurs troupes à marcher contre les nôtres ; la nuit approchait, rien ne paraissait encore décidé. Compans, voulant à tout prix sortir de cette terrible situation, prit un bataillon du cinquante-septième ; et ayant fait ouvrir les clayonnages sur sa droite, il le fit avancer en colonne serrée par divisions, couvrant quatre pièces d'artillerie chargées à mitraille, qui marchaient à sa suite. Il conduisit ce bataillon sur l'extrême gauche des Russes qui flanquaient la redoute ; quand il en fut à cinquante toises, il démasqua sa batterie dont la mitraille fit un ravage épouvantable chez les ennemis. Compans, profitant du désordre qu'il remarqua dans leurs rangs, chargea à la baïonnette avec son bataillon. L'ennemi plia sur ce point, et le désordre se communiquant de sa gauche à sa droite, il abandonna la position qu'il avait si long-temps défendue, et se retira sur sa seconde ligne, laissant ainsi en notre pouvoir la redoute. Ce bataillon du cinquante-septième, qui décida l'affaire, eut son chef de bataillon tué, et deux cents hommes tués ou blessés dans l'espace qu'il parcourut en se portant sur l'ennemi.

Pendant que ceci se passait à notre droite, le cent onzième, qui était à notre gauche, suivit le mouvement général ; mais le feu qui avait pris au village de Schwardino, ayant laissé voir au général russe qu'un seul régiment le poursuivait de ce côté, il le fit charger par sa cavalerie. Ce régiment soutint le choc avec fermeté ; mais, dans cette charge, il perdit ses deux pièces régimentaires.

L'empereur avait compté que la marche sur la droite que faisait le prince Poniatowski, aurait beaucoup favorisé l'attaque de la redoute. Mais, malgré tous les efforts de ce

prince, les obstacles qu'il rencontra dans les bois ralentirent sa marche ; une seule de ses batteries put prendre part
au combat.

La redoute ne fut point enlevée par assaut ; elle fut abandonnée par les Russes, lorsque le mouvement du bataillon
du cinquante-septième les obligea à quitter la position. Nous
y trouvâmes toutes les pièces dont elle avait été armée. Les
canonniers, les chevaux, tout avait été détruit par la fusillade de nos voltigeurs. Il est faux que cette redoute, une
fois en notre pouvoir, ait jamais été reprise par l'ennemi ;
il ne pouvait donc pas s'y trouver un seul Français tué.

« Le lendemain, quand l'empereur passa ce régiment en
» revue (le soixante et unième), il demanda où était son
» troisième bataillon. — Il est dans la redoute, repartit le
» colonel. » (Page 361 [266].)

D'après le récit que nous venons de faire des événemens
qui eurent lieu sur ce point, on voit combien est ridicule
cette réponse prêtée au colonel du soixante et unième ; mais,
pour dire la vérité, M. de Ségur n'en est point l'auteur.
Il a pris ce trait dans Labaume, qui l'a pris on ne sait où.
Le fait est qu'aucun bataillon français n'entra dans la redoute de vive force. Ainsi que nous l'avons expliqué, ce
fut l'attaque brillante du bataillon du cinquante-septième
qui décida le corps russe, chargé de défendre le mamelon
où était la redoute, à se retirer ; mouvement qui laissa la
redoute en notre pouvoir. L'auteur dit que ce fut sur-tout
la témérité d'un régiment espagnol qui rebuta les ennemis :
ce fait est encore inexact. Lorsque le cent onzième se porta
en avant, vers la droite de l'ennemi, et que la cavalerie
russe le chargea, le régiment Joseph Napoléon, faisant
partie de la division Friant, se porta pour le soutenir ; mais
le feu du cent onzième avait seul· suffi pour éloigner les
Russes. Tout ce chapitre se ressent de l'ignorance où l'auteur a été de ce qui s'est passé dans ce combat du 5.

CHAPITRE VI.

Les premiers rayons du soleil du 6 septembre nous montrèrent l'armée russe dans les mêmes positions où on l'avait reconnue la veille ; et, nous en conviendrons avec M. de Ségur, ce fut une joie générale. Voici dans quels termes il en déduit les motifs :

« Enfin cette guerre vague, molle, mouvante, où nos
» efforts s'amortissaient, dans laquelle nous nous enfoncions
» sans mesure, s'arrêtait ! On touchait au fond, au terme!
» et tout allait être décidé. (Page 364 [268].)

CHAPITRE VII.

PENDANT que l'empereur est occupé à examiner la position des Russes, le prince d'Eckmülh vient lui annoncer qu'il a examiné leur gauche, et lui propose un plan pour la tourner avec ses cinq divisions et le corps de Poniatowski. Napoléon refuse; le maréchal Davoust insiste, mais inutilement. Ce plan est probablement l'ouvrage de M. de Ségur, tracé d'après les dires de certaines personnes sur ce qui aurait pu être fait à la bataille de la Moskowa. Il fait retourner Davoust à son poste, *en murmurant contre tant de prudence.* Parmi le grand nombre de raisons que l'on pouvait donner pour justifier le refus de l'empereur, pourquoi l'auteur nous cite-t-il *l'âge qui l'a rendu moins entreprenant?* (Page 370 [273].) Napoléon était-il un vieillard à quarante-trois ans? Le fait est qu'aujourd'hui même, que nous connaissons toutes les forces des Russes sur ce champ de bataille, et leur emplacement, personne ne saurait affirmer ce qui serait arrivé, si le mouvement proposé par Davoust avait été exécuté. Pour qu'il réussît, il aurait fallu qu'il se fût opéré pendant la nuit. Or, l'on sait les inconvéniens de pareilles marches faites dans un pays boisé et inconnu, presque sans guide. Lorsqu'il s'agissait de manœuvres beaucoup plus simples, et dont les conséquences étaient moins graves, nous voyons ce qui eut lieu avant et après Smolensk au corps de Junot. D'ailleurs, il est bien probable que l'ennemi, avec son immense quantité de troupes légères, eût bientôt appris ce mouvement ; ce qui eût pu le décider à y parer ou à se mettre en retraite ; et la bataille que nous cherchions eût encore été retardée.

Comment M. de Ségur, après nous avoir peint l'armée désorganisée, mourant de faim et de fatigue, affaiblie et découragée, nous dit-il « qu'elle était saine, souple, ner- » veuse, telle que ces corps virils qui, venant de perdre les » rondeurs de la jeunesse, montrent des formes plus mâles » et plus prononcées ? Toutefois, il la trouve silencieuse » comme la nature au moment d'un grand orage, ou comme » le sont les foules à l'instant d'un grand danger. » (Pages 372 et 373 [274].)

« La témérité de la position où Napoléon a poussé son » armée » paraît évidente à l'auteur ; « il n'y a plus de » repos pour elle que dans la mort ou la victoire. » Mais sur quoi compte-t-il ? « Sur la curiosité des soldats, qui vou- » dront voir Moskou... peut-être la piller. » (P. 373 [274, 275].)

Toujours *piller !* Quand on est jeune, on a de la peine à se défendre de l'exaltation d'un sentiment quelconque ; et il est rare que la gloire, la confraternité, la reconnaissance, n'influent pas sur nos jugemens. Mais M. l'officier du palais est au-dessus de ces misères. Ni la gloire de l'armée, ni le sentiment qu'on éprouve pour ses compatriotes, ni la reconnaissance pour son bienfaiteur, ne l'empêchent de voir dans l'armée et dans les soldats qui la composent, des pillards, et dans le chef qui la commande, un esprit favorable au pillage.

La proclamation à l'armée *sera trouvée un jour admirable*, dit M. de Ségur (page 374 [275]); mais pourquoi ne le serait-elle pas dès à présent ? Ce qui est grand et beau est de tous les temps.

CHAPITRE VIII.

——————

L'AUTEUR nous représente Kutusof cherchant, au nom de la religion, à exciter le fanatisme et l'enthousiasme de ses soldats à demi barbares. Les injures ne sont pas épargnées à Napoléon. On peut comparer les deux proclamations. M. de Ségur nous dit que « les peuples grossiers, qui » n'en sont encore qu'aux sensations, sont par cela même » des soldats d'autant plus redoutables..... Restreints par » l'esclavage dans un cercle étroit, ils sont réduits à un petit » nombre de sensations, qui sont les seules sources des be- » soins, des désirs et des idées. » (Page 376 [276, 277].)

M. le maréchal-des-logis du palais s'est fait une singulière idée du soldat. Quoi ! le soldat est d'autant plus redoutable que le peuple auquel il appartient est plus grossier ? Cette maxime est un peu contrariée par l'histoire des Grecs et des Romains, qui, au moment de leurs plus beaux triomphes, étaient les peuples les plus civilisés de la terre. Elle ne sera pas confirmée par l'exemple des militaires français, qui, appartenant à la nation la plus policée des temps modernes, n'étaient *cependant pas les moins redoutables.* N'en déplaise à M. de Ségur, la gloire des soldats français appartient autant à leur bravoure innée, qu'à cette multitude de sensations, qui naissent de la civilisation perfectionnée, et qui produisent l'élan vers la gloire.

Quelques lignes plus bas, il suppose que les Russes sont plutôt idolâtres que chrétiens, et « qu'ils l'ont faite (la re-

» ligion chrétienne) toute physique et matérielle, pour la
» mettre à leur brute et courte portée. » (Page 376 [277].)

Ces réflexions peuvent être fort belles ; mais ce n'est pas
une dissertation de métaphysique et d'idéologie que le lecteur doit s'attendre à trouver sous la plume de l'historien
qui décrit l'imposante bataille de Moskou ; le simple récit des
faits eût été pour lui d'un intérêt plus grand.

Au tableau vrai que l'auteur fait de la réception du portrait du roi de Rome, il aurait pu ajouter ces paroles de
l'empereur, qui peignent sa profonde émotion, et les sentimens qui l'agitaient au milieu de l'ivresse des acclamations
de ses soldats : *Retirez-le, il voit de trop bonne heure un
champ de bataille.*

Le colonel Fabvier, aide-de-camp du maréchal Marmont,
vint annoncer à l'empereur la perte de la bataille des Aro-
pyles. M de Ségur nous dit que « l'empereur reçut bien
» l'aide-de-camp du général vaincu, la veille d'une bataille
» si incertaine, se sentant disposé à l'indulgence pour une
» défaite. » (Page 378 [278].) Ce fait et la réflexion qui le
suit, manquent totalement d'exactitude. L'empereur témoigna le plus vif mécontentement, quand il apprit que le
maréchal Marmont avait compromis l'armée française,
pour satisfaire une ambition toute personnelle, en livrant
bataille, sans attendre, malgré les ordres qu'il en avait
reçus, l'arrivée du corps de Soult, qui devait assurer la
victoire. Le colonel Fabvier, qu'animent les sentimens les
plus nobles et les plus élevés, crut son honneur intéressé
dans ces reproches de l'empereur, et le lendemain l'armée
le vit combattre à pied, en volontaire, dans l'endroit le
plus périlleux ; comme pour montrer que les soldats de
l'armée d'Espagne ne le cédaient point en bravoure à ceux
de l'armée de Russie.

Les détails que l'auteur nous donne sur la nuit que passa
Napoléon, sont un amas d'idées décousues, de mots mal

saisis, de conversations tronquées, de monologues inter-
rompus à chaque instant. Reconnaît-on dans ce tableau le
général qui commanda en chef dans cinquante batailles ran-
gées ! Il semble que Napoléon n'en eût jamais livré. Ce passage ne peut avoir été écrit que sur des notes fournies par
quelque valet de chambre, à un historien trop étranger à
l'empereur pour les apprécier.

Napoléon, qui s'est rassuré en trouvant « *son armée*
» *saine, souple, nerveuse, etc.* (page 371 [274]), *s'épou-*
» *vante* de son *dénuement. Comment*, lui fait dire M. de
» Ségur, *faibles et affamés soutiendront-ils un long et*
» *terrible choc?* » (Page 379 [278].) Notez que c'est du
même jour et de la même armée qu'il parle. Semblable
contradiction existe dans le portrait de l'empereur, qui nous
est représenté, le jour, *calme*, doué *d'un regard d'aigle*,
extraordinaire (pages 355 et 358 [263, 265],) et la nuit,
livré aux terreurs et aux sollicitudes d'un faible enfant,
jeté tout à coup dans une situation imprévue.

~~~~~~

CHAPITRE IX.

LE 7 septembre, à cinq heures du matin, Napoléon alla se placer près de la redoute conquise l'avant-veille. De cette position centrale, il envoya plusieurs officiers pour suivre l'exécution des ordres qu'il avait donnés pendant la nuit. L'auteur dit que « l'attention de l'empereur était alors fixée » sur sa droite, quand tout à coup, vers sept heures, la ba- » taille éclate à sa gauche. » (Page 382 [281].) Cela est tout-à-fait inexact. Le feu commença par la batterie de notre droite. M. l'officier du palais, en le faisant commencer par la gauche, aurait-il eu la pensée d'ouvrir le récit de sa bataille par l'attaque partielle d'un régiment (le cent sixième), qui ne dut son salut qu'au quatre-vingt-douzième, *accourant de lui-même à son secours?* (Page 383 [281].) On pourrait en inférer que, dès le début, il n'y avait pas, même sur ce point, un général pour donner des ordres et se faire obéir. Nous remarquerons en passant que ce quatre-vingt-douzième régiment est le même dont M. de Ségur, au combat d'Ostrowno, a attaqué la réputation.

« C'était Napoléon lui-même qui venait d'ordonner à son » aile gauche d'attaquer violemment.....; il multiplia ses » ordres; il outra ses excitations, et il engagea de front » une bataille, qu'il avait conçue dans un ordre oblique. » (Page 383 [281].)

D'après l'ordre général de la bataille, le prince Eugène devait, par une attaque sur Borodino, attirer l'attention des

ennemis sur leur centre et leur aile droite, afin, 1° de faciliter le mouvement que le prince Poniatowski devait faire
dans la direction de la vieille route de Smolensk à Moskou;
2° d'empêcher l'ennemi de dégarnir toute sa droite, pour
renforcer l'extrémité de son aile gauche, que devait attaquer le maréchal Davoust. · ·

« Rapp accourt remplacer Compans; il entraîne encore
» ses soldats, la baïonnette en avant et au pas de charge,
» contre la redoute ennemie. » (Page 384 [282].)

L'empereur, satisfait de la manière dont le général Compans s'était emparé, le 5, de la redoute de Schwardino *,
l'avait chargé de l'attaque du redan de l'extrême gauche
de la position des Russes. Ce général avait à sa disposition
sa division et celle du général Dessaix. Aussitôt la canonnade engagée, il forma sa division en deux masses parallèles. Celle de droite était destinée à éloigner l'ennemi du
taillis, et à couvrir par là le mouvement de la brigade de
gauche, qui marcha directement sur le redan. La division
Dessaix était en seconde ligne pour servir de réserve. Au
moment où le général Teste (avec le vingt-cinquième et le
cinquante-septième régiment) pénétrait dans la redoute (il
était alors sept heures et demie du matin), Compans fut
blessé d'un biscaïen à l'épaule. Ce général, que remplaça
le général Dupelain dans le commandement de sa division,
remit la direction de l'attaque à Dessaix, qui lui-même ne

---

* Le 6, veille de la bataille, l'empereur avait fait appeler Compans, pour
lui faire connaître qu'il le destinait à attaquer la redoute ennemie placée à
notre extrême droite. Le maréchal Ney était présent. Compans proposa de
faire passer sa division par le bois, pour éviter la mitraille. Ney prétendit
que cela pourrait mettre du décousu dans ce mouvement; mais Compans
ayant fait observer que ce bois était un taillis praticable qu'il avait reconnu,
l'empereur approuva son projet. Le général Compans ajouta que ce qu'il
craignait, c'était que l'ennemi ne s'avançât sur sa droite dans le bois, et ne
se plaçât entre Poniatowski et lui. Napoléon lui dit : *Vous avez raison;*
pour parer à ce danger, vous pourrez disposer de la division Dessaix.

tarda pas à être blessé dangereusement. Ce fut lui que le
général Rapp vint remplacer. Le maréchal Davoust, qui
était à la droite de la grande batterie, fut blessé presque
aussitôt *. Ce fut un grand malheur que tous ces chefs
fussent frappés presque en même temps. La blessure du
général Compans, qui connaissait bien les intentions de
l'empereur, fut sur-tout fatale; il y eut de l'indécision
dans le mouvement du premier corps.

Suivant notre historien, Rapp, qui a été blessé à la tête
de la division Compans, vient dire à l'empereur, *qu'il y
faudrait la garde pour achever.* (Page 384 [282].) M. de
Ségur suppose apparemment que la blessure qu'avait reçue
le général Rapp avait attaqué son cerveau. En effet, n'aurait-il pas donné une preuve de folie, s'il eût proposé à
l'empereur, au commencement d'une bataille, de faire
donner la réserve? Mais l'auteur aura entendu des généraux raisonner depuis l'événement sur cette bataille; il
aura entendu dire que, si la garde eût donné, infanterie et
cavalerie, les résultats de la victoire eussent été beaucoup
plus brillans. Dans son système de critiquer Napoléon, il
s'est emparé de cette idée, qu'il exploite dans tout le cours
de son récit, sans faire attention au moment opportun où
cette opération eût pu être regardée comme admissible.
Cette attaque de la garde, qui, dans tous les cas, ne devait
s'effectuer que pour décider ou compléter la victoire, l'auteur aurait voulu qu'elle eût eu lieu au commencement de
l'action. Il faut être peu militaire, pour ne pas savoir qu'il

---

* Le général Sorbier, envoyé par Napoléon au prince d'Eckmülh, le joignait au moment où un boulet traversa son cheval. Le canon d'un de ses
pistolets, forcé dans sa fonte, fit au maréchal une contusion si grave qu'il
fut renversé. Le général Sorbier, dans le premier moment, le crut tué, et
vint l'annoncer à l'empereur, qui ne répondit rien. Mais bientôt un officier
arriva, et apprit à Napoléon que le prince d'Eckmülh était à la tête de ses
troupes. L'empereur dit avec effusion : Dieu soit loué !.

est de principe de n'engager la réserve qu'à la dernière extrémité, et que l'habileté du général consiste en partie à
tout faire pour que l'ennemi engage sa réserve le premier.
Si M. de Ségur avait étudié les différentes batailles livrées
par l'empereur, il aurait vu que le plus souvent c'est à
l'application de cette maxime qu'il a dû la victoire.

« Alors Ney, avec ses trois divisions réduites à dix mille
» hommes, se jette dans la plaine. » (Page 384 [282].)

Le corps du maréchal Ney se trouvait placé au centre,
ayant en seconde ligne celui du duc d'Abrantès. Sa droite
se trouvait appuyer la gauche du maréchal Davoust. « Il
» ne se jeta point dans la plaine, ni ne courut seconder Da-
» voust. » (Page 384 [282].) Il exécuta les ordres qu'il
avait reçus de l'empereur, pour attaquer, conjointement
avec le maréchal Davoust, les trois redoutes qui couvraient
la gauche de l'ennemi. Les blessures des généraux Compans
et Dessaix, et du maréchal Davoust, ayant causé de l'hésitation dans les manœuvres du premier corps, l'attaque
de ce corps ne produisit pas tout l'effet qu'on devait en attendre. Le mouvement des trois divisions de Ney, exécuté
avec le plus grand ensemble, eut un plein succès. Encou-
ragées par cette attaque, les deux divisions de Davoust attaquèrent de nouveau, et les trois redoutes restèrent en
notre pouvoir ; il était alors neuf heures du matin.

Suivant M. de Ségur, les Russes marchèrent vers midi
pour reprendre les redoutes. « Les Français, dit-il, étaient
» encore dans le désordre de la victoire ; ils s'étonnent, ils
» reculent. » (Page 585 [283].) Ce fait paraît avoir été co-
pié d'après les gazettes russes. Il est faux que les Français
aient, dans tout le cours de la bataille, abandonné les trois
redoutes qu'ils avaient occupées dès le commencement. Les
corps de Davoust et de Ney surent les défendre contre les
attaques réitérées des Russes. Le général ennemi, voyant,
dès les premières attaques, qu'il avait placé sa droite dans

une position peu avantageuse, se hâta d'en tirer le corps de Baggowout pour le porter à sa gauche, déjà tant affaiblie par la prise des redoutes.

Le mouvement que M. de Ségur suppose avoir été effectué par les Westphaliens, la méprise qu'il leur attribue d'avoir fait feu sur nos troupes, le désordre qui, selon lui, en résulta, sont des faits également controuvés. Les Westphaliens, ainsi que nous l'avons dit, étaient en réserve derrière le maréchal Ney. L'empereur, voyant la non-réussite de l'attaque de Davoust, les envoya sur la droite de ce maréchal, liant ainsi son corps avec celui de Poniatowski qui était vers Utitsa. Ce fut donc dès le commencement de la bataille, et non au milieu, comme l'avance l'auteur, que ce corps d'armée fut placé à la droite du maréchal Davoust, pour soutenir son attaque, et non pour secourir les Polonais. Il paraît, aux détails que M. de Ségur nous donne à ce sujet, qu'il n'a pas été, en amateur, voir le combat sur ce point. Qui lui peut avoir rapporté que nos soldats, poussés par la cavalerie ennemie, « couraient tout effarés autour » du parapet (de la redoute), et qu'il ne leur manquait pour » fuir qu'une issue? (P. 386 [283].) ». Plus loin il nous dit : « En même temps Ney a reformé ses divisions. » (Page 386 [284].) Où a-t-il vu que jamais elles aient été rompues? Toutes ces assertions manquent de vérité, aussi bien que l'image qu'il nous offre de Murat, « combattant » d'une main, et de l'autre élevant et agitant son panache, » seul au milieu des ennemis. » (Page 386 [283].) L'auteur n'ayant point pris part à cette bataille, s'est laissé entraîner par ses réminiscences de *l'Iliade*, jusqu'à en imiter un passage, sans songer que les temps et les armes sont tout-à-fait changés.

~~~~~~

CHAPITRE X.

« CETTE action vigoureuse (la prise du village de Seme-
» nowskoï) nous ouvrait le chemin de la victoire. Il fallait
» nous y précipiter; mais Murat, Ney et Davoust étaient
» épuisés. Ils s'arrêtent, et pendant qu'ils rallient leurs
» troupes, ils envoient demander des renforts. On vit alors
» Napoléon saisi d'une hésitation jusqu'alors inconnue. »
(Page 388 [285].)

Il est assez singulier de voir M. de Ségur faire demander
des renforts par Murat, Ney et Davoust victorieux, dans
un moment où il nous dit que Bagration a retiré sa gauche
jusque vers Psarewo, c'est-à-dire à trois quarts de lieue
en arrière; ce qui nous aurait laissés maîtres de tout le
champ de bataille qu'occupait d'abord la gauche de l'armée
russe. *L'hésitation jusqu'alors inconnue* de Napoléon
montre, de la part de l'historien, au moins un défaut de
mémoire. En effet, jusqu'à présent, ne nous l'a-t-il pas
montré constamment tourmenté *d'une fièvre d'hésitation?*

Mais voici Bagration qui, de Psarewo, revient attaquer
Semenowskoï; la division Friant est en avant de ce village.
M. l'officier du palais nous dit que *ses soldats se troublent*
(page 389 [285]); que Murat saisit au collet un de leurs
chefs, qui fuit, et lui crie : *Que faites-vous?* et le colonel
de lui répondre : *Vous voyez bien qu'on ne peut plus
tenir ici. Eh! j'y reste bien moi, s'écrie le roi.* « Ces
» mots arrêtèrent cet officier; il regarda fixement le mo-

» narque, et reprit froidement : C'est juste. Soldats ! face
» en tête, allons nous faire tuer ! » (Page 389 [286].) Sans
demander par qui cette conversation a pu être rapportée à
M. de Ségur, nous dirons qu'il n'y a pas eu un seul instant
de désordre dans la division Friant, qui jusque-là était restée en réserve, et que, par cette raison même, l'empereur
l'avait chargée de prendre et de conserver Semenowskoï.
Dans cette division, qui contribua tant à la victoire, comme
dans toute l'armée française, il n'existait pas un colonel
qui, à la tête de son régiment, eût besoin d'être conduit
par le collet à l'ennemi, et qui eût fait ce stupide commandement : *Soldats ! face en tête, allons nous faire tuer !*
Si tout ce que M. de Ségur rapporte à ce sujet, était vrai,
cette seule expression de *face en tête ! allons nous faire
tuer*, eût convaincu le roi de Naples que celui qui parlait
ainsi, était incapable de faire ce qu'il disait.

　　« Cependant Murat venait d'envoyer Borelli à l'empe-
» reur, pour demander du secours.... Borelli insiste, et
» l'empereur promet sa jeune garde, mais à peine eut-elle
» fait quelques pas, que lui-même lui cria de s'arrêter. »
(Page 389 [286].) Au moment où notre aile droite était
victorieuse, l'ennemi fit passer la Kolocza à toute la cavalerie de Platow, et à celle du général Ouwaroff, et lui fit
faire une vigoureuse attaque sur notre gauche. La cavalerie
légère du général Ornano fut repoussée, et notre infanterie
sur ce point, obligée de se former en carrés par régiment.
Le prince Eugène courut quelque danger. C'est dans ce
même moment, que l'empereur apprit les dispositions de
l'ennemi pour reprendre l'offensive sur notre droite. Il
était donc naturel qu'il n'y envoyât point la réserve, avant
de savoir ce qui allait se passer à notre gauche. Quant
aux instances de Borelli, personnage dont l'auteur ne nous
fait pas même connaître le grade, à qui pense-t-il faire
croire de pareils contes ?

Nous ne réfuterons pas cette ridicule assertion, *de la garde, qui, sous prétexte de rectifier des alignemens* (page 390 [286]), *s'avançait peu à peu par l'ordre du comte de Lobau.* Un corps aussi considérable pouvait-il, sous les yeux de l'empereur, escamoter un mouvement, s'il est permis de s'exprimer ainsi ?

« L'artillerie de la réserve s'avança dans cet instant......
» Lauriston avait obtenu pour cette manœuvre le consen-
» tement de l'empereur. » (Page 390 [286].) A en croire M. de Ségur, non-seulement Napoléon n'aurait donné aucun ordre, mais encore ses généraux auraient été obligés de lui en arracher. L'artillerie de la garde, commandée par le général Sorbier, était en batterie depuis le commencement de la bataille. L'empereur voyant toutes les réserves de l'ennemi, infanterie, cavalerie, artillerie, mises en mouvement pour reprendre la position de Semenowskoï, fit marcher, pour soutenir la division Friant, le corps de Ney, la cavalerie du roi de Naples et l'artillerie de réserve. La division de jeune garde (Roguet) fut également envoyée en deuxième ligne, derrière la division Friant; M. de Ségur n'en dit pas un mot. Ce fut l'empereur qui ordonna ce mouvement; il ne vint alors dans l'esprit de personne de le conseiller, et de s'offrir à l'exécuter : Napoléon commandait; on obéissait.

L'auteur dit *qu'on vit l'empereur pendant toute cette journée s'asseoir ou se promener lentement.... loin de la bataille* (page 391 [287]); et il oublie que, deux pages auparavant, il a fait mention de boulets qui viennent mourir à ses pieds. Il dit *qu'il fait des gestes d'une triste résignation..... que son calme est lourd, sa douceur molle ; qu'on croit y reconnaître cet abattement, suite ordinaire des violentes sensations.* (Page 391 [287].) L'auteur aurait dû nous dire quelles sensations si violentes l'empereur avait éprouvées avant la bataille, pour être réduit à l'état qu'il dépeint. *D'autres s'imaginèrent qu'il s'était déjà blasé sur tout, même sur l'émotion des combats. Plusieurs observèrent que cette constance calme, ce sang-froid des grands hommes dans ces grandes occasions, tournent avec le temps en flegme et en appesantissement, quand l'âge a usé leurs ressoris.* (Page 591 [287].)

Faut-il répéter sans cesse que Napoléon était alors dans la vigueur de l'âge et de sa constitution? Le maréchal-des-logis du palais parle-t-il sérieusement, lorsqu'il émet de pareilles assertions, qui tendraient à faire passer l'empe-reur pour un homme dénué de force morale et physique, pour un homme tombé dans un état complet de démoralisa-tion, et insensible à tout? Les généraux, les officiers qui ont approché de Napoléon, tous les chefs et soldats de la garde ne l'ont-ils pas vu tel qu'il était en effet? Indépendam-ment de ces témoins, les faits ne parlent-ils pas? Il est constant que, dès deux heures du matin, dans la journée du 6, l'empereur avait visité tous les corps de son armée, parlé à tous les généraux, reconnu et étudié, dans les plus petits détails, la situation de l'ennemi, et les accidens du terrain où devait se livrer la bataille. C'est de cette manière qu'il a passé cette journée du 6; et ce n'a été que dans la nuit, qu'il a prescrit l'ordre dans lequel l'armée russe de-vait être attaquée. Après avoir fait expédier tous les ordres aux différens corps d'armée, il prit un repos de moins de deux heures, pendant la nuit du 6 au 7, qui se passa pres-que entière à recevoir des rapports et à prescrire des dis-positions. Le 7, avant cinq heures du matin, il était à cheval, et en avant de la redoute de Schwardino, position centrale d'où il pouvait suivre tous les événemens de la ba-taille. Il avait en arrière de lui sa réserve (la vieille garde). Celle-ci, d'après ses ordres, était en grande tenue, formée en colonnes par bataillons, à distance de soixante pas; ce qui faisait croire à l'ennemi qu'elle était deux fois plus nom-

breuse. En avant, était la jeune garde. Il tenait ainsi ses corps
d'élite sous sa main, pour s'en servir suivant les circonstances, si la victoire, malgré tous ses calculs, était indécise.

Dans cette position, l'empereur se trouvait au point sail-
lant de la ligne ennemie, qui formait une espèce de triangle
vis-à-vis de la nôtre, et de là, il pouvait se porter rapidement, soit au soutien de notre aile gauche, soit à celui
de notre aile droite, et était en mesure d'agir contre le
centre de l'ennemi.

Dans une armée de plus de cent mille hommes, il est
impossible à un général en chef de suivre exactement tous
les mouvemens de la droite à la gauche. C'est pour cela
qu'une semblable armée est divisée en corps, qui eux-
mêmes sont subdivisés en divisions et en brigades ; chaque
division est organisée de manière à manœuvrer isolément
et à se suffire à elle-même. Le général en chef est l'âme de
cette armée. Chacun des commandans des corps d'armée
doit appliquer les dispositions ordonnées de la manière la
plus convenable à la position où il se trouve et aux localités.
L'unité dans l'action ne consiste pas en ce que le général
en chef voie tout et exécute tout, et que les généraux sous
ses ordres ne soient que des instrumens. S'il en était ainsi,
une armée ne devrait jamais être forte de plus de six mille
hommes ; et encore, les divers commandans ayant l'initiative des mouvemens obligés par les événemens, le général
en chef serait exposé aux suites des fautes qu'ils pourraient
commettre. Il serait étrange de vouloir que le général en
chef d'une armée de cent mille hommes pût voir constamment toute sa ligne, et ne dépendît pas des généraux sous
ses ordres.

Au contraire, dans une bataille, il dépend de tous. Car
l'ordre primitif peut être modifié et même changé d'après
les circonstances, depuis le général jusqu'au dernier chef
de bataillon ou capitaine d'artillerie, qui n'a pas besoin d'or-

dre pour placer ses pièces, se déployer, ou s'avancer de
quelques pas pour occuper une position. On peut même dire
que tout le monde commande dans une bataille, jusqu'au
caporal, qui est détaché avec quelques tirailleurs sur un pont
ou dans quelque défilé. Entendre différemment la guerre, et
supposer que tant de milliers d'hommes sont de simples ma-
chines, que le général en chef fait mouvoir dans tous les
détails, est le comble de l'absurdité. Ainsi que nous l'avons
déjà dit, le général en chef indique l'esprit de la bataille;
il plane sur tout, et tient sous sa main des réserves pour
remédier aux événemens imprévus : c'est lorsqu'il veut
trop faire, qu'il y a défaut d'unité et d'action.

M. de Ségur, qui nous représente l'empereur comme
engourdi dans la position où il était placé, devrait se rappeler, si toutefois il y était, que c'est de cette position
centrale que Napoléon envoya l'ordre au prince Poniatowski de commencer à attaquer; que c'est là que le maréchal Davoust, légèrement blessé, vint lui rendre compte
de l'hésitation qui avait eu lieu dans son attaque, et que
l'empereur mécontent le renvoya à la tête de son corps;
que c'est de là, lorsque, par la vigoureuse coopération du
maréchal Ney, les trois redoutes de la gauche des Russes
restèrent en notre pouvoir, et que Napoléon vit que l'ennemi tirait beaucoup de troupes de sa droite pour les porter vers Semenowskoï, que c'est de là, disons-nous, qu'il
envoya l'ordre au général Friant de s'emparer de ce village,
lui annonçant qu'il allait le faire soutenir par toute l'artillerie de la réserve.

En même temps que l'empereur donnait ses ordres sur
sa droite, une irruption de cosaques et de cavalerie s'étant
faite sur notre gauche, au delà de Borodino, il dirigea vers
ce côté la légion de la Vistule (Claparède), qu'il tenait en
réserve avec sa garde. Plus tard, lorsqu'il apprit que l'ennemi se portait vigoureusement sur notre droite, et que

l'attaque des Polonais avait été contenue, il envoya l'ordre au corps de Junot de se porter à la droite de Davoust, afin d'établir la liaison entre lui et le corps polonais. Pour remplacer les Westphaliens de Junot, qui étaient en position derrière le maréchal Ney, il y envoya la division Roguet de sa garde. Enfin, lorsqu'il fut informé que les attaques de l'ennemi sur notre droite étaient repoussées, et que notre artillerie faisait un carnage effroyable dans ces masses, ce fut de cette position centrale qu'il envoya l'ordre au roi de Naples de faire une grande charge avec sa cavalerie, en pivotant sur son aile gauche. Pendant que ces événemens se passaient, il envoyait l'ordre au prince Eugène d'attaquer de nouveau, et d'enlever la grande redoute. L'exécution de ces différens ordres eut le résultat que l'empereur en attendait; la victoire se décida pour nous.

Ce récit explique assez les raisons qui déterminèrent Napoléon à rester dans la position qu'il avait choisie, et à n'en pas changer, à moins de motifs très-puissans. Aussi le vit-on, dès que la première ligne de l'ennemi fut forcée par l'enlèvement de la redoute du centre, parcourir toute notre ligne de bataille, et prescrire les nouvelles dispositions à prendre. Que fût-il arrivé si l'empereur se fût porté à la droite, vers le corps polonais, lorsque notre gauche fut attaquée? Que fût-il arrivé, s'il se fût porté à Borodinö, lorsque notre extrême droite fut débordée par l'ennemi?

Ce court exposé mettra le lecteur à même de juger pourquoi l'empereur est resté dans sa position, attendant l'exécution des ordres qu'il avait donnés. Nous le répétons, il avait dans sa main une réserve pour parer aux événemens imprévus. Elle n'a pas dû donner, puisque la victoire n'a pas été un instant indécise. Tous les militaires sont d'accord sur ce principe, que, dans une bataille, la réserve générale ne doit être engagée que lorsqu'il y a absolue nécessité, c'est-à-dire, pour éviter une défaite.

C'est faute d'avoir reconnu ce principe, que le général
Mélas, presque vainqueur à Marengo, a perdu son armée
et toute l'Italie. Croyant la victoire assurée, il fit donner sa
réserve pour la rendre plus décisive. La division Desaix
arriva; l'armée ennemie ne put se rallier : elle fut anéantie !

Des exemples plus mémorables pourraient appuyer l'é-
vidence de cette observation, si elle avait besoin d'être démontrée. Napoléon avait en outre de puissans motifs pour ne
pas manquer à cette grande loi de la guerre. Ayant en tête un
ennemi adossé à sa capitale, et en mesure de recevoir des
renforts, se trouvant lui-même à huit cents lieues de chez
lui, que fût-il arrivé si la bataille eût recommencé le lendemain, comme cela était dans la pensée de Kutusof? Les
troupes françaises, malgré leur victoire, et peut-être à
cause de cette victoire, pouvaient être repoussées. Un corps
frais de vingt mille hommes d'élite, seul, eût pu gagner
la bataille.

Au reste, que prouveraient ces *excitations qui ne lui
manquèrent pas?* (Page 396 [290].) Sinon que l'empereur
avait assez de force d'esprit pour les excuser et les apprécier à leur véritable valeur, et pour sentir tout ce que lui
imposait son devoir de général en chef.

M. de Ségur suppose que le mouvement qui porta notre
aile droite en avant, en pivotant sur le centre, fût fait
comme par hasard et à l'insu de l'empereur. Nous ne savons qui peut lui avoir donné ce renseignement. Ce mouvement était prescrit par le plan général de la bataille, et
il eut lieu par suite de l'ordre qu'en donna Napoléon au roi
de Naples.

« Ainsi, vers le milieu du jour, toute l'aile droite fran-
» çaise, Davoust, Ney, Murat..... se présentaient sur le
» flanc entr'ouvert du reste de l'armée ennemie, dont ils
» voyaient tout l'intérieur, les réserves abandonnées et
» jusqu'à la retraite. » (Page 393 [288].)

L'aile gauche russe, après avoir vu tous ses efforts échouer vers le village de Semenowskoï, et étant poussée par la charge vigoureuse de la cavalerie du roi de Naples, se retira sur sa deuxième position. Sa gauche était en avant de Psarewo, sa droite se liait avec le corps de Doctorof en arrière de Gorki, et elle était soutenue en avant par la grande redoute. Cette position était encore assez forte. Notre historien avance que c'est dans ce moment de la bataille, que Belliard est venu auprès de l'empereur demander que la garde se portât sur ce point. Mais ce général ne peut avoir dit « qu'une ravine et un taillis clair nous séparaient de la » route de Mojaïsk, sur laquelle on voyait une foule confuse de fuyards, de blessés et de chariots en retraite. » (Page 394 [289].) Car, ainsi que nous venons de le dire, la ligne russe qui couvrait cette route, était encore formidable. « L'empereur hésite, doute, et ordonne à Belliard » d'aller voir encore. » (Page 394 [289].) Il paraîtrait que le zèle de ce général l'avait aveuglé la première fois; car il ne tarde pas à revenir annoncer que l'ennemi fait ses dispositions pour se défendre. Néanmoins, il insiste pour avoir la garde, *sans quoi*, dit-il, *il faudra une seconde bataille pour terminer la première.* (Page 394 [289].)

Le rôle que M. de Ségur a donné au général Belliard, ne lui convient nullement; ce serait celui d'un étourdi, et non d'un général consommé. Les paroles prêtées au maréchal Bessières et à l'empereur, le démontrent clairement. Ce maréchal rappelle à Napoléon « la distance où l'on se trouve » des renforts; que l'Europe est entre lui et la France; » qu'on devait conserver au moins cette poignée de soldats, » qui restent pour en répondre; » et Napoléon ajoute : « que rien n'est encore assez débrouillé; que pour faire » donner ses réserves, il veut voir plus clair sur son échi- » quier. » (Page 395 [289].) Il est à remarquer que M. de Ségur lui-même convient que ce moment était celui où

« les efforts du prince Eugène se brisaient contre la grande
» redoute. » (Page 395 [290].) La réponse de Napoléon réfute donc victorieusement cette espèce de reproche que
l'auteur lui adresse de n'avoir pas fait donner sa garde.

. Si Belliard, de retour auprès du roi de Naples et de Ney,
eût rapporté les paroles de l'empereur, ils l'eussent parfaitement compris. Mais, au lieu de cela, l'auteur suppose
que Belliard leur a dit qu'il a trouvé Napoléon « assis à la
» même place, l'air souffrant et abattu, les traits affaissés,
» le regard morne, donnant ses ordres languissamment au
» milieu de ces épouvantables bruits de guerre, qui lui sem-
» blent étrangers. » (Page 395 [290].) Quel rapport y
avait-il entre ces imprudentes suppositions, et les raisons
claires que l'empereur avait données au général Belliard ?
Mais tout ceci est pour amener une sortie brutale qu'il
prête au maréchal Ney, à qui il fait dire : « Que fait l'em-
» pereur derrière l'armée ? puisqu'il ne fait plus la guerre
» par lui-même, qu'il n'est plus général.... qu'il retourne
» aux Tuileries; qu'il nous laisse être généraux pour lui. »
(Page 395 [290].) La vivacité du caractère du maréchal
Ney n'égarait pas son jugement, au point de lui faire oublier une chose qu'il sentait si bien; c'est que son sort,
celui de l'armée, de l'expédition, de la France, reposaient
sur la personne de l'empereur. D'ailleurs, nous avons été à
même, pendant cette bataille, de voir plusieurs fois le maréchal Ney; et le zèle et le dévouement avec lesquels il
exécutait les ordres et les instructions de l'empereur, nous
ont convaincus qu'il ne pouvait lui venir à la pensée de
les critiquer.

. Mais ce n'est pas assez que les opérations militaires de
Napoléon soient censurées par ses généraux; il faut encore
qu'elles soient redressées par son intendant et par son secrétaire d'état. L'un et l'autre le préviennent que *l'instant
de faire donner la garde était venu.* (Page 396 [290].) Si

M. de Ségur a voulu accréditer son idée de l'affaiblissement des facultés physiques et intellectuelles de l'empereur, certes il n'en pouvait imaginer une meilleure preuve.
Voilà donc Napoléon réduit à cette extrémité, d'être averti
par son intendant, par son secrétaire d'état, que le moment est venu d'engager sa réserve!!!..... Mais il n'en fut
rien, et il ne pouvait en être rien. MM. Daru et Dumas se
seraient bien gardés de conseiller un mouvement militaire
à un aussi grand capitaine. Ce qu'il y a de singulier dans
tout ceci, c'est de voir que M. de Ségur, malgré son titre
de général, paraît partager l'opinion *qu'il aurait fallu
faire donner la garde ;* et qu'en même temps il met dans
la bouche de l'empereur, cette raison sans réplique pour
ne pas la faire donner : *S'il y a une seconde bataille demain, avec quoi la livrerai-je ?* (Page 396 [290].)

A la distance où nous nous trouvions de la France, la
garde impériale était comme une place de guerre, à l'abri
de laquelle l'armée aurait toujours pu se rallier. M. de Ségur, qui a écrit après les événemens, aurait dû songer que,
si la garde avait été entamée à la bataille de la Moskowa,
l'armée française, dont cette garde forma constamment le
noyau et soutint le courage pendant la retraite, n'aurait
pu que difficilement repasser le Niémen.

CHAPITRE XI.

Dans ce chapitre, l'auteur revient au commencement de la bataille, aux premières opérations du prince Eugène. Il nous représente son attaque comme ayant eu lieu d'une manière partielle et sans accord. « D'ailleurs, dit-il, elle » n'aurait pas dû être faite si brusquement...... la bataille » devant commencer par l'aile droite et pivoter sur l'aile » gauche. » (Page 398 [292].) Puisque M. l'officier du palais répète cette assertion à satiété, pour avoir occasion de déprécier l'empereur, nous répéterons aussi ce que nous avons dit : 1° que la bataille commença par les batteries de droite du général Sorbier, chargé d'appuyer l'attaque du maréchal Davoust contre la gauche de l'ennemi; 2° que l'empereur envoya au prince Eugène l'ordre d'attaquer Borodino, afin d'attirer l'attention de l'ennemi de ce côté; 3° que Napoléon, voyant que l'ennemi retirait de son aile droite tout le corps de Baggowout, pour le porter à son aile gauche, et craignant que Ney et Davoust ne fussent pas assez forts pour résister, donna l'ordre au prince Eugène d'attaquer vivement la redoute du centre de l'ennemi, afin de l'empêcher de jeter presque toutes ses forces sur notre droite.

Mais dans les chapitres de son livre, qui ont rapport à cette journée, M. de Ségur décrit des mouvemens partiels, et ne trace pas l'ensemble de la bataille. Puisqu'il aime tant à donner des détails, il aurait dû citer le nom du

brave général qui, dans la première attaque de la redoute,
y pénétra, et qui, bientôt couvert de vingt blessures, y
resta prisonnier. Il est vrai que c'est un Français, le général Bonnami.

Plus loin, il nous apprend que le vice-roi, qui n'avait
pu enlever la redoute à cette première attaque, envoya
avertir l'empereur de sa position critique, lui demandant
du secours, probablement *la garde.* Ainsi le maréchal Ney
demande la garde à la droite; le prince Eugène la demande
à la gauche; l'empereur la refuse vers ces deux points; et
cependant M. de Ségur paraît lui donner tort. Ces faits seuls
prouvent combien Napoléon avait raison de la tenir en réserve jusqu'au dernier moment. Au reste, il est faux qu'il
ait refusé des secours au prince Eugène, lorsqu'ils lui étaient
nécessaires, puisqu'il lui envoya la légion de la Vistule,
qui faisait partie de sa réserve.

« Le jour était avancé, nos munitions épuisées, la ba-
» taille finie. Alors seulement l'empereur monta à cheval
» avec effort, et se dirigea lentement sur la hauteur de
» Semenowskoï. » (Page 403 [295].) Ceci est tout-à-fait
inexact. Lorsque ce village fut en notre pouvoir, l'empereur s'y porta. Il demanda le général Friant, qui s'en était
emparé. Ayant appris que, quoique blessé, il commandait
encore sa division, Napoléon dit en souriant devant ses soldats : *En ce cas, je suis tranquille; laissons-le faire.*
Mais bientôt voyant les forces considérables, avec lesquelles
l'ennemi se disposait à attaquer Semenowskoï, il fit établir
le quarante-huitième, le trente-troisième et le régiment
espagnol sur le mamelon, en arrière de ce village; il fit
former le trente-troisième en carré, sur l'emplacement de
Semenowskoï, ayant le quinzième à sa gauche. Ce fut de
là encore, qu'il donna ordre au maréchal Ney de réunir
les divisions Compans et Dessaix, et de déborder les ennemis par leur gauche. Ces dispositions prescrites, l'empe-

reur se porta rapidement au centre de l'armée, et envoya l'ordre au prince Eugène d'attaquer vigoureusement la grande redoute.

Quant aux *munitions épuisées*, ce fait est également faux; on ne manqua jamais de munitions. L'artillerie française tira dans cette bataille quatre-vingt-onze mille et quelques cents coups de canons. Mais cette énorme quantité de munitions fut remplacée, au fur et à mesure des consommations, par l'activité du général Neigre, directeur du parc, et d'après les mesures prises par le général Lariboissière. On aurait pu livrer encore deux batailles, sans avoir recours aux dépôts, qui étaient à Smolensk.

L'empereur chargea la jeune garde de la conservation du champ de bataille. L'ennemi pouvait recevoir des renforts pendant la nuit; Napoléon fit les dispositions nécessaires pour être en mesure de soutenir ce corps. La bataille étant finie sur tous les points, il se rendit, pour expédier ses ordres aux différens commandans d'armée, derrière la redoute de Schwardino, où il avait fait placer ses tentes; et c'est là sans doute que le revit M. de Ségur.

CHAPITRE XII.

La scène se passe dans la tente de l'empereur. Au lieu de le représenter occupé à donner des ordres, M. de Ségur le suppose « dans un abattement physique et dans une » grande tristesse d'esprit. Dans son armée, jusque dans sa » tente, la victoire est sombre, isolée même, sans flatteurs ! » Ceux * qu'il a fait appeler, Dumas, Daru, l'écoutent et » se taisent. Mais leur attitude, leurs yeux baissés, leur » silence, n'étaient point muets. » (Page 406 [297].)

Ce que devaient faire MM. Dumas et Daru pendant la bataille, était de ne rien dire ; l'auteur les a fait parler. Après la bataille, l'empereur les mande dans sa tente, pour savoir quelles mesures ils ont prises relativement aux soins à donner aux blessés, au service des ambulances, aux moyens de transports, etc., nécessaires à l'armée. C'était leur parler de leurs devoirs ; et ils se taisent !

Dans le chapitre dernier, M. de Ségur a fait appuyer par M. Daru, le conseil de faire donner la garde. Tous les militaires, aujourd'hui même, s'accordent à reconnaître l'inutilité et le danger de cette résolution ; mais comme l'auteur met ce conseil dans la bouche d'un administrateur, on ne doit pas être surpris qu'il se ressente de son peu de connaissances militaires. Voici un nouveau conseiller que M. le

---

* Ces messieurs n'acceptent pas sans doute la dénomination de flatteurs, dont M. de Ségur les gratifie.

maréchal-des-logis introduit, et qui n'a pas la même excuse à faire valoir; c'est Murat : il vient demander la cavalerie de la garde. « L'armée ennemie, dit-il, passe en toute
» hâte et en désordre la Moskowa ; il veut la surprendre et
» l'achever. » (Page 406 [297].) C'est accuser le roi de
Naples d'ignorance des lieux, et de la position de l'ennemi..
Si M. de Ségur avait pris la peine de jeter les yeux sur la
carte, fût-ce même une simple carte de poste, il aurait vu
que l'armée russe, dont la retraite était sur Mojaïsk, ne
devait point passer la Moskowa pour s'y rendre. S'il avait
lu les rapports des généraux ennemis, il aurait vu qu'en
effet elle ne l'avait point traversée; qu'au contraire elle
avait passé la nuit.sur la partie du champ de bataille, qui
lui était restée, sa droite appuyée au mamelon de Gorki;
et flanquée au delà par une division d'infanterie légère et
des cosaques, et sa gauche, vers les bois en arrière de
Semenowskoï.

L'auteur s'aperçoit enfin « qu'à cette distance un corps
» d'élite et dévoué avait paru à l'empereur indispensable
» à conserver. » (Page 406 [298].) Ces motifs sont puissans; mais M. de Ségur est sans doute un de ceux qui, à
ce qu'il dit, n'en ont pas été satisfaits. Car il crée, comme
pour s'en faire un appui, un concert de murmures et de
lamentations sur la manière dont la.bataille a été conduite?
Murat dit « qu'il n'avait pas reconnu le génie de Napoléon; »
Eugène, « qu'il ne concevait pas l'indécision qu'avait mon-
» trée son père adoptif; Ney mit une singulière opiniâtreté
» à conseiller la retraite. » (Page 407 [298].) Nous nous
sommes demandé plusieurs fois comment M. l'officier du
palais pouvait avoir appris ce que l'empereur, les princes
et les maréchaux se disaient. Sa position était telle à l'armée, qu'il n'est pas vraisemblable qu'il ait été leur confident. Nous éprouvons la même incrédulité pour les paroles
que l'auteur met dans la bouche du roi de Naples et du

prince Eugène. Quant à celles de Ney, nous savons à quoi
nous en tenir. Ce n'est pas que nous croyons que ce maréchal les ait proférées, mais nous n'ignorons pas d'où elles
sont tirées ; c'est de là *Gazette de Pétersbourg*, dont le
rédacteur connaissait encore beaucoup moins le maréchal
que M. de Ségur. Le gazetier avait besoin d'établir que la
bataille n'avait eu pour nous que des résultats douteux ;
et il le prouvait en supposant qu'un des généraux les plus
audacieux avait conseillé la retraite. M. de Ségur se serait-
il appuyé d'une pareille autorité !

« L'empereur ne put évaluer sa victoire que par les
» morts ; la terre était tellement jonchée de Français éten-
» dus sur les redoutes, qu'elles paraissaient leur apparte-
» nir plus qu'à ceux qui restaient debout. Il semblait y avoir
» sur le champ de bataille plus de vainqueurs tués que de
» vainqueurs vivans. » (Pages 410 et 411 [301].)

Une chose bien digne de remarque, c'est que M. l'officier du palais, qui prend un soin déplorable d'exagérer nos
pertes ; qu'on croirait voir furetant tous les coins du champ de
bataille, pour en exhumer les moindres détails ; qui épie sur
le front de nos officiers et de nos soldats, le secret de leurs
sensations, pour les interpréter et les revêtir de ses sombres
couleurs ; ne dise pas un mot des pertes ni de la consternation des Russes ! S'il eût voulu seulement citer leurs relations,
il aurait fait connaître qu'ils avouaient avoir perdu près de
cinquante mille hommes tués ou blessés ; que plus de *vingt
mille de leurs blessés* étaient en route pour Moskou *. Le
nombre des Français morts dans les redoutes était très-
faible, en comparaison de celui des cadavres russes qu'on
y rencontrait ; et cela se conçoit facilement, si l'on songe

---

* Voyez Boutourlin, page 349 du tome Ier. A la page 116 du tome II, il
dit qu'à Tarutino, Kutusof s'occupait de réorganiser les corps qui avaient
échappé au *massacre de Borodino*.

que ce que M. de Ségur appelle constamment des redoutes, étaient des flèches ou redans. Les Russes, placés derrière les épaulemens, y tinrent jusqu'au moment où nos soldats, y pénétrant de tous côtés, les tuèrent à coups de baïonnettes. Mais ces ouvrages, ouverts tous à la gorge, une fois en notre pouvoir, ne nous offraient point d'abri contre les feux de l'ennemi. Aussi, aucune troupe ne resta dans l'intérieur; elles furent toutes placées, soit sur les côtés, soit en arrière des épaulemens.

Nous ne relevons cette circonstance, que pour faire voir que l'auteur rend compte de choses qu'il n'a pas vues. S'il eût parcouru le champ de bataille, il n'eût pas osé nous dire qu'il *semblait y avoir plus de vainqueurs tués que de vainqueurs vivans.* Notre perte n'a pas été le tiers de celle des Russes. M. de Ségur, qui a dans son porte-feuille une collection d'horribles tableaux, ne manque pas d'en placer un dans cet endroit; c'est le spectacle que, suivant lui, le champ de bataille offrait. Entre autres contes, pour faire peur aux enfans, il cite un soldat russe, *qui vécut plusieurs jours dans le cadavre d'un cheval ouvert par un obus, et dont il rongeait l'intérieur.* (Page 412 [302].) Il aurait dû nous donner la taille de ce soldat ou celle du cheval.

« Sept à huit cents prisonniers, une vingtaine de ca-
» nons, étaient les trophées de cette victoire incomplète. »
(Page 415 [302].)

S'il avait su que l'élite et presque la moitié de l'armée russe avait été anéantie; que Bagration et ses meilleurs généraux avaient succombé; que la prise de Moskou était la suite de cette victoire; quelque familiarisé qu'il soit avec les inexactitudes, il n'aurait pas pu avancer que cette *victoire était incomplète.*

~~~~~~

CHAPITRE XIII.

MURAT est livré aux attaques du maréchal–des–logis du palais. Il paraît atteint de la même maladie que l'empereur, celle de refuser tous les bons conseils qu'on lui donne. Il commande une charge ; un de ses aides–de–camp lui fait observer qu'un profond ravin se trouve entre nos cavaliers et les ennemis : mais *Murat, toujours plus emporté, répétait qu'il fallait qu'ils marchassent ; que, s'il y avait un obstacle, ils le verraient ; puis, il insultait pour exciter.* (Page 415 [304].) Il faut convenir que c'eût été une singulière armée que l'armée française, si l'empereur et ses généraux eussent été tels que M. de Ségur se plaît à les représenter. Ce qu'il dit de nos officiers, qu'on les insultait pour les exciter à faire leur devoir, est si extraordinaire, qu'on serait tenté de croire que M. l'officier du palais ne se regardait pas comme officier français.

L'auteur, constant dans son système, nous peint l'empereur *marchant d'un pas plus lent encore que la veille, et dans une telle absorption* (page 416 [304]), qu'on ne sait où il va. Heureusement qu'on le prévient qu'il va tomber au milieu des ennemis ; alors il s'arrête.

Ce n'est pas assez de tout ce que nous avons vu jusqu'ici. *L'automne des Russes venait de l'emporter.* (P. 416 [304].) Pour expliquer cette pensée, M. de Ségur suppose encore un ouragan, qui n'a eu lieu que dans sa tête, mais qui, selon lui, glaça Napoléon et lui causa *une fièvre ardente, qui*

brûla son sang et abattit ses esprits. (Page 417 [305].) Si
tous ceux qui ont vu de près l'empereur, le jour de la bataille, étaient morts, et qu'il ne restât aucun renseignement
sur cette journée, notre historien pourrait nous parler de
cet *abattement*, de cette *fièvre ardente*, avec sa confiance
ordinaire dans la crédulité de ses lecteurs. Mais lorsqu'un
grand nombre de personnes, telles que ses secrétaires, ses
médecins, ses officiers, vivent encore, lorsque ces personnes savent parfaitement que Napoléon était dans son état
habituel de santé, travaillait avec son ardeur ordinaire et
fatiguait plusieurs chevaux; lorsqu'elles peuvent attester
que ce fut seulement dans la nuit du 7 au 8, qu'il fut pris
d'une extinction de voix causée par l'activité qu'il déploya
la veille et le jour de la bataille, comment M. de Ségur ose-t-
il affirmer des faits que tant de témoins peuvent démentir?

« On pénétra dans la ville, les uns pour la traverser et
» poursuivre l'ennemi, les autres pour piller et se loger. »
(Page 417 [305].) L'auteur aurait dû nous dire dans quels
rangs il marchait; était-ce avec les premiers? Quoiqu'il
nous ait, jusqu'à présent, fait admirer le grand ordre des
Russes dans leur retraite, il est forcé ici d'avouer qu'ils
avaient laissé une immense quantité de blessés dans la
ville; ce qui ne les empêcha pas d'y mettre le feu. Il est
vrai qu'il a pour eux une excuse toute prête : « Leur hu-
» manité, dit-il, céda au besoin de tirer sur les premiers
» Français qu'ils virent entrer. » (Page 418 [305].)

Le récit du beau fait d'armes des voltigeurs du trente-
troisième, donne le désir de connaître le nom du brave officier qui les commandait. Mais l'auteur ne le cite pas : nous
suppléerons à ce silence, en disant qu'il se nomme Callier;
qu'il avait sous ses ordres la compagnie de grenadiers et la
troisième de fusiliers (capitaine Sabatier), formant au plus
cent hommes. Ces deux compagnies appartenaient au premier bataillon du trente-troisième, de la division Friant.

Malgré l'aveu qui vient d'échapper à M. de Ségur, du nombre de leurs blessés (ce qui n'empêche pas les Russes d'incendier la ville où ces malheureux étaient renfermés), il reprend son ancien système, en avançant que, dans les deux jours qui suivirent, « on ne trouva ni hommes ni » choses qui décelassent l'armée russe. » (Page 420 [307].) Il paraît avoir oublié que tous les villages, tant sur la route que sur les côtés, étaient remplis de blessés, et marquaient la retraite sanglante de cette armée.

L'empereur, ainsi qu'il l'avait promis par sa proclamation, comptait faire reposer son armée à Moskou, réparer les pertes qu'il avait éprouvées, tant pendant la route que par suite de la bataille, et compléter ses corps. Mais comme il prend des mesures pour y faire venir des renforts en hommes et en artillerie, M. de Ségur tire parti de cette circonstance pour dire que *son espoir était affaibli*, et crier *à la détresse*. (Pages 421 et 422 [308].)

Le maréchal Davoust, suivant l'auteur, demande à l'empereur d'ôter le commandement de l'avant-garde à Murat, et de le lui donner; et M. de Ségur semble blâmer Napoléon de laisser ce commandement au roi de Naples, dont il connaissait *l'audacieuse et inépuisable ardeur*. (Page 422 [308].) Que peut-on désirer de mieux dans un général d'avant-garde poursuivant une armée ennemie *qu'une audacieuse et inépuisable ardeur?*

« Mais Napoléon apprend que nous ne sommes plus qu'à » deux journées de Moskou. Ce grand nom et le grand es» poir qu'il y attachait, ranimèrent ses forces; et le 12 » septembre, il fut en état de partir en voiture, pour re» joindre son avant-garde. » (Page 422 [308].)

L'auteur insinue que l'empereur était dans un état de maladie, qui le força de s'arrêter à Mojaïsk. L'extinction de voix, dont Napoléon fut atteint dès le 8, n'est pas un événement à la suite de si grandes fatigues. C'est la chose la plus simple après quatre nuits passées au bivouac; le 4, près de Gridnewa; le 5 et le 6, sur les hauteurs de Borodino, et le 7, sur le champ de bataille. L'auteur a cependant basé sur cette extinction de voix, tous les contes qu'il fait de l'état de maladie de l'empereur, auquel il nous prépare depuis l'ouverture de la campagne, et sur lequel il va s'étendre jusqu'à la fin de l'expédition. Il a dit lui-même (page 409 [299]), que le 8, Napoléon parcourut le champ de bataille, prodiguant ses soins aux blessés français et russes; ce qui prouve que son indisposition était peu grave. Aussi, elle ne fut point la cause de son séjour à Mojaïsk; des intérêts de premier ordre l'y retinrent. Après une si sanglante bataille, un général en chef a plus d'une chose à prévoir, plus d'un ordre à donner. Se faire rendre compte de ses pertes, des ressources qui lui restent en munitions, objet si important après une aussi grande consommation; réunir des vivres, prendre des mesures pour assurer le service de toutes les parties de l'administration; se procurer des nouvelles de l'ennemi; s'assurer de ses mouvemens et de ses dispositions, sur-tout lorsque les rapports de l'avant-garde et les interrogatoires des prisonniers donnent lieu de penser qu'il a dessein de livrer une seconde bataille *; tels sont les soins qui occupèrent tous les momens de Napoléon; et certes, la vigilance de cet esprit si actif et si prévoyant ne fut point en défaut **.

* C'était le cas, puisque l'ennemi paraissait disposé à nous livrer bataille devant Moskou, dont l'armée française n'était éloignée que de cinq marches. Ce fut alors que l'empereur écrivit au duc de Bellune de diriger les bataillons et escadrons de marche et les hommes isolés sur Smolensk pour de là venir sur Moskou.

** Parmi les ordres sans nombre que l'empereur expédia de Mojaïsk, la lettre suivante, qu'il a écrite de sa main aussitôt après son arrivée à ce quartier-général, prouve que la maladie dont M. de Ségur le suppose atteint n'influait pas sur ses facultés.

Lorsque l'empereur eut reçu le rapport du général Lariboissière, portant que la plupart des munitions consommées à la bataille de la Moskowa étaient remplacées par celles qu'il avait fait venir des parcs intermédiaires, il partit de Mojaïsk pour se rapprocher de son avant-garde, et être en mesure d'agir, si l'ennemi voulait livrer bataille. On croirait, d'après M. de Ségur, que Napoléon eut besoin de se faire porter dans sa voiture. Jamais ce héros victorieux n'a été plus étrangement défiguré. Quel est donc le but d'une supposition que pulvérise le témoignage irrécusable des faits et des individus ? L'auteur est-il de bonne foi dans son erreur, ou est-il, sans s'en douter, l'écho de l'inimitié et de la prévention ? Le lecteur en jugera.

POUR LE MAJOR-GÉNÉRAL.

« Faire faire la reconnaissance de la ville, et tracer une redoute qui tourne le défilé.—Faire construire deux ponts sur la Moskowa.—Écrire au prince Eugène qu'il peut se rendre à Rouza, et faire construire des ponts à Serguiewo; réunir beaucoup de bestiaux et de vivres, et avoir des nouvelles. —Écrire au prince d'Eckmülh, de faire occuper Borisow, et de ramasser des vivres et des nouvelles.—Au duc d'Elchingen, de venir demain avec son corps à Mojaïsk.—Laisser le duc d'Abrantès pour garder le champ de bataille. » Mojaïsk, 9 septembre 1812.

LIVRE HUITIÈME *.

CHAPITRE I.

L'AUTEUR nous ramène à Wilna, pour rappeler fort à propos que Napoléon fut l'agresseur, et qu'Alexandre *fut surpris dans cette ville, au milieu de ses préparatifs de défense.* (Page 3 [3].) Qu'il nous permette de lui rappeler aussi, que tous les préparatifs de la Russie étaient faits; que son armée était rassemblée sur son extrême frontière; et que l'empereur Alexandre se trouvait déjà à son quartier-général à Wilna, lorsque Napoléon était encore à Paris, dirigeant des négociations pour un rapprochement à l'espoir duquel il ne pouvait renoncer.

M. de Ségur nous entraîne ensuite à Drissa sur les pas d'Alexandre. Il nous dit que « ce fut là seulement qu'il » consentit à recevoir pour la première fois un agent an- » glais, tant il attachait d'importance à *paraître* jusqu'au » dernier moment fidèle à ses engagemens avec la France. » (Page 4 [4].)

D'abord *être* et *paraître* ne sont point synonymes; en-

---

* A partir du Livre huitième, la pagination indiquée dans nos citations, se rapporte au deuxième volume de M. de Ségur.

suite, il nous semble que pour que le cabinet russe se soit décidé à recevoir un agent anglais, il est assez naturel de supposer que ses intelligences avec celui de Londres étaient nouées depuis quelque temps. Nous distinguerons volontiers l'empereur Alexandre de son cabinet. Qui ne sait que, plus d'un an avant la rupture, les agens de l'Angleterre exerçaient en Russie une influence qui ne fut point étrangère aux événemens postérieurs *. « Ce qui est certain, ajoute » M. de Ségur, c'est qu'à Paris, après le succès, Alexandre » affirma sur son honneur, au comte Daru, que, malgré » les accusations de Napoléon, ç'avait été sa première in » fraction au traité de Tilsitt. » (Page 4 [4].)

Si nous admettons que la politique russe ne tient compte que de ceux de ses actes qui ont suivi les hostilités, nous devons croire cette assertion. Mais est-ce sérieusement que l'auteur nous rapporte ces détails? Son devoir d'historien ne lui imposait-il pas l'obligation de rétablir les faits, et d'ajouter à son récit quelques-unes des réflexions dont il est ailleurs si prodigue?

M. l'officier du palais passe rapidement sur l'opinion que les *ennemis* de l'empereur Alexandre ont de ce prince, *comme homme de guerre* (page 4 [4]); mais il s'étend avec complaisance sur ses *mesures politiques*. « On convenait, » dit-il, qu'elles étaient singulièrement appropriées aux » lieux et aux hommes. » (Page 5 [4].) M. de Ségur aurait pu y comprendre « les adresses corruptrices qu'il laissait » Barclay faire aux soldats français et à leurs alliés. » (P. 4 [4].)

---

* Un auteur recommandable, M. de Montveran, dans son *Histoire critique et raisonnée de la situation de l'Angleterre*, imprimée en 1820, et écrite dans un esprit peu favorable au système de Napoléon, s'exprime ainsi: « La Russie fut excitée, soit par les agens de l'Angleterre auprès de la no » blesse russe anti-française..... soit par ses négociateurs auprès de l'empe » reur Alexandre, lesquels, pour travailler en secret, depuis le printemps » de 1811, n'avaient pas été moins actifs et moins heureux. »(T. V, p. 358.)

« Il semble en effet qu'il y eût dans les moyens politiques
» qu'il employa, une gradation d'énergie très-sensible. »
(Page 5 [4].) Et voici en quoi : « Dans la Lithuanie nouvel-
» lement acquise, on avait tout ménagé en se retirant.....
» Dans la Lithuanie ancienne..... on avait entraîné après soi
» les hommes et tout ce qu'ils pouvaient emporter..... Mais
» dans la vieille Russie..... tout ce qui ne pouvait pas suivre,
» avait été détruit. » (Pages 5 et 6 [4, 5].)

Les vieux Russes doivent avoir été bien reconnaissans
d'une prédilection qui se manifestait par des actes si hu-
mains ; mais *qui aime bien châtie bien.*

L'auteur nous transporte ensuite à Moskou. Il nous dit
que *le don d'un serf sur dix,* qu'offrit *sur-le-champ et
sans délibération* la noblesse de Moskou, « fut attribué à
» la soumission, et fit murmurer les principaux nobles »
(page 10 [8]); que, quant aux marchands, dont il nous
peint, avec des images hideuses, l'enthousiasme fanatique,
à la lecture des injures vomies contre l'empereur Napoléon,
« il fallut user de contrainte pour en obtenir les secours
» promis avec tant de patriotisme. » (Page 12 [9].)

Ces circonstances lui fournissent une réflexion, on pourrait même dire une maxime, dont il est à regretter qu'il
n'ait pas fait quelquefois l'application à l'armée française
et à son chef, savoir : que « le détail importe peu..... Que
» tout dans le monde perd à être vu de trop près ; qu'enfin,
» les peuples doivent être jugés par masses et par résul-
» tats. » (Page 11 [8].)

~~~~~~

CHAPITRE II.

Ici commence le détail de ce qui se passait à Moskou, avant l'arrivée de l'armée française. Le gouverneur comte Rostopchin promet, par une proclamation, de marcher avec cent mille hommes et cent pièces de canon pour défendre Moskou; mais, dès qu'il apprend que les Français approchent, il disparaît en mettant le feu à la ville qu'il est chargé de défendre et de protéger. L'auteur fait du comte Rostopchin un des plus grands hommes des temps modernes.

. C'est d'abord *le noble descendant de l'un des plus grands conquérans de l'Asie.* (Page 15 [11].) L'échafaudage élevé par M. le maréchal-des-logis du palais tombe, quand on sait que le comte Rostopchin est le fils d'un intendant du comte Orloff, oncle de l'historien de ce nom. Sa fortune commença sous l'empereur Paul, dont il eut la confiance avant son avénement au trône. Il fut successivement chargé par ce prince, du porte-feuille militaire, et placé au collége des affaires étrangères. Ensuite, il fut fait comte, ainsi que son père, et décoré du grand ordre de Russie. L'alliance de famille, qui existe entre M. de Ségur et lui, explique l'importance avec laquelle cet écrivain cherche à relever sa naissance.

La résolution du comte Rostopchin fut *terrible* sans doute, et telle, qu'il faut remonter aux temps de barbarie pour en trouver des exemples. *Elle fut admirable* (page 15 [11]), dit un Français; elle fut atroce, répond toute l'Europe, et

avec elle, les Russes eux-mêmes. Qu'elle obtienne l'immortalité à son auteur, cela n'est point douteux; mais ce sera l'immortalité d'Érostrate. Les passions exaltent encore aujourd'hui cette action; mais le but même ne peut l'ennoblir : c'est un crime dont l'histoire chargera sa mémoire. « Un sujet décide du sort de l'État sans l'aveu de son sou-
» verain; le protecteur, par la place qu'il occupe, d'un
» peuple nombreux, le sacrifie; il conçoit son plan sans
» effort, il l'exécute sans hésitation, et il reste satisfait et
» tranquille. » (Pages 15 et 16 [12].) Cette impassibilité, cette satisfaction que M. l'officier du palais admire, resserrent et flétrissent l'ame.

Au lieu d'employer les formes du drame, et l'artifice du romancier, pour égarer le jugement des contemporains sur cet horrible événement, il fallait dire qu'il se trouva un homme avide à tout prix de la célébrité; qui, à une énergie sauvage, joignait une inexorable ambition; qui s'est fait l'instrument d'un cabinet habile dans l'art des séductions, d'un cabinet accoutumé à sacrifier à son intérêt, amis comme ennemis, et sans scrupule sur l'emploi des moyens; que cet homme a été enhardi à braver le désaveu de son souverain, et s'est senti assez d'audace pour assumer sur sa tête l'horreur de cette effroyable catastrophe.

Quand M. de Ségur vante le sacrifice que le comte Rostopchin a fait d'un de ses palais, on pourrait demander si, dans ce grand désastre, tout le monde a été ruiné; si de prétendus sacrifices, faits avec une grande ostentation, n'étaient pas réparés avant d'être consommés; enfin, si dans ce grand incendie, l'or de l'Angleterre n'avait point *assuré* quelques propriétés.

Qui a révélé à notre auteur que Napoléon se serait servi de *l'arme révolutionnaire* en Russie? (Page 18 [13].) L'empereur a répondu lui-même à cette imputation, dans son discours au Sénat, le 20 décembre 1812. « La guerre que

» je soutiens contre les Russes, est une guerre politique.
» J'aurais pu armer la plus grande partie de sa population
» contre elle-même, en proclamant la liberté des esclaves.
» Un grand nombre de villages me l'ont demandée ; mais
» lorsque je connus l'abrutissement de cette classe nom-
» breuse du peuple russe, je me suis refusé à une mesure
» qui aurait voué à la mort et aux plus horribles supplices
» bien des familles. »

CHAPITRE III.

L'HISTORIEN prétendu de la grande-armée dit « qu'un
» vautour s'embarrassa dans les chaînes qui soutenaient la
» croix de la principale église, et y demeurait suspendu. »
(Page 25 [18].) Partagerait-il la crédulité du peuple de
Moskou? C'est au point du jour, que cet oiseau fut trouvé
attaché au clocher. Il ne faut pas beaucoup de perspicacité
pour deviner que le gouverneur, dont l'esprit inventif s'est
exercé dans bien d'autres jongleries, avait préparé ce *présage* pendant la nuit.

Cette observation peut s'appliquer encore à une action
beaucoup moins innocente. « Parmi les prisonniers fran-
» çais, Rostopchin faisait choisir les plus chétifs pour les
» montrer au peuple, qui s'enhardissait à la vue de leur
» faiblesse. » (Page 26 [19].) Pour les rendre plus *chétifs*,
il les faisait maltraiter, dépouiller, les privait de nourriture pendant trente-six heures ; et c'est dans cet état qu'il
les faisait promener dans la ville comme des bêtes fauves,
les livrant à la risée et aux coups de la populace. Après
quoi, il les faisait jeter dans un bagne, où ils périrent presque tous de faim et de misère. Nous avons vu plusieurs de
ces malheureux, qui avaient survécu à cet indigne traite-
ment, en faire le récit à l'empereur, à notre entrée à Moskou. Nous avons été chargé de leur faire donner des habits
et des vivres. Quelle différence entre cette conduite du gouverneur de Moskou envers des guerriers malheureux, et

celle que l'on tint, en 1814, à l'égard des nombreux prisonniers russes qui traversèrent Paris et les autres villes de France! Les commandans de place leur donnèrent des vivres, leur prodiguèrent des soins, et leur épargnèrent jusqu'aux humiliations.

L'état que donne M. de Ségur de l'armée russe dans la position de Fili, qu'il estime de *quatre-vingt-onze mille hommes, restes de cent vingt et un mille hommes présens à la bataille de la Moskowa* (page 28 [20]), n'attribue aux Russes qu'une perte de trente mille hommes à cette bataille; tandis que le colonel Boutourlin, aide-de-camp de l'empereur de Russie (écrivant sous la direction de son maître, et sur les notes et états fournis par les états-majors russes), porte cette perte à cinquante mille hommes. Ainsi, c'est un don gratuit de vingt mille hommes que M. de Ségur fait à l'armée russe. Mais, par compensation, il porte la perte de l'armée française *à quarante mille hommes* (page 28 [20]), tandis qu'il est reconnu qu'elle a été infiniment moindre que celle des Russes, dont les masses sont restées si long-temps exposées au feu de quatre cents pièces de canon, placées sur les hauteurs, et habilement dirigées par les généraux d'artillerie Sorbier, Foucher, Pernetti et d'Anthouard.

L'auteur dit que Rostopchin, à la nouvelle que Kutusof abandonne la ville, *se dévoue.* (Page 29 [21].) Le dévouement du comte Rostopchin peut être révoqué en doute; car, lorsqu'il fit mettre le feu à Moskou, sa maison fut respectée.

L'horreur de la scène qui termine le jour où Moskou se trouve évacué, est déguisée par M. de Ségur.

Lorsque Rostopchin fit ouvrir les prisons, un Russe, accusé de trahison, fut arraché du milieu de la horde, à laquelle ce gouverneur donnait la liberté, et fut traduit devant lui. « C'était le fils d'un marchand; il avait

» été surpris provoquant le peuple à la révolte. » (Page
5o [22].)

Le fils du marchand n'avait pas été *surpris provoquant le peuple à la révolte;* il s'était borné à traduire
un bulletin français. Son père, dont on fait un vieux Ro-
main, n'a point *maudit son fils;* nous savons, au contraire,
qu'il maudit la mémoire de l'homme qui l'en a privé. Le
malheureux jeune homme n'a pas été *abattu d'un coup de
sabre mal assuré;* ce premier coup lui fut porté par le
gouverneur lui-même, qui le livra ensuite à la fureur de
la populace *. Rostopchin, qui a déclaré, en s'adressant au
peuple de Moskou, que « les tribunaux étant fermés, on
» n'en avait pas besoin pour faire le procès au scélérat »
(page 26 [19]), s'empresse de donner ce terrible exemple
d'arbitraire, en faisant massacrer un malheureux sans jugement, et de son autorité privée. Bien plus, il le frappe
le premier, et le livre à des furieux pour apprendre au
peuple à se faire justice lui-même, et à se baigner dans le
sang. Que dire au reste des coopérateurs du comte Rostop-

---

* Ce détail nous a été donné par un témoin oculaire.

Voici comment l'abbé Surrugues, prêtre émigré, curé de la paroisse de
Saint-Louis à Moskou, rend compte de cet événement dans une lettre écrite
au père Bouvet, jésuite, publiée en Angleterre et en Russie. (Page 31.)

« Le gouverneur fait comparaître devant lui le sieur Véréachaghin, fils
» d'un marchand russe, qui avait été convaincu d'avoir traduit une procla-
» mation de Napoléon, par laquelle il annonçait son arrivée très-prochaine
» à Moskou.... le général-gouverneur.... fait avancer ce malheureux au
» milieu des dragons de la police russe : Indigne de ton pays, lui dit-il,
» tu as osé trahir ta patrie et déshonorer ta famille; ton crime est au-des-
» sus des punitions ordinaires, le knout et la Sibérie; je te livre à toute la
» vengeance du peuple que tu as trahi. Frappez le traître, et qu'il expire
» sous vos coups. Le malheureux expire, percé d'une grêle de coups de
» sabre et de baïonnette. On lui lie les pieds avec une longue corde, et son
» cadavre sanglant est traîné par toutes les rues au milieu des outrages de
» la populace, etc. »

chin ! quel noble *entourage* que cette *foule sale et dégoû-tante* (page 3o [22]) de galériens et de malfaiteurs qu'il appelle *enfans de la Russie !* (Page 3₁ [23].) De pareils instrumens étaient bien dignes d'une aussi monstrueuse en-treprise !!

CHAPITRE IV.

S'IL n'était pas reconnu que l'ouvrage de M. de Ségur n'a été écrit que pour l'effet, que les idées dont il abonde ne sont nées qu'après que dix ans passés sur les événemens, et que tout ce qui est survenu depuis en a changé la direction; les réflexions sentencieuses, les images poétiques, la sensibilité étudiée, répandues dans ce chapitre, suffiraient pour le prouver. Les pensées, les sentimens qu'il prête à l'armée, ne se sont présentés à l'esprit d'aucun de nous. L'officier du palais parle de *notre abaissement.* (Page 35 [25].) Pourquoi nous serions-nous sentis abaissés? Nous ne l'avons pas été après notre désastreuse retraite; pouvions-nous l'être, quand nous étions victorieux, et que nous nous trouvions devant la conquête, qui était le prix de nos travaux et de notre courage? Les sentimens qui remplissaient alors le cœur de tous les soldats, étaient ceux de la gloire et de l'estime que nous accordaient nos ennemis. *L'abaissement* est le partage de la lâcheté et de la trahison.

« Murat, dit l'auteur, fut un moment tenté de croire.... » que lui-même deviendrait un nouveau Mazeppa. » (Page 37 [27].) Quoi! le roi d'une des plus belles et des plus riches contrées de l'Europe, aurait envié le rôle d'un chef obscur de quelques hordes de cosaques! En vérité, cela est un peu fort! M. de Ségur a pu prêter jusqu'ici à ses personnages des paroles et des actes tout-à-fait en

contradiction avec leur caractère et leur position. Mais
cette dernière licence est par trop poétique.

Le penchant à la satire égare encore notre historien,
quand il dit « qu'un des officiers de l'empereur, décidé à
» plaire, poussa devant son cheval jusqu'à lui, cinq ou
» six vagabonds dont il s'était emparé, s'imaginant avoir
» amené une députation. » (Page 39 [28].)

C'étaient des négocians et autres citoyens de Moskou,
qui, voyant la ville abandonnée et livrée par son gouverneur au désordre et au pillage des malfaiteurs, venaient
implorer la protection et la générosité du vainqueur. Quel
autre motif que le désir de plaire à l'empereur, avait décidé M. de Ségur à solliciter la faveur de faire partie de
l'expédition de Russie, et d'y être employé dans des fonctions tout-à-fait étrangères à son grade et à l'état militaire?
Nous, qui n'avons jamais servi Napoléon que militairement,
nous pouvons certifier que tous les soldats de l'armée
française avaient le désir de plaire à leur chef, et de lui
prouver leur dévouement. Ceux-là étaient animés de ce
désir, qui n'avaient pas tous les jours leur table et leur logement préparés, qui s'exposaient constamment aux privations, aux balles et aux boulets, et qui disaient à Napoléon au fort de la bataille de la Moskowa : *Sois tranquille ;
tes soldats ont promis de vaincre, et ils vaincront.*

CHAPITRE V.

Les militaires qui lisent la prétendue histoire de la grande-armée, ne peuvent s'empêcher de sourire « de ce » secret frémissement des cavaliers français, en entendant » les pas de leurs chevaux» (page 41 [29]), à leur entrée dans Moskou. Il en est de même *de la mélancolie* (p. 42 [30]), et de toutes ces vagues rêveries que l'auteur attribue à nos soldats. Il prête ses sensations à l'armée française. Il manque à cette peinture celle du cauchemar, dont les soldats devaient être agités pendant leur sommeil au bivouac. Mais si l'armée eût été troublée par de pareilles visions, eût-elle vaincu à la bataille de la Moskowa ?

« Le gage barbare et sauvage de la haine nationale » (page 43 [31]), que l'auteur suppose nous avoir été laissé par Rostopchin, étaient des galériens, dont le patriotisme avait été puisé dans des tonneaux d'eau-de-vie, qui leur furent livrés. C'est sans doute parce que le comte Rostopchin les avait adoptés, en les qualifiant *d'enfans de la Russie* (page 31 [23]), qu'ils sont cités ici comme représentant la nation.

CHAPITRE VI.

« Napoléon n'entra qu'avec la nuit dans Moskou. »
(Page 46 [32].)

Quoique le fait de cette entrée nocturne soit de peu
d'importance, nous le relevons, parce qu'il est faux, et que
l'auteur semble se plaire à présenter l'empereur comme
s'introduisant par-tout furtivement et à la faveur des om-
bres. Cela sans doute fait image ; mais il ne faut pas sacrifier la vérité au romantisme. Le roi de Naples passa le pont
de la Moskowa à midi, à la tête de la cavalerie et de l'a-
vant-garde. Sur les deux heures, le maréchal Lefebvre,
avec une division de la garde, entra à Moskou. Ce fut en ce
moment que Napoléon vint s'établir dans une auberge du
faubourg de Dorogomilow ; le feu n'était point encore dans
la ville. Une seule maison, au Bazar, avait été incendiée.
Le 15, à six heures du matin, l'empereur se rendit au
Kremlin.

Sur un fait simple en lui-même, l'auteur exerce son
imagination ; il le brode, le grossit, le dénature, en tire des
conséquences, qui n'appartiennent qu'à sa manière d'envisager les objets. Un officier fatigué est réveillé par la clarté
du feu ; il s'assure d'abord si le corps dont il fait partie
est en sûreté ; et quand il a acquis cette certitude, il se ren-
dort, et laisse faire les autres pour ce qui les regarde. A
cette occasion M. de Ségur fait la réflexion suivante : « Telle
» était l'insouciance qui résultait de cette multiplicité d'évé-

» nemens et de malheurs, sur lesquels on était comme
» blasé, et tel était l'égoïsme produit par l'excès de fatigue
» et de souffrance, qu'ils ne laissaient à chacun que la me-
» sure de forces et de sentiment indispensable pour son ser-
» vice et pour sa conservation personnelle.» (P. 49 et 50 [34].)

Certainement, si l'on était venu chercher M. de Ségur,
dont les fonctions se bornaient au service du palais, pour
celui d'un corps d'armée, il s'en serait dispensé, sans
qu'on pût l'accuser d'insouciance ni d'égoïsme. Pourquoi
n'en serait-il pas de même de l'officier dont il parle?

« Le Kremlin renfermait, à notre insu, un magasin à
» poudre.» (Page 50 [34].)

Le Kremlin ne renfermait pas de magasin à poudre. Dans
l'arsenal, tout se ressentait de la précipitation avec laquelle
les Russes l'avaient évacué. La cour était couverte d'étoupes, de projectiles, de débris de caisses. Dans les salles,
nous trouvâmes quarante mille fusils (anglais, autrichiens
et russes), une centaine de pièces de canon, des lances,
des sabres et un grand nombre de trophées enlevés aux
Turcs; mais on ne put découvrir de poudre à canon : il
n'y en avait point dans l'enceinte du Kremlin. Les magasins considérables, dont nous nous emparâmes, étaient si-
tués hors de la ville, dans des bâtimens isolés et à la barrière des Allemands. Ils renfermaient quatre cents milliers
de poudre et plus d'un million de salpêtre. Rostopchin avait
oublié de les détruire!

« Les gardes endormies et placées négligemment, avaient
» laissé tout un parc d'artillerie s'établir sous les fenêtres
» de Napoléon.» (Page 50 [34].) L'auteur cherche constamment à représenter l'armée française comme une horde
mal organisée. Parce que la garde impériale, logée dans le
Kremlin, avait avec elle son artillerie, M. de Ségur nous
dit que cette artillerie était restée par *la négligence des
gardes endormies.* Attaquer ainsi un corps d'élite, où il y

avait tant d'ordre et d'habitude du service, c'est passion de dénigrer.

Pendant la nuit, le feu fut mis dans diverses parties de la ville, mais éloignées du Kremlin. Vers quatre heures du matin, un officier de l'empereur le fit éveiller pour le lui annoncer; il n'y avait que quelques instans que ce prince venait de se jeter sur son lit, après avoir dicté des ordres à divers corps d'armée, et travaillé avec ses secrétaires. On ne conçoit pas comment M. de Ségur, qui devrait connaître mieux le service intérieur du palais, nous représente toujours Napoléon comme craignant d'être troublé dans son repos. Il devrait savoir que les plus petits officiers n'hésitaient point à le réveiller, pour lui faire leur rapport. L'aide-de-camp de service qui aurait pris sur lui de ne pas le prévenir de l'arrivée d'un officier eût été sévèrement réprimandé. L'auteur devrait se rappeler ce qui eut lieu à Gluboboé, quand l'aide-de-camp de service tarda d'annoncer à Napoléon l'arrivée d'un officier du roi de Naples.

Ce fut dans la journée du 16 que l'incendie s'approcha du Kremlin, au point d'en compromettre la sûreté. A midi, le feu prit aux écuries du palais et à une tour attenante à l'arsenal. Quelques flammèches même tombèrent dans la cour de l'arsenal, sur des étoupes qui avaient servi aux caissons russes; les caissons de notre artillerie y étaient. Le danger était imminent; on vint en prévenir l'empereur; il se rendit sur les lieux. Le sol, sur lequel se trouvaient nos caissons, était couvert d'étoupes enflammées. Le général Lariboissière donnait des ordres pour les faire sortir de l'arsenal, lorsque l'empereur y entra. Les canonniers et les soldats de la garde, troublés de voir Napoléon s'exposer à un si grand péril, l'augmentaient par leur empressement. Ils saisissaient entre leurs bras les étoupes enflammées, pour les transporter hors des cours. Le général

Lariboissière supplia alors l'empereur de s'éloigner, lui montrant ses canonniers, auxquels sa présence faisait perdre la tête. Ce prince retourna alors au palais. Après son départ, cet incendie, qui pouvait avoir des suites si funestes, fut bientôt éteint.

Cet événement s'était passé dans la matinée, et ce ne fut point ce qui décida Napoléon à quitter le Kremlin, le danger semblait au contraire l'y retenir. Déjà le prince Eugène, les maréchaux Bessières et Lefebvre l'avaient conjuré de quitter cette enceinte; ils n'avaient pu réussir. Un officier * lui ayant rendu compte que les flammes environnaient de toutes parts le Kremlin, il le chargea d'accompagner le prince de Neufchâtel, sur une terrasse élevée du palais, pour vérifier ce fait. L'impétuosité, la violence du vent et la raréfaction de l'air, causée par l'ardeur de l'incendie, occasionnaient une horrible tourmente : le prince de Neufchâtel et l'officier faillirent être enlevés. Quoiqu'ils eussent confirmé à l'empereur que tout était en feu autour du Kremlin, ce prince, accoutumé aux dangers de tous genres, hésitait à reculer devant celui-là, lorsque le prince de Neufchâtel lui fit cette observation : « Sire, si l'ennemi attaque les corps d'armée qui sont hors de Moskou, votre majesté n'a aucun moyen de communiquer avec eux. »

Décidé à quitter le Kremlin, Napoléon envoya M. de Mortemart, l'un de ses officiers d'ordonnance, pour reconnaître un passage à travers la ville brûlée, jusqu'au quatrième corps où il voulait se rendre. Bientôt, il revint dire que les flammes ne lui avaient pas permis de passer. Quelque temps après, un autre officier annonça que le passage devenait libre. L'empereur alors demanda ses chevaux et quitta le Kremlin, y laissant un bataillon de sa garde pour le garder.

* L'officier d'ordonnance Gourgaud.

CHAPITRE VII.

———

« Nous étions assiégés par un océan de flammes; elles
» bloquaient toutes les portes de la citadelle, et repoussè-
» rent les premières sorties qui furent tentées. Après quel-
» ques tâtonnemens, on découvrit à travers les rochers
» une poterne, qui donnait sur la Moskowa. Ce fut par cet
» étroit passage, que Napoléon, ses officiers et sa garde
» parvinrent à s'échapper du Kremlin..... Une seule rue
» étroite, tortueuse et toute brûlante s'offrait plutôt comme
» l'entrée que comme la sortie de cet enfer; l'empereur
» s'élança, à pied et sans hésiter, dans ce dangereux pas-
» sage..... Nous marchions sur une terre de feu, sous un
» ciel de feu, entre deux murailles de feu, etc., etc., etc. »
(Pages 57 et 58 [39, 40].)

Un océan de flammes ne bloquait pas, et ne pouvait blo-
quer toutes les portes de la citadelle. Il y avait, au delà du
fossé, une large esplanade; on ne fut donc pas obligé de
tâtonner pour trouver une issue. L'empereur sortit par
l'une des grandes portes du Kremlin, accompagné de ses
officiers, comme il y était arrivé, et n'en sortit point à
travers les rochers. Il descendit sur le quai de la Moskowa,
où il monta à cheval. Un des agens de police de Moskou
marchait en avant, servant de guide. On suivit pendant
quelque temps le bord de la rivière, et l'on entra dans des
quartiers, dont les bâtimens en bois étaient entièrement
consumés.

Quoiqu'ayant accompagné Napoléon pendant tout ce trajet, nous n'avons pas vu les *belles horreurs* que M. de Ségur décrit. Nous traversâmes, il est vrai, Moskou sur des cendres, mais non sous *des voûtes de feu*. Peut-être ne prit-on pas la route la plus directe; mais il est faux que, dans ce trajet, l'empereur ait couru des dangers. Il est également faux que notre guide, *incertain et troublé, se soit arrêté* (page 59 [40]), et que ce soit à des *pillards* du premier corps (page 59 [40]) que l'empereur ait dû la vie. Cette rencontre touchante du maréchal Davoust, *se faisant rapporter dans les flammes, pour en arracher Napoléon ou périr avec lui*, n'est pas plus exacte. D'ailleurs, M. de Ségur met le lecteur à même d'apprécier la vérité de son récit, par l'aventure du convoi de poudre défilant au travers de ces feux. L'incendie durait depuis trente-six heures; quel est l'officier qui eût été assez insensé pour exposer à une explosion infaillible un convoi de poudre, en lui faisant traverser la ville, quand on pouvait la tourner par les dehors?

.Le maréchal-des-logis du palais n'a pas trouvé, dans ses nombreuses descriptions de marches et de batailles, une seule occasion de parler de l'ordre avec lequel cheminaient ces immenses colonnes d'artillerie, qui, malgré toutes les difficultés, se trouvaient toujours présentes pour foudroyer les bataillons russes, et dont les chefs savaient joindre au courage des batailles, cet esprit de prévoyance qui contribue à en préparer le succès et à en assurer les résultats. Il aurait pu se dispenser du moins de citer, au désavantage de ce corps d'élite, un fait faux.

.« L'effort qu'il venait de faire pour atteindre Moskou, » avait usé tous ses moyens de guerre. » (Page 60 [41].)

On voit que l'auteur n'est pas fort au courant des affaires militaires. Si par moyens de guerre, il entend le personnel, nous lui répondrons que l'armée française, qui

avait été rejointe par la division Pino, la cavalerie bavaroise du général Pressing et plusieurs détachemens, se trouvait presque aussi forte qu'avant la bataille de la Moskowa.
Quant au matériel (l'artillerie), les parcs intermédiaires,
que le général Lariboissière avait échelonnés entre Mojaïsk
et Smolensk, avaient déjà, en grande partie, remplacé les
munitions consommées *.

L'empereur était resté à Petrowsky, depuis le 16 au
soir jusqu'au 18 au matin, moment où il rentra au Kremlin.
C'est dans ces quarante heures que M. de Ségur voudrait
qu'il se fût décidé sur le parti qu'il devait prendre, et
cela, sans attendre les rapports sur la marche de Kutusof,
et la réponse à la lettre portée par « l'officier supérieur
» ennemi, qui venait d'être trouvé dans le grand hôpital. »
(Page 47 [33].) Après nous avoir dit que, dans ce court
espace de temps passé au château de Petrowsky, Napoléon était resté *étonné, incertain,* l'auteur ajoute : « Il
» déclare qu'il va marcher sur Pétersbourg. Déjà cette
» conquête est tracée sur ses cartes, jusque-là si prophé-
» tiques. L'ordre même est donné aux différens corps de
» se tenir prêts. « Mais qu'on se tranquillise; *sa décision
n'est qu'apparente.* Tout cela est pour sonder *ses ministres les plus intimes ,* et *Berthier , Bessières* l'ont *bientôt
convaincu, etc.* (Pages 61 et 62 [41, 42].)

* Dans une lettre du major-général, écrite par ordre de l'empereur au
maréchal Bessières, datée de Moskou le 27 septembre 1812, et relative aux
événemens militaires qui ont eu lieu avant l'arrivée à Moskou, on lit :
« Kutusof a fait ce qu'il devait faire en se retirant par Moskou ; il a remué
» de la terre sur plusieurs belles positions, et a cherché à nous faire croire
» que pour entrer à Moskou, il fallait une deuxième bataille. Cette me-
» sure était tellement bonne, que, si l'état remis par Lariboissière, com-
» mandant l'artillerie , avait porté vingt mille coups de canon de moins,
» l'empereur se fût arrêté, quoique le champ de bataille eût été un des plus
» beaux que nous ayons vus, parce qu'il est impossible d'enlever des re-
» doutes sans artillerie et beaucoup de munitions. »

Nous avons vu souvent Napoléon raisonnant avec ses officiers et ses ministres, et cherchant à faire passer sa conviction dans leur ame; nous ne l'avions pas encore vu essayant leur crédulité, et jouant avec eux le rôle de jongleur. C'est une variante que fait ici M. de Ségur.

Cet écrivain suppose que c'est pendant le séjour à Petrowsky, que l'empereur apprend *la marche de Kutusof sur Kalouga* (page 61 [42]); tandis que ce ne fut qu'après son retour au Kremlin. La vérité historique n'est pas ce que cherche M. de Ségur; elle lui importe peu, pourvu qu'il étale ses faux raisonnemens.

« Il a tant compté sur la paix de Moskou, qu'il n'a point » de quartiers d'hiver prêts en Lithuanie. » (Page 61 [42].) Et que sont donc devenus « ces approvisionnemens *im-* » *menses comme l'entreprise?* » (Page 120 [91], tome Ier.) Que sont devenus les magasins et les fortifications de Wilna, Minsk, Vitepsk, Smolensk, etc.? Le maréchal-des-logis du palais devrait bien nous dire ce qu'il entend par n'avoir pas *de quartiers d'hiver prêts en Lithuanie.*

Napoléon « se décide donc à rentrer au Kremlin, qu'un » bataillon de la garde a malheureusement préservé. » (Page 62 [43].) Pourquoi donc *malheureusement préservé,* puisque, quelques lignes plus haut, l'auteur avoue qu'il faut huit jours à Napoléon pour recevoir la réponse d'Alexandre, et *refaire, rallier son armée,* etc.? (P. 62 [42].) Mais M. de Ségur était peut-être mieux logé à Petrowsky qu'au Kremlin; serait-ce pour cela qu'il voudrait que ce dernier palais eût été brûlé? Comme il ne donne pas les motifs de son regret, nous ne trouvons que celui-là.

CHAPITRE VIII.

————

Le retour de l'empereur au Kremlin, fournit à M. de Ségur une foule de tableaux hideux de nos bivouacs, et de ce qui se passe dans l'intérieur de la ville.

Nous ne savons pourquoi il tait à ses lecteurs des faits publiés par nos ennemis eux-mêmes. « Les premiers soins » de Napoléon, en rentrant au Kremlin, furent donnés aux » malheureux de toutes les classes. Il ordonna qu'on nom- » mât des syndics pour faire connaître tous ceux qui se » trouveraient sans asile et sans subsistance. Il fit ouvrir » des maisons de refuge pour recevoir les incendiés, et » promit de leur faire donner des rations. Il se transporta » à la maison des enfans trouvés, qui avait échappé à l'in- » cendie, fit appeler le directeur, M. le général Toutol- » min, se fit rendre compte de la maison, l'engagea à vou- » loir bien faire son rapport à sa majesté l'impératrice- » mère, et se chargea de l'expédier par une estafette; ce » rapport est resté sans réponse.

» Napoléon s'occupa ensuite du soin des hôpitaux, dont » une grande partie avait été préservée de l'incendie. Mais » quel fut son étonnement, lorsqu'on lui rapporta que ces » maisons se trouvaient dans le plus grand dénuement des » secours nécessaires, sans médecins, sans remèdes, sans » surveillans; qu'on avait trouvé une quantité prodigieuse » de morts; que, sur plus de dix mille blessés arrivés ré- » cemment de l'armée, la moitié avait péri faute de se-

» cours ; que le reste luttait entre le besoin et la mort ! On
» donna ordre aussitôt à tous les chirurgiens de l'armée
» française, d'établir une administration de secours pour
» tous les genres de maladies, en distribuant les malades
» dans les lieux convenables, et de faire des rapports
» exacts de l'état de ces malheureux.

» D'un autre côté, le maréchal Mortier, gouverneur-général
» de la ville, et le général de division comte Milhaut, com-
» mandant la place, eurent ordre d'organiser une municipa-
» lité et une administration de police, pour ramener l'ordre
» dans la ville et lui procurer des subsistances, etc., etc. »

Ces détails, dont nous reconnaissons l'exactitude, à l'exception du nombre des blessés russes, qui, au lieu de dix
mille, s'élevait à plus de vingt-cinq *, sont extraits de la
lettre de l'abbé Surrugues, déjà citée. (Page 194.)

Ce même abbé Surrugues, curé de Saint-Louis à Moskou, dans une autre partie de sa lettre, dit : « Napo-
» léon fit mettre cinquante mille roubles à la disposition
» des syndics chargés du soin des indigens. La réparti-
» tion, qui en fut faite, assignait environ quatre-vingt-dix
» roubles à chacun ; mais la difficulté de porter une mon-
» naie aussi pesante, ayant exigé des soins et des lenteurs
» incompatibles avec la précipitation du départ des Fran-
» çais, cette distribution a été presque sans effet, etc. »

Est-ce pour suivre une maxime célèbre, placée par Beau-
marchais dans la bouche d'un de ses personnages, que M. de
Ségur commence par accuser nos soldats d'élite et même nos
officiers de *se précipiter pour piller ?* (p. 66 [46]) et qu'il
cherche ensuite à les excuser, en disant « que ce n'était point
» par cupidité ; qu'ils croyaient qu'une main lavait l'autre ;
» et qu'ils avaient tout payé par le danger. » (Page 68 [47].)

---

* Il est vrai que plus de la moitié de ces vingt-cinq mille blessés russes
périt dans les flammes, par suite de l'atroce mesure de Rostopchin.

La justification n'est-elle pas pire que l'accusation ? Pourquoi donc avilir ainsi gratuitement ses compatriotes ? Cette sévérité à leur égard n'aurait-elle pas été suggérée à l'auteur par le souvenir de l'action d'un personnage, qui, curieux de schalls et d'étoffes de l'Inde, s'introduisit dans la cave d'un marchand du bazar, par une ouverture pratiquée au haut de la voûte ? De cette cave, il remettait à des soldats les effets qu'il en tirait. Ceux-ci, pensant que ces effets étaient autant leur propriété que la sienne, disparurent en les emportant, laissant dans la cave le personnage que sa cupidité y avait fait descendre. Cependant, ce pillard-amateur n'avait pas pour excuse qu'il pouvait croire *qu'une main lavait l'autre, et qu'il avait tout payé par le danger.* Car il n'avait pas besoin de s'y exposer; le seul qu'il ait couru dans cette campagne, à notre connaissance, a été de rester dans la cave.

Il y a, au reste, une très-grande différence entre *piller* et *prendre des vivres.* Que M. de Ségur, qui avait, deux fois par jour, son couvert mis à la table de service, chez l'empereur, n'ait pas eu besoin de prendre la peine d'aller chercher des vivres, cela se conçoit. Mais qu'il trouve mauvais que de pauvres officiers de régiment, qui n'ont point cet avantage, qui voient brûler une maison ou un magasin, y prennent quelques bouteilles de vin et quelques provisions; qu'il traite cela de pillage, c'est un abus de mots et une rigueur qu'on ne peut qualifier.

L'auteur aurait dû dire sans réticence et sans détours oratoires, que le genre de guerre actuellement adopté, se faisant avec des armées immenses, dont les mouvemens prompts et rapides accumulent quelquefois en un jour deux cent mille hommes sur un point, il est devenu entièrement impossible de faire subsister les troupes avec des distributions régulières; que les étrangers l'ont éprouvé en Allemagne et en France, où ils ont *maraudé et pillé* tout à la

14

fois; que ce qu'on doit empêcher, c'est de maltraiter les habitans; que sous ce rapport, aucune troupe en Europe n'a montré plus d'humanité que les Français; que les plaintes pour meurtre ou viol, étaient presque inconnues dans les pays occupés par nos soldats, et qu'au contraire on a reproché ces excès aux étrangers et sur-tout aux Russes dans presque tous les villages où ils ont passé, même en Allemagne, chez leurs alliés. C'est cependant cette armée russe que M. de Ségur nous peint comme *ayant atteint la véritable gloire* (page 75 [52]); tandis qu'il ramène sans cesse les yeux du lecteur sur le *pillage* de nos malheureux soldats, prenant du lard et de la farine. *

* La lettre de l'abbé Surrugues, curé de la paroisse de Saint-Louis à Moskou, que nous avons déjà citée, contient les passages suivans sur le pillage de cette capitale. Le témoignage de ce prêtre émigré est d'autant moins suspect, que c'est celui d'un ennemi de Napoléon.

« Cependant la populace brisait avec violence les portes et enfonçait les
» caves des boutiques menacées du feu. Le sucre, le café, le thé, furent
» bientôt au pillage; puis les cuirs, les pelleteries, les étoffes, et enfin
» tous les objets de luxe. Le soldat, qui d'abord n'avait été que tranquille
» spectateur, devint bientôt partie active; les magasins de farine furent
» pillés, le vin et l'eau-de-vie inondèrent toutes les caves, etc. En effet, le
» projet d'incendier la ville une fois bien constaté comme une mesure de
» guerre employée par le gouvernement russe, le pillage devenait comme
» une représaille inévitable de la part d'un ennemi.

» On a remarqué que la populace de Moskou avait joué le plus grand rôle
» dans le pillage; c'est elle qui a découvert les caves les plus secrètes aux
» soldats français pour partager le butin; c'est elle qui a introduit les cosaques
» chez les particuliers au départ des Français, et les paysans des envi-
» rons de Moskou qui venaient prendre part au brigandage, emportaient
» chez eux et enfouissaient tout ce qu'ils pouvaient.

. . . .

» Une chose bien digne de remarque, c'est que le pillage provoqué par
» le besoin, fut alimenté et excité par l'infidélité des gens de maison, qui
» pour la plupart trahirent leurs maîtres, en indiquant les klodowoie et les
» caves secrètes afin de partager le butin; et après le départ des Français,
» la populace de Moskou et des environs a laissé des traces ineffaçables de
» son insatiable avidité.

« Au reste, ajoute-t-il, on s'est trop étonné des vertus
» comme des vices de l'armée française; c'étaient les vertus
» d'alors, les vices du temps..... les unes furent moins loua-
» bles; et les autres moins blâmables, en ce qu'ils étaient,
» pour ainsi dire, commandés par l'exemple et les circons-
» tances. » (Pages 70 et 71 [49].)

Comme il n'y a point de vertus et de vices de convention,
que les vertus et les vices sont de tous les temps, on pourrait voir dans cette réflexion une atteinte nouvelle à la réputation de l'armée française.

. . . .

» Les Français, grace à la sauve-garde qu'on nous avait donnée à leur
» arrivée, ont respecté notre enceinte. Elle avait été intacte jusqu'à l'entrée
» des cosaques qui les ont remplacés, sans qu'il y eût aucune autorité pour
» les comprimer. Je suis fort heureux, pour mon compte, d'en avoir été
» quitte pour quelques couverts d'argent, bouteilles de vin, provisions de
» sucre, etc.

» Grace au ciel, l'église de Saint-Louis échappa au pillage, mais elle ne
» put éviter la visite des cosaques à leur retour.

. . . .

» Les malheureux pillés vont trouver l'empereur Napoléon à Pétrowski
» pour implorer sa bienveillance; il parut s'attendrir sur leur sort, et leur
» promit de s'occuper des moyens d'y remédier. Plus de quatre cents d'eu-
» tre eux furent recueillis avec autant de zèle que de générosité dans la
» maison de Zapatof, à la Porte-Rouge, et y trouvèrent non-seulement un
» asile assuré, mais encore des soins et des subsistances.

» Plusieurs se rendirent à l'hôtel de M. le comte Razomowski, habité
» par le roi de Naples, et furent accueillis par ce dernier avec humanité;
» il leur fit distribuer quelques secours, mais bien insuffisans pour tant
» de monde. »

CHAPITRE IX.

KUTUSOF, en abandonnant Moskou, s'était dirigé sur la route de Kolomna. Le 15 septembre, l'armée russe séjourna à Panki, à quatre ou cinq lieues de Moskou ; le 16, elle traversa la Moskowa à Borowskoé. Kutusof résolut alors de prendre, sur le flanc de la ligne d'opérations de l'armée française, une position offensive contre les communications de cette armée, et qui lui permît en même temps de couvrir Kalouga et les provinces méridionales de la Russie. La position de Taruntino, derrière la Nara, lui procurant l'avantage de couper la route centrale de Moskou à Kalouga, et de pouvoir se porter également sur les deux autres grandes routes, qui passent par Zerpouchow et Malo-Jaroslavetz, fut choisie pour faire faire halte à l'armée russe.

Le roi de Naples avait d'abord pensé que l'ennemi se retirait directement sur l'Occa ; mais aussitôt qu'il eut reconnu le véritable mouvement de l'armée russe, il la suivit dans sa nouvelle direction. Quelques militaires se sont étonnés que Kutusof, s'il n'avait pas l'intention de livrer une seconde bataille, avant d'abandonner Moskou, se soit retiré sur cette capitale, pour se reporter de là sur la route de Kalouga ; mouvement qu'il pouvait faire directement et si facilement de Mojaïsk. Il paraît que les suites de la perte de la bataille de la Moskowa, dérangèrent complétement les projets du général russe, et que, débordé sur son flanc droit par les Polonais, il n'espéra faire avec sécurité son mouvement de flanc, qu'en se couvrant par la Moskowa, au delà de Moskou.

M. de Ségur ne donne aucun détail des mouvemens militaires ; il aime beaucoup mieux faire des tableaux, qu'il a probablement copiés d'après les Russes, ou qu'il a pris dans son imagination, comme la majeure partie de son ouvrage. Il suppose que les soldats russes entendaient *le bruissement des flammes*, à sept ou huit lieues de distance. Il dit qu'on « voyait le feu de leurs regards sombres et menaçans, ré- » pondre à ces feux qu'ils croyaient notre ouvrage. Il dé- » celait déjà cette vengeance féroce, qui fermentait dans » leurs cœurs, qui se répandit dans tout l'empire, et dont » tant de Français furent victimes. » Ceci est écrit à la page 73 [50]; et à la page 75 [52], on lit, au sujet de ces mêmes Russes, ces phrases qui semblent impliquer contradiction : « Depuis, ils n'ont rien réclamé, même au mi- » lieu de la capitale ennemie qu'ils ont préservée. Leur » renommée en est restée grande et pure, etc. »

« Leur sacrifice a été complet, sans réserve, sans regrets » tardifs » (page 75 [52]); et nous venons de voir qu'il a été l'ouvrage d'un seul homme. Comment cet homme a-t-il réussi? c'est en cachant aux habitans son funeste projet ; c'est en les forçant d'abandonner leur ville par les menaces les plus violentes ; c'est en ouvrant les prisons aux malfaiteurs, et en leur mettant les torches à la main; c'est en éloignant de la ville tous les moyens d'éteindre l'incendie. C'était si peu un acte de patriotisme de la part des Russes, que les habitans qui restèrent dans Moskou, joignirent leurs efforts aux nôtres pour arrêter le progrès des flammes *. *Un sa-*

---

* « Pendant ce temps le feu embrasait la partie basse de la Patrowska, » et consumait toutes les boutiques situées au bas du pont des Maréchaux. » La flamme poussée par le vent menaçait de franchir tout l'espace du pont, » et de dévorer toutes les boutiques qui sont au delà en remontant vers la » Loubianka; déjà les habitans de ce quartier, chacun le paquet sur le dos,

crifice complet, c'est celui de la ville de Sagonte, dont les habitans se précipitèrent dans les flammes , après y avoir jeté leurs femmes, leurs enfans et leurs trésors : une telle action commande justement l'admiration. Mais des bandits , qui incendient une ville où ils ne possèdent rien, à la voix d'un homme que ses citoyens maudissent au point qu'il n'ose, pendant plusieurs années, reparaître au milieu d'eux, ne peuvent inspirer que de l'horreur.

Depuis , ils n'ont rien réclamé , etc. N'ont-ils donc pas pris leur part du milliard imposé à la France ?

Leur renommée est restée grande et pure ; ils ont connu la vraie gloire. La vraie gloire consisterait-elle à massacrer les prisonniers, à les exposer nus sur la neige, pour les faire mourir dans d'horribles angoisses? Consiste-rait-elle à piller, à violer nos femmes, à brûler nos villages, comme ils l'ont fait dans toute la Champagne ? Que l'auteur aille demander aux habitans de nos provinces de l'est, ce qu'ils pensent *de cette renommée grande et pure , et de la vraie gloire des Russes ;* il verra ce qu'ils lui répondront.

M. de Ségur cite avec éloge l'action du comte Rostopchin, qui brûle sa maison de campagne, en déclarant que « c'est

» semblaient préparés à ce dernier sacrifice. Dans l'église de Saint-Louis tout
» était dans la plus profonde consternation ; tous les malheureux réfugiés
» dans cette enceinte, le paquet à la main et résignés à leur sort, s'étaient pré-
» sentés chez moi pour recevoir la dernière absolution. Je les priai de diffé-
» rer encore, en promettant de les avertir quand il en serait temps. Je me
» transporte aussitôt au lieu du danger ; je n'y arrivai que couvert d'étincelles
» et de brandons enflammés. Il n'y avait qu'un coup du ciel qui pût nous
» sauver : il inspira à la compagnie de grenadiers postée dans cet endroit,
» le courage de s'armer de seaux et d'arroser les toits des maisons les plus
» exposées, avec tant d'activité, que l'on prévint les atteintes du feu. Ce fut
» le salut de tout ce quartier, qui est le seul de la ville qui soit resté intact,
» et qui comprend tout le haut du pont des Maréchaux, la Rojestkuka, les
» deux Loubianka, la Poste, la Banque, le Tchistiprout, et l'extrémité de
» la Patrowska située entre les deux boulevards , ainsi que la Maraceca. »
(*Extrait de la lettre de l'abbé Surrugues.*)

» pour qu'elle ne soit pas souillée par la présence des Fran-
» çais. » (Page 76 [52].)

Est-il de bon goût à un Français de répéter cette grossière
injure? La conduite postérieure de M. Rostopchin n'a pas
répondu à ses paroles; car, peu après, on l'a vu venir au
milieu de ces mêmes Français, et marier sa fille à l'un
d'eux.*

Nous demanderons à l'auteur, qui s'établit l'apologiste
de M. Rostopchin, de nous dire si ce comte russe ne s'est
pas cru obligé de brûler sa maison de campagne, par la
crainte d'encourir le reproche de paraître n'avoir rien
perdu dans ce grand désastre, dont il s'était fait l'instrument.

M. l'officier du palais s'étonne qu'après onze jours, Napoléon soit encore à Moskou, *perdant ainsi le temps qu'il
fallait gagner.* (Page 79 [55].) Il était naturel d'espérer que
l'armée russe, ayant été presque anéantie à la bataille de la
Moskowa, l'empereur Alexandre ferait la paix à Moskou.
Cette capitale ayant été brûlée, Alexandre pouvait craindre
que Napoléon, paralysant l'armée de Kutusof par quelqu'une de ces manœuvres décisives, qui lui étaient familières, ne se dirigeât rapidement sur Pétersbourg. Toutes
les nouvelles qu'on recevait de cette ville, annonçaient la
peur qu'on avait de ce mouvement. Déjà les archives étaient
embarquées, et l'on s'attendait à voir arriver les Français.
Il est permis de penser que, si Alexandre eût été livré à
lui-même, il n'eût pas voulu courir ces dangers, et eût
signé la paix. Il en fut empêché par la haute noblesse russe,
et par les commissaires anglais, qui mêlèrent à la séduction
le souvenir d'une sanglante catastrophe. C'était afin d'atteindre ce but, que ces hérauts de la guerre perpétuelle
s'étaient servis du gouverneur de Moskou pour incendier

---

* Le neveu de M. le comte Philippe de Ségur.

cette capitale, voulant par sa destruction exciter la haine nationale, nous priver d'un tel gage au moment de traiter, et opposer un puissant obstacle à la paix. L'opinion flatteuse que Napoléon avait conçue à Tilsitt et à Erfurt du caractère et des sentimens de l'empereur russe, justifie l'espérance qu'il a pu conserver que ce souverain, méprisant d'odieuses insinuations, écouterait plutôt les véritables intérêts de son pays, que des considérations purement personnelles.

Pendant que Napoléon attendait cette réponse d'Alexandre, il s'occupait sans relâche de faire reposer son armée ; de réparer les pertes de toute espèce qu'elle avait faites ; d'organiser les hôpitaux, de procurer des secours à ses blessés, et de réunir les approvisionnemens de tout genre qui se trouvaient épars dans la ville. Ses soins même ne se bornèrent pas à ses troupes. Les malheureux habitans de Moskou, qui étaient restés dans cette ville, y eurent part. Il employa ses efforts à adoucir leur triste situation. Les blessés russes, qui se trouvaient dans les hôpitaux et dans les maisons que le feu avait respectés, furent traités comme les nôtres. Sa sollicitude s'étendit même au culte ; il fit rouvrir les églises qui n'avaient pas été brûlées ; il y appela les popes et curés, qui étaient dispersés, et donna un nouvel exemple de son respect pour les sentimens des peuples envers leurs souverains, en les invitant à prier pour Alexandre *.

* « On doit à la vérité de l'histoire, d'observer ici que les autorités constituées, loin de s'être opposé à l'exercice du culte national, donnèrent des ordres pour découvrir des popes, et les obliger à reprendre leurs fonctions. On en trouva quelques-uns, mais ils se défendaient de célébrer leur office sous différens prétextes. Plusieurs sans doute avaient un motif très-légitime, puisque leur église avait été brûlée ; on offrit aux autres tous les secours nécessaires pour reprendre l'exercice de leur ministère ; mais soit crainte, soit toute autre raison, on ne put en déterminer que trois ou quatre au bout de trois semaines.

» Un seul pope de mon voisinage me consulta pour savoir s'il pouvait re-

L'auteur. prête encore ici des discours à plusieurs personnages, sans doute pour leur faire une réputation de franchise, de courage et sur-tout de prévoyance. Napoléon voulait envoyer un négociateur auprès d'Alexandre ; mais M. le duc de Vicence, *plus capable d'opiniâtreté que de flatterie* (page 82 [57]), refusa. Les personnes qui connaissent M. le duc de Vicence, pourront-elles ajouter foi à un pareil fait? Elles savent bien qu'il avait assez le sentiment de ses devoirs et de sa propre dignité, pour ne pas repousser les missions que l'empereur daignait lui donner ; et que certes, s'il eût eu à en refuser une, il n'eût pas commencé par celle qui avait pour but d'empêcher l'effusion du sang. Pour savoir que penser de toutes ces conversations pleines de rudesse, de ces marques de fierté sans objet, de cette absence de toute bienséance, nous en appelons à ceux qui ont vu Napoléon descendre du trône, et à la merci de ses ennemis. Quel est celui qui, même à Sainte-Hélène, eût osé se conduire ainsi envers lui?

Les dernières paroles de l'empereur à Lauriston furent : « Je veux la paix ; il me faut la paix ; je la veux absolu- » ment ; sauvez seulement l'honneur. » (Page 83 [58].)

L'empereur désirait la paix, puisqu'il n'avait fait la guerre que malgré lui. Il peut en avoir exprimé le désir

---

» prendre ses fonctions ; c'était un pope étranger, aumônier du régiment » des chevaliers-gardes, surpris par les Français lors du départ de l'armée » russe ; je l'y engageai avec instance. Il obtint du commandant de la place, » la sauve-garde nécessaire pour faire son office avec décence ; et le peuple » accourut en foule à la seule église qui fût ouverte à son culte. On avait fait » craindre au pope qu'il serait forcé de prier, non pour l'empereur Alexan- » dre, mais pour Napoléon. L'assurance lui fut donnée en ma présence, » qu'il n'avait pas à changer un seul mot à sa liturgie, et pouvait continuer » à prier pour son souverain légitime. Il célébra son office comme à l'ordi- » naire, et chanta le *Te Deum* ; c'était le jour de l'anniversaire du sacre » d'Alexandre. »

(*Extrait de la lettre de l'abbé Surrugues.*)

au général Lauriston; mais il ne peut s'être servi de cette expression, *sauvez l'honneur*, puisque l'honneur français n'était nullement compromis; et la preuve en est que, malgré nos désastres, il n'a reçu aucune atteinte.

~~~~~~

CHAPITRE X.

M. DE SÉGUR, en informant ses lecteurs de l'arrivée du général Lauriston au quartier-général d'Alexandre, présente ce négociateur comme heureux de *rompre une négociation qu'il désapprouvait.* (Page 84 [59].) S'il en eût été ainsi, le général Lauriston se fût facilement aperçu que les Russes ne voulaient que gagner du temps, et n'avaient nullement l'intention de faire la paix. Cependant, sa correspondance contribua, tout autant que celle du roi de Naples, à entretenir les espérances de l'empereur. A en croire l'auteur, Napoléon et le roi de Naples seuls partageaient une illusion que le général Lauriston aurait dû dissiper.

« Murat, las des batailles, regrettant son trône depuis
» qu'il n'en espérait pas un meilleur, se laissa enchanter,
» séduire et tromper. » (Page 85 [59].)

Que veut dire l'auteur par cette espérance qu'avait conçue Murat d'un trône meilleur? Est-ce de la Pologne qu'il veut parler? Mais Murat n'a jamais pensé à changer le riche royaume de Naples contre les déserts de la Sarmatie, et il n'en fut jamais question. Si le royaume de Pologne eût été rétabli, c'eût été le prince Poniatowski, plutôt que Murat, qui eût régné à Varsovie.

Ce même Murat, qui n'espère plus un *trône meilleur* que celui de Naples, est représenté, quelques lignes plus loin, comme flatté de l'idée d'être *roi des Cosaques.* (P. 87 [61].)

Une batterie d'artillerie, appartenante à une division italienne, fut attaquée sur la route par des partisans qui mirent le désordre dans ce convoi et firent sauter quelques
caissons; mais ils ne purent emmener les pièces. A cette
occasion, l'auteur flétrit d'un trait de plume un officier par
l'imputation de *lâcheté*. (Page 88 [62].) Le fait est que l'empereur fit prendre des renseignemens, desquels il résulta
que cet officier avait été plus malheureux que coupable;
et l'affaire en resta là.

Qui peut ajouter foi à cet enthousiasme que M. de Ségur
attribue aux récrues russes? « Aucun, dit-il, ne manqua
» à l'appel national. La Russie entière se levait; les mères
» avaient, disait-on, pleuré de joie en apprenant que leurs
» fils étaient devenus miliciens; elles couraient leur annon-
» cer cette glorieuse nouvelle, et les ramenaient elles-
» mêmes pour les voir marquer du signe des croisés, et
» les entendre crier : Dieu le veut! » (Page 90 [63].)

La condition du serf est telle que l'état de soldat russe,
tout misérable qu'il est, lui paraît un bien-être. Cependant,
depuis le désastre des armées d'Alexandre, la terreur et le
découragement qu'avaient inspirés les armées françaises,
étaient tels que les recrues ne voulaient plus marcher. Pour
leur faire rejoindre le camp de Taruntino, on les attachait
deux à deux, et ils étaient conduits par des cosaques, qui
les frappaient du bois de leurs lances. Si M. de Ségur avait
consulté les officiers français prisonniers, qui avaient été
transportés sur les derrières de l'armée russe, voilà ce qu'il
aurait appris.

L'auteur, dont l'imagination est toujours dans les nuages,
et qui nous a déjà donné comme un présage, l'histoire d'un
vautour pris dans les chaînes d'un clocher, nous présente
comme un funeste pressentiment « ces nuées d'oiseaux si-
» nistres, qui semblent vouloir défendre la croix du grand
» Yvan. » (Page 92 [64].) La tour Yvan étant la plus haute

de la ville, il était tout naturel qu'elle donnât constamment
asile à un grand nombre de corbeaux, sur-tout après l'incendie, qui avait détruit presque tous les clochers.

L'auteur veut que ce présage ait singulièrement frappé
l'esprit de l'empereur, « qu'il dit accessible à tous les pres-
» sentimens; il a beau s'efforcer de voir et de montrer son
» étoile dans un soleil brillant *, cela ne le distrait pas.
» Au triste silence de Moskou morte..... se joignait le si-
» lence encore plus menaçant d'Alexandre. Ce n'était point
» le faible bruit des pas de nos soldats errans dans ce vaste
» tombeau, qui pouvait tirer notre empereur de sa rê-
» verie.....

» Ses nuits sur-tout deviennent fatigantes. Il en passe une
» partie avec le comte Daru. » (Page 92 [64].) Le comte
Daru sera peu flatté de ce rapprochement, sans doute in—
volontaire.

Nous ne suivrons pas l'auteur dans ces conversations : on
peut facilement s'apercevoir qu'elles ont été faites après
les événemens.

* Une étoile dans un soleil, cela est curieux !

CHAPITRE XI.

M. DE SÉGUR, constant dans son système, nous représente l'empereur se complaisant à s'abuser lui-même sur
l'état de ses affaires, « s'aidant de tout pour espérer, quand
» vinrent tout à coup les premières neiges; avec elles tom-
» bèrent toutes les illusions. » (Page 98 [69].) *Les illusions*
de l'empereur ne *tombèrent pas avec la neige.* Considérant qu'il avait fait, pour arriver à la paix, tout ce que son
devoir lui prescrivait, que les espérances que Murat et Lauriston avaient fait naître, ne se réalisaient pas, et qu'il
n'avait plus qu'un mois de beau temps pour agir, il se décida à se rapprocher de ses renforts. L'auteur reproche à
Napoléon de n'avoir pas voulu laisser *une partie de son
artillerie dans Moskou.* L'armée, autour de cette ville,
avait encore, à l'époque du départ, six cent une pièces de
canon attelées, avec un approvisionnement complet. Les attelages de l'artillerie avaient été renforcés par les chevaux
de l'équipage de pont, qui fut laissé au Kremlin. Il ne pouvait donc pas venir dans l'esprit de l'empereur d'abandonner aux Russes une partie de son artillerie; c'eût été
un tort d'autant plus grand, qu'il s'attendait à une nouvelle
bataille. Mais M. de Ségur court après toutes les occasions
de faire passer Napoléon plutôt pour un homme privé de
ses facultés, que pour un habile général.

« Dans ce pays désert, il ordonne, dit-il, l'achat de vingt
» mille chevaux. » (Page 99 [69].)

Une foule d'individus de l'armée avaient beaucoup plus de chevaux que les réglemens ne le comportaient. Ce fut cet excédant que l'empereur voulut faire acheter, pour le donner à l'artillerie et aux équipages militaires.

Ainsi qu'à Wilna, à Vitepsk et à Smolensk, Napoléon est montré entouré de *regards désapprobateurs.* « Il s'épan- » che franchement avec le comte Daru. » (Page 100 [70].) Il lui annonce son projet d'écraser Kutusof, et de marcher sur Smolensk. Mais le comte Daru, « jusque-là de cet avis, » lui dit qu'il est trop tard; que l'armée russe est refaite..... » Que, dès que son armée aura le visage tourné vers la » France, elle lui échappera en détail, etc. Eh! que faire ». donc? s'écrie l'empereur. » (Page 100 [70].)

La situation de Napoléon, réduit à prendre le conseil d'un administrateur sur les mouvemens à faire, n'est que bizarre; mais cette exclamation de l'homme que nous avons vu si grand et si puissant, *eh ! que faire ?* inspire la compassion. Heureusement que le maréchal-des-logis du palais vient à son secours, en lui faisant donner un avis par le comte Daru. Voici ce *conseil de lion :* « Rester ici; faire de Moskou un » grand camp retranché et y passer l'hiver. Le pain et le » sel n'y manqueront pas; il en répond. » (Page 100 [70].) L'empereur aurait pu y compter, si, depuis le commence- ment de la campagne, les soins de l'administration avaient pu faire vivre l'armée.

« Pour le reste, un grand fourrage suffira. » (P. 100 [70].) L'auteur, qui fait parler le comte Daru si à propos, oublie qu'il a dit dans la page précédente : « Napoléon veut qu'on ». s'approvisionne de deux mois de fourrages, sur un sol où » chaque jour les courses les plus lointaines et les plus pé- » rilleuses ne suffisent pas à la nourriture de la journée. » (Page 99 [69].) Ces pauvres chevaux auraient donc couru grand danger de mourir de faim; mais qu'on soit tranquille pour notre cavalerie : « Ceux des chevaux qu'on ne pourra

» pas nourrir, M. Daru offre de les faire saler. Ainsi, l'on
» attendra qu'au printemps nos renforts et la Lithuanie
». armée viennent nous dégager, etc., etc. » (Page 100 [70].)

En faisant parler ainsi un homme aussi éclairé, l'auteur
aurait dû nous apprendre quels avantages ce conseiller trouvait à ce que l'empereur restât à Moskou, plutôt qu'à se
porter sur Smolensk et Vitepsk, pour y prendre ses quartiers d'hiver, et se mettre en mesure de faire une nouvelle
campagne. M. l'officier du palais oublie sans doute que l'armée de Kutusof, qui s'augmentait journellement, se fût
trouvée, au printemps, dans une situation encore plus forte
qu'elle ne l'était à ce moment même; tandis que la nôtre,
bloquée dans Moskou, et réduite à ses seules ressources, aurait vu périr chaque jour les chevaux de ses attelages et de
sa cavalerie. Si, à ces considérations militaires, on joint des
considérations politiques qui frappent tous les yeux, ne
sera-t-il pas évident qu'il n'y a pas un mot de vrai dans
cette conversation?

En même temps que M. de Ségur nous peint l'empereur,
» au milieu de ce terrible orage d'hommes et d'élémens,
» qui s'amassent autour de lui, passant les journées à dis-
» cuter le mérite de quelques vers nouveaux, ou le régle-
» ment de la Comédie française de Paris, prolongeant ses
» repas pour s'étourdir, passant de longues heures à demi
» couché comme engourdi, un roman à la main, etc. »
(page 101 [71]); en même temps qu'il le montre sous un
jour si défavorable, et verse à pleines mains sur lui la
déconsidération, il montre « Kutusof gagnant tout le temps
». que nous perdions..... ne négligeant aucun avantage..... à
»· la fois fier et rusé, préparant avec lenteur une guerre
» impétueuse, etc..... Rostopchin recevant chaque jour un
» rapport de Moskou, comme avant la conquête, etc. »
(·Pages 102 et 103 [71, 72].)

. On reconnaît dans ce tableau un nouveau trait de l'impartialité de l'auteur, et le même esprit qui à présidé aux scènes de l'intérieur de Napoléon à Paris, à Wilna, à Vitepsk.

Un armistice avait été convenu avec les Russes depuis le passage du général Lauriston. M. de Ségur a dépeint longuement la bonne intelligence qui régnait entre les avant-postes des deux armées, et dont il fait honneur à l'extrême confiance du roi de Naples. Maintenant, comme pour épargner aux Russes le reproche de mauvaise foi, qu'ils ont encouru par l'attaque inopinée de Winkowo, il prétend que *Murat a déclaré à Miloradowitch, que l'armistice n'existait plus;* cette assertion manque totalement de vérité.

Le maréchal-des-logis du palais suppose aussi que Murat a fait avertir l'empereur « qu'à sa gauche un terrain cou-
» vert peut favoriser des surprises contre son flanc et ses
» derrières; que sa première ligne adossée à un ravin, y
» peut être précipitée; qu'enfin, la position qu'il occupe
» est dangereuse, et nécessite un mouvement rétrograde.
» Mais Napoléon n'y peut consentir; » et le motif que donne l'auteur de ce refus est que ce prince « craignait
» sur-tout de paraître fléchir; il préférait tout risquer. »
(Page 103 [72].)

Nous sommes obligés de dire ici, que M. de Ségur se trompe, en voulant persuader que Napoléon, étant à Moskou, à vingt lieues de Murat, lui prescrivait minutieusement l'emplacement de ses troupes. L'empereur entendait autrement la guerre; ainsi que nous l'avons déjà dit maintes et maintes fois, il donnait un ordre général, et laissait le détail de l'exécution à celui à qui il était adressé.

Ce prince avait recommandé au roi de Naples d'observer le camp des Russes, et de prendre la position la plus convenable à cet effet, sans passer la Nara; mais il n'avait point prescrit les dispositions particulières que les localités seules

15

pouvaient déterminer *. Si Murat, sur sa gauche, avait un
terrain couvert, il fallait qu'il s'éclairât de ce côté. S'il avait
un ravin en arrière de sa position, il fallait qu'il en prît
une meilleure. Notre historien ignorerait-il ces premières
notions militaires? Ou bien voudrait-il rejeter sur l'empereur la surprise de Murat dans sa position de Winkowo?
Cette dernière conjecture paraît d'autant plus vraisemblable,

---

* La lettre ci-après vient à l'appui de ce que nous avançons; d'après elle
le roi de Naples pouvait quitter Winkowo pour se retirer à Woronowo, s'il
craignait d'être attaqué.

Le prince de Neufchâtel et de Wagram à S. M. le roi de Naples.

Moskou, le 13 octobre 1812, à deux heures du matin.

« L'empereur, d'après vos rapports et d'après les reconnaissances qui lui
ont été envoyées, pense que la position de Woronowo est belle, resserrée,
et peut se défendre par de l'infanterie, qui couvrirait facilement la cavalerie.
Si vous en jugez de même, vous êtes autorisé à prendre cette position.

» L'empereur a fait partir ce soir ses chevaux, et après-demain l'armée
arrivera sur vous pour se porter sur l'ennemi, et le chasser. Il faut trois
jours à l'armée pour arriver à votre hauteur; c'est donc encore quatre à cinq
jours que vous avez à passer; et pour peu que vous craigniez que l'ennemi
vous attaque, ou que la nature des choses vous rende impossible d'éviter les
pertes que vous avez faites depuis huit jours, vous avez la ressource de
prendre la position de Woronowo. Toutes les voitures que vous avez envoyées sont chargées de vivres; celles envoyées ce soir partiront également
demain, etc., etc. »

Dans une autre lettre datée de Moskou, le 14 octobre 1812, à dix heures
du soir, et écrite par le prince de Neufchâtel au roi de Naples, on lit le
passage suivant : « Faites bien reconnaître le débouché qui pourrait vous
conduire sur Mojaïsk, afin que si vous deviez faire une retraite devant
l'ennemi, vous connaissiez bien cette route. L'empereur suppose que vos
bagages, votre parc, et la plus grande partie de votre infanterie, pourraient
disparaître sans que l'ennemi s'en aperçût.

» Est-il vrai qu'en repassant le défilé de Woronowo, votre cavalerie
pourrait être couverte par votre infanterie, et dans une position moins fatigante que celle où elle se trouve dans un pays de plaine, ce qui l'oblige à
être toujours sur le-qui-vive ? Dans tous les cas, il est bien important de
procurer à vos troupes pour plusieurs jours de vivres. Il y a à Moskou mille
quintaux de farine et beaucoup d'eau-de-vie à votre disposition, etc. »

qu'à la page suivante, il nous dit que « le jeune Bérenger » accourt, annonçant que la première ligne de Murat a » été surprise et culbutée; sa gauche tournée à la faveur » du bois, son flanc attaqué, etc. » (page 105 [74]); enfin, tout ce qu'il avait prévu se réalise!

M. l'officier du palais aurait dû nous dire que le général russe, profitant de la confiance que nous avions dans sa parole, reprit les hostilités à l'improviste, dans l'espoir de détruire notre avant-garde; mais que la valeur du roi de Naples et des troupes sous ses ordres, déconcerta ce projet. La perte de l'ennemi fut plus grande que la nôtre; si nous perdîmes les généraux Fischer et Dery, dont M. de Ségur ne fait pas connaître les noms, les Russes perdirent les généraux Baggowouth et Muller. Beningsen, qui paraît avoir été le promoteur de cette affaire, donna par-là une nouvelle preuve qu'il entendait mieux les révolutions de palais que les opérations militaires.

Quelle singulière opinion se formeraient les étrangers, des officiers qui approchaient l'empereur, en lisant « qu'on » n'osait l'avertir que le canon grondait vers Winkovo, les » uns par incrédulité ou incertitude, d'autres par mol- » lesse, hésitant de provoquer un signal terrible, ou par » crainte d'être envoyés pour vérifier cette assertion, et » de s'exposer à une course fatigante! » (Page 105 [74].)

A cette nouvelle « Napoléon retrouve le feu de ses pre- » mières années. » (Page 106 [75].)

L'empereur, qui, suivant M. de Ségur, est caduc à quarante-trois ans, tandis que Kutusof, à quatre-vingts, a l'énergie de la jeunesse, n'avait pas attendu cette circonstance pour ordonner la retraite, et sortir de la prétendue apathie où l'auteur l'a plongé.

On trouvera, dans l'*Appendice*, plusieurs lettres écrites par l'empereur pendant son séjour à Moskou. Cette très-petite fraction du grand nombre d'ordres relatifs aux affaires militaires émanés de lui pendant cet espace de temps , pourra faire juger de son activité et de sa prévoyance. On acquerra la preuve que Napoléon n'avait pas attendu l'attaque de Winkowo pour organiser et renforcer son armée, assurer ses communications , compléter les attelages de son artillerie, augmenter ses approvisionnemens en munitions (au moyen de la poudre trouvée à Moskou, près la barrière des Allemands, et des boulets ramassés sur le champ de bataille), évacuer ses blessés et les objets inutiles, et se mettre en mesure d'agir activement sur quelque point qu'il voulût se porter. Nous passons sous silence les expéditions de courriers , qui avaient lieu chaque jour pour Paris, et qui portaient ses instructions pour toutes les parties de l'administration intérieure , de la politique, des finances, de la guerre, etc., etc.

Dans la page 105 [73], « la division Claparède est en » route pour Mojaïsk » , et à la page 106 [74], on lit: « Claparède et Latour-Maubourg ont nettoyé le défilé de » Spaskaplia. » Nous demanderons à l'auteur comment la division Claparède pouvait se trouver, le même jour, en deux endroits distans l'un de l'autre de plus de vingt lieues. Mais dans un ouvrage qui fourmille de tant d'erreurs importantes, nous ne devrions pas relever de pareilles inexactitudes.

LIVRE NEUVIÈME.

CHAPITRE I.

L'EMPEREUR, dans ce chapitre, donne lui-même les motifs de son séjour à Moskou. « Il avait dû laisser à ses » soldats le temps de se refaire, et à ses blessés, rassemblés » dans Moskou, Mojaïsk et Kolotskoï, celui de s'écouler » vers Smolensk. » (Page 111 [79].) Mais, comme s'il était impossible à l'auteur de faire dire à l'empereur deux choses sensées de suite, il s'empresse d'ajouter que Napoléon, *montrant un ciel toujours pur*, demanda à ses officiers si, « dans ce soleil brillant, ils ne reconnaissaient pas son » étoile ? » (Page 111 [79].)

Cette image de l'étoile dans le soleil sourit beaucoup à M. de Ségur; elle se retrouve souvent dans son livre. En général, il cherche à faire croire que Napoléon avait une confiance puérile dans son étoile, et se plaisait à le témoigner; ce qui est absurde. Un homme tel que lui pouvait compter sur son génie, sur ses talens, et ses profondes méditations; mais il croyait à son étoile comme César aux poulets sacrés.

Tous les chapitres qui précèdent celui-ci nous ont montré ce grand capitaine plongé dans le sommeil et l'engourdis-

sement; et cependant l'auteur nous dit : « Napoléon entré
» dans Moskou avec quatre-vingt-dix mille combattans et
» vingt mille malades et blessés, en sortait avec plus de
» cent mille combattans; il n'y laissait que douze cents
» malades. Son séjour, malgré les pertes journalières, lui
» avait donc servi à reposer son infanterie, à compléter
» ses munitions, à augmenter ses forces de dix mille hom-
» mes, et à protéger le rétablissement ou la retraite d'une
» grande partie de ses blessés, etc. » (Page 112 [79,80].)

Au milieu d'une longue description des équipages et du
train de l'armée, à son départ de Moskou, l'auteur fait
briller *la gigantesque croix du grand Yvan.*

Cette croix qui, placée au haut de la tour d'Yvan Weliki,
avait trente pieds de hauteur, était en bois recouvert de
lames très-minces d'argent doré. Lorsqu'on voulut l'enlever, les sapeurs chargés de cette opération la laissèrent
tomber; elle fut brisée en mille pièces : les lames d'argent
furent mises à part, et le bois abandonné. Une petite croix
d'or pur, d'environ dix pouces de haut, était fixée au milieu de la grande. Elle fut seule conservée, et emportée avec
le trésor de l'armée. Voilà *la gigantesque croix* de M. de
Ségur réduite à dix pouces! Une partie de ses assertions
pourrait subir une réduction pareille.

A la suite de cette croix, on voit *des paysans russes avec
leurs barbes, conduisant ou portant notre butin dont ils
font partie, etc.* En disant que ces paysans font partie de
notre butin, l'officier du palais veut-il faire croire qu'on les
menait en esclavage, et justifier par-là les infamies que les
Russes commirent sur les malheureux Français, restés dans
les hôpitaux de Moskou, et recommandés à leur humanité *? Il est faux qu'aucun paysan ait été réduit en capti-

---

Le général Guillaume de Vaudoncourt, dans ses *Mémoires pour servir à
l'Histoire de la Guerre entre la France et la Russie, en 1812,* ouvrage

vité; les uns nous suivaient pour gagner de l'argent, d'autres, pour ramasser ce qu'on abandonnait, d'autres enfin comme domestiques gagés.

L'auteur a employé quatre pages à décrire la sortie de Moskou, et il ne consacre que quelques lignes à l'habile mouvement, par lequel l'empereur trompa l'ennemi, en tournant sa position de Taruntino, et en se dirigeant sur Kalouga par Borowsk et Malo-Jaroslavetz.

supérieur à tous ceux qui ont été publiés jusqu'ici sur cette campagne, autant par le talent connu de l'auteur que par l'exactitude des faits, rapporte (page 252) « que le 23 octobre le général russe Ilowaiki entra dans Moskou; » qu'il y trouva, dans les trois hôpitaux existans, environ quatorze cents » malades ou blessés russes, et six cent cinquante malades ou blessés fran- » çais, qui étaient trop faibles pour avoir pu être transportés avec leurs » camarades. Une partie de ces derniers fut cependant jetée sur des chariots » pour être traînés à Twer; mais ils périrent tous de froid et de misère, ou » assassinés par les paysans chargés de les conduire, qui les égorgeaient » pour prendre leurs habits. Le reste fut laissé dans les hôpitaux avec les » chirurgiens français, qui étaient restés pour les soigner, mais on ne leur » donna ni vivres ni médicamens. »

Le général Guillaume de Vaudoncourt, ayant été fait prisonnier pendant la retraite, a été à même de recueillir beaucoup de pièces et de renseigne-mens du plus haut intérêt, qui font rechercher son livre par tous ceux qui veulent avoir une idée juste des événemens de cette guerre.

CHAPITRE II.

Arrivé, le 23 octobre, à Borowsk, l'empereur apprit le soir que le vice-roi avait fait occuper Malo-Jaroslavetz; « mais, dit M. de Ségur, il s'endormit sur ce succès, au lieu » de l'assurer. » (Page 116 [83].) Il semble par-là reprocher à Napoléon de ne pas s'être porté de suite à Malo-Jaroslavetz. Mais ce prince, ayant appris qu'un corps russe (Doctoroff) marchait sur sa gauche, et était à Aristowo, ne devait pas se porter sur Malo-Jaroslavetz, avant d'être bien sûr que ce n'était pas toute l'armée russe qui marchait sur Borowsk. D'ailleurs, quel motif aurait décidé l'empereur à se porter à Malo-Jaroslavetz, que, suivant M. de Ségur, la division Delzons avait trouvé *vide?* (P. 116 [83].) Cette phrase: *L'empereur s'endormit sur ce succès, au lieu de l'assurer*, ne signifie donc rien.

La critique de M. l'officier du palais vient de ce qu'il n'a pas consulté les cartes, car il dit, en parlant de Malo-Jaroslavetz: « C'était le seul point où Kutusof pouvait nous cou» per la nouvelle route de Kalouga » (page 116 [83]); cependant à Borowsk, nous courions le même danger.

L'auteur avait dit que c'était notre séjour à Vitepsk qui avait causé nos malheurs; puis, que c'était notre marche sur Moskou; ensuite, notre séjour dans cette capitale. Voici maintenant qu'au sujet *du jour sacrifié au passage de la Nara et de son marais*, il ajoute: « Quoi qu'il en soit, on » peut dater tous nos malheurs de ce séjour. » (P. 117 [83].)

· Un officier du prince Eugène vient annoncer à l'empereur que Malo-Jaroslavetz n'ayant été occupé que par deux bataillons, l'ennemi est venu l'attaquer à la pointe du jour, et a renversé cette faible troupe. Il ajoute que le vice-roi marche au soutien de la division Delzons. M. de Ségur dit ensuite que « toute l'armée de Kutusof accourait..... que » déjà même ses colonnes s'établissaient entre cette vieille » route de Kalouga, libre hier, et que nous étions maîtres » d'occuper et de parcourir, mais que désormais Kutusof » pourra défendre pied à pied. » (Page 119 [85].)

· Ce qu'avance M. le maréchal-des-logis du palais, a pour but d'appuyer le reproche qu'il a fait précédemment à Napoléon, de sa lenteur à se porter sur Malo-Jaroslavetz. Nous avons déjà fait connaître les raisons qui ont empêché l'empereur d'y marcher directement, avant que l'ennemi n'y fût. Nous ajouterons que, d'après les instructions que le vice-roi avait reçues, il devait occuper fortement Malo-Jaroslavetz, et qu'au lieu de deux bataillons seulement, c'était la division Delzons tout entière qu'il y fallait placer. Aussitôt que Napoléon apprit la nouvelle de l'attaque des Russes sur ce point, il envoya un de ses officiers * au prince Eugène, pour lui ordonner de conserver Malo-Jaroslavetz. Il lui faisait connaître qu'il marchait pour le soutenir, et lui prescrivait d'assurer cette ville par de fortes batteries à droite et à gauche. L'empereur avait donc tout prévu, et fait tout ce qui était nécessaire.

M. de Ségur raconte froidement la perte que fit le quatrième corps dans la personne de Delzons. L'intrépidité de ce général et la mort si touchante de son frère auraient pu fournir à l'historien de la grande-armée quelques expressions de regret et d'estime pour ces braves. Les généraux russes, et entre autres Koulnief, ont obtenu de lui des

---

* L'officier d'ordonnance Gourgaud.

éloges; il est pénible de voir qu'il néglige de rendre la même justice aux généraux français.

Suivant sa coutume, l'auteur, en même temps qu'il exagère nos forces, diminue celles de l'ennemi. Les trois divisions françaises et italiennes qui, sous le prince Eugène, vainquirent à Malo-Jaroslavetz, ne formaient que seize mille hommes. L'armée russe, composée de seize divisions, eut soixante-dix mille hommes engagés. Notre perte fut d'environ trois mille hommes; l'ennemi en perdit huit mille. Cette affaire fut une des plus glorieuses pour les troupes françaises et italiennes, en raison de la grande disproportion du nombre. L'auteur paraît la reprocher à l'empereur, en disant : « qu'un choc si sanglant eût pu être » épargné. » (Page 124 [88].) Cependant, s'il avait réfléchi, il aurait compris qu'en raison de la position de l'ennemi et du mauvais état des routes, il était impossible que notre marche de Moskou sur ce point fût plus rapide. L'armée ne pouvait pas s'avancer toute réunie; elle marchait échelonnée.

« Les corps d'armée étaient restés hors de portée les uns » des autres. » (Page 124 [89].) La preuve du contraire, c'est que le corps du maréchal Davoust, qui marchait en arrière de celui du vice-roi, arriva à Malo-Jaroslavetz dans la matinée du 24, et que l'empereur s'y trouva lui-même vers midi *.

Si l'auteur avait pris connaissance des marches que fit l'armée à Marengo, à Ulm, à Eckmülh, il aurait reconnu que le même homme et le même esprit avaient présidé à celles de Malo-Jaroslavetz.

---

* L'empereur partit de bonne heure de Borowsk; il déjeûnait à deux lieues de cette ville, sur la route, avec le roi de Naples, le prince de Neufchâtel et le général Lariboissière, quand on entendit des coups de canon. Il monta aussitôt à cheval, et vers midi il se trouvait avec son état-major vis-à-vis de Malo-Jaroslavetz, sur un mamelon, au-dessus de la Louja, à gauche de la route, et parfaitement placé pour observer les mouvemens de l'ennemi.

~~~~~~

CHAPITRE III.

————

M. l'officier du palais débute dans ce chapitre par une erreur qui, quoique de peu d'importance, mérite d'être relevée. Il insinue que, pendant le combat, *l'empereur était à droite de la grande route, au fond d'un ravin, sur le bord du ruisseau et du village de Gorodinia.* (Page 126 [90].) Pendant tout le combat, l'empereur se tint sur la chaussée qui conduit au pont de Malo-Jaroslavetz, d'où il voyait l'action, et était à même de donner ses ordres. C'est de là qu'il fit passer la Louja à la division Gérard, sur un second pont * qu'il avait fait construire au-dessus de celui qui existait, et qu'il lui prescrivit de se porter à droite de Malo-Jaroslavetz, et d'étendre sa droite jusqu'au bois de Terentiewa. Il envoya également la division Compans sur la gauche de Malo-Jaroslavetz. Il essaya de faire placer lui-même une batterie sur la rive gauche de la Louja, pour soutenir la droite du général Gérard d'une rive à l'autre.

Ce ne fut qu'à la nuit, qu'il retourna à la maison, que M. de Ségur trouve « vieille, délabrée, infecte, vermou- » lue, sale et obscure, et partagée en deux par une » toile. » (Page 126 [90].) Ce qu'il y a de plus exact dans l'histoire de la grande-armée, ce sont les détails sur l'intérieur des logemens occupés par l'empereur. Nous ne contredirons pas l'auteur à ce sujet, mais nous dirons que

* Ce pont fut établi au moyen de chevalets.

ce n'est qu'après l'affaire que l'empereur est entré dans la masure.

Le maréchal Bessières, que Napoléon a chargé de reconnaître la position des Russes, vient lui dire : « Elle est inat-
» taquable. O ciel ! s'écrie l'empereur en joignant les mains ;
» avez-vous bien vu ? est-il bien vrai ? m'en répondez-
» vous ? Bessières répète son assertion : il affirme que trois
» cents grenadiers suffiraient là pour arrêter une armée. »
(Page 127 [90, 91].)

Cette douleur théâtrale, ces mains jointes pour attester le ciel, contrastent d'une manière frappante avec le caractère de Napoléon. C'est sur-tout ici que l'auteur manque à la règle prescrite aux historiens comme aux poètes, de faire agir et parler leurs personnages selon leur caractère connu. L'auteur aura lu dans quelque relation, que la position de Malo-Jaroslavetz était difficile à forcer pour gagner la route de Kalouga ; et, sans considérer que, dès la veille, nous étions maîtres du pont et de la ville, ce qui en constituait la force, il fait dire au maréchal Bessières, que la position qu'ont prise les Russes au delà de cette ville est *inattaquable*, et que *trois cents grenadiers suffiraient là pour arrêter une armée.* Cette assertion prouve évidemment que l'auteur n'a pas même vu Malo-Jaroslavetz. Trois cents grenadiers ne peuvent opposer d'obstacles à une armée que dans un défilé presque inaccessible ; le véritable défilé était le pont et la ville, et nous en étions maîtres. La position des Russes était si attaquable, que le soir du combat, Kutusof se retira avec son armée à près d'une lieue de là, pour prendre position derrière le petit ruisseau de Korigea.

Qui peut donc avoir vu Napoléon, à la suite de ce prétendu rapport de Bessières, « croiser ses bras d'un air cons-
» terné, baisser la tête, et rester comme enseveli dans le
» plus profond abattement ? » Qui peut lui avoir entendu dire « que son armée est victorieuse et lui vaincu ; que sa

» route est coupée, sa manœuvre déjouée; que Kutúsof,
» un vieillard, un Scythe l'a prévenu? Que sa fortune ne
» lui a pas manqué, que c'est lui qui a manqué à sa for-
» tune? » (Page 127 [91].) Ces belles choses, comme tant
d'autres, ne sont rapportées que par M. de Ségur, et pourtant il n'est pas vraisemblable qu'il fût en tiers entre le
maréchal Bessières et l'empereur.

Maître de Malo-Jaroslavetz, rien n'empêchait Napoléon
de se porter sur Kalouga en passant sur le corps de Kutusof. D'un autre côté, s'il ne voulait pas livrer bataille, qui
l'empêchait d'amuser Kutusof devant Malo-Jaroslavetz, et
de diriger le reste de son armée par Kremskoé et Medyn
sur Kalouga? Ce mouvement fut même commencé, puisque le corps de Poniatowski, suivant M. de Ségur lui-même
(page 128 [91]), avait été envoyé à Kremskoé. On peut
donc le dire; cette *stupeur* et cette consternation où il
plonge l'empereur, « cette brûlante insomnie, cette cruelle
» nuit, durant laquelle il se couche, se relève, appelle sans
» cesse, etc. » (page 128 [91]); scènes si fidèlement re-
produites de Vitepsk, de Moskou, sont sorties du cerveau
de l'auteur, qui aime tant les conceptions de cette nature.
Il a pu entendre dire souvent que Napoléon se relevait la
nuit; il a trouvé cela fort remarquable, et rien n'était plus
ordinaire. S'il avait eu une connaissance plus approfondie
de ce qui se passait chez l'empereur, il aurait su que, lorsque l'armée se trouvait en opération, l'usage constant de ce
prince était de se lever toutes les nuits, de minuit à deux
heures du matin, heure vers laquelle arrivaient les rapports que les généraux expédiaient à la fin de la journée.
Mais M. de Ségur, dont les nuits étaient paisibles, paraît
avoir ignoré ce qui se faisait pendant son sommeil.

Vers cinq heures du matin, un officier d'ordonnance *,

---

* M. Gourgaud.

qu'il avait chargé de passer la nuit aux avant-postes, pour lui rendre compte de ce qu'on apprendrait des mouvemens de l'ennemi, venait d'arriver. Il informa l'empereur que les Russes semblaient occuper à peu près la même position que la veille; mais que, sur la droite, il avait entendu, ainsi que le général Gérard, de la cavalerie qui se portait dans cette direction, et que l'on supposait marcher sur Medyn.

Napoléon fit alors entrer successivement le roi de Naples, le maréchal Bessières et le comte de Lobau, et leur dit : « Il paraît que l'ennemi tient, et que nous aurons une bataille. Dans la situation où est l'armée, est-il avantageux de la livrer ou de l'éviter ? » Bessières et Murat ne mirent point en doute que nous ne fussions vainqueurs des milices de Kutusof; car, disaient-ils, l'armée russe a été détruite à la Moskowa. Mais une bataille désorganiserait l'armée, les chevaux de l'artillerie comme ceux de la cavalerie avaient beaucoup souffert par la mauvaise nourriture; les nouvelles pertes que nous ferions en chevaux ne pourraient pas se réparer; nos blessés seraient des hommes perdus; nous porter sur Kalouga, était une entreprise hasardeuse dans cet état de choses; ce qu'il y avait de mieux à faire, suivant eux, était de se retirer sur Smolensk. L'empereur, après avoir discuté un moment, s'approcha du comte de Lobau et lui dit : « Eh! vous, Mouton, quelle est votre opinion ? » « Sire, mon opinion est de se retirer sur le Niémen par la route la plus courte et la plus connue, par Mojaïsk, et le plus promptement possible; » ce qu'il répéta à plusieurs reprises. Napoléon parut ébranlé; mais il dit qu'il voulait aller voir le champ de bataille avant de se décider, et demanda ses chevaux.

Le récit que fait M. de Ségur du houra des cosaques sur l'empereur, est plein d'inexactitudes. Dès que ce prince eut reconnu les cosaques, qui chargeaient les cantiniers sur la route, il passa sur la gauche, en disant : *Allons , mes escadrons de service en avant.* Mais les escadrons de service n'étaient pas montés à cheval en même temps que Napoléon. Trois pelotons d'escorte seulement avaient suivi, un de chasseurs, un de lanciers et un de dragons. Ces trois pelotons se portèrent rapidement en avant, et leur présence contint les cosaques. Il est faux qu'ils se soient approchés de l'empereur au point que l'un d'eux ait enfoncé sa lance dans le poitrail du cheval de Rapp. Il n'est pas plus vrai que ce général ait pris le cheval de Napoléon par la bride. Quelques officiers d'ordonnance et de l'état-major du prince de Neufchâtel, s'avancèrent avec les trois pelotons de service, en même temps que l'empereur se retirait vers les escadrons de la garde, que l'on voyait venir de loin.

Ce fut dans la mêlée que les chasseurs de la garde et les Polonais eurent avec les cosaques, et au moment de l'arrivée des grenadiers à cheval, que M. Lecoulteux, ayant tué un cavalier russe et pris sa lance, fut blessé d'un coup de sabre au travers du corps par un grenadier à cheval de la garde, qui le prit pour un cosaque, parce qu'une redingotte verte couvrait son habit. Il est faux que les cosaques se soient *montrés audacieux jusqu'à l'insolence.* Il est faux qu'on *les ait vus se retirer à travers les intervalles de nos escadrons au pas et en chargeant tranquillement leurs armes* (page 131 [93]) ; trois faibles pelotons avaient suffi pour les culbuter. Cela est si vrai qu'ils se hâtèrent de repasser à gué la Louja, que notre cavalerie traversa après eux en les poursuivant. Les officiers d'ordonnance Athalin, Lauriston, Chabrillant, Montaigu, Tintigniers, etc., étaient présens avec nous à cette affaire. Ils peuvent certifier ce que nous avançons, ainsi que M. Lecoulteux, qui fut si grièvement blessé. M. de Ségur était probablement à Gorodinia, et il aura fait ce récit, comme tant d'autres, sur des ouï-dire.

Il termine, en disant : *Tout cela faisait réfléchir.*
(Page 131 [93].) Ce qui est bien plus propre à faire réfléchir, c'est la manière dont ce fait et tant d'autres sont présentés.

Comment l'auteur peut-il dire que l'empereur.....
« resta une demi-heure frappé d'étonnement, qu'on eût
» osé l'attaquer, et le lendemain d'une victoire, et qu'il
» eût été obligé de fuir? » (Page 131 [94].) Qu'y a-t-il
d'étonnant qu'un quartier-général soit attaqué à l'improviste
par de la cavalerie légère ? La victoire de Wagram, certes, fut une belle victoire, et le soir, l'empereur fut obligé,
par un houra de cavalerie, de se réfugier au milieu de
sa garde qu'il fit former en carré. On pourrait citer nombre
d'exemples de pareilles échauffourées.

Au sujet du champ de bataille de Malo-Jaroslavetz,
M. de Ségur nous offre encore un horrible tableau. Croit-il
donc que l'on fait la guerre sans perdre des hommes ? A sa
description d'un champ de bataille, on s'imaginerait entendre un bourgeois de Paris, qui s'y trouverait tout d'un
coup transporté.

~~~~~~

CHAPITRE IV.

——————

« Mes compagnons, vous le rappelez-vous ce champ fu-
» neste où s'arrêta la conquête du monde, où vingt ans de
» victoires vinrent échouer, et où commença le grand écrou-
» lement de notre fortune ? » (Page 133 [95].)

C'est sur ce ton élevé que commence ce chapitre. Une
observation se présente soudain à l'esprit; c'est que si les
braves vétérans de la grande-armée ont tout perdu, il est
des personnes dont la fortune a souffert peu d'atteintes, et
qui sont sur le chemin de nouveaux honneurs.

Suivant M. de Ségur, Napoléon est placé « entre ces deux
» armées, ses pas et ses regards errant du midi à l'ouest,
» sur les routes de Kalouga et de Medyn; toutes les deux
» lui sont fermées. Sur celle de Kalouga, sont Kutusof et
» son armée. » (Page 133 [95].) Mais sur celle de Medyn,
nous ne voyons pas ce qui nous arrêterait. M. le maréchal-
des-logis du palais dit bien que Platow s'y trouve avec ses cosaques; mais, quelque médiocre opinion qu'il ait de l'armée
française, il ne peut pas supposer que des cosaques puissent
lui faire obstacle. Il est vrai que, suivant lui, ils viennent
de traverser cette armée *de part en part.* (Page 133 [95].)
Les choses ne se passèrent point ainsi. Comme nous l'avons
dit dans le précédent chapitre, ils avaient passé au gué la
Louja sur notre flanc droit, et pillé plusieurs cantiniers sur
la route; mais se voyant chargés par quelques pelotons de la
garde, ils s'étaient empressés de fuir par où ils étaient venus.

L'auteur ne nous dit pas que l'empereur resta toute la journée sur le champ de bataille, avant de se décider à adopter l'avis des généraux, qui conseillaient la retraite directe sur Smolensk. Le temps qu'il passa sur la plaine de Malo-Jaroslavetz, la peine qu'il eut à s'en éloigner, donnent à penser qu'il pressentait que l'armée russe, effrayée du combat de la veille, battait en retraite. L'opinion unanime était cependant que les Russes voulaient livrer bataille ; et c'était le plus fort argument de Murat, de Davoust, etc., pour l'engager à regagner la route de Mojaïsk.

Au lieu de parler de reconnaissances que fit l'empereur, M. de Ségur le ramène à Gorodinia, où il suppose un conseil qui n'a jamais existé. Il fait parler Murat, le maréchal Davoust, Bessières, Berthier, Eugène, etc., à sa manière, et les fait délibérer sur la retraite ; tandis qu'avant de quitter la plaine de Malo-Jaroslavetz, Napoléon avait déjà prescrit ses dispositions pour la direction que devaient suivre les corps dans leur marche. Mais ces conversations fournissent à M. de Ségur l'occasion de faire dire par Bessières que, *dans la garde même*, *l'élan manquerait* (page 135 [96]); comme s'il n'était pas reconnu, même par nos ennemis, que ce corps célèbre n'a jamais failli à sa réputation, dans les circonstances les plus critiques, et que le sentiment de l'honneur, du courage et du dévouement qui l'animait, n'a fini qu'avec lui. Le maréchal Bessières connaissait trop bien ce corps, il était trop glorieux de le commander, pour avoir pu dire que *l'elan y manquerait*.

A la suite de toutes ces conversations et des querelles qu'elles amènent, l'auteur ne trouve rien de mieux que de faire perdre à l'empereur « l'usage de ses sens. » Il a soin d'ajouter que « *ceux qui le secoururent*, ont dit que le » rapport d'une autre échauffourée de cosaques à Borowsk, » quelques lieues derrière l'armée, fut le faible et dernier

» choc qui acheva de le déterminer à cette funeste réso-
» lution. » (Page 138 [98].) Ce témoignage des valets de
chambre doit singulièrement flatter les cosaques; ils doivent
être bien fiers du rôle que leur fait jouer l'auteur.

~~~~~~

CHAPITRE V.

« Ce fut lorsque le plus grand effort, celui de Malo-
» Jaroslavetz, était fait, et quand il n'y avait plus qu'à
» marcher, qu'il se retira. » (Page 143 [101].)

Voilà donc M. de Ségur d'accord avec nous pour contredire l'opinion qu'il met dans la bouche du maréchal
Bessières (page 127 [90, 91]) : « que la position des Rus-
» ses était inattaquable, et que trois cents grenadiers suf-
» firaient là pour arrêter une armée. » De pareilles contradictions se rencontrent par tout dans l'ouvrage.

Nous avions déjà dit, dans le chapitre précédent, que
l'intention de l'empereur était de livrer encore bataille à
l'armée russe. Car étant sûr de la vaincre, il pouvait se
porter sur Smolensk, par Kalouga, Medyn, ou Mojaïsk,
sans craindre d'être suivi.

Malgré les assertions de M. de Ségur, nous répéterons
encore ici que ce ne fut que d'après les instances de ses
principaux généraux, qu'il se décida à ne pas livrer bataille. L'un des motifs qui agirent le plus puissamment sur
lui, ce fut la crainte du sort qu'éprouveraient ses nouveaux
blessés, qu'il serait obligé d'abandonner.

L'empereur seul avait bien vu ; l'armée russe se retirait. Mais quand tous les généraux sont contraires à l'opinion du général en chef, le succès peut être compromis.
Napoléon cédait souvent à l'opinion des autres avec une facilité qu'il s'est reprochée. On l'a entendu dire, dans des

circonstances encore plus graves, mais inutiles à rapporter ici, qu'il aurait évité de grands revers, sur-tout dans les derniers temps de sa carrière, s'il ne s'en était rapporté qu'à lui-même.

Il y a plus que de la simplicité à supposer que « deux » échauffourées de cosaques aient dégoûté l'empereur. » (Page 143 [101].) Cela ne mérite aucune réfutation sérieuse.

« Depuis ce moment, il ne vit plus que Paris, de même » qu'en partant de Paris, il n'avait en vue que Moskou. » (Page 143 [102].)

Le désir de revoir Paris n'était pour rien dans sa détermination. En battant les Russes et occupant Moskou, il avait atteint le premier but de la guerre; le second, qui était la paix, n'ayant pu être atteint, la prudence et son devoir lui prescrivaient de se rapprocher du reste de son armée et de ses magasins, pour prendre ses quartiers d'hiver, et se mettre en mesure de recommencer la campagne au printemps suivant. Si un hiver, dont l'invasion prématurée et la rigueur ont déjoué tous les calculs, n'eût surpris nos légions, elles fussent arrivées intactes dans leurs quartiers.

En quittant Moskou, l'empereur ne pensait pas à s'établir derrière la Bérésina, parce que les corps de Macdonald, de Saint-Cyr et d'Oudinot à gauche, de Schwartzenberg, Regnier et Dombrowsky à droite, devaient contenir Wittgenstein, Essen, Titchakoff, Tormasoff, qui leur étaient opposés. Ce ne fut qu'à son arrivée à Smolensk, qu'il se décida à marcher sur la Bérésina, ayant appris que les nombreux renforts arrivés à Wittgenstein obligeaient Saint-Cyr à abandonner la Duna, et que la lenteur de Schwartzenberg avait permis à l'amiral Titchakoff de gagner plusieurs marches sur lui pour se porter vers Minsk. Si ses ordres avaient été exécutés, même malgré la lenteur de Schwartzenberg, nos magasins de Minsk, de Wilna, de Borizoff eussent été en sûreté, couverts par la division Dombrowsky, par la division Loison, par les renforts qui se trouvaient à Wilna, et par le deuxième corps. Ainsi l'armée, assurée du passage de la Bérésina à Borisoff, aurait pu prendre po— sition derrière cette rivière.

Comment un Français a-t-il pu écrire que « l'armée » française marchait les yeux baissés, comme honteuse et » humiliée » (page 143 [102]), quand un corps de cette armée, fort seulement de seize mille hommes, avait suffi pour battre l'armée russe, dont, au dire de M. de Ségur, la retraite fut comme une déroute ? C'est manquer en même temps d'exactitude et de dignité.

Quant aux critiques qu'il fait du plan de campagne de l'empereur, il est à regretter qu'il ne lui ait point communiqué alors celui dont il fait part maintenant à ses lecteurs. Napoléon, *dans son affaissement*, eût été heureux de dé— couvrir un sauveur dans son maréchal-des-logis du palais.

m̃ũm̃ũm̃ũm̃ũm̃ũm̃ũm̃ũm̃ũm̃ũm̃ũm̃ũm̃ũm̃ũm̃ũm̃ũm̃ũm̃ũm̃ũm̃ũm̃ũ

CHAPITRE VI.

LE maréchal Mortier, laissé au Kremlin avec huit mille hommes, « était regardé comme sacrifié ; les autres chefs, » ses vieux compagnons de gloire, l'avaient quitté les larmes » aux yeux, etc. » (Page 148 [105].)

L'empereur quitta le Kremlin le 19 octobre au matin, laissant l'ordre au maréchal Mortier de l'évacuer le 23. Ce prince se portant sur la route de Kalouga, contre l'armée de Kutusof, le maréchal Mortier ne se croyait pas *sacrifié* en restant dans cette citadelle. On en avait augmenté les fortifications par vingt jours de travaux, au point de la rendre susceptible d'une longue défense avec une division de la jeune garde, et Mortier n'avait à redouter que les attaques des cosaques de Wintzingerode et des paysans russes. Où M. de Ségur a-t-il vu que ces cosaques éclairaient dix mille Russes? et qu'entend-il par les quatre jours de résistance du maréchal Mortier au Kremlin, où il n'a pas eu de siége à soutenir? Ce qui prouve que la garnison de cette citadelle n'avait pas même été reconnue par l'ennemi, c'est que, quand Wintzingerode et son aide-de-camp vinrent s'y faire prendre, ils n'étaient suivis que de quelques cavaliers. D'ailleurs, le général Wintzingerode n'avait point d'infanterie russe avec lui. Comment les cosaques, avec leurs lances, auraient-ils voulu attaquer le Kremlin, dont les hautes et épaisses murailles les auraient seules empêché d'y pénétrer, lors même qu'il n'y aurait pas eu de garnison?

Les reproches que Napoléon adressa à M. de Wintzingerode, quand on le lui amena prisonnier, sont exactement rapportés. Mais à l'occasion de la distinction établie par l'empereur entre un Russe combattant pour sa patrie et un étranger qui louait ses services, M. de Ségur dit, « qu'il y » avait du calcul jusque dans sa colère. » (Page 155 [110].)

Quant aux paroles qu'il met dans la bouche de M. de Wintzingerode, «qu'Alexandre était son bienfaiteur et celui » de sa famille; que tout ce qu'il possédait il le tenait de » lui, etc. » (page 155 [110]); cette réponse était noble et juste; de pareils sentimens honorent ceux qui les professent; il est à regretter que l'auteur n'en ait pas senti la convenance.

L'empereur, qui est toujours présenté comme un homme dont les facultés sont affaiblies, comme ayant perdu tout ressort, montre cependant ici une énergie qui aurait dû imposer aux *désapprobateurs* de son quartier-général. Ces messieurs qualifient les justes reproches adressés à M. de Wintzingerode «de violence qui leur déplut, et s'empressent » autour du général prisonnier, pour le rassurer et le con» soler. » (Page 155 [110].) Quelle vraisemblance y a-t-il dans ce récit? J'en appelle à l'auteur. Que l'expression du ressentiment si juste de l'empereur lui ait déplu, il faut bien le croire, puisqu'il le dit. Mais que lui et ses amis aient témoigné leur déplaisir par une désobligeance affectée envers leur chef, c'est ce dont il est permis de douter. Cela est fort bon à dire aujourd'hui; mais on ne peut y voir la couleur locale.

CHAPITRE VII.

L'AUTEUR, qui n'a chargé sa palette que des couleurs les plus sombres pour peindre cette mémorable expédition, anticipe, dès à présent, sur les désastres causés par la rigueur du froid. Qu'il contienne son impatience, les tableaux ne lui manqueront pas ; mais qu'il ne se hâte point de dire que l'hiver avait atteint l'armée trois jours après sa sortie de Moskou. Jusqu'au 6 novembre, c'est-à-dire, pendant seize ou dix-sept jours, le temps a été beau, et le froid beaucoup moindre qu'il ne l'avait été dans quelques mois des campagnes de Prusse et de Pologne, et même en Espagne (dans les montagnes des Castilles) pendant la campagne d'hiver que l'empereur y fit en personne, en 1808.

M. de Ségur donne comme un fait positif et évident, le rapport fait par un prisonnier russe le 28 octobre, que toute l'armée ennemie marchait par Medyn sur Viazma, et il ajoute que « le premier mouvement de l'empereur le porta » à mépriser cet avis. » (Page 157 [112].)

Malgré les connaissances géographiques que l'auteur suppose à ce soldat, il était impossible qu'il pût donner un tel renseignement à l'empereur. Car, ce jour-là, Kutusof lui-même ne pensait nullement à marcher sur Viazma, ainsi que nous allons le prouver par ses marches.

Après le combat de Malo-Jaroslavetz, Kutusof battit en retraite sur la route de Kalouga, et s'arrêta, le 26, à Gonzarewo. Le mouvement que Poniatowski avait fait du côté de Kremskoé, ayant fait craindre au général russe que Napoléon ne se dirigeât par Medyn sur Kalouga, il se porta avec son armée à Polotnianoizavod, sur la route de Kalouga à Medyn. Miloradowitch, quoiqu'il eût appris que les Français avaient quitté Malo-Jaroslavetz, craignant de les trouver déjà à Medyn, se porta en arrière, à Adamskoë, entre cette ville et la position où était Kutusof. Ainsi, Kutusof était à Polotnianoizavod le 28; il y séjourna même, quand Napoléon était à Oupenskoë, vers Mojaïsk, c'est-à-dire à vingt lieues de là. Il avait fait ce mouvement, dans la pensée que Napoléon marchait sur Kalouga par Medyn. Le soldat russe, quand bien même il eût été le confident intime de Kutusof, et en supposant qu'il eût parcouru vingt lieues en un clin d'œil, n'eût donc pas pu dire, le 28, à Napoléon, que l'armée russe marchait sur Viazma. En outre, Kutusof ayant appris, le 29, que l'armée française s'était retirée sur Mojaïsk, voulut s'en rapprocher, afin de la suivre dans sa retraite, qu'il croyait dirigée sur Vitepsk, en passant par Wolokolamsk, Zoubtzow, Beloï et Souraj; et le 29, il se mit en marche sur deux colonnes, et vint coucher à Adamskoé, en arrière de Medyn. Le lendemain 30, il vint à Kremskoé; ce ne fut qu'alors qu'il connut la vraie direction de retraite de l'armée française.

Nous sommes entrés dans ce détail de marches, pour prouver matériellement à M. de Ségur combien il s'est trompé, puisqu'à l'époque où il fait parler son soldat russe, Kutusof croyait que l'armée française se dirigeait par Medyn sur Kalouga; ce qui le décida à manœuvrer pour ne pas être coupé de cette dernière ville.

Ce qu'avance ensuite l'auteur, de Davoust, qui envoie ce soldat russe, afin que sa nouvelle soit répandue, et pour se venger de ce que l'empereur n'a pas suivi son conseil (page 157 [112]), est une supposition indigne du caractère de ce maréchal. Quel est donc ce besoin de rapetisser à la fois l'empereur et les généraux français.

La figure « du temps qui n'avait point été appelé à son
» conseil, et qui parut se venger, etc. » (page 158 [112]),
est un jeu de mots digne des *Précieuses ridicules.*

On ne peut point supposer qu'il n'y eût pas de pont sur
la Kolocza (page 158 [112]) au retour de l'armée. Car tous
les convois d'artillerie et autres, qui se rendaient à Moskou, passaient par-là ; il y avait à l'abbaye de Kolotskoï un
établissement d'artillerie, et le huitième corps était sta-
tionné à Mojaïsk. Cet incident donne lieu à l'auteur de censurer le prince de Neufchâtel, auquel il ne peut du moins
refuser une longue expérience, et l'habitude des détails
d'une grande armée. M. de Ségur fait entendre qu'il « n'y
» avait point d'ordre général, point de nœud commun,
» rien qui liât tous les corps ensemble. » (Page 158 [112].)
En admettant même que ce pont n'eût pas été réparé, le
reproche devrait en être adressé au huitième corps; mais il
ne l'a point mérité : ce pont existait. Le grand parc de l'artillerie de l'armée, pour ne pas encombrer le passage du
défilé, fut dirigé sur la droite de Borodino, au moyen
d'un pont qu'on construisit à cet effet.

« Après la Kolocza, dit M. de Ségur, on marchait ab-
» sorbé, quand plusieurs de nous, levant les yeux, jetè-
» rent un cri de saisissement..... Le cri : *c'est le champ de*
» *la grande bataille !* forma un long et triste murmure. »
(Pages 159 et 160 [113].) Cela prouve évidemment que
l'auteur n'a pas examiné le champ de la bataille. Il suppose
qu'elle a eu lieu sur la rive gauche de la Kolocza, tandis
que la grande redoute, les trois autres redoutes prises par
Ney et Davoust, le village de Semenowskoï, enlevé par
Friant, enfin tout ce dont il parle se trouve sur la rive droite.

Si le raisonnement que M. l'officier du palais a fait lors
de la bataille de la Moskowa, si les conversations qu'il a
rapportées n'avaient assez démontré qu'il n'a pas vu ce
qu'il raconte, nous en trouverions une nouvelle preuve

dans la description romantique qu'il fait du champ de bataille à notre retour. Mais nous ne lui envions pas la jouis—
sance qu'il éprouve (page 159 [113]), à supposer sur sa
route « trente milliers de cadavres à demi dévorés, » qui
n'y étaient pas. Si le voyageur dont il parle le prend un jour
pour *cicerone*, il court grand risque de s'égarer.

~~~~~~

CHAPITRE VIII.

———

L'AUTEUR ne résiste pas au désir de nous répéter une histoire, qu'il n'a pas même le mérite d'avoir inventée; elle appartient tout entière à M. Labaume. C'est celle d'un soldat français, dont les deux jambes avaient été brisées dans le combat, et qui pendant cinquante jours vécut dans le corps d'un cheval. En rendant compte de la bataille, notre écrivain nous a déjà raconté une histoire semblable; la seule variante est que le premier soldat était russe, et celui-ci français. L'imagination de l'auteur ne se lasse-t-elle point à enfanter d'aussi dégoûtans tableaux!

Tous les blessés avaient été relevés le soir de la bataille, et dans les premiers jours qui suivirent. Le huitième corps avait été laissé en position à Mojaïsk, et chargé de ce soin. On peut assurer que tout ce qui se trouvait sur le champ de bataille avait été ramassé, même les boulets. Le général d'artillerie en fit recueillir plus de vingt mille, dont on fit de nouvelles munitions.

La description que M. de Ségur fait de l'hôpital de Kolotskoï, paraît être une accusation dirigée contre l'administration militaire. Des ordres multipliés avaient été donnés de Moskou, et c'était sur-tout aux soins qui devaient être prodigués aux blessés, que l'infatigable activité de l'empereur s'était appliquée. L'artillerie a constamment pourvu à toutes ses consommations, et, loin de manquer de munitions, l'armée dans sa retraite a été obligée d'en sacrifier une partie. Était-il plus difficile à l'administration de se procurer des médicamens et des effets de pansement, qu'à l'artillerie de faire venir ses munitions? L'empereur, en partant de Moskou, avait expressément ordonné que toutes les voitures sans distinction, les siennes comprises, reçussent les blessés transportables. C'est ainsi qu'en Égypte, au retour de l'expédition de Syrie, après avoir fait servir tous les chevaux à porter les blessés, on l'avait vu lui-même marcher à pied, dans les sables du désert, pour céder à un blessé le cheval qu'il montait.

L'auteur dit « qu'on vit une action atroce, commise par » les cantiniers, qui jetèrent dans des fossés des blessés pla- » cés sur leurs charrettes. Un seul survécut. » (P. 164 [116].) La chose est par trop exagérée. Il est vrai que quelques misérables cantiniers, poussés par la cupidité, se souillèrent de ce crime; mais il fut aussitôt réprimé que commis, et des menaces sévères empêchèrent cette infamie de se renouveler.

Pour effacer de l'esprit du lecteur les pénibles impressions que fait naître un tel acte de cruauté, M. l'officier du palais aurait pu citer de nombreux exemples de cette humanité active, qui caractérise en général les Français, et qui eut occasion de s'exercer dans cette malheureuse circonstance. La plupart des blessés qui, d'après les ordres de l'empereur, avaient été reçus sur ses voitures et sur celles de l'armée, furent sauvés. Parmi eux se trouvait M. de Beauveau, lieutenant de carabiniers, qui, placé sur une des voitures impériales, dut la vie à cette disposition.

Le fait relatif aux cadavres des prisonniers russes, trouvés gisant sur la route, est rapporté avec la même inexactitude. Voici ce qui se passa: l'empereur, à la tête de son état-major, marchait sur la droite de la grande route de Smolensk. Il avait remarqué les corps de deux ou trois soldats russes, étendus non loin de cette route. Il appelle l'officier d'ordonnance (*), qui marchait devant lui, et le charge d'aller voir ce que c'était. Cet officier revient lui rendre compte que c'étaient des Russes. L'empereur parut fort étonné et dit : *Comment ! des Russes devant nous !* L'officier d'ordonnance répondit : « Sire, j'ai appris que les Espagnols et les Portugais, chargés de l'escorte des prisonniers, en avaient fusillé plusieurs, qui ne voulaient pas marcher. » La physionomie de Napoléon devint sévère : « Comment! dit-il avec vivacité, on massacre les prisonniers? Berthier, qu'est-ce que cela veut dire? » Berthier répondit qu'il l'ignorait, et qu'il allait s'en informer. Une enquête fut faite ; les soldats espagnols prétendirent que la colonne de prisonniers ayant trouvé de l'eau-de-vie dans un fourgon abandonné sur la route, en avait bu outre mesure, et que plusieurs étant ivres avaient voulu désarmer des soldats de l'escorte, qui avaient tiré sur eux. Des mesures furent prescrites pour que de pareils désordres ne se renouvelassent plus.

« Napoléon garda un morne silence ; mais le lendemain, » les meurtres avaient cessé. » (Page 165 [117].) Que peut-on entendre par-là, si ce n'est que l'empereur était auteur ou complice de ces meurtres? Cet outrage gratuit fait au caractère élevé de Napoléon, ne peut qu'exciter l'indignation. Sa politique était même intéressée à ne pas tolérer ces cruautés, car les Russes étaient en position d'user de représailles, et avec bien plus d'avantage.

L'auteur prétend « qu'on se contenta de laisser ces malheureux mourir de faim » (page 165 [117]); et il ajoute, quelques lignes plus loin : « mais que pouvait-on faire? » Ce qu'on a fait. Les soldats russes prisonniers ont vécu, comme nos soldats, la plupart de chair de cheval. « On » fut cruel par nécessité. » (Page 165 [117].) On ne fut

---

* M. Gourgaud.

pas cruel, et il n'y avait pas nécessité de l'être. Trois ou quatre mille Russes désarmés, en liberté, ou prisonniers, n'ajoutaient rien à nos maux ou à notre bien-être. Ces prisonniers restèrent successivement en arrière, et furent recueillis par leurs compatriotes.

« Pendant une halte dans un champ gelé et parsemé de
» débris russes et français, Napoléon voulut se décharger
» du poids de l'insupportable responsabilité de tant de
» malheurs. Cette guerre qu'en effet il avait redoutée, il
» en dévoua l'auteur à l'horreur du monde entier.... Le
» duc de Vicence, trop impatient peut-être, s'irrita; il fit
» un geste de colère et d'incrédulité, et rompit brusque-
» ment ce pénible entretien. » (Page 166 [118].)

C'est une tâche pénible, que d'avoir à signaler sans cesse cette étrange manie de présenter sous un faux jour, des sentimens naturels à Napoléon dans la situation où il se trouvait, et qui ne pouvaient que lui faire honneur. Il faut être malheureusement organisé, pour supposer que la perversité soit poussée au point de revêtir de l'apparence de la sensibilité une imposture réfléchie. Non, la responsabilité de malheurs, encore inconnus à l'époque dont parle l'auteur, ne pèse point sur Napoléon. « Cette guerre qu'il » avait en effet redoutée » (pourquoi ne pas dire qu'il avait cherché à l'éviter?), ne peut lui être imputée. M. le duc de Vicence, toujours choisi pour principal acteur de ces scènes inconvenantes, qui n'ont existé que dans l'imagination de l'auteur, n'accepte certainement point le rôle que M. de Ségur lui fait jouer.

~~~~~~

CHAPITRE IX.

L'EMPEREUR séjourne à Viazma pour attendre le maréchal Davoust, qui exécute son mouvement trop lentement.
M. l'officier du palais fait faire des reproches à ce sujet,
par le corps du prince Eugène, à ce maréchal, qui répond que « son horreur pour le désordre l'a porté à vou-
» loir régulariser cette fuite. » (Page 169 [120].)

Le maréchal Davoust n'a pas pu se servir de cette expression ; l'armée française n'a jamais fui devant les Russes.
De Moskou, elle pouvait se porter sur Saint-Pétersbourg,
et certes l'auteur n'eût pas appelé cette marche une fuite.
L'empereur aima mieux se porter sur Smolensk, pour
passer l'hiver en Lithuanie. Cette marche, exécutée volontairement par Napoléon, ne peut donc pas être appelée
fuite. Ce n'était pas les Russes que l'on cherchait à éviter,
mais bien l'hiver au milieu de la Russie.

Le goût de M. de Ségur pour la métaphore, lui fait dire
que « dans ce marais de Czarewo-Zaïmicze, le bruit des
» tambours ennemis se mêlait à la voix de Davoust. »
(Page 170 [120].) Ce qui ne peut pas être, puisque quelques cosaques seulement suivaient ce maréchal sur cette
route, où la seule infanterie qui s'y trouva (celle du général Paschewitz) n'arriva à Gjatz que dans la nuit. Celle de
l'avant-garde du général Miloradowitch, qui marchait sur
notre flanc gauche, n'arriva également que dans la nuit, à
la hauteur de Czarewo-Zaïmicze.

L'auteur termine ce chapitre par un portrait flatteur du général russe Miloradowitch, et nous prépare à ses hauts faits d'armes. Mais dès le chapitre suivant, au combat de Viazma, ce général réfute lui-même les éloges pompeux qui lui ont été donnés par l'historien de la grande-armée.

CHAPITRE X.

« Le 3 novembre, le prince Eugène s'acheminait vers
» Viazma, où son artillerie et ses équipages le précédaient,
» quand les premières lueurs du jour lui montrèrent à la
» fois sa retraite menacée, à sa gauche par une armée,
» derrière lui son arrière-garde coupée, à sa droite la
» plaine couverte de traîneurs et de chariots épars fuyant
» sous les lances ennemies. » (Page 174 [123].)

Il est faux que le corps du vice-roi ait eu derrière lui
son arrière-garde coupée. Ce corps marchait suivi immédiatement de celui du prince d'Eckmülh, dont la division
Gérard formait l'arrière-garde. La communication entre
ces deux corps fut toujours libre. L'auteur suppose que
l'artillerie du vice-roi était à Viazma. Ce fait est encore
inexact, il n'y avait que les équipages de ce prince. Il n'aurait pas commis la faute de marcher sans son artillerie.

Le récit du combat de Viazma, si glorieux pour les troupes du maréchal Davoust et du prince Eugène, est étrangement défiguré ; on voit que M. le maréchal-des-logis du
palais ne l'a pas compris. Voici ce qui se passa.

Lorsque le prince Eugène, se dirigeant sur Viazma, suivi
du corps de Davoust, vit que l'ennemi, qui venait de sa
gauche, voulait lui couper la grande route près de cette
ville, il en fit prévenir le maréchal, et concerta avec lui
son mouvement. Le corps du prince se plaça en colonne sur
la droite de la grande route (regardant Viazma) ; une de

ses divisions resta à gauche de la route faisant face aux ennemis, qui arrivaient de ce côté. Le corps de Davoust continua de marcher sur Viazma. La division Compans faisant
tête de colonne, après avoir culbuté les troupes russes, qui
lui barraient le chemin, passa le ravin de Pruditcha; et
aussitôt tournant à gauche, elle se forma en bataille en arrière de ce ravin, couvrant la ville. La division italienne,
placée à gauche de la route, contenait l'ennemi pendant ce
mouvement. Lorsque Compans fut en ligne derrière le ravin,
ainsi que les autres divisions du premier corps, cette division italienne et les autres du vice-roi passèrent à leur tour
le ravin pour venir se former à la gauche du premier corps,
couvrant également Viazma. Établies dans cette position,
nos troupes, que l'ennemi espérait culbuter sur la ville,
repoussèrent toutes ses attaques, et lui tuèrent beaucoup
de monde.

« Eugène et Davoust entendaient un autre combat en ar-
» rière de leur droite. Ils crurent que c'était tout le reste
» de l'armée russe, qui arrivait sur Viazma, par le chemin
» d'Iucknow, dont Ney défendait le débouché.... Le bruit
» de cette bataille, en arrière de leur bataille, et menaçant
» leur retraite, les inquiéta, etc. » (Page 177 [125].)

Ceci est une nouvelle preuve que l'auteur ne se rappelle
pas même le lieu du combat. Autrement, il saurait qu'Eugène et Davoust, de la position qu'ils occupaient, voyaient
parfaitement tous les mouvemens de l'ennemi opposé au
maréchal Ney, et qu'ils n'avaient rien à craindre de ce côté.
Le corps du vice-roi s'écoula, à la nuit, par Viazma, couvert à son tour par celui du maréchal Davoust. La division
Compans ne traversa pas la ville, mais passa la Viazma en
dehors, sur le pont qui y avait été établi.

L'armée française, à cette époque, n'était pas dans un
état de désordre et de démoralisation tel que l'historien
français voudrait le faire croire; et la meilleure preuve,

c'est que les seuls corps d'Eugène et de Davoust culbutèrent
les vingt-cinq mille Russes, qui voulaient nous fermer la
route, et qui étaient commandés par ce même général
Miloradowitch, si vanté par M. de Ségur dans le chapitre
précédent.

« Kutusof se reposa indifféremment au bruit du combat. »
Le commissaire anglais « l'excite vainement, l'appelle même
» traître, rien ne peut l'émouvoir. » (Page 176 [124].)
Parmi plusieurs raisons que l'auteur donne de l'inaction de
ce *temporisateur*, ainsi qu'il l'appelle, il oublie de faire
entrer celle du souvenir de la bataille de Malo-Jaroslavetz,
où trois divisions françaises avaient repoussé son armée.

Il dit : « Les Russes avaient pénétré dans cette ville
» (Viazma), lorsque Davoust voulut y passer à son tour. »
(Page 178 [125].) Il aurait été utile d'expliquer comment
les Russes entrèrent dans Viazma, entre le corps du vice-
roi et celui du maréchal Davoust, qui se joignaient dans
leur marche, et comment ils causèrent l'échauffourée dont
il est question. Mais M. de Ségur ne se charge pas de justifier ce qu'il avance. Sous sa plume, nos pertes s'étendent
et celles des Russes ne sont point notées.

~~~~~~

CHAPITRE XI.

M. L'OFFICIER du palais, qui s'est exercé depuis long-temps à peindre par anticipation les horreurs de l'hiver, dit ici que « le 6 novembre, le ciel se déclare. » (Page 180 [127].) C'est en effet de ce jour fatal, mais seulement de ce jour, que data l'hiver prématuré, qui trompa tous les calculs, et accabla l'armée de tant de maux. Encore trois jours, et elle arrivait intacte à Smolensk, où de nombreux magasins lui eussent fourni les ressources qui lui manquaient, et permis de continuer ses opérations avec une nouvelle vigueur.

L'auteur ajoute : « Trophées, gloire, tous ces biens aux- » quels nous avions tout sacrifié devenaient à charge. » (Page 186 [131].)

Les Français, dans leur malheur, n'hésitèrent pas à sacrifier de vains trophées ; mais ils ne trouvèrent pas leur gloire à charge. Elle put paraître importune à quelques courtisans à épaulettes, qui préféraient la poussière de la galerie de Saint-Cloud à celle des camps ; jamais elle ne pesa à ceux qui l'avaient véritablement méritée.

~~~~~~

CHAPITRE XII.

L'AUTEUR a dit (page 151 [94]) que *Napoléon était obligé de fuir;* (page 166 [117]) « que c'était un spec- » tacle bien nouveau que Napoléon contraint de céder et » de fuir; » ici, Napoléon est « honteux de paraître fuir. » (Page 187 [132].)

Certes, l'empereur n'était pas insensible aux désastres de son armée. Toutefois, la honte pouvait-elle couvrir son front, quand cette armée, tout affaiblie qu'elle était, mais forte de sa présence, venait de montrer aux ennemis qu'elle savait encore se faire respecter ? M. de Ségur con- fond le sentiment de la honte avec la douleur d'une grande ame aux prises avec l'adversité.

« Il y trouva (à Dorogobouje) les moulins à bras com- mandés pour l'expédition. » (Page 187 [132].)

Pendant le séjour à Moskou, Napoléon toujours prévoyant, avait chargé l'artillerie de construire des moulins à bras. Les ouvriers de ce corps en avaient confectionné plusieurs, dont la garde se servit. Ceux dont parle M. de Ségur avaient été demandés par l'intendant-général de l'armée. Leur tardive arrivée est une preuve de l'à-propos des me- sures de cette administration.

La nouvelle de l'échauffourée de Mallet qu'une estafette apporte à l'empereur, sert de prétexte aux réflexions si- nistres de l'auteur, qui grossit et dénature tous les événe- mens pour en tirer les plus fâcheuses conséquences.

L'aveugle confiance avec laquelle Mallet avait ourdi sa conspiration, la disproportion entre la faiblesse des moyens et l'audace de l'exécution, devaient frapper l'empereur. Mais ce qui avait fait sur lui le plus d'impression, ce n'était pas seulement le peu de prévoyance et le défaut absolu de présence d'esprit et de résolution dans les chefs de la police; c'était la preuve trop évidente que les principes monarchiques, dans leur application à sa dynastie, avaient jeté des racines si peu profondes, que de grands fonctionnaires, à la nouvelle de la mort de l'empereur, oublièrent que, le souverain mort, un autre était là pour lui succéder. C'était aussi la déplorable légèreté avec laquelle, sans attendre ses ordres, on avait fait exécuter plusieurs officiers, que de fausses apparences avaient abusés, et qui, dans le fond de leur cœur, n'avaient pas cru commettre un crime. On entendit, dès les premiers momens, l'empereur exprimer ces sentimens douloureux.

Un aide-de-camp du maréchal Ney vient annoncer à Napoléon que ce maréchal était forcé d'abandonner Dorogobouje, et « qu'il se voyait obligé de reculer précipitam- » ment jusque derrière le Dniéper. » (Page 190 [134].)

Le jour même où l'empereur s'était arrêté à Mikalewska (le 6), le maréchal Ney avait fait prendre position à l'arrière-garde, au delà de l'Osma, près de Gorki. Ce ne fut que le 7, que le général russe Miloradowitch attaqua l'arrière-garde près de cette rivière, et la suivit jusqu'à Dorogobouje. Là, le maréchal Ney tint ferme, et repoussa toutes les attaques de l'ennemi, qui, voyant qu'il ne pouvait réussir à le forcer, fit porter sur sa droite la division du prince Eugène de Wurtemberg; mouvement qui décida le maréchal à abandonner Dorogobouje pour se porter sur l'Ougea. L'ennemi ne l'y suivit qu'avec des cosaques. Miloradowitch, après la vive résistance qu'il avait éprouvée à Dorogobouje, se dirigea à gauche sur la grande armée de

Kutusof. Comment donc le maréchal Ney aurait-il pu mander à l'empereur, par son aide-de-camp, qu'il se retirait *derrière le Dniéper?* Dorogobouje est situé sur la rive gauche de ce fleuve. Ainsi, pour *reculer précipitamment derrière le Dniéper*, le maréchal Ney aurait dû passer sur la rive droite, ce qu'il ne fit pas. Le corps seul du prince Eugène passa sur cette rive. Le Dniéper coupe la route de Dorogobouje à Smolensk, à Soloniéwh : le quartier-général de l'empereur fut établi, le même jour (7) près de cet endroit. Or, il est faux que, ce jour-là, le corps du maréchal Ney fût arrivé sur ce point. Ainsi que nous l'avons dit, ce maréchal se retira sur l'Ougéa. M. de Ségur, au lieu de faire des peintures et de les appuyer de réflexions qui ne tendent qu'à égarer le jugement de ses lecteurs, aurait dû nous donner des détails sur cette affaire et sur la belle résistance que Ney opposa, dans Dorogobouje, aux forces supérieures qui l'attaquaient.

« L'aide-de-camp du maréchal Ney est envoyé, dit M. de Ségur, pour informer l'empereur « du désordre dans » lequel étaient tombés les corps qui le précédaient, pour » lui dire qu'après une nuit horrible où la neige, le vent » et la famine avaient chassé des feux la plupart de ses » soldats, l'aurore lui avait amené la tempête, l'en- ». nemi, etc., etc. » (Page 190 [134].)

Si la mission de cet aide-de-camp n'avait pas d'autre but que d'instruire l'empereur des désordres de l'armée, et de lui communiquer, à ce sujet, de stériles réflexions, elle était tout au moins inutile, et M. de Ségur pouvait se dispenser de donner ici deux nouvelles pages de discours, et de nous dire « que l'aigle ne protégeait plus, qu'il tuait. » (Page 191 [135].) Napoléon ne connaissait que trop nos désastres; mais si l'officier qui lui était envoyé, se trouvait chargé d'indiquer des moyens d'y remédier, l'auteur n'aurait pas dû les omettre.

Pourquoi ne fait-il pas connaître qu'à Dorogobouje, le général commandant l'artillerie proposa à l'empereur de faire venir de Smolensk des chevaux du train frais à notre rencontre? Napoléon s'empressa d'approuver cette mesure, dont l'exécution fut très-utile. Des ordres avaient également été donnés pour faire venir au-devant de nous des vivres.

« Napoléon sentit qu'il n'y avait plus qu'à sacrifier successivement l'armée partie par partie, en commençant » par les extrémités, pour en sauver la tête. » (P. 192 [135].) « Pour Ney, il vit qu'il fallait une victime, et qu'il était » désigné; il se dévoua, etc. » (Page 193 [136].)

Jamais l'empereur n'a eu l'idée de sacrifier aucune partie de l'armée; il prouvait assez que sa sollicitude s'étendait à chacune d'elle. Le froid, d'ailleurs, tuait aussi bien à *la tête* qu'aux *extrémités*. Le prince d'Eckmühl avait commandé l'arrière-garde jusqu'à Viazma. Il fut relevé par le maréchal Ney, qui ne se considéra pas comme *victime désignée*, parce qu'il était chargé du soin de protéger la marche. Cette réflexion pourrait être considérée comme une insulte faite à la mémoire de ce maréchal. Il fallait bien que quelqu'un commandât l'arrière-garde; et, certes, personne ne convenait mieux à ce commandement que le maréchal Ney. Ces assertions tombent à faux, d'autant plus que depuis Dorogobouje, l'arrière-garde n'était suivie que par des cosaques, et non pas de l'infanterie ennemie.

« Toutefois les Russes s'avançaient à la faveur d'un bois » et de nos voitures abandonnées; de là ils fusillaient les » soldats de Ney. La moitié de ceux-ci, dont les armes » glacées gèlent les mains engourdies, se décourage; ils » lâchent prise, s'autorisant de leur faiblesse de la veille, » fuyant parce qu'ils avaient fui, etc. » (Page 193 [136].)

Ces réflexions sont d'autant plus déplacées qu'il n'y avait

plus, ainsi que nous l'avons dit, d'infanterie russe sur cette route. Si l'auteur avait été une seule fois à l'arrière-garde, il aurait vu que les cosaques fuyaient devant quelques hommes armés, et n'attaquaient que les domestiques et les hommes sans armes. Le maréchal Ney même s'amusait souvent à retarder la marche de cette cavalerie légère, en faisant placer en travers de la route un caisson auquel on mettait une longue mèche allumée. Les cosaques, voyant de la fumée sortir du caisson, n'osaient s'en approcher qu'il n'eût fait explosion; ce qui tardait assez long-temps. Où l'auteur a-t-il vu les troupes chercher des prétextes pour *fuir*? Elles pouvaient être exténuées par les fatigues et le froid; mais pusillanimes, jamais. Leur constance a autant illustré cette retraite, que leur valeur intrépide a immortalisé nos glorieuses campagnes.

La pensée, « le maréchal Ney exposait sa vie en soldat, » comme lorsqu'il n'était ni époux, ni père, ni riche, ni » puissant et considéré, enfin, comme s'il avait encore tout » à gagner, quand il avait tout à perdre » (p. 193 [136]), n'a jamais approché du cœur de ce maréchal. Dans aucune occasion, aux champs de Fleurus, comme dans ceux de la Moskowa, de pareilles considérations n'ont fait hésiter Ney à se placer toujours au milieu du danger. Dans ces ames privilégiées, *tout est à perdre*, quand l'honneur est compromis; *tout est à gagner*, quand il s'agit d'acquérir une nouvelle gloire.

M. de Ségur dit que « ses généraux et ses colonels, » parmi lesquels lui-même remarqua Fezenzac, le secon-» dèrent vigoureusement » (page 194 [136]), en l'aidant à se défendre dans une maison palissadée. Si M. de Ségur voulait citer le colonel Fezenzac, il pouvait trouver une meilleure occasion que celle d'une misérable attaque de cosaques, repoussée par quelques coups de fusil.

Au reste, dans ce chapitre, l'esprit se repose un moment,

consolé des injustices et de la désapprobation qui frappent l'armée française et ses chefs, en voyant qu'un de ses plus illustres généraux a trouvé grace devant M. l'officier du palais, et qu'il loue sans restriction son héroïsme.

CHAPITRE XIII.

Le désastre qu'éprouva l'armée d'Italie au passage du Wop, torrent *qui n'était qu'un ruisseau* à son premier passage, et qu'elle *retrouva une rivière* (page 195 [138]), est décrit avec de vives couleurs. Il est retracé avec cette surabondance de détails déchirans, qui caractérise la manière de notre écrivain; mais on y voit peu d'éloges du courage et de la constance de malheureuses troupes, qui, réduites à compter pour rien les efforts de l'ennemi, luttaient avec opiniâtreté contre les obstacles sans cesse renaissans, que leur opposaient un ciel meurtrier et une terre couverte de glace.

« Les cosaques dépouillèrent les prisonniers qu'ils firent, » les réunirent ensuite en troupeaux, puis les faisaient marcher nus sur la neige, à grands coups du bois de leurs » lances. » (Page 198 [140].)

Ces cruautés exercées sur nos malheureux prisonniers, rapprochées de celles que l'auteur rapporte, page 183 [129], où il dit, « qu'ils ne rencontrent que des cosaques et une » population armée qui les entourent, les blessent, les dé- » pouillent, et les laissent, avec des rires féroces, expirer » tout nus sur la neige, etc., » démentent l'éloge qu'il a fait ailleurs de la magnanimité des Russes. Nous sommes loin de croire que ce fut par l'ordre des généraux ou des autorités que ces atrocités furent commises; mais pourquoi les a-t-on tolérées? Comment M. de Ségur peut-il concilier de pareilles barbaries avec cette assertion, « qu'eux » seuls ont connu la vraie gloire, et que leur renommée » est restée grande et pure ? » (Page 75 [52].)

« Les généraux repoussaient inutilement nos soldats; ils » se laissaient frapper sans se plaindre, etc. » (Page 199 [140, 141].)

Les généraux donnaient l'exemple des privations à leurs soldats, et ne les *frappaient* point. Quoi qu'en dise notre historien, ils eussent rougi de s'enfermer dans les maisons et d'en défendre l'accès, quand les troupes bivouaquaient sur la neige. S'il existait des égoïstes insensibles à ce point aux maux de leurs camarades, ce ne pouvait être parmi ceux qui avaient des commandemens dans l'armée.

« Il y eut un instant où cette malheureuse armée ne fut » plus qu'une foule informe, une vile cohue qui tourbil- » lonnait sur elle-même. » (Page 200 [141].)

Jamais l'armée du prince Eugène n'a été dans l'état de désorganisation dont parle l'auteur. Elle prouva bientôt à Krasnoi qu'elle n'était pas *une vile cohue !!!.... ni une foule informe !!!....* La division Broussier, qui formait l'arrière- garde, avait encore avec elle ses deux batteries d'artillerie organisées.

« Le prince Eugène réussit cependant à sauver son ar- » rière-garde. C'était en revenant avec elle sur Smolensk, » que ses traîneurs avaient été culbutés sur les soldats de » Ney. ». (Page 201 [142].)

Lorsque la tête du quatrième corps atteignait Smolensk, le prince Eugène laissa en position la division Broussier avec la cavalerie bavaroise, pour arrêter les cosaques. Cette division ne courut aucun danger; les cosaques se gardèrent bien de l'attaquer sérieusement. Quant à ce que dit notre écrivain, des traîneurs *qui furent culbutés sur les sol- dats de Ney,* ce fait est impossible. La route de Donkhowt- china à Smolensk, que suivait le prince Eugène, débouchait à Smolensk, en arrière de la position qu'occupait le maréchal Ney sur la route de Dorogobouje. Ainsi, les traîneurs d'Eugène ne pouvaient pas tomber sur les soldats du maréchal Ney, qui les couvraient dans cette direction.

« Le colonel du quatrième régiment, le jeune Fezenzac,
» sut ranimer ces hommes à demi perclus de froid. »
(Page 201 [142].)

Cet officier n'eut probablement pas besoin d'employer beaucoup d'éloquence, pour décider les soldats du brave quatrième à marcher contre les cosaques; car, comme nous sommes forcés de le répéter, cette route ne fut suivie que par de la cavalerie légère ennemie. La circonstance n'était pas d'une solennité telle que l'on eût à y remarquer la « supériorité des sentimens de l'ame sur les sensations du » corps. » (Page 202 [142].) Cette supériorité de sentimens est, au reste, le partage de tous ceux qui pensent et agissent noblement, sans distinction de rang. C'est sans doute par mégarde que ce lieu commun de morale a trouvé place ici.

CHAPITRE XIV.

M. LE maréchal-des-logis, après avoir fait un tableau dé-chirant du désordre qui régnait parmi des soldats sans ar-mes, que le gouverneur de Smolensk ne veut pas recevoir dans cette ville avant l'entrée des corps organisés, dit qu'à l'arrivée de la garde « ils la maudirent. Seraient-ils donc » sans cesse sacrifiés à cette classe privilégiée, à cette vaine » parure qu'on ne voyait plus la première qu'aux revues, » aux fêtes, et sur-tout aux distributions? » (P. 204 [145].)

S'il était encore besoin de prouver que M. l'officier du palais n'a rien compris aux armées, à côté desquelles il a quelquefois marché, que pourrait-on désirer de mieux que l'opinion qu'il prête aux traîneurs sur la garde impériale ? Quoi! cette garde fameuse, qui souvent, à elle seule, com-posait une armée; dont la seule présence, dans les plus grandes batailles, assurait la victoire; dont l'effort, quand il fut nécessaire, ne la laissa jamais douteuse jusqu'à la dernière catastrophe, où elle aima mieux mourir que de se rendre, était, suivant lui, *une vaine parure !* un ho-chet que Napoléon promenait d'un bout de l'Europe à l'au-tre! Notre historien aurait bien dû faire connaître à quelles revues, à quelles *fêtes* elle prit part depuis la sortie de Moskou. *Cette classe, privilégiée* seulement par son cou-rage et sa discipline, était le cœur, la vie même de l'ar-mée. Quoi de plus naturel que de tout faire pour la con-server ?

Dans la description que fait l'auteur, du désordre de nos troupes à Smolensk, on n'aperçoit qu'une critique de l'administration. «Napoléon comptait sur quinze jours de vivres » et de fourrages pour une armée de cent mille hommes; » il ne s'en trouvait pas la moitié en farine, riz et eau-de- » vie : la viande manquait. » (Page 208 [147].).

L'empereur devait compter sur de grandes ressources à Smolensk, puisque, dès son départ de cette ville pour Moskou (le 24 août), il avait donné tous les ordres nécessaires pour qu'elles fussent assurées. Il témoigna un vif mécontentement de leur non-exécution. « Le munitionnaire n'obtint » la vie, suivant M. de Ségur, qu'en se traînant long-temps » sur ses genoux. Peut-être les raisons qu'il donna, firent- » elles plus pour lui que ses supplications. » (P. 208 [147].)

Notre écrivain veut parler d'un chef du service des *vivres-viandes*, qui, d'après ses états de comptabilité, était censé avoir envoyé à notre rencontre près d'un millier de bœufs, tandis qu'en réalité, il n'avait rien envoyé. Le rapport fait à l'empereur à ce sujet, apprit que cet homme avait vendu ces bestiaux à des juifs, qui les avaient conduits aux Russes, et Napoléon ordonna qu'il fût traduit devant une commission militaire. Certes, ce ne furent ni *ses raisons* ni *ses supplications*, qui le sauvèrent. L'auteur n'alléguerait pas tant de raisons pour excuser ce fournisseur infidèle, s'il avait connu ces détails.

Depuis près de trois mois que l'empereur avait quitté Smolensk, il avait été bien facile d'y réunir des vivres, tirés tant des immenses magasins préparés en arrière, que des ressources que fournissait le pays. La Lithuanie n'avait point été ravagée; elle était bien disposée pour nous, et aucun corps ennemi n'y était resté. A son départ de Moskou, Napoléon avait donc tout lieu de compter qu'il trouverait des approvisionnemens considérables à Smolensk : MM. Daru et Mathieu Dumas avaient la même opinion.

« Au reste, il s'emportait par besoin; il ne s'était point
» fait illusion sur ce dénuement. » (Page 210 [149].)

L'empereur, en voyant son armée manquer de vivres,
par la non-exécution de ses ordres, dut exprimer avec
amertume son mécontentement. Il ne *s'emporta pas par
besoin;* il oublia de punir.

« Le génie de Napoléon, en voulant s'élever au-dessus du
» temps, du climat et des distances, s'était comme perdu
» dans l'espace. » (Page 210 [149].)

Comment concilier cette opinion avec celle que l'on
trouve page 12 [10] du Ier volume : « Admettant même
» que la rapidité de son expédition ait été téméraire, le
» succès l'aurait vraisemblablement couronnée, si l'affaiblis-
» sement précoce de sa santé eût laissé aux forces physi-
» ques de ce grand homme toute la vigueur qu'avait con-
» servée son esprit; » avec celle qu'on lit page 77 [58] :
« Cette entreprise était indispensable à l'achèvement d'un
» grand dessein presque accompli; son but n'était point hors
» de portée, les moyens pour l'atteindre étaient suffisans.... »

Il avait tout mis « au hasard d'un premier mouvement
» d'Alexandre. » (Page 210 [149].) Nous avons déjà repoussé cette accusation de légèreté et d'inconséquence, dont
l'auteur poursuit la mémoire de Napoléon. Il avait marché
sur Smolensk et Moskou, pour battre l'armée russe, et forcer Alexandre à la paix.

« C'était, ajoute l'auteur, toujours le même homme de
» l'Égypte, de Marengo, d'Ulm, d'Esslingen. » (Page 211
[149].) Combien de fois n'a-t-il pas cherché à prouver,
dans le cours de son livre, par des raisonnemens ou par
des faits dénaturés, et souvent faux, que Napoléon n'était
plus que « l'ombre de lui-même; que l'âge (quarante-trois
» ans) l'avait appesanti, etc., etc. ? » Enfin, n'a-t-il pas
dit (page 125 [89]) : « Qu'étaient devenus ces mouvemens
» rapides et décisifs de Marengo, d'Ulm et d'Eckmülh?

« C'était Fernand Cortez : c'était le Macédonien brûlant
» ses vaisseaux, et sur-tout voulant, malgré ses soldats,
» s'enfoncer encore dans l'Asie inconnue. » (P. 211 [149].)

Cette comparaison est difficile à expliquer. Indépendamment de la résolution qu'une telle détermination suppose
dans un homme qui en est privé, « qui n'a plus cette déci-
» sion vive, mobile, rapide comme les circonstances »
(page 94 [66]), quelle similitude y a-t-il entre la situation de Napoléon et celle du conquérant de l'Asie ? Si, après
le passage du Niémen, il eût rompu sa ligne de communication, et abandonné ses derrières, pour montrer à son
armée qu'elle devait se suffire à elle-même, le rapprochement aurait quelque fondement. Qu'est-ce d'ailleurs que
le *Macédonien brûlant ses vaisseaux* ? Jamais Alexandre
n'a brûlé ses vaisseaux. Lorsque, après la conquête de presque toute l'Asie-Mineure, il quitta les bords de la mer, et
partit de Milet pour continuer son expédition, sa flotte lui
devenant inutile, il la renvoya, et l'employa à soumettre le
Pont et les contrées voisines. Mais comment s'étonner que
M. de Ségur ignore l'histoire d'Alexandre, quand il connaît si mal celle des campagnes de Napoléon ? Où a-t-il vu
qu'en Égypte, comme à Marengo, comme à Ulm, comme
à Esslingen, ce grand capitaine a tout donné au hasard ?
Avant de parler de si belles combinaisons militaires, le
maréchal-des-logis du palais aurait dû se donner la peine
d'en lire les relations et de les étudier.

L'*Histoire de la grande-armée* n'est que l'amplification
d'un rhéteur, dont l'imagination vague et mélancolique se
complaît à tracer des tableaux où les couleurs sont presque
toujours fausses. Les faits ne sont jamais abordés franchement ; les réflexions sont alambiquées ou contradictoires.
Enfin, ce qui manque le plus dans l'*Histoire de la grande-
armée*, c'est la vérité historique.

oo

LIVRE DIXIÈME.

CHAPITRE I.

« Au même jour, à la même heure, toute la Russie
» avait repris l'offensive. Le plan général des Russes s'é-
tait tout à coup développé, etc. » (Page 215 [153].)

Ce plan général des Russes, qui se développe tout à
coup, au même jour, à la même heure, est bon à supposer
aujourd'hui après l'événement; mais alors Kutusof n'était
occupé qu'à se défendre et à se réorganiser.

Le 18 octobre, « à l'instant même où le canon de Kutu-
» sof avait détruit les illusions de gloire et de paix de Na-
» poléon, Wittgenstein, à cent lieues derrière sa gauche,
» s'était précipité sur Polotsk, Titchakoff derrière sa
» droite..... et tous deux, l'un descendant du nord, l'autre
» s'élevant du sud, s'étaient efforcés de se rejoindre vers
» Borisoff. C'était le passage le plus difficile de notre re-
» traite, et déjà ces deux armées ennemies y touchaient,
» quand douze marches, l'hiver, la famine et la grande ar-
» mée russe en séparaient Napoléon. » (P. 215 et 216 [153].)

A en croire l'auteur, l'empereur eût appris, par l'attaque de Kutusof à Winkowo, que toute espérance de paix
était détruite; et cependant les ordres donnés par ce

prince * les 5, 6, 10, 13, 14 et 15 octobre, font voir qu'il avait déjà pris des mesures pour évacuer Moskou et se porter sur Smolensk.

L'assertion de M. de Ségur, relative à Wittgenstein et à Titchakoff, est aussi erronée. Titchakoff était, le 18 octobre, à Brezecz-Litdwski sur le Bug. Le même jour, Wittgenstein attaquait Polotsk. De Polotsk à Borizoff, il y a cinq journées de marche, et de Brezecz à ce même point de Borizoff, il y a au moins douze marches. Ainsi, ces deux généraux que M. de Ségur représente comme se donnant la main, sont éloignés l'un de l'autre de dix-sept journées. En écrivant ce passage, il faut que le maréchal-des-logis du palais n'ait consulté aucune carte. Comment suppose-t-il que Kutusof, qui était placé sur la route de Kalouga, séparait l'armée française de Borisoff? Il y a plus; ce même jour, 18 octobre, où Titchakoff et Wittgenstein sont supposés *se touchant*, Titchakoff se faisait battre par Regnier, en voulant marcher sur Varsovie. Ce ne fut que le 20 octobre, qu'il revint à sa position de Brezecz. Le 28 seulement, après avoir laissé vingt-huit mille hommes aux ordres de Sacken, qu'il charge de surveiller Schwartzenberg, et de masquer le mou-

---

* Le 5 octobre Napoléon écrit au major-général au sujet de l'évacuation des blessés qui se trouvent à Mojaïsk, à l'abbaye de Kolotskoï et à Gjatz.

Le 6 octobre Napoléon écrit au major-général pour que Junot évacue tous les blessés sur Viazma, et Baraguay-d'Hilliers de Viazma sur Smolensk, prescrivant que de là à huit jours il ne reste pas un blessé à Rouza, à l'abbaye, à Mojaïsk et à Gjatz.

Le 6 octobre Napoléon écrit au major-général pour qu'aucune troupe ne dépasse ni Gjatz ni Mojaïsk.

Le 10 octobre Napoléon écrit au major-général de donner l'ordre d'arrêter les détachemens d'infanterie, cavalerie, artillerie, à Smolensk.

Le 13 octobre, lettre du major-général au roi de Naples, pour lui annoncer que l'armée va se mettre en marche de Moskou pour se joindre à lui, et chasser Kutusof.

Le 15 octobre l'empereur donne ordre aux premier, troisième et quatrième corps de la garde de se tenir prêts à marcher.

vement qu'il fait sur Minsk, il se met en marche sur cette
ville, où sa tête de colonne arrive le 16 novembre. Le prince
de Schwartzenberg venait d'être renforcé par la division
Durutte, ce qui portait à environ cinquante mille hommes
les forces sous ses ordres. Titchakoff partit de Minsk, le 19,
pour se porter sur Borisoff, dont il s'empara le 21; et le 23,
il fit passer cette rivière à la division Lambert, pour avoir
des nouvelles de Wittgenstein. Cette division rencontra le
corps d'Oudinot, qui la culbuta, et la força de se replier
sur la rive droite de la Bérésina. Ainsi, plus d'un mois après
l'époque où M. de Ségur supposait les corps de Wittgenstein et de Titchakoff *se touchant*, ils n'étaient pas encore
réunis.

Le maréchal Saint-Cyr occupait, depuis le 18 août, un
camp retranché en avant de Polotsk. « Ce camp montrait
» avec quelle facilité l'armée eût pu hiverner sur les fron-
» tières lithuaniennes. » (Page 216 [153, 154].) L'auteur
fait l'éloge de la bonne construction des baraques de nos
soldats ; « c'étaient de beaux villages militaires, bien re-
» tranchés, à l'abri de l'hiver comme de l'ennemi. »

Immédiatement après, il dit que, depuis deux mois,
les Français perdaient beaucoup de monde en allant chercher des vivres; « qu'ils étaient sans cesse trahis par les
» paysans et même par leurs guides. » Puis, il ajoute :
« Ces échecs, la faim et les maladies avaient diminué de
» moitié les forces de Saint-Cyr. Les Bavarois étaient ré-
» duits de vingt-deux mille hommes à quatre mille, etc. »

Que devient donc cette facilité d'*hiverner*, si déjà nous
avions éprouvé tant de pertes? Et, comme si la contradiction n'était pas assez forte, il ajoute, une page plus loin : «Ces
» ouvrages n'étaient ébauchés qu'autant qu'il le fallait, non
» pour couvrir leurs défenseurs, mais pour leur marquer la
» place sur laquelle ils devaient s'opiniâtrer. » (P. 218 [155].)
Que signifient alors *ces beaux villages militaires bien re-*

tranchés? Il paraîtrait que leurs fortifications se réduisaient à de simples piquets pour marquer l'emplacement où les corps devaient *s'opiniâtrer*. Cette facilité d'hiverner n'était pas donc aussi grande que le suppose l'auteur.

CHAPITRE II.

COMMENT concilier ces passages : « Wittgenstein re-
» poussé, Steinheil battu, dix mille Russes et six généraux
» hors de combat..... » avec « l'orgueil et la joie dans le
» camp ennemi, » tandis que dans le nôtre « se trouvent la
» tristesse et le dénuement. » (Page 225 [160].) La tristesse
de quoi ? Est-ce d'avoir battu les Russes, ou bien la tristesse
d'abandonner un pays où *la faim* et *la maladie* régnaient
(page 216 [154]), pour entrer dans un pays abondant en
toutes sortes de vivres et de fourrages ? L'auteur a-t-il donc
oublié que, lors de l'arrivée du deuxième corps à la Bérésina, les régimens avaient des vivres en abondance et des
troupeaux à leur suite ?

M. de Ségur fait une singulière description de la retraite
du maréchal Saint-Cyr ; il prétend qu'elle « se fit par toutes
» les routes qui conduisent à Smoliany. » (Page 225 [160].)
Le motif de cette marche rétrograde était, suivant lui, de
*trouver plus de vivres, de marcher plus librement,
avec plus d'ensemble.* La raison de trouver des vivres est
assez bonne, si l'ennemi ne suivait pas ; mais celle de se
diviser pour *marcher ensemble* (page 226 [160]), nous
paraît difficile à comprendre. Le maréchal Saint-Cyr, se
retirant sur le corps du maréchal Victor, fort d'environ
trente mille hommes qui, partant de Smolensk, marchaient sur sa droite, et n'étant pas poussé vivement par
les Russes qu'il venait de battre, n'avait rien qui pût gêner

sa marche. Aussi ne reçut-il d'échec qu'à une colonne de sa gauche.

L'auteur nous représente l'empereur à Mikalewska, n'apprenant que des désastres. « Sa figure reste la même; il ne » change rien à ses habitudes, rien à la forme de ses ordres. » A les lire, on croirait qu'il commande encore à plusieurs » armées. » (Page 229 [163].)

Les corps d'armée étaient encore dans leur état d'organisation, composés de divisions, de brigades et de régimens. Les pertes que l'on avait éprouvées pendant la route, les avaient certainement beaucoup diminués; mais ce n'était nullement une raison pour ne pas leur donner des ordres dans la forme ordinaire, puisque leur organisation était toujours la même. Bien plus, lors du passage de la Bérésina, l'empereur ne changea rien à la dénomination de ses corps d'armée, et il fit bien sous tous les rapports. Car l'ennemi voyant par les ordres du jour qu'il avait interceptés, par les prisonniers qu'il faisait, par tous les moyens qu'il avait d'être instruit, que l'armée avait le même nombre de corps et la même organisation qu'à son entrée en campagne, n'a jamais pu croire aux pertes nombreuses que nous avions essuyées, et il nous a toujours considérés comme plus forts que nous n'étions en réalité. Si, au contraire, on eût réuni plusieurs corps pour n'en former qu'un ou deux, on eût par-là révélé à l'ennemi notre faiblesse, en même temps que cela n'eût servi qu'à mettre de la confusion dans tout.

« Quant à Baraguay-d'Hilliers, qu'un officier vient d'accuser, il le fait comparaître; et ce général, dépouillé de » ses distinctions, part pour Berlin, où il préviendra son » jugement, en mourant de désespoir. » (Page 230 [163].)

Le général Baraguay-d'Hilliers avait été chargé du commandement d'une division, qui se formait à Smolensk; il avait cantonné ses troupes sur la route de Smolensk à Elnia. L'approche de l'armée russe dans cette direction au-

rait dû le porter à réunir sa division, ce qu'il ne fit pas. Le
9 novembre, une de ses brigades fut attaquée par trois chefs
de partisans russes ; et, quoique forte de seize cents hommes, dont cinq cents de cavalerie, elle capitula et mit bas
les armes. Le reste de la division se replia en toute hâte sur
Smolensk. D'autres dépôts français, dont le plus considérable était placé à Klemenstiewo, furent enlevés. La plupart des chevaux du train, qui se trouvaient cantonnés
dans les environs, à une assez grande distance, furent également enlevés par les cosaques. L'empereur témoigna son
mécontentement au général Baraguay-d'Hilliers, de ce que,
sachant la marche de l'ennemi, il avait ainsi éparpillé toutes ses forces. Il lui ôta son commandement, et l'envoya à
Berlin. Il est faux que ce général ait *été dépouillé de ses
distinctions* ; il devait être jugé. Pour un général aussi
sensible à l'honneur et aussi bon Français que le général
Baraguay-d'Hilliers, le malheur d'avoir mérité d'être mis
en jugement peut avoir eu une influence funeste sur sa santé
déjà très-délabrée *.

Indépendamment des pertes irréparables en hommes et
en chevaux, que cette imprévoyance du général Baraguay-
d'Hilliers venait de nous causer, l'empereur fut vivement
blessé d'apprendre qu'un corps français de onze cents hommes d'infanterie et de cinq cents de cavalerie eût mis bas
les armes devant des corps de partisans. Le maréchal Ney,

---

* Dans une lettre du prince de Neufchâtel au général Charpentier, gouverneur de Smolensk, datée de Viazma le 1er novembre 1812, dans laquelle
il lui rend compte des mouvemens de l'armée, le charge d'en prévenir les
gouverneurs de Mohiloff et de Minsk, lui prescrit de nouvelles mesures relatives aux approvisionnemens, et lui demande également l'état de
tous les magasins, subsistances et munitions qui sont à Smolensk ; on lit :
« Faites connaître au général Baraguay-d'Hilliers le mouvement de l'armée, etc. *Je vous ai déjà fait connaître que ce général ne devait pas se
compromettre : renouvelez-lui de ma part cette disposition.*
(Voyez l'Appendice.)

quelques jours auparavant, pour montrer à ses soldats combien ces troupes de cosaques étaient peu redoutables, avait donné ordre à un capitaine de grenadiers de choisir cinquante hommes, d'aller mettre le feu à un village situé à une demi-lieue de la route, puis de se retirer sur un second village qu'il lui montra de la main; en lui prescrivant de le rejoindre après cette expédition. « Vous serez, lui dit- » il, entouré par cinq à six cents cosaques ou plus; mais » tenez bon; aucun de vous n'a rien à en craindre. » Le capitaine part, exécute son ordre de point en point. Il se voit entouré et harcelé par mille à douze cents cosaques. En vain, le commandant russe fait mettre pied à terre à la moitié de ses hommes; il ne peut entamer cette poignée de braves. Le maréchal Ney envoie alors un demi-bataillon au secours de ces cinquante grenadiers, qui, avec leur officier, rejoignent intacts la colonne.

Les réflexions que M. de Ségur, qui nous reporte sans cesse vers le passé pour accuser le présent, fait faire aux soldats sur les trente-quatre jours de repos à Moskou, et sur le peu de soin pris pour pourvoir aux différens besoins, ne montrent-elles pas le désir de censurer l'empereur? Pendant son séjour à Moskou, il prodigua ses soins à son armée. Lors du départ, sa sollicitude se porta d'abord sur les blessés : toutes les voitures, même les siennes, durent en recevoir. Les ordres donnés aux divers commandans des corps, leur prescrivaient d'emporter pour vingt jours de vivres, ce qui paraissait suffisant pour atteindre Smolensk avant les froids. Des troupes et des dépôts de vivres devaient se trouver à Viazma et à Dorogobouje. C'est donc à tort que l'auteur accuse Napoléon d'imprévoyance. Tous nos malheurs n'ont été causés que par le froid, et parce que les ordres de l'empereur n'ont pas été exécutés. (Voyez les lettres de l'empereur, à l'*Appendice*.)

M. de Ségur termine ces longues réflexions, en disant

que de Moskou « il eût toujours fallu revenir, et que rien
» n'avait été préparé, même pour un retour pacifique. »
(Page 232 [165].) Eh quoi! si la paix avait été faite, nous
n'aurions pas pu nous procurer des vivres, nous retirer sur
notre ligne de démarcation! nous eussions manqué de ressources! mais les Russes eux-mêmes n'eussent-ils donc pas
été intéressés à nous en procurer?

L'empereur espérait trouver dans Smolensk des troupes
fraîches, des chevaux et des magasins considérables. Quoique ses espérances ne se soient pas entièrement réalisées,
Smolensk nous offrit quelques ressources. On donna de la
farine aux corps, on distribüa généralement tout ce qui se
trouva dans les magasins. L'empereur avait eu primitive-
ment la pensée de conserver cette ville, et de prendre position vers la Duna et le Borysthène. Ayant appris que l'amiral
Titchakoff se portait sur Minsk, et que les ordres réitérés
qu'il avait envoyés à Victor, de rejeter Wittgenstein au
delà de la Duna, n'avaient pas été exécutés, il se décida à
se porter derrière la Bérésina. L'auteur paraît reprocher à
Napoléon d'être resté cinq jours à Smolensk; et cependant
ces cinq jours avaient été employés aussi utilement que possible pour l'armée. La longue marche qu'elle venait de faire
depuis Moskou, sans s'arrêter, avait occasionné un grand
nombre de traîneurs. On espérait que quelques jours de
repos en rallieraient la plus grande partie. D'ailleurs les
corps n'étaient pas tous arrivés à Smolensk en même temps
que l'empereur, et il dut attendre les derniers avant de se
mettre en marche.

On conçoit que M. de Ségur, qui n'avait aucune connaissance des dispositions que faisait l'empereur, ait imaginé
qu'il perdait son temps à plaisir. On conçoit aussi que parmi
les sages dont il nous a parlé plusieurs fois, et du nombre
desquels il était sans doute, il y en ait eu quelques-uns qui
auraient voulu se retirer en toute hâte sur Wilna, et même

au delà du Niémen ou de la Vistule, quoi qu'il pût en arriver au reste de l'armée. Le maréchal-des-logis du palais est ici, comme ailleurs, l'organe des mécontens, dont il a enregistré les bavardages.

« On savait que Ney avait reçu l'ordre d'arriver à Smolensk le plus tard possible, et Eugène celui de rester deux » jours à Doukhowtchina. » (Page 232 [165].) La lettre de Napoléon au major-général, que nous rapportons, dément ce qui est relatif à Ney *. Quant à Eugène, il passa le Wop le 9, il arriva le 10 à Doukhowtchina; il y séjourna, le 11, pour remettre l'ordre et donner un peu de repos à ses troupes; ce ne fut que le 13 qu'il atteignit Smolensk.

Entre autres réflexions que l'auteur prête aux soldats français, on trouve celle-ci : « L'empereur a-t-il ignoré » la joie des Russes, quand, trois mois plus tôt, il se heurta » si rudement contre Smolensk, au lieu de marcher à droite » vers Elnia, où il eût coupé l'armée ennemie de sa ca- » pitale ?.... Aujourd'hui.... ces Russes imiteront-ils sa faute » dont ils ont profité? » (Page 233 [165, 166].)

Qui pourrait croire que c'est un écrivain portant le titre de général, qui fait une pareille réflexion! Quoi! l'empereur aurait dû ne pas prendre Smolensk et laisser cette place au pouvoir de l'ennemi, sur ses derrières, pour marcher sur Moskou! La paix ne pouvait avoir lieu qu'après avoir battu l'armée russe et s'être emparé de la capitale. Tout le plan de l'empereur reposait sur cette base. Smolensk est,

Semlewo, le 5 novembre 1812.

Napoléon au major-général.

Mon cousin, écrivez au duc d'Elchingen qu'aussitôt qu'il aura pris le commandement de l'arrière-garde, il fasse filer l'armée le plus vite possible; car on use ainsi le reste du beau temps sans marcher. Le prince d'Eckmülh retient le vice-roi, et le prince Poniatowsky pour chaque charge de cosaques qu'il aperçoit. Sur ce, etc., etc.

avec raison, considéré comme la clef de Moskou, puisque celui qui est maître de Smolensk, peut se porter sur Moskou sans danger, en y appuyant sa ligne d'opérations. Si ce que dit l'auteur était vrai, pourquoi les Russes, dans toutes leurs relations, parlent-ils de la terreur et de l'abattement que la prise de ce point important par les Français, causa dans toute la Russie *? Dans notre retraite, les circonstances étaient tout-à-fait différentes. L'empereur, marchant sur Moskou, devait occuper Smolensk; se retirant sur la Bérésina, il ne pouvait conserver cette place. Kutusof ne devait point perdre son temps à l'attaquer; mais il devait chercher à se réunir, le plus vite possible, à l'armée de Titchakoff pour nous couper la retraite. Il était dans son pays, lui, il n'avait rien à craindre pour ses derrières.

« Augereau et sa brigade, enlevés sur cette route, ne » l'éclairent-ils point? » (Page 233 [166].) Le général Augereau et sa brigade furent pris, non par Kutusof, mais par les partisans russes Denisof, Dawidof et Seslavin, qui se réunirent pour cette expédition.

L'auteur suppose que l'empereur est resté dans Smolensk, pour le plaisir « de dater cinq jours de cette ville, » et de donner à une déroute l'apparence d'une lente et » glorieuse retraite. » (Page 234 [166].) Ici l'humeur de ceux qui voulaient se mettre à l'abri du danger, et échapper aux privations le plus vite possible et à tout prix, est encore évidente. Nous sommes obligés de le répéter, l'empereur n'est resté dans Smolensk que le temps nécessaire pour rallier les hommes isolés, évacuer ses blessés et ses

---

* « La perte de Smolensk avait répandu la consternation dans l'intérieur » de l'empire. Si Napoléon eût pu pousser un corps jusqu'à Moskou, avant » que l'armée russe fût en mesure de lui livrer une bataille générale, la cons- » ternation eût été à son comble, et la nation découragée eût peut-être re- » gretté les sacrifices qu'elle avait faits à son indépendance. » (*Boutourlin*, *tome I, page 304.*)

malades *, profiter des ressources de cette ville, et empêcher que sa retraite ne se tournât en déroute, ce qui aurait eu lieu, s'il eût marché constamment et sans s'arrêter.
Une preuve que ces cinq jours ne furent pas perdus pour
l'armée, c'est que, en sortant de Smolensk, elle a montré
de nouveau dans les combats de Krasnoi, qu'elle n'était
point dégénérée, et que, depuis ces combats, Kutusof n'osa
plus essayer de lui couper la retraite, ni même la suivre
de trop près.

L'auteur prête ces réflexions, sur le séjour à Smolensk,
à des officiers de Napoléon. Il ajoute qu'elles étaient « se-
» crètes, car leur dévouement devait se soutenir tout en-
» tier deux ans encore. » (Page 235 [167].) Cet aveu est
assez naïf. Quoi! le dévouement des officiers de l'empereur
ne devait durer qu'autant qu'il aurait des dotations, des
honneurs, de l'or à leur prodiguer!!! Malgré les louanges
données à MM. tels et tels, nous doutons qu'ils soient flattés
de l'opinion que M. de Ségur a de leur attachement.

A la suite de quelques éloges du général Latour-Maubourg, l'auteur dit : « Il marcha toujours avec le même
» ordre et la même mesure, au milieu d'un désordre dé-
» mesuré, et pourtant, ce qui fait honneur au siècle, il ar-
» riva aussi vite, aussi haut et aussitôt que les autres. »
(Page 235 [167].)

On ne voit pas trop ce qu'a de commun l'honneur du
siècle avec l'avancement de M. Lautour-Maubourg. L'empereur avait pour principe de récompenser le mérite où il
le trouvait. Il est d'une rigoureuse équité de reconnaître
qu'il l'a constamment mis en pratique, et de lui en laisser
tout l'honneur.

---

* Le 7 novembre, il y avait aux hôpitaux de Smolensk, trois mille six
cent soixante-dix-huit malades, dont deux cent deux russes; le 8, neuf
cents furent évacués sur Orcha, et les autres le furent pendant notre séjour
dans cette ville.

Suivant M. l'officier du palais, l'armée française, forte de cent mille combattans, avait été réduite en vingt-cinq jours à trente-six mille, et ces faibles restes étaient surchargés de soixante mille traîneurs sans armes; ce qui ne supposerait que quatre mille hommes tués, blessés ou restés en arrière depuis le départ de Moskou.

Ces restes de corps d'armée..... « Kutusof allait les faire » passer tour à tour par les armes. » (Page 237 [169].) Cette expression a quelque chose de révoltant dans la bouche d'un Français. Certes, si nos soldats *passèrent par les armes de Kutusof*, les Russes passèrent par les armes françaises, et ils y passèrent si bien que depuis on ne les trouva plus.

CHAPITRE III.

L'EMPEREUR, en quittant Smolensk avec son armée, était obligé de l'échelonner successivement, pour éviter la confusion et l'encombrement de l'artillerie, des voitures et des traîneurs. Le 13, il fit partir la division Claparède avec le trésor et les bagages; et le 14, il se mit en marche lui-même avec sa garde, laissant à Smolensk les corps de Davoust et de Ney, qui devaient se soutenir mutuellement, et évacuer cette ville le 16, après en avoir fait sauter les fortifications.

Napoléon arriva à Koritnia, où il passa la nuit. Le lendemain, Miloradowitch, à la tête de vingt mille hommes, n'osa pas barrer le chemin; il se contenta d'envoyer quelques boulets. L'empereur atteignit Krasnoi : « Le seul aspect de Sébastiani, et des premiers grenadiers qui le devançaient, suffit pour en repousser l'infanterie ennemie. » (Page 243 [173].) C'est le 14, que la division Claparède, arrivant à Krasnoi, en chassa le corps volant d'Ojarowski, qui voulait s'y établir. La garde impériale avec l'empereur n'avait pas souffert, les ennemis n'ayant pas osé l'attaquer. « Mais, dit l'auteur, les Russes, de leurs collines, virent tout l'intérieur de l'armée, ses difformités, ses faiblesses, ses parties les plus honteuses, enfin ce que, d'ordinaire, on cache avec le plus de soin. » (Page 243 [174].)

La garde marchait avec ordre; *ces difformités, ces*

parties honteuses, Miloradowitch craignait de les voir de trop près, puisqu'il n'osa pas s'opposer à son passage. M. de Ségur, qui a fait un portrait si brillant de ce général ennemi, qu'il compare à Murat, se trouve ainsi forcé de démentir par les faits, les éloges qu'il lui a prodigués. Après le passage de la garde, « il s'enhardit, resserra ses forces, » et, descendant de ses hauteurs, il s'établit fortement avec » vingt mille hommes en travers de la grande route. Par » ce mouvement, il séparait de l'empereur, Eugène, Da- » voust et Ney, et fermait à ces trois chefs le chemin de » l'Europe. » (Page 244 [174].) L'imagination de M. de Ségur l'emporte au point d'oublier que la scène se passe en Lithuanie!

CHAPITRE IV.

LE prince Eugène, qui, avec son corps d'armée, avait couché près de Koritnia le 15, était à trois lieues de Kras-noi, lorsque les traîneurs et les isolés, qui marchaient devant lui, furent attaqués par les cosaques de Milorado-witch. Ces hommes, pour la plupart sans armes, se pelotonnèrent, repoussèrent ces attaques, et se retirèrent sur le corps d'armée dont ils avaient fait partie.

Eugène, voyant que Miloradowitch voulait lui barrer le chemin, plaça la garde italienne à droite de la route, et les divisions Phelippon et Broussier à la gauche. La troisième division fut placée en arrière. Dans cette position et quoiqu'il n'eût plus que quelques pièces d'artillerie, et que l'ennemi engageât vingt mille hommes, il repoussa vigoureusement toutes les attaques de Miloradowitch. Pendant tout le combat, le prince avait manœuvré en menaçant la droite des Russes; lorsque la nuit fut venue, et qu'il vit qu'ils avaient considérablement renforcé cette droite menacée, il mit son corps d'armée en marche, pour passer derrière la gauche des Russes. Par ce mouvement, il tourna le corps qui lui était opposé, et rejoignit, pendant la nuit, la jeune garde, qui était en avant de Krasnoi.

Notre historien décrit ces mouvemens d'une manière diffuse, et les entremêle de réflexions intempestives, qui ne font que répandre de l'obscurité dans le récit. Que signifient « ces bataillons ennemis qui bordent les deux côtés

» 'de la route » (page 249 [178]), sur laquelle marche le corps de traîneurs pour se réunir à Eugène, et qui, « soit » admiration ou pitié, crient aux nôtres de s'arrêter, les » prient, les conjurent de se rendre. » (Page 249 [178].) Nous n'accepterons pas ce sentiment d'*admiration*, parce qu'il y a mauvaise grace à se louer et à s'encenser soi-même; mais nous repousserons fortement l'expression de *pitié*. C'est un sentiment qui est, au reste, en harmonie avec l'idée des *fourches caudines*, sous lesquelles nous fait passer Kutusof, suivant M. le maréchal-des-logis du palais. Il faudrait dire simplement, sans hyperbole ni jactance, que le souvenir de Malo-Jaroslavetz, et la contenance de ces braves, ont imposé à leurs ennemis. L'auteur lui-même dit plus bas, en parlant des Russes : « La victoire était si » nouvelle pour eux, que la tenant dans leurs mains ils ne » surent pas en profiter; ils remirent au lendemain pour » achever. (Page 252 [180].)

CHAPITRE V.

Napoléon, arrivé à Krasnoï le 15, ayant appris que l'armée russe était dans les environs, et que le corps d'Ojarowski se trouvait posté près de cette ville, et menaçait la gauche de la route, résolut de prouver aux Russes, par une attaque de nuit, que l'armée française, malgré les désastres qu'elle avait éprouvés, était toujours animée du même courage. A cet effet, il chargea le général Roguet, avec sa division de jeune garde, d'aller attaquer dans la nuit même le corps d'Ojarowski. L'ordre portait de tomber sur les Russes à la baïonnette et sans tirer. Cette expédition eut le résultat que l'empereur en attendait. Les Russes, surpris, perdirent beaucoup de monde. L'effet le plus avantageux que produisit ce mouvement hardi, fut la circonspection qu'il inspira à Kutusof; il suspendit sur-le-champ le mouvement qu'il avait ordonné au corps de Tormasoff, pour nous couper la route entre Krasnoï et Liadi. De si beaux faits, illustrant les malheurs que nous ne devions qu'à l'inclémence du ciel, auraient dû exalter l'imagination d'un écrivain français.

Les réflexions que l'auteur prête à Kutusof sur sa lenteur, sont avilissantes pour notre armée; il la suppose prisonnière sous le fouet d'un cosaque qui « la châtie dès qu'elle » veut s'écarter du chemin qui lui est tracé. » (P. 259 [185].)

Ce qu'il fait dire à Wilson, qu'on entend les cosaques s'écrier que « c'est une honte de laisser ces squelettes sor-

» tir ainsi de leurs tombeaux » (page 260 [185]), est tout
aussi bizarre. Kutusof ne voulait point attaquer l'armée
française, parce que la véritable armée russe avait succombé à la Moskowa; qu'avec celle qu'il avait réorganisée,
il avait été battu à Malo-Jaroslavetz et à Viazma, quoiqu'il
eût des forces quintuples de celles des Français. Il savait
que, si dans l'armée française il se trouvait des soldats dé-
couragés et marchant isolément, le courage de ceux qui
restaient, s'accroissait en raison de leur petit nombre; et
que Napoléon était à leur tête. Qu'un Anglais n'ait pas senti
cela, ou ne l'ait pas dit, cela se conçoit; mais un Français!

En quittant Smolensk, l'empereur avait chargé Ney de
faire l'arrière-garde. Ce maréchal ne devait quitter cette
ville que le 16, après en avoir fait sauter les fortifications;
le prince d'Eckmülh était chargé de le soutenir. Le 16, de
grand matin, Davoust ayant laissé une division au maréchal
Ney, se mit en marche avec les quatre autres. Dans la journée, après avoir fait prévenir Ney du combat du prince
Eugène, il continua son mouvement sur Krasnoi. Le maréchal Ney, pensant qu'il ne pouvait se trouver entre lui et
Napoléon que des cosaques, ne voulut se mettre en marche
que le 17. La position que Miloradowitch avait prise sur
la route de Smolensk à Krasnoi, dans la nuit du 16 au 17,
coupait donc ces deux corps de l'empereur. En même temps
on apprit, à Krasnoi, que les Russes, dont l'attaque du général Roguet avait arrêté le mouvement sur Dobroé, se
disposaient à le reprendre. La position de Napoléon était
critique. D'une part, il voyait sa retraite au moment d'être
coupée, et d'une autre, en se retirant, il abandonnait deux
de ses corps. Il fit appeler Berthier, Mortier, Lefebvre,
Bessières, et leur dit qu'il fallait se préparer à attaquer
l'ennemi le lendemain matin. Ces maréchaux lui répondi-
rent par les états de situation de leurs corps. N'importe, répliqua Napoléon, nous devons sans hésiter marcher au se-

cours de Davoust et de Ney. Et en effet, à la pointe du jour il se mit à la tête de sa garde, pour se porter sur l'ennemi. Ce mouvement audacieux de l'empereur, qui, avec une poignée d'hommes, marchait contre toutes les forces russes, produisit son effet. Miloradowitch quitta sa position sur la route, et, se rapprochant du centre de l'armée russe, laissa passer le corps du maréchal Davoust, qui vint rejoindre Napoléon.

Ce chapitre, à l'exception de quelques passages que nous avons dû relever, est en général écrit avec un esprit de justice, dont on regrette l'absence dans les autres parties de l'ouvrage. L'armée et son chef, y sont moins défigurés. A part quelques taches, des rapprochemens déplacés, des réflexions intempestives, l'attitude héroïque de Napoléon, la grandeur et la noblesse de ses résolutions y sont fidèlement représentées. Après avoir décrit ce mouvement sublime, comment l'auteur a-t-il pu laisser subsister l'odieuse imputation qu'on lit à la page 192 [155] de son livre : « Napoléon » sentait qu'il n'y avait plus qu'à sacrifier successivement » l'armée partie par partie, en commençant par les extré- » mités pour en sauver la tête. » Comment ne s'est-il pas aperçu qu'il réfutait lui-même victorieusement les reproches d'engourdissement, de caducité, d'indécision et d'insensibilité qu'il lui a prodigués ?

CHAPITRE VI.

« La (au quartier-général de Liadi) furent malheureuse-
» ment consumés tous les papiers que Napoléon avait rassem-
» blés pour écrire l'histoire de sa vie ; car tel avait été son pro-
» jet lorsqu'il partit pour cette funeste guerre. » (P. 275 [196].)

Il y a du ridicule à supposer que l'empereur, partant
pour la guerre, *emportait tous ses papiers pour écrire
l'histoire de sa vie*, comme s'il devait se trouver en Russie
dans un parfait repos. Ce prince n'eut à brûler aucun papier relatif à son histoire, parce qu'il n'en avait point apporté. D'ailleurs, qu'est-ce que l'auteur entend par ces papiers rassemblés ? Napoléon n'avait pas besoin de prendre
ce soin, puisque les actes de sa vie sont par-tout. Il avait fait
copier, dans des registres, sa correspondance comme général en chef des armées d'Italie et d'Égypte. Ces registres
n'ont point quitté ses archives. Son intention était de profiter du repos que devait lui laisser la pacification générale,
pour rédiger l'histoire complète de ses campagnes et de son
règne ; et s'il eût pu avoir, à Sainte-Hélène, ces précieux
matériaux, il eût été plus à même d'élever un monument
impérissable à la gloire des armées françaises.

Le maréchal-des-logis du palais ne laisse échapper aucune occasion de répéter qu'il entrait dans le plan de l'empereur de s'arrêter sur le Borysthène. Comment peut-il
supposer que, partant de Paris, il eût formé le projet de
s'arrêter sur les confins de la Lithuanie ? Il voulait conqué-

rir la paix qu'on lui refusait; mais il ne pouvait y parvenir qu'en détruisant les armées russes. Si ses combinaisons militaires avaient toutes réussi, cette paix eût pu être obtenue en Lithuanie même ; mais alors il n'y fût pas resté pour le plaisir d'écrire ses campagnes. Les événemens ayant eu une autre issue, il ne pouvait, au mois de juillet, s'arrêter pour prendre des cantonnemens. Arrivé sur la Duna, il avait encore quatre mois pour agir. Il se décida à marcher sur Moskou, certain que la Russie ne livrerait pas cette capitale sans bataille. C'est sur cette bataille qu'étaient fondées ses espérances de paix. Mais, avant de prendre ce parti, il laissa les corps de Macdonald, Saint-Cyr et Oudinot sur la Duna, et, sur les frontières de la Wolhinie, les corps de Schwartzenberg, de Regnier et de Dombrowski, pour contenir les armées russes opposées, en même temps que des corps considérables, celui de Victor et celui d'Augereau, s'organisaient sur ses derrières, l'un pour venir former sa réserve, et l'autre pour assurer sa communication jusqu'au Rhin. Maître de Smolensk vers le milieu d'août, il continua sa marche sur Moskou, qui n'en était éloignée que d'une dixaine de journées. La bataille qu'il cherchait eut lieu ; l'armée russe fut en partie anéantie. La conquête de Moskou en fut le résultat : tout promettait la paix. Mais elle aurait trop nui à l'Angleterre, et l'incendie de Moskou avait été résolu ; sacrifice qui ne coûtait rien à cette puissance, mais qui causait plus de dommage à la Russie que la paix la plus désavantageuse. Pour assurer le succès d'une si monstrueuse entreprise, l'Angleterre se plaça entre Alexandre et Napoléon ; et, couverte d'un masque russe, elle mit en jeu les ressorts de sa politique astucieuse pour enlacer Alexandre, et le prémunir contre toute tentative de négociation. C'est ainsi qu'en Turquie elle avait, en semant la corruption et le mensonge, trompé le divan et mis le sultan dans la nécessité de souscrire à la paix.

CHAPITRE VII.

M. DE SÉGUR suppose l'empereur à son arrivée à Orcha, incertain de la route qu'il doit prendre ; il lui fait tenir un conseil où figure le général Jomini. Il est bon de faire remarquer que ce général n'occupait pas, dans l'armée, une position qui pût le faire appeler au conseil. Il était simplement, à cette époque, commandant de la petite ville d'Orcha. Si Napoléon lui a demandé des renseignemens, c'est purement en raison de ses fonctions, et pour s'instruire des ressources qui se trouvaient dans cette place. Notre historien prête à l'empereur un plan, afin de mettre le général Jomini à même de le combattre. Jamais Napoléon n'a « dé- » claré qu'il voulait abandonner sa ligne d'opérations sur » Minsk, se joindre aux ducs de Bellune et de Reggio, pas- » ser sur le ventre à Wittgenstein et regagner Wilna, en » tournant la Bérésina par ses sources. » (Page 277 [197].)

S'il avait eu ce projet, et qu'il eût demandé l'avis du général Jomini, cet officier eût dû ajouter aux raisons qu'on lui fait donner, celle qu'en manœuvrant ainsi, Titchakoff se serait porté de Minsk sur Wilna bien long-temps avant que l'armée française pût y arriver. Mais tout le projet et le conseil tombent devant l'exposé des ordres de l'empereur datés de Doubrowna, le 18 et le 19 novembre 1812.

Par sa lettre du 18 au major-général, il lui prescrit ce qui suit : « Écrivez au gouverneur de Minsk que je serai » demain à Orcha ; faites-lui connaître que j'ai ordonné au

» deuxième corps, avec une division de cuirassiers et cent
» pièces de canon, commandés par le duc de Reggio, de
» se porter en toute hâte, et en ligne droite, sur Borisoff
» pour assurer ce poste important, et de là marcher sur
» Minsk. En attendant, le général Dombrowski se rendra
» avec sa division dans cette place, et observera ce que
» fait le corps qui est à Minsk. Recommandez-lui d'en-
» voyer des agens du pays au duc de Bassano et au prince
» de Schwartzenberg, et d'avoir soin de vous écrire fré-
» quemment. »

Par une lettre du lendemain, à trois heures du matin,
le prince de Neufchâtel écrivait au duc de Bellune : « L'em-
» pereur arrive à Orcha aujourd'hui à midi ; il est néces-
» saire, monsieur le maréchal, que la position que vous
» prendrez vous mette plus près de Borisoff, de Wilna et
» d'Orcha, que l'armée ennemie. Faites en sorte de mas-
» quer le mouvement du duc de Reggio, et de faire croire,
» au contraire, que l'empereur se porte sur le général
» Wittgenstein, manœuvre assez naturelle. L'intention de
» S. M. est de se porter sur Minsk, et, quand on sera maî-
» tre de cette ville, de prendre la ligne de la Bérésina, etc. »

Dans ce prétendu conseil, M. de Ségur fait jouer à Jomini un rôle assez ridicule : « C'est alors, dit-il, qu'il af-
» firma connaître l'existence d'un chemin qui, à la droite
» de cette ville (Borisoff), s'élève sur des ponts de bois au
» travers des marais lithuaniens. » (Page 278 [197].) Selon
lui, c'était le seul chemin qui pût conduire l'armée à
Wilna, par Zembin et Molodezno. Cette découverte n'aurait pas coûté une grande dépense de connaissances topo-
graphiques au général Jomini, puisque ce chemin se trouve
indiqué sur toutes les cartes, et que tous les officiers polonais de l'état-major de l'empereur le connaissaient. Les
vaguemestres des régimens du deuxième corps revenaient,
par cette route, de Wilna.

D'après ce court exposé, on peut apprécier à leur juste valeur les détails qui suivent; et l'on conçoit que le général Dodde n'eût pas de peine à dissuader l'empereur d'une manœuvre que, comme on vient de le voir, il n'avait nulle intention de faire.

.. Une autre erreur de M. de Ségur, est l'ordre qu'il suppose avoir été donné « au général Éblé, d'aller avec huit » compagnies de sapeurs et de pontonniers assurer son » passage sur la Bérésina, et à Jomini, de lui servir de » guide. » (Page 279 [198].) Le 19, l'empereur était à Orcha; le pont de Borisoff ne fut pris par l'ennemi que le 21, au soir. Aussi ce ne fut pas d'Orcha, ainsi que le dit l'auteur, mais bien le 24, de Bobr, que l'empereur fit partir le général Éblé. (Voyez l'*Appendice.*)

M. l'officier du palais se trompe encore, en disant qu'à Orcha le désordre de l'armée augmenta. Au contraire, les magasins de cette ville permirent de faire quelques distributions aux troupes. Le dégel ayant succédé au froid rigoureux qui nous accablait depuis Smolensk, les bivouacs devinrent supportables. L'artillerie était encore nombreuse, quoi qu'en dise l'auteur. Un parc d'artillerie, qui s'y trouvait établi, fournit au remplacement d'une grande partie de nos munitions, et cinq batteries complètes furent distribuées aux corps d'armée qui en avaient le plus besoin. La garnison de cette ville, ainsi que la cavalerie polonaise, qui avait été cantonnée dans les environs, s'y réunirent à l'armée. M. de Ségur dit lui-même (page 285 [202]), « que » les abris et les distributions avaient produit ce que les » menaces n'avaient pu faire; les traîneurs s'étaient ral- » liés, etc., etc. »

CHAPITRES VIII et IX.

———

L'INTENTION de M. le maréchal-des-logis du palais, en écrivant ces deux chapitres, où il rend compte des événemens arrivés au maréchal Ney, depuis sa séparation de l'armée, événemens si glorieux pour la mémoire de cet illustre maréchal, nous interdit les réflexions critiques que plusieurs passages de cet épisode font naître. Nous ne releverons que cette observation : « Tant le maréchal Ney avait » ce tempérament des grands hommes, une ame forte dans » un corps robuste, et cette santé vigoureuse sans laquelle » il n'y a guère de héros! » (Page 299 [212].) On pourrait citer une foule d'exemples qui démentent cette opinion. C'est la mollesse de l'ame qui rend le corps inhabile ; une ame fortement trempée, à laquelle les périls ne servent qu'à donner une nouvelle énergie, soutient une faible enveloppe. Ney était un de ces hommes privilégiés. Lors même qu'il eût eu un corps débile, il n'eût pas moins été un héros.

Il est à regretter que M. de Ségur n'ait pas fait connaître avec plus de détails le brillant combat que soutint le maréchal Ney à la tête du troisième corps et de la division Ricard *. Pourquoi n'a-t-il pas fait mention de cette at-

———

* Depuis la blessure du général Friant, le général Ricard commandait sa division, qui avait été détachée du premier corps et mise sous les ordres du maréchal Ney, à Smolensk.

taque impétueuse du quinzième léger, du trente-troisième et du quarante-huitième, qui renversèrent la ligne russe jusqu'à trois fois, malgré le feu terrible de plus de cinquante bouches à feu? Pourquoi ne parle-t-il pas de ces deux braves compagnies de sapeurs et de mineurs, commandées par le colonel Bouvier, qui furent détruites dans ce combat? Pourquoi ne dit-il pas un mot des généraux Dufour, Barbanègre, du colonel Pelet du quarante-huitième, et de tant d'autres officiers, qui, voulant être encore plus braves que leurs soldats, tombaient comme eux aux cris de vive l'empereur, vive la France! Pourquoi ne fait-il pas connaître que le colonel Pelet fut celui qui, tout sanglant qu'il était, décida le maréchal Ney à passer le Dniéper sur sa droite, au lieu de se porter sur Mohilow, en marchant par sa gauche, ainsi que le maréchal en avait eu d'abord le projet?

L'auteur aurait dû apprendre à ses lecteurs que l'empereur, à son départ de Doubrowna, avait donné pour instruction au maréchal Davoust, qui commandait l'arrière-garde, de rester dans cette ville le plus long-temps qu'il pourrait, dans la pensée que Ney s'y dirigerait par la rive droite du Dniéper. En effet, peu de momens après le départ de Davoust, qui eut lieu trop promptement, le maréchal Ney se présenta devant Doubrowna; mais le pont avait été détruit. M. de Ségur, ordinairement si prodigue de détails, en laisse désirer sur la satisfaction que l'empereur témoigna, à la nouvelle de la réapparition de son héroïque compagnon d'armes. Ce prince était alors à Baranie, dînant avec le maréchal Lefebvre, lorsqu'un officier d'ordonnance *, qu'il avait laissé à Orcha pour répartir l'artillerie entre les corps d'armée, lui annonça que des officiers polonais venaient d'arriver en ville, demandant du secours de la part du maréchal Ney, qui était à quelques

---

* M. Gourgaud.

lieues de là. L'empereur se leva aussitôt, et, saisissant cet officier par les deux bras, lui dit avec la plus vive émotion : « Est-ce bien vrai? en êtes-vous bien sûr? » Cet officier lui ayant répondu qu'il en avait la certitude, qu'il avait accompagné le prince Eugène, qui, avec son corps d'armée se portait au-devant du maréchal; et ayant enfin bien convaincu l'empereur de la vérité de son rapport, S. M. s'écria : « J'ai deux cents millions dans mes caves des Tui-
» leries, je les aurais donnés pour sauver le maréchal
» Ney. »

LIVRE ONZIÈME.

CHAPITRE I.

« Ainsi, l'armée avait repassé pour la troisième et der-
» nière fois le Dniéper, fleuve à demi russe et à demi
» lithuanien, mais d'origine moskovite. » (Page 311 [221].)

Nous ne releverons pas *l'origine moskovite* du Dniéper.
La question de savoir qui a existé le premier de Moskou
ou du Dniéper, serait digne d'occuper les séances d'une
académie burlesque; elle serait le pendant de la fameuse
question de la préexistence de la poule et de l'œuf.

L'auteur dit que « le 22 on marcha d'Orchá sur Bori-
» soff..... dans une neige fondue et au travers d'une boue
» profonde et liquide. Les plus faibles s'y noyèrent. »
(Page 312 [221, 222].)

C'est étrangement abuser de l'*hyperbole,* que de dire que
la boue était assez profonde pour qu'on pût s'y noyer. Le
dégel continua effectivement lorsque nous quittâmes Orcha; mais les progrès en étaient lents. La route ne fut au-
cunement défoncée; sa surface seule de glace et de neige
se couvrit d'eau et de boue; la gelée reprit dans la nuit
du 22 au 23.

L'auteur reproduit encore ses réflexions, sur la conduite

de Napoléon dans cette campagne. La précaution qu'il prend de les mettre dans la bouche des chefs de l'armée, ne leur donne ni plus de poids ni plus de vraisemblance. Il fait dire aux uns que, « comme Charles XII dans l'Ukraine, » Napoléon avait mené son armée se perdre dans Moskou. » (Page 3i3 [222].) A d'autres, que « l'espoir de terminer » la guerre dans une campagne avait été fondé ; qu'en » poussant sa ligne d'opérations jusqu'à Moskou, Napoléon » avait donné à cette colonne si allongée une base suffisam-» ment large et solide, etc. » (Page 3i3 [222].) Mais une des principales objections de ceux-ci, c'est qu'on n'ait pas « sur le champ de bataille de la Moskowa profité des pre-» miers succès du maréchal Ney. » (Page 3i4 [223].)

Nous avons déjà démontré combien était peu fondé ce reproche que fait M. de Ségur à l'empereur, au sujet de la bataille de la Moskowa. Nous répéterons encore que la ba-taille de la Moskowa a eu tout le succès qu'on devait en at-tendre ; la prise de Moskou en a été la suite ; la paix devait en être le résultat. L'élite de l'armée russe y a succombé ; de leur propre aveu, les Russes ont perdu cinquante mille hommes. D'ailleurs, depuis cette bataille, où l'armée russe s'est-elle conduite avec la même vigueur ? est-ce à Malo-Jaroslavetz, où trois divisions françaises et italiennes l'ont battue ? est-ce à Viazma, où notre arrière-garde a passé sur le ventre à Miloradowitch ? est-ce à Krasnoi, où Napoléon avec quinze mille hommes a fait reculer Kutusof à la tête de cent mille Russes ? Certes, si ces derniers soldats avaient été les mêmes que ceux qui avaient si vaillamment com-battu dans les champs de la Moskowa, nous n'aurions point obtenu de pareils résultats. Comment M. l'officier du pa-lais, qui peint l'armée française comme entièrement dé-sorganisée, excepté la garde qui lui sert de noyau, ose-t-il encore reprocher à Napoléon de n'avoir pas fait donner ce corps d'élite à la bataille ! L'utilité de la garde dans la retraite est la meilleure réponse qu'on puisse lui faire. Si notre armée, malgré tous les désastres dont elle a été accablée, a pu se retirer avec gloire de la Russie, c'est donc à la prévoyance de l'empereur qu'on le doit.

Ce qui prouve que les réflexions prêtées par M. de Ségur à nos généraux ont été écrites après l'événement, c'est qu'elles manquent d'à-propos. Ce ne sont point celles qu'ont pu faire alors les chefs de l'armée ; ils avaient présens à l'esprit les ordres, les mesures, les recommandations prescrites par l'empereur avant son arrivée à Moskou, et pendant son séjour. Ils savaient combien son temps y avait été utilement employé, sur quels objets son génie actif et prévoyant s'était exercé. L'impression de ces dispositions si utiles était encore toute récente ; mais l'esprit de l'auteur n'en a point conservé de traces. Le résultat est tout pour lui. C'est avec d'autres yeux qu'un historien doit voir ; il doit se reporter aux temps, aux lieux, tenir compte de tout, et interroger le passé, pour ne rien omettre des circonstances qui peuvent éclairer ses récits. Le compte détaillé et si exagéré qu'il donne de nos pertes, supposerait qu'il a fait le dépouillement de rapports circonstanciés des différens corps d'armée, qui n'auraient pu être connus que bien des mois après. Comment l'armée pouvait-elle les connaître alors ? C'est une nouvelle preuve ajoutée à tant d'autres de la vraisemblance de tous ces beaux discours. Il en est de même des marches et des mouvemens de l'armée de Schwartzenberg, que M. de Ségur fait raconter si minutieusement par l'armée, et qui n'ont pu être appris que long-temps après.

Les reproches qu'il adresse à Napoléon, « d'avoir laissé » la direction des affaires militaires au duc de Bassano » (page 315 [224]), sont sans fondement. Le duc de Bassano était à Wilna avec sa chancellerie et le corps diplomatique, qui ne pouvaient suivre l'armée. Il y faisait les affaires de son département, et y exerçait en même temps une influence supérieure sur le gouvernement du pays. Les ordres pour les mouvemens militaires ne passaient pas par lui; ils étaient toujours expédiés directement par le prince de Neufchâtel, aux généraux qui ne se trouvaient pas dans la sphère d'activité à laquelle l'empereur donnait immédiatement l'impulsion. Si le duc de Bassano en recevait quelquefois communication, c'était pour qu'il fût au courant de l'état des choses, et qu'il pût dans l'occasion prendre les mesures que des circonstances imprévues auraient rendues nécessaires. Mais ses rapports avec les chefs des corps d'armée, qui étaient sur le Bug et la Duna, se bornaient généralement à leur transmettre les informations qu'il recevait du quartier-général. L'activité connue de ce ministre ne laisse pas de doute sur l'exactitude de ces communications. Mais nous ignorons si, en même temps qu'il pressait le prince de Schwartzenberg d'accélérer sa marche et de se porter en avant, il a cherché à éviter de lui inspirer un découragement qui aurait probablement retenu sur sa frontière un allié déjà trop disposé à ne pas s'en éloigner.

Le maréchal-des-logis du palais, qui se fait ici l'interprète de l'opinion de l'armée sur le général autrichien, veut-il le disculper en lui faisant dire qu'il a reçu des ordres contradictoires et inexécutables, et que le duc de Bassano lui a donné de fausses nouvelles? Si ce sont là les seules raisons que le prince de Schwartzenberg puisse alléguer pour répondre au grave reproche d'avoir, pour couvrir Varsovie, abandonné sa ligne d'opérations sur Minsk, où se trouvaient nos magasins, et où passait notre ligne de retraite, la postérité jugera le mérite de cette justification.

~~~~~~

CHAPITRE II.

LES instructions que Napoléon transmit de Moskou, le 6 octobre, au maréchal Victor, « supposaient une vive atta-
» que ou de Wittgenstein ou de Titchakoff. Elles recom-
» mandaient à Victor de se tenir à portée de Polostk et de
» Minsk; d'avoir un officier sage, discret et intelligent près
» de Schwartzenberg; d'entretenir une correspondance ré-
» glée avec Minsk, et d'envoyer d'autres agens sur plu-
» sieurs directions. « (Pages 321 et 322. [228].)

Ces instructions devaient prévenir le désastre de la prise de Minsk. L'auteur blâme l'empereur de ne les avoir pas renouvelées. « Elles parurent, dit-il, oubliées par son lieu-
» tenant. » Pour justifier ce dernier, il ajoute : « Enfin,
» lorsqu'à Doubrowna l'empereur apprit la perte de Minsk,
» lui-même ne jugea pas Borisoff dans un aussi pressant
» danger, puisque le lendemain, en passant à Orcha, il fit
» brûler tous ses équipages de pont. » (Page 322 [228].)

Aussitôt que l'empereur apprit la prise de Minsk, il donna ordre au deuxième corps de se porter rapidement avec une division de cuirassiers et cent pièces de canon, sur Borisoff, où se rendait la division Dombrowsky, et de marcher de là sur Minsk, ainsi que le constate la lettre que nous avons déjà rapportée page 298.

L'empereur fit brûler à Orcha les deux équipages de pont qui s'y trouvaient, afin d'en faire servir les chevaux à atteler l'artillerie qui était dans cette place. Indépendamment de la difficulté que l'on aurait éprouvée à conduire vers Borisoff l'équipage de pont, Napoléon ne pouvait supposer à cette époque que, malgré les instructions et les ordres qu'il avait précédemment donnés aux ducs de Bellune et de Reggio, le point important de Borisoff tomberait si promptement au pouvoir de l'ennemi. C'est pourquoi il aima mieux emmener des canons que de lourds bateaux, qui paraissaient inutiles, et qui, mal attelés, seraient restés en route.

L'auteur introduit ici un général du génie qui, « inter- » pellé par Napoléon, déclare qu'il ne voit plus de salut » qu'au travers de l'armée de Wittgenstein. » (Page 523 [229].) Comme M. de Ségur ne nomme point cet officier, il est probable qu'il met en scène ce nouvel acteur pour lui faire donner ce conseil. Il oublie qu'à la page 279 [198], il a fait répondre, à Orcha, par le général du génie Dodde, à Napoléon qui voulait aller vaincre Wittgenstein vers Smo- liany, que la position de Wittgenstein était *inabordable*. Il est fâcheux que le général Rogniat n'ait pas fait la campagne de Russie ; de quelle ressource le savant auteur des *Consi- dérations sur l'art de la guerre*, n'eût-il pas été à M. de Ségur pour toutes ces conversations faites après coup !

« L'empereur montre du doigt sur la carte le cours de » la Bérésina au-dessus de Borisoff ; c'est là qu'il veut tra- » verser cette rivière ; mais le général (inconnu) lui objecte » la présence de Titchakoff sur la rive droite, et l'empereur » désigne un autre point de passage au-dessous du premier ; » puis, un troisième plus près encore du Dniéper. Alors » sentant qu'il s'approche du pays des cosaques ; il s'arrête » et s'écrie : Ah ! oui, Pultawa ! c'est comme Charles XII. » (Pages 523 et 524 [229].)

Pour croire à la vérité de ce récit, il faudrait supposer une grande distraction ou de la part de l'empereur, ou de celle du général du génie qui a communiqué à l'auteur cette

anecdote. Napoléon a cherché à connaître un point favorable pour le passage au-dessus ou au-dessous de Borisoff,
et les deux qui lui étaient indiqués étaient ceux de Bérésino
et de Weselowo, son intention étant toujours de marcher
sur Minsk ou Wilna. D'après l'auteur, il paraîtrait que ce
n'était point Bérésino, qui est à une forte marche de Borisoff, mais un point beaucoup plus bas. Or, nous ne voyons
que celui de Bobruisk, place forte occupée par les Russes,
ce qui, avec la direction de l'armée de Kutusof sur la basse
Bérésina, n'aurait pas facilité notre passage dans cette direction. Cette hypothèse est déjà peu admissible; mais M. de
Ségur ne s'en contente pas, il fait promener l'empereur jusqu'à Pultawa, c'est-à-dire à plus de cent vingt lieues du
point où il se trouve, sans doute pour l'amener à se comparer à Charles XII, sans considérer qu'il saisit, pour faire
cette comparaison, deux situations totalement différentes.

Pour justifier cette exclamation de Napoléon, il ajoute
que cette idée fait sur lui une impression telle « que son
» esprit et même sa santé en sont ébranlés, plus encore
» qu'à Malo-Jaroslavetz. » Il nous cite en témoignage « un
» valet de chambre qui fut seul témoin de sa détresse. »
(P. 324 [230].) Personne ne s'en est aperçu, et l'auteur nous
en donne pour raison « que la force de l'homme ne consiste
» le plus souvent qu'à cacher sa faiblesse. » (P. 324 [230].)
Ainsi, les faits ni les raisonnemens ne manquent jamais à
M. le maréchal-des-logis pour justifier ses suppositions.
Mais voulant écrire une histoire, et manquant de matériaux, il a été forcé de subir tout le désavantage de cette
position. Il lui a fallu quêter des notes de toutes parts.
Chacun lui a fourni un morceau qu'il s'est hâté d'enre-
gistrer, et qu'il publie sans se donner la peine de le vérifier.

La conversation qu'il suppose entre MM. Duroc et Daru,
est invraisemblable. Il ne pouvait leur venir l'idée absurde
de la captivité de l'empereur comme *prisonnier d'état* à

cette époque. (Page 325 [230].) Elle n'a pu se présenter à l'esprit de l'auteur que depuis 1815. Comment croire que l'empereur, à la tête de cinquante mille combattans, et avec une artillerie nombreuse, pût penser à se rendre?

D'ailleurs, ce chapitre est suffisamment réfuté par les actions de ce prince. L'un est l'idéal, les autres le positif. Dans la nuit du 22 au 23 novembre, il approuve la résolution d'Oudinot de marcher à l'ennemi, de le culbuter dans la Bérésina; dans le cas où les Russes parviendraient à détruire le pont de Borisoff, il devait s'emparer d'un passage à droite ou à gauche, et y faire construire sur-le-champ des redoutes et deux ponts. En même temps, il ordonne que les chevaux d'artillerie, qui seraient attelés à des voitures quelconques, soient dételés pour être rendus aux pièces et aux caissons de munitions. Quelques heures après, et dans cette même nuit du 23 novembre, apprenant que l'ennemi, dans sa fuite, a rompu le pont de Borisoff, il fait écrire par le major-général la lettre suivante à Oudinot:

« M. le duc de Reggio, je reçois votre lettre du 22, datée
» de Nacza. Le duc de Bellune sera aujourd'hui 23 à Kolo-
» penitchi. Il se portera le 24 sur Baran. Tâchez d'être
» maître du gué de Weselowo le plus tôt possible, d'y faire
» construire des ponts, des redoutes, des abattis pour le ga-
» rantir. Nous pourrons de là revenir sur la tête de pont
» de Borisoff pour en chasser l'ennemi, ou de là revenir sur
» Minsk, ou enfin, comme vous le proposez, nous porter
» sur Vileika par la route que vous avez faite, et que vous
» avez trouvée très-bonne, etc. »

Nous terminerons au reste ces observations par la citation d'un passage de l'ouvrage du colonel Boutourlin (page 362, tome II). Nous y voyons un Russe rendant à l'empereur plus de justice qu'un Français: « Cependant dans cette si-
» tuation, la plus périlleuse où il (Napoléon) se soit jamais
» trouvé, ce grand capitaine ne fut pas au-dessous de lui-

» même. Sans se laisser abattre par l'imminence du danger,
» il osa le mesurer avec l'œil du génie, et trouva encore des
» ressources là où un général moins habile ou moins dé-
» terminé n'en aurait pas même soupçonné la possibilité. »

CHAPITRE III.

La lettre que nous avons citée à la fin du chapitre précédent, ne contient rien qui annonce de la part de l'empereur un acte de désespoir. Il donne tranquillement des ordres pour le passage de la Bérésina, et cependant l'auteur
dit : « Dès le 23, Napoléon s'y prépara comme pour une
» action désespérée. » Pour appuyer cette assertion, il
ajoute : « Il se fit apporter les aigles de tous les corps et les
» brûla. » (Page 328 [232].)

Ce fait est faux. En supposant que l'empereur eût eu
cette idée, elle était inexécutable ; ces aigles étaient en cui-
vre. Comment, d'ailleurs, supposer qu'au moment où ce
prince fait rallier les hommes isolés, leur fait distribuer
des fusils, des carabines, des munitions, où, par la réunion
des corps d'Oudinot et de Victor avec ceux qui avaient été
à Moskou, il se trouve à la tête d'environ cinquante mille
hommes et d'une artillerie formidable, comment supposer,
disons-nous, qu'il eût pris une mesure semblable, qui n'eût
servi que de signal à la désorganisation, et qui eût été un
vrai cri de *sauve qui peut?* A la tête de cinquante mille
hommes, Napoléon pouvait passer par-tout; et lors même
que le passage de la Bérésina eût été impossible, ni l'empereur ni l'armée n'eussent été perdus. L'auteur paraît avoir
oublié le génie de notre chef, la bravoure de nos soldats,
et les combats de Malo-Jaroslavetz, de Viazma et de Krasnoi.
Au surplus il dit lui-même (page 397 [280]), qu'après Smor-

goni, *la plupart des colonels marchaient encore avec quelques officiers autour de leur aigle*. Le maréchal Ney, dans une lettre au prince de Neufchâtel, en date du 2 décembre, annonce qu'il a envoyé les *aigles* à la suite de la garde *.

M. de Ségur se contente de citer, en passant, l'escadron sacré, qu'il dit composé d'environ cinq cents *maîtres*. En rapportant ce fait, il paraît n'avoir en vue que de montrer la détresse de notre cavalerie. Cependant, le dévouement de ces officiers, qui se mirent dans les rangs, soignant leurs chevaux, allant en vedettes, etc., etc., valait bien la peine d'être remarqué.

Le maréchal-des-logis du palais suppose qu'on traverse *la forêt de Minsk*, en allant de Tolaczin à Borisoff, tandis que cette forêt est située dans le gouvernement de Minsk,

---

* *Le duc d'Elchingen au prince de Neufchâtel.*

Bialtze, le 2 décembre 1812.

Monseigneur, je reçois à l'instant la lettre que V. A. S. m'a fait l'honneur de m'écrire ce matin à une heure, pour me prévenir que le maréchal duc de Bellune est chargé de faire l'arrière-garde. J'ai réuni ici tout ce qui reste d'infanterie des deuxième et cinquième corps, ainsi que les brigades de cavalerie légère des généraux Castex et Corbineau, et de la division de cuirassiers du général Doumerc.

Je laisse au duc de Bellune la cavalerie, une batterie de quatre pièces de 12 et deux obusiers. Je marche en arrière avec l'infanterie, en l'échelonnant de manière à pouvoir garder les ponts et les défilés; car ce n'est pas avec mille hommes au plus qui me restent qu'on peut espérer de former une réserve.

J'ai envoyé à la suite de la garde, les cadres des troupes du troisième corps, et les aigles. Je pense que ma présence ici n'est pas très-nécessaire, et que je pourrai sans inconvénient laisser le commandement au général Maison.

Je ne puis procurer à V. A. des renseignemens tirés des prisonniers de guerre, parce que ces prisonniers ont été de suite envoyés au quartier impérial.

Je suis, etc.

et sur la rive droite de la Bérésina. Il suppose également que « l'armée française s'écoulait précipitamment à tra- » vers ces bois, » en entendant sur notre droite le canon de Wittgenstein. « Ce bruit si menaçant, dit-il, hâtait nos » pas. » (Page 329 [232, 233].) Il fallait laisser aux gazetiers russes de semblables réflexions.

Après avoir fait une peinture affreuse de l'armée française, qu'il fait marcher devant les deuxième et neuvième corps, « l'aspect d'un si grand désastre, dit-il, ébranla, » dès le premier jour, les deuxième et neuvième corps. » Le désordre les gagna. » (Page 33i [234].) La conduite de ces deux corps d'armée, aux combats qu'ils soutinrent sur les deux rives de la Bérésina, est la meilleure réponse à cette accusation.

Après tant de verbiage et de divagation, notre écrivain dit que « personne ne doutait de la victoire....; que cette » armée ne se sentait vaincue que par la nature : la vue de » son empereur la rassurait....; il était donc encore au mi- » lieu de son armée, comme l'espérance au milieu du cœur » de l'homme....; il semblait que de tant de maux le plus » grand fût encore celui de déplaire, etc., etc. » (Pages 332 et 333 [234, 235].) Voilà les vrais sentimens de l'armée tracés par M. de Ségur lui-même : il faut toujours en revenir à la vérité.

CHAPITRE IV.

QUAND on apprit, par le retour du général Corbineau,
que le gué de Studzianka était praticable, ce point fut celui
désigné pour le passage. On en avait reconnu deux autres.
Il s'agissait donc de tromper et de déplacer l'ennemi. « La
» force n'y pouvait rien ; on essaya la ruse. » (P. 336 [237].)
Ces paroles feraient croire que l'auteur ignore comment
on passe une rivière de vive force. Certes, avec l'artillerie
considérable que nous avions (celle de la garde était encore
entière), et protégés comme nous l'étions par l'élévation
de la rive que nous occupions à Studzianka, l'artillerie
russe de la rive opposée eût été foudroyée en quelques instans ; le passage se fût également opéré, mais avec une
perte que l'empereur voulait éviter. S'il fit des démonstrations sur plusieurs points, ce fut principalement pour obliger Tilchakoff à se diviser, et pour que les premières
troupes qui passeraient ne fussent pas attaquées par toute
l'armée russe réunie.

Ce passage eût commencé dès le 24, si les chevalets
pour le pont que le maréchal Oudinot devait faire établir,
et dont la construction avait été confiée au colonel d'artillerie Lafont, eussent été faits convenablement. Malheureusement, on apporta dans cette importante construction une
telle négligence, que le général Éblé fut obligé de faire
brûler ces chevalets et d'en faire construire de nouveaux
le 25. A entendre M. de Ségur, l'empereur n'avait pris

aucune mesure de prévoyance relativement à l'établissement des ponts. Cependant, ce fut lui qui, à Orcha, donna ordre de prendre dans les deux équipages de pont, qui se trouvaient dans cette ville, tous les outils, forges, ustensiles, fers, charbon, etc., dont on pouvait avoir besoin pour la construction de ponts de chevalets. Ce matériel était parfaitement attelé. L'équipage de pont, ainsi que nous l'avons déjà dit, avait fourni à Orcha des chevaux pour atteler plusieurs batteries. Le général Éblé avait avec lui sept compagnies de pontonniers, fortes de quatre cents hommes, excellens soldats qui avaient tous conservé leurs fusils.

Ce ne furent point des sapeurs qui se mirent dans l'eau à travers les glaçons que charriait la Bérésina, mais bien des pontonniers. Les sapeurs furent employés seulement à la construction des chevalets.

« Dans cette circonstance, l'hiver se montra plus russe » que les Russes eux-mêmes; ceux-ci manquèrent à leur » saison, qui ne leur manquait pas. » (Page 338 [239].) Nous répéterons ce que nous avons déjà dit, que les Russes, eussent-ils été aussi russes que l'hiver, n'auraient pu nous empêcher de passer. Une rivière de cinquante-quatre toises de large, et dont la profondeur n'est que de six pieds, n'est pas un obstacle insurmontable pour une armée qui occupe la rive la plus élevée, et qui peut la garnir d'une nombreuse artillerie.

mmmmmmmmmmmmmmmmmmmmmmmmmmmmmmmmmmmmm

CHAPITRE V.

M. L'OFFICIER du palais a déjà dit dans le chapitre III,
que Napoléon se disposant à traverser la Bérésina, « s'y
» prépara comme pour une action désespérée. » Il dit ici :
« En sortant de Borisoff, il crut partir pour un choc déses-
» péré. » (Page 340 [240].) Nous avons déjà répondu à
cette supposition, aux chapitres III et IV. Nous ne répéterons pas ce que nous avons dit à ce sujet.

L'auteur dit que « Napoléon repoussa comme une voie
» honteuse, comme une lâche fuite, » la proposition qu'il
assure lui avoir été faite, par le roi de Naples, de *sauver
sa personne*. (Page 341 [241].) Il est d'abord douteux que
le roi de Naples ait fait à l'empereur une telle proposition.
M. de Ségur ajoute toutefois : « Il n'en voulut pas à Murat,
» peut-être parce que ce prince lui avait donné lieu de
» montrer sa fermeté, etc., etc. » (Page 342 [241].) Ce
n'est pas la première fois que nous avons signalé cette déplorable disposition d'esprit, qui porte l'auteur à négliger
la vérité, et même la vraisemblance, pour faire parade
d'une connaissance du cœur humain, supérieur à tout autre, et pour dire ce qui n'a été remarqué par personne.
Larochefoucauld, dans son livre des *Maximes*, a fait de
l'intérêt personnel le mobile des actions des hommes. M. de
Ségur va plus loin, il y ajoute un égoïsme farouche et une
injustice toute gratuite. Dans sa présomption d'avoir seul
deviné l'empereur, d'avoir surpris son secret caché au fond

de son cœur, il paraît se l'être représenté comme un être mystérieux, incompréhensible, hors de l'humanité, tel que le génie de lord Byron nous a peint Mansfred. Napoléon montre un sentiment noble et généreux ; la réflexion de l'auteur le décolore. Napoléon devait naturellement savoir gré à Murat de l'intention; mais cela serait trop vulgaire ! Selon M. de Ségur, il se contente de ne pas lui en vouloir, parce que sa vanité et son égoïsme y trouvent leur compte. Cette manie de torturer ainsi la pensée et les sentimens de son héros, est digne d'observation.

« L'empereur, impatient de prendre possession de l'au-
» tre rive, la montre aux plus braves. L'aide-de-camp
» français Jacqueminot et le comte lithuanien Predzieczki se
» jetèrent les premiers dans le fleuve; etc. » (P. 344 [242].)

Le but constant de l'auteur est de faire croire que tout dans l'armée française se faisait sans ordre, et qu'au moment de passer le fleuve elle se croyait perdue ; il n'en était cependant pas ainsi. L'empereur n'avait pas besoin de *montrer la rive aux plus braves*, qui auraient été difficiles à distinguer sans faire injure aux autres. D'ailleurs, pour montrer de la bravoure, il faut qu'il y ait des dangers à courir, et le seul dans cette circonstance, était de passer une rivière qui charriait quelques glaçons. Napoléon donnait ses ordres, et depuis le maréchal jusqu'au soldat armé, tout le monde s'empressait de les exécuter. Un escadron (de la brigade Corbineau) dont chaque cavalier portait un fantassin en croupe, précédé par quelques tirailleurs, passa le premier. Il fut, peu de temps après, soutenu par une partie de la brigade, qui se forma en bataille sur la rive droite pour éloigner les cosaques, et rendre plus facile le travail du pont. L'empereur fit également passer à la nage un de ses officiers *, afin de reconnaître si le terrain, sur la rive opposée,

---

* M. Gourgaud.

permettait à l'artillerie de passer sans être obligé d'employer des fascines. En même temps, au moyen de trois radeaux, on transportait de l'infanterie sur l'autre bord, pour nettoyer les broussailles qui la couvraient, et en chasser les cosaques.

Napoléon avait ordonné la construction de trois ponts, deux par l'artillerie, un par le génie. Mais la rivière ayant été trouvée plus large qu'on ne l'avait présumé, le général Chasseloup, du génie, déclara ne pouvoir construire ce troisième pont, et remit au général Éblé les sapeurs, en même temps qu'il lui livra les chevalets qu'il avait construits. A une heure (le 26) le pont supérieur fut achevé; il était destiné pour l'infanterie. L'empereur fit aussitôt passer le corps d'Oudinot. La brigade de cavalerie Castex passa la première; elle fut suivie de la brigade d'infanterie Albert, puis du reste de la division Legrand et de tout le deuxième corps; ces troupes étaient pleines d'ardeur. Deux bouches à feu passèrent également sur ce pont. Le maréchal Oudinot fit prendre position à ses troupes sur la route de Borisoff, couvrant celle de Zembin.

Le second pont, éloigné du premier de cent toises, et qui était destiné pour les voitures, fut terminé à quatre heures; aussitôt l'artillerie du deuxième corps, celle de la garde, le grand parc * et celle des autres corps d'armée défilèrent successivement. Plusieurs fois, les chevalets de ce pont, s'enfonçant dans la vase de la rivière, causèrent des interruptions de passage, et exigèrent des réparations; mais les braves pontonniers, stimulés par la présence de l'empereur, et encouragés par le général Éblé et par leurs officiers (MM. Chapelle, Chapuis, Peyherimof, Zabern, Delarue, etc., etc.) **, surmontèrent tous les obstacles.

---

* Le grand parc sous les ordres du général Neigre était composé de trois cents voitures, dont cinquante pièces de canon.

** On regrette de ne pouvoir citer tous les officiers, sous-officiers et pon-

Plongés dans l'eau glacée jusqu'aux épaules, ils travaillè-
rent sans relâche à réparer et à entretenir les ponts : dévouement héroïque et presque au-dessus des forces de l'humanité! M. de Ségur aurait dû considérer qu'une armée,
qui comptait de pareils soldats, ne pouvait être vaincue
par les Russes.

Il dit que l'empereur, voyant ses troupes maîtresses du
bord opposé, s'était écrié : « Voilà donc encore mon étoile! »
(Page 344 [243].) Napoléon, dès l'instant qu'il avait pu
faire mettre ses pièces en batterie, pouvait se regarder
comme maître du bord opposé, puisque aucune batterie
russe n'aurait pu résister à notre feu. Ce n'était point le
passage, proprement dit, qui offrait des dangers, c'était le
cas où le corps de Titchakoff se fût présenté avec vigueur
pour nous empêcher de déboucher du pont, ou seulement
eût détruit les ponts nombreux qui sont sur les marais de
la route de Zembin. Or, les combats que nous avions sou-
tenus depuis la Moskowa, ainsi que la charge brillante que
le général Berkeim avait faite contre la division Lambert,
du corps de Titchakoff, nous donnaient la conviction que
nous ne pouvions être arrêtés par les Russes. L'empereur n'a donc pas pu dire : *Voilà encore mon étoile!* Où,
d'ailleurs, l'auteur a-t-il entendu ce prince parler de *son
étoile?* Si Napoléon y avait placé cette confiance, il se serait bien gardé de le proclamer si haut, et à chaque instant.

La réflexion qui suit, nous paraît renfermer une contradiction : « Car il croyait à la fatalité comme tous les
» conquérans, ceux des hommes qui, ayant eu le plus à
» compter avec la fortune, savent bien tout ce qu'ils lui
» doivent, et qui, d'ailleurs, sans puissance intermédiaire

---

tonniers qui ont mérité d'être signalés à la reconnaissance de l'armée. Ces
intrépides soldats, sans jactance, sans hésitation, sacrifièrent presque tous
leur vie, mus seulement par l'honneur et par le sentiment de leur devoir.

» entre eux et le ciel, se sentent plus immédiatement sous
» sa main. » (Page 344 [243].) Si les conquérans croient à
la fatalité, ils sont superstitieux. S'ils reconnaissent devoir
tout à la fortune ou au hasard, ils sont matérialistes. S'ils
n'ont point d'intermédiaires entre eux et le ciel, ils doivent
tout rapporter à la divinité. Or, ils ne peuvent être superstitieux, matérialistes et éminemment religieux tout ensemble. Ainsi, dans tout le cours du livre, la contradiction passe
alternativement des faits aux raisonnemens.

CHAPITRE VI.

———

« NAPOLÉON se plut à publier à haute voix les succès du
» prince de Schwartzenberg sur Sacken, en ajoutant que
» Schwartzenberg s'était aussitôt retourné sur Titchakoff,
» et qu'il venait à notre secours. » (Page 345 [244].)

L'empereur pensait qu'aussitôt que Schwartzenberg aurait appris le mouvement de Titchakoff sur Minsk, il se hâ-
terait de le suivre dans cette direction. Nous n'expliquerons
pas la lenteur que montra alors ce général ; les événemens
postérieurs ont suffisamment mis à découvert les causes qui
ont dirigé la conduite des Autrichiens dans cette circonstance importante, dont les suites ont eu une si funeste influence sur les malheurs de l'armée.

Le maréchal-des-logis du palais insinue que Titchakoff ne
quitta le Bug que pour venir s'opposer à notre passage sur la
Bérésina. C'est depuis les événemens, que l'on a supposé que
son mouvement avait eu lieu dans cette intention. Le fait est
que Titchakoff se porta sur Minsk et sur la Bérésina, pour
chercher à se joindre à Wittgenstein. C'est pourquoi, après
s'être emparé de Borisoff, il se hâta de faire passer la Bérésina à la division Lambert, pour se porter à la rencontre de
Wittgenstein. Mais cette division ayant été culbutée par la
brigade Berkeim, du corps d'Oudinot, cet échec d'une part,
et de l'autre, des avis de Wittgenstein et les ordres de Kutusof, que l'amiral reçut en ce moment, le décidèrent à descendre la Bérésina et à se rapprocher de la grande armée russe.

Dans tout ce chapitre, l'auteur paraît s'attacher à convaincre ses lecteurs, que c'est à l'hésitation des manœuvres de l'amiral Titchakoff, qu'est due la réussite du passage de la Bérésina par l'armée française. Sans chercher à attaquer ou à défendre les opérations militaires de ce général, nous nous bornerons à dire que, lors même qu'avec toutes ses forces il se fût trouvé en position vis-à-vis le point où l'empereur avait résolu de passer, le passage eût encore eu lieu; seulement les deux armées auraient eu à regretter la perte d'un grand nombre de soldats.

« Titchakoff pouvait, le lendemain 27, culbuter, avec » dix-huit mille hommes, les sept mille soldats d'Oudinot » et de Dombrowsky. » (Page 548 [246].)

Pour répondre à cette assertion, nous sommes forcés de répéter ce que nous avons déjà dit, que notre artillerie se montait à plus de deux cent cinquante bouches à feu bien approvisionnées. La rive droite domine de beaucoup la rive gauche de la Bérésina sur ce point où elle n'a que cinquante-quatre toises de largeur; notre mitraille eût balayé tous les abords de cette rivière, et les batteries ennemies eussent été obligées de se tenir hors de portée de notre feu, sous peine d'être détruites. Dès lors, l'ennemi n'eût pu gêner la construction des ponts; et, sous le feu de toute notre artillerie, l'armée se fût formée en bataille au delà de la rivière, pour, de là, marcher à l'ennemi, s'il avait voulu entreprendre une manœuvre semblable à celle que fit Vendôme, pour empêcher Eugène de déboucher de son pont de Cassano. Dans notre situation, ce n'eût été qu'une bataille ordinaire, dont toutes les chances de succès eussent été pour nous, puisque notre armée eût pu se déployer, et qu'indépendamment de la qualité de nos troupes, et de l'exaltation qu'elles puisaient dans les circonstances, nous nous serions trouvés supérieurs en nombre aux Russes. Ce n'eût pas été seulement contre *les sept mille soldats d'Oudinot* que Titchakoff aurait eu à lutter, mais encore contre la garde impériale, les corps d'Eugène, de Ney, de Davoust, ce qui aurait présenté une masse de forces beaucoup plus considérable que celles de l'amiral.

Maintenant que les événemens sont loin de nous, il est peut-être à regretter que Titchakoff n'ait pas fait cette manœuvre. Car son armée eût été, suivant toutes les probabilités, détruite par la nôtre; et quelque grandes que nos pertes eussent pu être, il eût mieux valu pour nous périr en soldats victorieux, que de succomber, quelques jours plus tard, par le froid. Les pertes que nous avons éprouvées au passage de la Bérésina doivent être attribuées à la négligence apportée dans l'exécution des ordres que l'empereur avait donnés pour faire les préparatifs nécessaires au passage, tels que construction de chevalets, etc. On a vu plus haut, que le corps du maréchal Oudinot occupait le point de passage, deux jours avant l'arrivée de l'empereur, mais que le travail des chevalets avait été fait avec si peu de soin qu'il fallut le recommencer. Sans cette circonstance, le passage eût été effectué vingt-quatre heures plus tôt, et sans pertes.

CHAPITRE VII.

LE 26 novembre, le maréchal Victor rejoignit à Loch-
nitza la route qu'avait suivie l'armée venant de Moskou.
Le général Partouneaux fut chargé avec sa division de former l'arrière-garde. Victor, avec ses deux autres divisions,
occupa Borisoff. Le 27, à quatre heures du matin, ce maréchal se mit en marche pour gagner Studzianka, où il prit
position de bonne heure. Le général Partouneaux le remplaça à Borisoff. Il eût été à désirer que M. de Ségur nous
fît connaître quelle instruction le maréchal Victor laissa à
ce général, et à quelle époque il devait quitter Borisoff. Il
assure que Partouneaux « se préparait à en sortir quand
» l'ordre lui vint d'y passer la nuit; que ce fut l'empereur
» qui le lui envoya. » (Page 351 [248].) Ce fait est inexact;
l'empereur n'envoya pas l'ordre à Partouneaux de passer
la nuit à Borisoff. Ce général lui-même déclare que ce fut
un officier qui le lui porta de la part du prince de Neufchâtel. Mais alors cet officier devait être chargé d'un ordre
écrit; car ceux du major-général, portés par des officiers
autres que ses aides-de-camp, l'étaient toujours. D'ailleurs,
ce n'était point la marche ordinaire, et rien n'obligeait à la
changer. Si Napoléon eût voulu que la division Partouneaux restât pendant la nuit du 27 au 28 dans Borisoff, il
aurait chargé le prince de Neufchâtel de prescrire cette
disposition au maréchal Victor; ou bien, s'il eût voulu directement donner cet ordre au général Partouneaux, il lui

aurait envoyé un de ses aides-de-camp ou un de ses officiers d'ordonnance; or, aucun ne reçut cette mission.

« Napoléon crut sans doute par-là fixer toute l'attention » des trois généraux russes sur Borisoff, et que Partou- » neaux, les retenant sur ce point, lui donnerait le temps » d'effectuer tout son passage. » (Page 351 [248].) Notre historien ne donne point les dates que nous venons de ci- ter. S'il l'avait fait, le lecteur apercevrait de lui-même le peu de fondement du prétendu motif du séjour de Partou- neaux à Borisoff. Dans la journée du 26, dans la nuit qui suivit, et dans la journée du 27, presque toute l'armée fran- çaise avait passé la Bérésina, à l'exception du corps de Vic- tor. L'occupation de Borisoff, pendant la nuit du 27 au 28, par le général Partouneaux, était donc non-seulement inu- tile, mais elle n'eût servi qu'à compromettre la retraite de sa division. Car, ainsi que nous venons de le dire, cette di- vision se retirant le 27, tout l'effet qu'on devait attendre de la présence des troupes françaises à Borisoff, était produit.

« Une foule de traîneurs, en refluant sur Partouneaux, » lui apprirent qu'il était séparé du reste de l'armée » (page 352 [248]); ce qui le décida à quitter cette ville pour rejoindre son corps. L'ennemi lui barre la route; Partou- neaux l'attaque, il est repoussé. Il refuse de se rendre ; « il veut tenter un dernier effort, et s'ouvrir vers les » ponts de Studzianka une route sanglante; mais ces hom- » mes, naguères si braves, alors dégradés par la misère, » brisèrent lâchement leurs armes. » (Page 353 [249].)

Le général Partouneaux devait espérer de contraindre le corps qui lui était opposé, à lui livrer passage; car, ce corps se trouvait lui-même entre deux feux. Il est probable qu'il aurait réussi dans cette attaque, s'il l'avait faite avec toute sa division réunie. Il paraît qu'un faux rapport lui fit croire que l'armée française avait passé les ponts et les avait brûlés; ce qui détruisit ses espérances. Il n'est pas

vrai que *ses soldats aient lâchement brisé leurs armes*,
ainsi que le prouve une lettre de ce général, dans laquelle
il fait, au contraire, le plus grand éloge de ses soldats.
Cette lettre est entre nos mains.

« Il se jugea abandonné, livré. » (Page 353 [250].) Le
général Partouneaux, croyant les ponts brûlés, a pu se
considérer comme *abandonné* à ses propres forces ; mais
certainement il n'a jamais pu croire que le maréchal Victor
ait voulu le *livrer* aux ennemis, et nous ne craignons pas
d'être démenti par ce général, en affirmant qu'il n'a jamais
cru être *livré*..... Dans la position critique où il s'est trouvé,
peut-être aurait-il pu prendre un meilleur parti pour en
sortir. Nous ne nous permettrons aucune réflexion à ce sujet, convaincu qu'en faisant ce qu'il a fait, il a cru faire
pour le mieux.

« De toute cette division un seul bataillon échappa. On
» rapporte que son commandant, se tournant vers les siens,
» leur déclara qu'ils eussent à suivre tous ses mouvemens,
» et que le premier qui parlerait de se rendre, il le tue-
» rait..... Alors, il abandonne la funeste route ; il se glisse
» jusque sur les bords du fleuve, se plie à tous ses contours,
» et, protégé par le combat de ses compagnons moins heu-
» reux, par l'obscurité, par les difficultés même du ter-
» rain, il s'écoule en silence, échappe à l'ennemi, et
» vient confirmer à Victor la perte de Partouneaux. »
(Page 355 [250].)

Ce récit est inexact. Ce bataillon était du cinquante-cinquième régiment, et avait pour commandant M. Joyeux.
Il avait été chargé de détruire les ponts sur la Ska, et de
faire l'extrême arrière-garde depuis Borisoff. En sortant
de cette ville, il prit la route de gauche que l'armée avait
suivie, et sur laquelle marchaient encore des fourgons et
des bagages, et arriva sans obstacle à Studzianka, menant
avec lui une pièce de canon et son caisson. L'empereur,

impatient de voir la division Partouneaux se réunir aux deux autres divisions du maréchal Victor, pour couvrir Studzianka, envoya un de ses officiers * d'ordonnance à sa rencontre. Cet officier trouva sur la route le bataillon du cinquante-cinquième. Il s'informa si la division Partouneaux était loin : « Comment, la division Partouneaux ! reprit le » commandant du bataillon ; elle me précède ; je fais son » arrière - garde. » L'officier d'ordonnance s'étant bien convaincu qu'il n'y avait plus que des Russes derrière, revint porter à l'empereur cette funeste nouvelle. Ce prince parut très-étonné de cette circonstance, qu'il ne put s'expliquer. La perte de la division Partouneaux l'affecta et dut l'affecter vivement, puisque, depuis le commencement de la campagne, c'était le seul corps organisé qui fût tombé au pouvoir de l'ennemi. Mais il est faux que le mot *défection* soit sorti de sa bouche. A cette époque ce mot n'était pas connu dans l'armée française. Une nouvelle preuve que Napoléon ne considéra jamais le malheur de la division Partouneaux comme *une défection*, c'est qu'en 1813, il nomma trois enfans de ce général à des places dans des lycées.

* M. Gourgaud.

mmmmmmmmmmmmmmmmmmmmmmmmmmmmmmmmmmmmmmmmmmmmmmmmmm,

CHAPITRE VIII.

L'empereur, dit M. de Ségur, se refusa à faire brûler les voitures qui couvraient la rive gauche de la Bérésina. (Page 358 [253].) Ce prince n'avait pas de motifs pressans pour faire *brûler* les voitures de bagages qui restaient sur cette rive. Son seul but eût été de ne pas laisser des trophées à l'ennemi; mais quels misérables trophées que des voitures de bagages! C'était une bien mince considération comparée à l'état où cette perte réduisait des blessés, et des familles qui avaient suivi l'armée française à son départ de Moskou, et qui, même en tombant au pouvoir de l'ennemi, auraient pu conserver encore quelques ressources!!! Dans tous les cas, sous le point de vue militaire, il était peut-être avantageux de laisser les abords du pont encombrés après le passage de l'armée et de son artillerie; car c'était créer à l'ennemi un nouvel obstacle. L'auteur ajoute que ce fut « par entraînement pour l'avis qui le flattait le plus » (c'est une remarque aussi fausse que puérile), « et par mé- » nagement pour tant d'hommes dont il se reprochait le » malheur. » (Page 358 [253].) Si c'est une accusation dirigée contre les auteurs de cette guerre, elle ne retombe pas sur l'empereur; si elle est dirigée contre sa conduite dans cette expédition, elle est injuste et malveillante. Est-ce d'ailleurs avec ces dissertations pédantesques, et des suppositions continuelles, que l'on écrit l'histoire?

L'évaluation que notre écrivain fait des troupes russes et

françaises au combat du 28, s'éloigne beaucoup de la vérité. « Titchakoff, avec ses vingt-sept mille Russes de l'ar-
» mée du midi, débouchait de Stakowa contre Oudinot,
» Ney, et Dombrowsky. Ceux-ci comptaient à peine dans
» leurs rangs huit mille hommes, que soutenaient la vieille
» et jeune garde, alors composée de deux mille huit cents
» baïonnettes et de neuf cents sabres.» (Page 359 [254].)

Le corps d'Oudinot et la division Dombrowsky comptaient
neuf mille trois cents hommes; celui du maréchal Ney, cinq
mille quatre cents. L'infanterie de la vieille garde, qui, à
son départ de Smolensk, était forte de cinq mille sept cent
soixante-dix-sept hommes, en comptait encore quatre mille
cinq cents; la jeune garde, deux mille deux cents; la cavalerie de la garde, deux mille; les cavaliers démontés de
la garde, sous les ordres du colonel Dautancourt (aujour-
d'hui général), dix-huit cents; le corps du maréchal Victor,
réduit aux divisions Daendels et Girard, comptait plus de
onze mille hommes. Ce qui faisait, avec les corps d'Eugène
et de Davoust, et notre nombreuse artillerie, une armée
de plus de quarante-cinq mille hommes parfaitement armés.

« Parmi les pertes de ce jour, celle du jeune Noailles,
» aide-de-camp de Berthier, fut remarqué; une balle le tua
» raide. C'était un de ces officiers de mérite, mais trop ar-
» dens, qui se prodiguent, et qu'on croit avoir assez ré-
» compensés en les employant. » (Page 361 [255].)

M. de Noailles était sans doute un estimable officier; mais
pourquoi le louer *seul* parmi tant de braves qui se distin-
guèrent dans cette occasion? L'auteur ne dit pas un mot du
général Legrand, qui fut blessé et se conduisit avec tant d'intrépidité; du général Maison, qui n'en montra pas moins,
du général Candras, qui fut tué; des généraux Merle, Grund-
ler, Berkeim; du général Zajonczek, ce Nestor de l'armée
polonaise, qui eut la jambe emportée; du brave colonel Du-
bois, du septième de cuirassiers, qui contribua tant au succès

de l'affaire. Il est vrai que ces officiers portent des noms que la gloire seule a anoblis. Au surplus, quand on cite, il faut citer juste. Il est faux que M. de Noailles ait été tué d'une balle. Il était venu porter un ordre au vingt-troisième régiment de chasseurs, et parlait au colonel Marbot, commandant de ce régiment, lorsqu'une charge de la cavalerie russe eut lieu. Le cheval d'Alfred de Noailles s'abattit; on vit deux cosaques entraîner par le collet cet officier, en le frappant. Le vingt-troisième fit un effort pour le délivrer; il fut infructueux, et M. de Noailles, dont on n'a plus entendu parler, fut probablement massacré par ces barbares.

Dans le récit de ce combat, M. de Ségur a oublié de faire connaître l'ordre que l'empereur fit donner à la division Daendels, de repasser la Bérésina pour aller au secours du maréchal Victor, qui, seul avec la division Girard, soutenait une lutte si disproportionnée contre les efforts de Wittgenstein; et cela dans le moment où l'empereur et les troupes qui avaient passé la Bérésina, étaient violemment attaqués par l'armée de Moldavie. Il est vrai qu'en rapportant un pareil fait, l'auteur eût réfuté lui-même de nouveau le passage de son livre, où il dit (page 192 [135]) : « Napoléon » sentait qu'il n'y avait plus qu'à sacrifier successivement » l'armée partie par partie, en commençant par les extré- » mités pour en sauver la tête. »

« La nuit vint avant que les quarante mille Russes de » Wittgenstein eussent pu entamer les six mille hommes » de Bellune. » (Page 362 [256].) Si, dans tout le récit de cette campagne, les Russes eussent fourni à l'historien de la grande-armée, un fait d'armes aussi glorieux que celui des soldats de Victor, certes, il n'eût pas été aussi économe d'éloges.

CHAPITRE IX.

————

M. L'OFFICIER du palais, dans ce chapitre, entasse horreurs sur horreurs. Il est de fait qu'à la dernière journée du passage, il y eut un grand encombrement auprès des ponts; mais le tableau qu'il en fait, est d'une exagération hors de toute mesure. Son penchant pour les descriptions hideuses l'entraîne : « Les plus heureux gagnèrent le pont, » mais en surmontant des monceaux de blessés, *de fem-* » *mes, d'enfans* renversés, à demi étouffés, que dans leurs » efforts ils piétinaient encore! » (Page 366 [259].) Il y avait à l'armée quelques cantinières et *très-peu d'enfans*. A notre retour de Moskou, plusieurs familles nous ayant suivis, le nombre de ceux-ci augmenta. L'idée de femmes, d'enfans luttant contre la mort, a souri aux auteurs qui ont exploité cette campagne. Ces affligeantes peintures remuent profondément les ames. Mais M. de Ségur a encore enchéri sur ses devanciers, les Labaume, Puibusque, Kerporter, etc. Il reproduit à chaque instant cette image, et en trois pages il répète quatre fois : *les femmes et les enfans,* comme si le nombre en était immense, et qu'au lieu d'une armée, c'eût été une horde nomade de Tartares traînant leurs familles à leur suite.

« La nuit du 28 au 29 vint augmenter toutes ces hor- » reurs. Son obscurité ne déroba pas au canon des Russes » leurs victimes. Sur cette neige qui couvrait tout, le cours » du fleuve, cette masse toute noire d'hommes, de che-

» vaux, de voitures, et les clameurs qui en sortaient, ser-
» virent aux artilleurs ennemis à diriger leurs coups. Vers
» neuf heures du soir, il y eut un surcroît de désolation,
» quand Victor commença sa retraite. » (Page 367 [259].)

Cette description de fantaisie paraît destinée par M. de
Ségur à servir de complément à son tableau. Pendant les
nuits du passage, les ponts étaient tout-à-fait libres. La
masse des traîneurs, qui voulaient passer pendant le jour,
se retirait à la nuit dans leurs bivouacs, d'où aucun ordre,
aucune instance ne pouvait les arracher. Si les Russes
avaient tiré pendant la nuit, les traîneurs se seraient empressés de profiter du libre passage des ponts pour franchir
la rivière; mais il n'en fut point ainsi. Le 28, jour du glorieux combat du neuvième corps, vers cinq heures du
soir, le feu cessa de part et d'autre. A neuf heures, le maréchal Victor commença son mouvement de retraite, et à
une heure du matin, le corps entier avait passé dans un
ordre parfait avec toute son artillerie, ne laissant sur la
rive gauche qu'une faible arrière-garde. A peu près en
même temps, les deux batteries d'artillerie légère des colonels Chopin et Serruzier passèrent. Dans toute cette nuit,
l'ennemi ne tira pas un seul coup de canon. L'auteur l'indique assez lui-même en disant «que la multitude, engour-
» die par le froid, ou trop attachée à ses bagages, se refusa
» à profiter de cette dernière nuit pour passer sur la rive
» opposée. On mit, dit-il, inutilement le feu aux voitures
» pour en arracher ces infortunés. » (P. 367 [260].) Certes, si
les Russes, ainsi que nous l'avons dit plus haut, eussent envoyé quelques boulets au milieu de ces êtres apathiques et
imprévoyans, la plupart des traîneurs eussent passé les ponts.

- Si, comme l'avait prescrit l'empereur, les moyens de
construction du pont eussent été prêts dans la journée du
24, on eût passé dans la nuit de ce jour, dans la journée
du 25; et le 27 au matin toute l'armée française se fût

trouvée sur la rive droite de la Bérésina. Ainsi, la perte de
la division Partouneaux n'eût pas eu lieu; non plus que
l'attaque de Wittgenstein sur Studzianka; en un mot, on
n'aurait pas à déplorer tous les malheurs qui arrivèrent. Ce
passage, qui s'est opéré malgré tous les accidens, malgré les
obstacles qu'on a éprouvés, n'a pas été à beaucoup près aussi
funeste que plusieurs écrivains, qui se plaisent à exagérer
nos malheurs, ont cherché à le faire croire. Les hommes que
nous y perdîmes ne comptaient pas parmi les combattans;
trois pièces de canon seulement restèrent sur l'autre rive;
enfin le nombre des prisonniers que l'ennemi y ramassa (au
dire même des Russes), ne s'éleva qu'à deux mille traîneurs,
blessés, malades ou vivandiers *. A huit heures et demie
du matin, le 29, le feu fut mis au pont, et ce ne fut qu'une
heure après que quelques cosaques s'approchèrent.

Nos lecteurs nous sauront gré de leur faire connaître le jugement porté par l'historien russe que nous avons déjà cité,
sur la conduite de l'empereur, à l'époque du passage de la
Bérésina. « Investi de tous côtés, Napoléon ne perd pas la tête:
il trompe par des démonstrations habiles les généraux qui
lui sont opposés, et glissant pour ainsi dire entre les armées
qui s'apprêtent à fondre sur lui, il exécute son passage sur
un point bien choisi, où tout l'avantage du terrain se trouve
de son côté. Le mauvais état des ponts, dont il ne dépendait
pas de lui d'améliorer la construction, fut l'unique cause
qui, en ralentissant l'opération, la rendit si périlleuse. Ainsi,
les grandes pertes que les Français éprouvèrent ne sauraient
être attribuées à Napoléon, et ne doivent être mises que sur
le compte des circonstances malheureuses où son armée se
trouvait, et qu'il n'était pas en son pouvoir de maîtriser. »

Et c'est un Russe qui parle!!!....

* Voir l'*Histoire de la Campagne de Russie*, par le colonel Boutourlin,
tome II, page 383.

CHAPITRE X.

Après avoir fait la description de la route conduisant à Zembin, qui passe au travers des marais, sur lesquels sont des ponts de plusieurs centaines de toises de longueur, M. le maréchal-des-logis semble regretter que les Russes n'aient pas détruit ces ponts, et s'exprime ainsi : « Pris entre ces » marais et le fleuve, dans un espace étroit, sans vivres, » sans abris, au milieu d'un ouragan insupportable, la » grande-armée et son empereur eussent été forcés de se » rendre sans combat! » (Page 370 [261].)

Dans l'hypothèse où les ponts eussent été brûlés, leur réparation impossible, enfin, dans l'hypothèse où les marais de la Gaïna, au travers desquels la route passe, n'eussent pas été assez fortement gelés pour porter les hommes et les chevaux, *la grande-armée et son empereur n'eussent pas été forcés de se rendre sans combat.* L'auteur dit bien que nous étions pris entre les marais et la Bérésina ; mais il ne dit pas que le troisième côté de ce triangle était occupé par les Russes. Comment un homme, qui porte le titre de général, a-t-il pu penser que, dans une pareille situation, *la grande-armée et son empereur* n'auraient pas marché contre les Russes, et ne leur auraient pas passé sur le ventre, pour prendre la route de Borisoff à Minsk!! Après les descriptions exagérées que M. de Ségur a faites de la faiblesse de l'armée française, cette expression de *grande-armée*, employée ici, a quelque chose qui pourrait convenir dans la bouche d'un gazetier russe, mais qui fait mal dans celle d'un Français.

En nous retraçant, à sa manière, le passage de la Bérésina, l'auteur romantique avait oublié un de ses thèmes favoris, l'ouragan obligé; nous le retrouvons ici. Cet *ouragan* doit se réduire à un peu de vent, et à quelques flocons de neige. Quant à la rigueur du froid, on peut l'apprécier en songeant que la Bérésina n'était pas gelée.

M. de Ségur, en parlant « d'un ancien grand seigneur » de ces temps bien passés, où régnait souverainement une ». grace légère et brillante, » fait allusion au comte de Narbonne. « On voyait, dit-il, cet officier-général de soixante ans, assis sur un tronc d'arbre couvert de neige, s'occuper » avec une imperturbable gaîté, dès que le jour revenait, ». des détails de sa toilette; au milieu de cet ouragan, il » faisait parer sa tête d'une frisure élégante et légère, et » poudrée avec soin, se jouant ainsi de tous nos malheurs » et de tous les élémens déchaînés qui l'assiégeaient. » (Page 372 [263].) M. de Narbonne, malgré son âge, fit la campagne de Russie avec l'activité et l'ardeur d'un jeune homme. Est-il de bien bon goût à M. de Ségur, de chercher à jeter du ridicule sur cet estimable général, qui servit toujours fidèlement l'empereur et la France, et mourut à Torgau, chargé de la défense et du gouvernement de cette place?

CHAPITRE XI.

LE seul objet important de ce chapitre, est la première ouverture que fit Napoléon à MM. Daru et Duroc de sa résolution de partir incessamment pour Paris. Ses motifs étaient puissans et sans réplique. Ceux que M. de Ségur met dans sa bouche, ne sont pas les principaux. Il en est d'autres qui ont dû particulièrement influer sur sa détermination. Un historien russe les a mieux compris que l'historien français. « Napoléon, dit-il [*], n'était pas seulement le chef de l'armée qu'il quittait; mais puisque les destinées de la France entière reposaient sur sa tête, il est clair que dans cette circonstance, son premier devoir était moins d'assister à l'agonie des débris de son armée, que de veiller à la sûreté du grand empire qu'il gouvernait. Il ne pouvait mieux satisfaire à ce devoir, qu'en se rendant à Paris, afin de hâter, par sa présence, l'organisation des nouvelles armées, devenues nécessaires pour remplacer celles qu'il venait de perdre. »

Il laissait au roi de Naples le commandement en chef; au comte Daru, l'administration; et le prince de Neufchâtel restait major-général. M. de Ségur rapporte qu'il y eut entre l'empereur et Berthier, *une scène violente et secrète*, dans laquelle il fait jouer à ce vieux compagnon d'armes de Napoléon un rôle humiliant. Notre écrivain devrait nous

[*] Boutourlin, tome II, page 392.

dire comment il en a eu connaissance. Une conversation particulière avait en effet eu lieu entre le prince de Neufchâtel
et l'empereur, qui l'a raconté depuis. Il y fut question du
choix à faire pour le commandement de l'armée. Napoléon
était décidé à le confier à Eugène. Le prince de Neufchâtel
insista long-temps en faveur du roi de Naples. Il mit dans
ses instances, une force, une opiniâtreté qui n'étaient pas
dans son caractère. Il finit par déclarer que, si le prince
Eugène commandait l'armée, il ne resterait pas sous ses ordres. On peut pardonner à ce vétéran de la gloire militaire
française, que l'empereur avait élevé si haut, et approché
des souverains en le mariant à une princesse d'une des plus
anciennes familles régnantes d'Allemagne, cette funeste répugnance à se trouver sous un chef qui ne portait pas une
couronne. M. de Ségur aura eu connaissance de ce long entretien, qui se passait dans une chambre attenante à celle où
étaient les officiers de service. Il a pu apprendre vaguement que le prince de Neufchâtel avait refusé de rester à
l'armée. Il ne lui en a pas fallu davantage pour donner carrière à son imagination romantique, et rapporter la scène
secrète dont il fait mention. C'est la manière caractéris-
tique de cet auteur, et l'on peut penser que c'est ainsi qu'il
a composé une grande partie de cette histoire.

www

CHAPITRE XII.

Ce chapitre contient le récit de faits glorieux pour les troupes françaises qui faisaient l'arrière-garde sous les ordres du maréchal Ney et du général Maisons. En parlant d'un combat qui eut lieu en avant de Malodetchzno, l'auteur raconte que l'ennemi, ne pouvant culbuter les troupes qui lui étaient opposées, dirigea une partie de ses forces « vers » une autre entrée; » et que « le bonheur voulut que Vic- » tor avec environ quatre mille hommes, reste du neu- » vième corps, occupât encore ce village. » (P. 383 [270].) Il serait assez extraordinaire que les généraux Ney et Maisons, qui faisaient tête à l'ennemi, en avant de Malo-detchzno, avec quelques centaines d'hommes, eussent ignoré que ce bourg était occupé par Victor et quatre mille hommes. Ce dernier s'y trouvait avec son corps, en vertu d'un ordre du major-général *.

---

* *Le prince de Neufchâtel et de Wagram au duc de Bellune.*

Malodetchzno, le 4 décembre 1812, à quatre heures du matin.

« Monsieur le duc de Bellune, continuez aujourd'hui votre mouvement de retraite, et venez prendre la position de Malodetchzno, en ayant soin que toutes les voitures et les hommes isolés passent avant vous. Le deuxième corps, qui gardera cette ville jusqu'à votre arrivée, prendra position en arrière. Le quartier-général sera à Bienitza par Markowo. Si l'on avait trouvé ici des vivres, on aurait fait halte; mais les premiers magasins considérables sont à Smorgoni; il y a là des bœufs, de l'eau-de-vie, du biscuit; faites-le connaître à vos traîneurs, afin qu'ils se rallient sur ces ma-

Ce chapitre se termine par une querelle entre les maréchaux Victor et Ney, au sujet du commandement de
l'arrière-garde. M. de Ségur nous représente Ney « s'em-
» portant avec une violence excessive dont la froideur de
» Victor ne s'émeut guère. » (Page 385 [271].) On ne voit
pas trop la cause de cette discussion, puisque la lettre * du

gasins. Si vous avez des voitures d'équipages militaires, envoyez-les sur
Smorgoni chercher des vivres. Toutefois, on va tâcher de vous faire passer
dix mille rations de biscuit et de bœuf, ce qui vous mettra à même de
tenir par-tout où cela sera nécessaire, sans crainte que vos troupes se
débandent.

» Si les moyens de transport ne permettaient pas que vous reçussiez
dans la journée de demain ces vivres, il faudrait continuer votre mouvement jusqu'auprès de Smorgoni, c'est-à-dire près des moyens, et là
il faudra faire halte. Faites une proclamation pour rallier les traîneurs,
et les diriger sur Smorgoni; faites battre un ban, et faites-la lire par
un officier d'état-major. »

Signé ALEXANDRE.

* *Le duc de Bellune au prince de Neufchâtel et de Wagram,
major-général.*

Au bivouac, le 5 décembre 1812, à quatre heures du matin.

« Monseigneur, le combat que l'arrière-garde a soutenu le 4 est le
dernier effort qu'elle pouvait faire contre les ennemis; les troupes qui la
composent sont aujourd'hui tellement réduites, et le peu qui en reste est
si misérable, que je suis obligé de les soustraire aux poursuites de l'ennemi, et d'éviter toute espèce d'engagement. Le rapport que mon premier
aide-de-camp a dû faire à V. A. S. sur l'état et la situation de ces troupes,
est de la plus exacte vérité.

» L'avant-garde du corps qui nous suit est arrivée hier à Bienitza
aussitôt que nous, quoique nous ayons fait une marche de nuit, et que
les ponts de Malodetchzno aient été détruits. Il était onze heures; si j'a-
vais voulu me maintenir à Bienitza, il aurait fallu livrer ou soutenir
un nouveau combat à notre désavantage, vu la disproportion qui existe
entre mes forces et celles des ennemis. J'ai en conséquence pris le seul
parti convenable, celui de continuer ma marche rétrograde, et de venir
coucher au village distant de deux lieues de Bienitza, et de quatre de
Smorgoni. Les vedettes des ennemis et les nôtres se voient; je serai

duc de Bellune au major-général fait voir que ce maréchal commandait l'arrière-garde.

vraisemblablement suivi aussi vivement aujourd'hui qu'hier, et je crois qu'il convient que sa majesté s'éloigne un peu de nous.

« Les traîneurs nous pressent toujours ; ils sont en très-grand nombre. L'habitude qu'ils ont contractée de ne marcher qu'au jour, permet à l'ennemi d'en prendre beaucoup ; mais soit qu'il ne s'en soucie guère, ou qu'il prenne leur colonne pour des troupes réglées, il ne les suit qu'avec circonspection ; je crois néanmoins qu'il en a pris hier quelques-uns.

« Je compte arriver à Smorgoni ce matin vers neuf heures ; je serai sans doute obligé d'aller coucher plus loin, à moins que je ne trouve quelques troupes pour nous soutenir. Celles de M. le général de Wrède seraient très-utiles dans cette circonstance. Je pense que l'empereur leur a donné l'ordre de nous remplacer ou de marcher avec nous.

« Daignez agréer, Monseigneur, l'hommage de mon respect. »

Signé LE MARÉCHAL DE BELLUNE.

CHAPITRE XIII.

———

On trouve ici de nouvelles réflexions sur les sentimens de l'armée envers l'empereur. M. l'officier du palais dit (page 386 [272]) : *il est vrai qu'une sédition était impossible*. Cette remarque est oiseuse. A qui l'idée de sédition se serait-elle présentée? Il y avait entre l'armée et son chef une réciprocité de sentimens, qui rendait cette supposition impossible.

La souplesse que M. de Ségur attribue à l'empereur envers les maréchaux, qu'il « gagna à son projet de départ par des flatteries, des caresses, des épanchemens de con- » fiance » (page 388 [273]), est contraire au caractère de Napoléon. Toute l'armée désirait, et apprit avec joie le parti qu'il prenait. Elle sentait qu'en lui résidait le salut de tous ; que l'on pouvait bien perdre des hommes, des canons, des provinces; mais qu'en le perdant, tout serait perdu. La confession que notre historien lui fait faire devant ses officiers, est plus ridicule encore ; et dans quels termes la fait-il? « Si j'étais né sur le trône, si j'eusse été un Bour- » bon, il m'aurait été facile de ne point faire de fautes. » (Page 388 [273].) Le propos serait inexplicable. L'auteur voudrait-il par-là faire croire que l'empereur n'avait entrepris l'expédition de Russie que pour se consolider sur le trône de France? Voudrait-il lui faire signaler les dangers et le malheur de s'attacher à sa fortune, ou lui donner la prescience de la grande catastrophe qui a amené sa chute ?

Alors, il faut en convenir, M. de Ségur aurait le don de prophétie après l'événement. On se demande où il s'est procuré de pareilles notes. Est-il vraisemblable que cette pensée se soit présentée dans ce moment à l'esprit de l'empereur ? Est-il possible qu'il l'ait exprimée ? Comment l'absurdité de cette idée n'a-t-elle pas frappé son historien ? Le cœur de Napoléon était déchiré à l'aspect des calamités de son armée ; mais personne ne connaissait mieux que lui les causes qui les avaient produites. On ne conçoit pas comment un officier de son palais a pu se fourvoyer aussi lourdement, et prêter à ce prince des pensées et des paroles qui sont dans une telle contradiction avec sa position et son caractère.

Au reste, personne ne peut se méprendre sur le but d'une pareille insinuation.

LIVRE DOUZIÈME.

CHAPITRE I.

Le début de ce livre prouve l'incohérence des idées de l'auteur. « J'avais atteint le départ de Napoléon, et je me » persuadais qu'enfin ma tâche était remplie. » (P. 393 [277].) Cependant, quand il a pris la plume, les événemens étaient passés, et les faits qui devaient fournir la matière de son ouvrage bien connus. Comment son plan n'était-il pas arrêté ?

« Je m'étais annoncé comme l'historien de cette grande » époque, où, du faîte de la plus haute des gloires, nous » fûmes précipités dans l'abîme de la plus profonde infor- » tune. » (Page 393 [277].) *L'historien de cette grande époque* n'a point rempli la tâche qu'il s'était imposée. Il s'est fait le chantre des calamités et des désastres, et non des grandes choses qui ont rempli cette mémorable expédi- tion. En disant que nous fûmes précipités du faîte *de la plus haute des gloires*, l'auteur n'exprime pas sa pensée. Nous aimons mieux croire qu'il a voulu dire *de la plus haute des prospérités*. Si cette expédition a été désas- treuse, elle a été féconde en traits d'héroïsme et de dé- vouement, qui ont jeté sur l'armée française un éclat im-

périssable. Tout ce que nous avons lu jusqu'ici, flétrit l'ame ; et, cependant, M. de Ségur nous annonce qu'*il ne lui reste plus à retracer que d'effroyables misères.* Il s'adresse de nouveau à *ses compagnons*, et leur demande : « Pourquoi ne nous épargnerions-nous pas, vous, la dou-
» leur de les lire, moi, les tristes efforts d'une mémoire
» qui n'a plus à remuer que des cendres, à ne compter que
» des désastres, et qui ne peut plus écrire que sur des tom-
» beaux ? » (Page 393 [277].)

C'est ici que notre tâche devient pesante, et que nous sentons plus que jamais tout ce que l'accomplissement de notre devoir a de pénible. Pourquoi l'écrivain n'a-t-il pas écouté cette heureuse idée de terminer ici les tristes efforts de cette mémoire, qui devrait en effet être fatiguée de *remuer des cendres* ? Nous le suivrons jusqu'à la fin, en surmontant notre répugnance, et ce qui devrait nous décourager, sera pour nous un nouveau véhicule.

Dans la situation où le départ nécessaire de l'empereur plaçait l'armée, elle dut se ressentir du vide immense qu'il y laissait. Mais peut-être les malheurs qui survinrent après son départ, ne fussent-ils pas arrivés, si, moins empressé d'atteindre Wilna, on eût fait des marches moins longues. Ce fut à ces marches, dans un moment où le froid avait redoublé d'intensité (il s'éleva jusqu'à vingt-huit degrés), que les corps d'armée durent leur désorganisation.

« La plupart des colonels de l'armée, qu'on avait admi-
» rés jusque-là, marchant encore avec quatre à cinq offi-
» ciers ou soldats, autour de leur aigle et à leur place de
» bataille, ne prirent plus d'ordres que d'eux-mêmes; cha-
» cun se crut chargé de son propre salut....... ce fut un cri
» de sauve qui peut presque général. » (Page 397 [280].)

La situation affreuse de l'armée ne peut absoudre l'au-
teur de l'imputation qu'il laisse planer sur les colonels, qui, pendant la campagne, avaient eu à supporter tant de

peines morales et physiques, bien autrement poignantes que celles d'un général uniquement chargé d'un service civil dans la maison de l'empereur. Ce qu'il était juste de dire, c'est que le maréchal Ney, qui avait à l'arrière-garde des pelotons composés de colonels et d'officiers supérieurs, ayant vu plusieurs de ces officiers enlevés par un coup de mitraille, trouva que leurs services seraient achetés trop cher par les pertes que l'armée ferait en eux de son avenir. Il pensa avec raison qu'il était préférable d'avoir quelques centaines d'hommes de moins en ce moment, et d'assurer la recomposition future de l'armée, en sauvant de leur propre dévouement les colonels, officiers supérieurs et autres qui, n'ayant plus de soldats, s'obstinaient à rester à l'arrière-garde pour combattre. Il ordonna donc à tous les officiers sans troupes de se retirer et de gagner le Niémen. Il renvoya même des sergens-majors et des fourriers ; et, dans les troupes qui lui restaient, il ne voulut conserver que le nombre d'officiers et de sous-officiers proportionné à celui des soldats. M. de Ségur n'avait loué qu'un seul colonel ; il les blâme en masse. Nous voulons croire qu'il a ignoré l'ordre donné par le maréchal Ney ; mais, dans le doute, il devait s'abstenir. Nous avons eu tant d'occasions de signaler, dans cet ouvrage, des omissions et des erreurs produites par l'ignorance des faits, que celle-là ne doit point nous étonner. Mais, quand on manque de raisonnemens exacts, il y a de la témérité à se charger d'écrire l'histoire.

L'anarchie et le désordre sont peints avec la même exagération. Il y eut sans doute de grands traits d'égoïsme, tels qu'on doit s'attendre à en trouver dans d'aussi grandes calamités ; mais il y eut une foule d'actes de générosité et de dévouement. Des amis, des camarades ont partagé entre eux leurs chétifs alimens, leur linge ; des soldats, des domestiques ont porté leurs officiers ou leurs maîtres ; le général

Legrand le fut par ses grenadiers; le général Zajonczek fut sauvé par ses soldats; le jeune Sainte-Croix *, amputé à Mojaïsk, fut sauvé, à son retour, par des amis; le colonel Marin (de l'artillerie de la garde) fut transporté par ses canonniers, etc., etc. Pourquoi ne montrer que des points de vue hideux? L'auteur craignait-il de manquer le but qu'il paraît s'être proposé, s'il nous laissait voir de beaux côtés?

* Frère du général de ce nom.

CHAPITRE II.

LA marche de l'armée française sur Wilna est le sujet de nouvelles scènes, où M. le maréchal-des-logis du palais redouble d'efforts pour enchérir sur les horreurs des chapitres précédens. Cependant, l'état de l'armée était assez déplorable pour que l'auteur ne s'abandonnât pas au triste plaisir d'en surcharger le tableau. « Des soldats accoururent » en furieux, et avec des grincemens de dents et des rires » infernaux; ils se précipitèrent dans ces brasiers, où ils » périrent dans d'horribles convulsions. Leurs compagnons » affamés les regardaient sans effroi; il y en eut même qui » attirèrent à eux ces corps défigurés et grillés par les » flammes, etc. » (Page 407 [286].) La plume se refuse à transcrire le reste de ce passage. Le caractère distinctif des effets de cette extrême infortune, c'est que, bien qu'on ne fît rien pour fuir la mort, personne ne la chercha volontairement. L'*anthropophagie* manquait à ce sinistre récit. M. de Ségur a-t-il été témoin d'un des traits qu'il cite en ce genre? de qui les tient-il? mais il sait que l'extravagant, l'extraordinaire, l'effroyable, plaisent au commun des lecteurs, et il en abuse. C'est peut-être là le secret du succès de son ouvrage.

Doit-on s'attendre, après de tels récits, à lire une froide dissertation sur la vanité des présages? à voir citer « des prédictions qui annoncent une invasion de Tar- » tares jusque sur les bords de la Seine? » et répéter

le conte du prétendu « orage qui avait marqué notre en-
» trée sur les terres russes? » (Page 408 [287].) Peut-on
abuser ainsi de la sensibilité de ses lecteurs et de leur
crédulité!

mm

CHAPITRE III.

LE désordre qui eut lieu à Wilna ne peut être imputé à l'empereur. Lors de son départ de l'armée (Smorgoni, le 5 décembre), il avait tout sujet d'espérer que les renforts en hommes qu'elle recevait, en même temps que les approvisionnémens considérables qui se trouvaient à Smorgoni, Ochmiana et Wilna, mettraient les corps à même de se réorganiser. Dans cette pensée, il écrivit au major-général les ordres suivans, datés de Biénitza le 5 décembre :

« Mon cousin, je vous envoie ci-joint une instruction pour la réorganisation de l'armée : le roi de Naples y apportera les modifications que les circonstances exigeront. Je pense cependant qu'il est nécessaire d'organiser aussitôt les Lithuaniens à Kowno, le cinquième corps à Varsovie, les Bavarois à Grodno, le huitième corps et les Wurtembergeois à Olita, les petits dépôts à Merecz et Olita, et diriger la cavalerie à pied sur Varsovie et Kœnigsberg, ainsi que les soldats du train et des équipages militaires, qui n'ont point de chevaux. Il faut faire partir après-demain toutes les remontes de cavalerie de Wilna sur Kœnigsberg; il faut faire partir après-demain les agens diplomatiques pour Varsovie; il faut également faire partir pour Varsovie et Kœnigsberg tous les généraux et officiers blessés, leur faisant comprendre la nécessité de débarrasser Wilna, et d'y avoir des logemens pour la partie active de l'armée. On assure que le trésor de l'armée est considérable ; donnez ordre d'en envoyer à Varsovie et Kœnigsberg, où cela est nécessaire ; ce qui débarrassera d'autant Wilna. Enfin tous les ordres qui tendent à débarrasser Wilna doivent être donnés demain, puisque cela est utile pour plusieurs raisons.

» Instruction. — Rallier l'armée à Wilna; tenir cette ville et prendre ses quartiers d'hiver, les Autrichiens sur le Niémen, couvrant Brezc, Grodno et Varsovie ; l'armée sur Wilna et Kowno. En cas que l'armée ennemie marche, et qu'on ne croie pas tenir en deçà du Niémen, la droite couvrant Varsovie, et s'il se peut Grodno; le reste de l'armée, en ligne derrière le Niémen, gardant comme tête de pont Kowno; faire faire de grands approvisionnemens de farine à Kœnigsberg, Dantzick, Varsovie, Thorn ; faire tout évacuer de Wilna et de Kowno, afin d'être libre de ses mouvemens : les évacuations auront lieu sur Dantzick pour ce qui est le plus précieux. »

Il y avait à Wilna quatre millions de rations de farine, trois millions six cent mille rations de viande, neuf millions de rations de vin et d'eau-de-vie, quarante-deux mille paires de souliers, des magasins considérables de légumes et de fourrages, d'habillement, de harnachement et d'équipement, trente-quatre mille fusils et un arsenal bien fourni en munitions de toute espèce. On voit donc combien est peu fondé ce reproche d'imprévoyance, que M. le maréchal-des-logis du palais a si souvent fait à l'empereur. Suivant lui, « aucun chef n'osa donner l'ordre » de distribuer ces vivres à tous ceux qui se présentaient. » (Page 412 [290].) C'est une accusation contre les chefs de l'administration militaire. Peut-être espéraient-ils, en ne faisant de distributions qu'avec les formes régulières, obliger les hommes isolés à se rallier; mais ce fut un grand malheur.

L'auteur fait une peinture révoltante des hôpitaux de

Wilna. Il est de fait, cependant, que les nombreux hôpitaux de cette ville avaient été mis, par les soins des docteurs Desgenettes et Marie de Saint-Ursin, dans une situation aussi bonne que possible; mais au moment du désordre qui résulta de l'encombrement de Wilna, l'administration ne pouvait plus rien. M. de Ségur a pris un état de choses extraordinaire pour la conséquence d'une négligence qui n'avait pas existé. Sa prévention ne pouvait s'arrêter en aussi beau chemin.

« Enfin les soins de plusieurs chefs, tels qu'Eugène et » Davoust; la pitié des Lithuaniens, et l'avarice des juifs, » ouvrirent quelques refuges. » (Page 412 [290].)

Des officiers avaient été placés aux portes de Wilna, pour indiquer aux soldats des divers corps d'armée, des couvens et autres édifices qui devaient leur servir de casernes, et où ils auraient pu se rallier et recevoir des distributions. Mais les soldats aimèrent mieux parcourir la ville dans tous les sens, et entrer dans les maisons.

Par suite des ordres que l'empereur avait envoyés de Zélitska au général de Wrède, ce général s'était porté de Vileïka à Slobkchomska. Le 8 décembre, le roi de Naples lui enjoignit de se rendre à Ruckoni avec ses Bavarois, au nombre de deux mille et quelques cents hommes, pour y relever le duc de Bellune, qui avait fait l'arrière-garde, et se placer sous les ordres du maréchal Ney, à qui ce commandement était de nouveau confié. Le général bavarois, après avoir été attaqué dans cette dernière position par les corps de cosaques qui précédaient l'avant-garde russe, et qui avaient quelques pièces légères, fut rejeté dans Wilna; ce qui causa un assez grand désordre parmi les traîneurs, cantiniers, etc. On battit la générale; mais les cosaques se seraient bien gardés d'entrer ce même jour dans une ville où se trouvait encore de l'infanterie organisée. Le général de Wrède, ayant avec lui une soixantaine de chevau-légers

bavarois se rendit chez Ney. Après avoir formé sa troupe
en bataille devant sa porte, il entra chez ce maréchal, ayant
encore son épée à la main : « M. le maréchal, lui dit-il ;
l'ennemi me suit. Je viens vous offrir, avec mes soixante cavaliers, de vous conduire en sûreté sur la route de Kowno. »
Ney était appuyé contre la cheminée. Il prit froidement de
Wrède par la main, le mena près d'une fenêtre qui donnait
sur la rue, et lui montrant le désordre qui y régnait, et les
gens sans armes qui s'y pressaient pour fuir, lui dit : « M. le
général, pensez-vous qu'un maréchal d'empire puisse se
mêler parmi cette canaille? » Le général bavarois fut un
moment interdit; puis, il objecta à Ney que, s'il restait plus
long-temps à Wilna, il risquerait de tomber au pouvoir de
l'ennemi. Le maréchal répliqua : « Non, non, général, ne
craignez rien pour moi; j'ai ici dans ma maison cinquante
grenadiers français, et tous les cosaques de la terre ne me
feront pas déloger avant demain, à huit heures. »

« On eût pu tenir vingt-quatre heures de plus à Wilna,
» et beaucoup d'hommes eussent été sauvés. » (P. 415 [292].)

On eût pu s'y maintenir facilement plusieurs jours. Le
froid avait causé dans l'armée russe presque autant de ra-
vages que dans l'armée française; elle marchait lentement.
La garnison de Wilna et la garde impériale eussent pu défendre la ville contre toutes les entreprises des cosaques.
Quoique les ordres de l'empereur, pour mettre cette ville
en état de résister à une attaque sérieuse, n'eussent pas été
entièrement exécutés, quelques travaux de palissadement
avaient été faits. En tenant à Wilna vingt-quatre heures
de plus, il eût été facile, au moyen des distributions de
toute espèce qu'on aurait faites aux traîneurs, d'en rallier
un grand nombre; et, si l'on eût dû évacuer cette place
plus tard, cette évacuation eût pu se faire avec ordre. On
doit amèrement regretter que dans les grandes crises, l'empereur ne pût être à la fois à la tête de ses troupes et à

Paris. Après le passage de la Bérésina, l'armée ayant atteint les magasins, et touchant à ses renforts, Napoléon jugea le moment opportun pour se rendre en France. Si les instructions qu'il laissa en partant avaient été suivies, les désastres qui arrivèrent après son départ n'auraient pas eu lieu. Ils furent en grande partie causés par la rapidité avec laquelle on s'empressa d'atteindre Wilna. On ne songea pas assez que ces marches continues, et l'atroce rigueur du froid, ne pouvaient qu'achever la désorganisation de l'armée.

« Dans cette ville, comme à Moskou, Napoléon n'avait » fait donner aucun ordre de retraite. » (Page 417 [294].)

A Wilna, comme à Moskou, Napoléon avait prescrit toutes les mesures que les circonstances nécessitaient. Dès que les communications avaient été rétablies entre l'armée et Wilna, il n'avait cessé de donner des ordres pour faire ramasser des vivres et faire évacuer sur cette place tous les effets, bagages inutiles au passage de l'armée, qui se trouvaient tant à Smorgoni qu'à Ochmiana *. La lettre de l'empereur au major-général, en date de Bienitza le 5 décembre 1812, que nous avons citée (page 351), prescrivait des mesures tant pour la réorganisation de l'armée que pour l'évacuation sur Wilna de tout ce qui était inutile à l'armée active. Elle se termine ainsi : « Enfin tous les ordres qui tendent à débarrasser Wilna, doivent être donnés demain, puisque cela est utile pour plusieurs raisons. »

* Voyez à l'*Appendice*,

1° Lettre du prince de Neufchâtel au prince Eugène, Staïki, le 2 décembre ;

2° Lettre du même au même, Selitzka, le 2 décembre ;

3° Lettre du même au général de Wrède, du 3 décembre ;

4° Lettre du même au général d'Albignac, Malodetchzno, le 3 décembre ;

5° Lettre du même au duc de Bellune, Malodetchzno, le 4 décembre. (Voyez page 340.)

6° Lettre du même au comte de Kreptowiciz datée de Malodetchzno.

Il est inconcevable que, malgré ces preuves irréfragables, M. de Ségur veuille soutenir jusqu'à la fin son système de dénigrement. Car il a bien pu se convaincre par les lettres que nous citons, que, si les ordres de l'empereur eussent été exécutés (et rien ne s'opposait à ce qu'ils le fussent), cet énorme encombrement de voitures, de fourgons, de bagages n'aurait pas eu lieu.

L'auteur, en parlant du défilé de Ponari, dit : « Argent, » honneur, reste de discipline et de force, tout acheva de » s'y perdre....... Un caisson du trésor qui s'ouvrit, fut » comme un signal; chacun se précipita sur ces voitures, etc. » (Page 419 [295].)

Voici le fait. La veille du jour dont il est question, un directeur de poste aux lettres se présenta au maréchal Ney à Wilna, et lui rendit compte que, faute de chevaux, il avait été obligé d'abandonner son fourgon dans lequel était une somme assez considérable appartenante à l'état. Le maréchal s'informa si, du moins, avant d'abandonner le fourgon, il avait délivré l'argent aux malheureux soldats dont la route était couverte. Sur la réponse négative de cet employé, Ney exprima le regret que ces fonds eussent été laissés à l'ennemi. Le lendemain, le maréchal sortant de Wilna avec l'arrière-garde, et arrivant au bas de la montagne de Ponari, vit une longue file de voitures et de fourgons du trésor arrêtés. Jugeant de l'impossibilité de les sauver, parce que l'ennemi nous talonnait, il ordonna que ces caissons fussent ouverts, et que les espèces qu'ils contenaient fussent remises à tous ceux qui voudraient en prendre : son ordre fut exécuté. Cette dispersion du trésor était regrettable, sans doute; mais la circonstance la commandait. M. de Ségur aurait-il mieux aimé que les Russes en eussent profité ? Et fallait-il en faire un sujet d'accusation contre l'honneur de l'armée ?

« Sur la partie de la montagne la plus exposée, un

» officier de l'empereur, le colonel comte de Turenne, con-
» tint les cosaques, et, malgré leurs cris de rage et leurs
» coups de feu, il distribua sous leurs yeux le trésor par-
» ticulier de Napoléon aux gardes qu'il trouva à sa portée.
» Ces braves hommes se battant d'une main, et recueillant
» de l'autre les dépouilles de leur chef, parvinrent à les
» sauver. Long-temps après, quand on fut hors de tout
» danger, chacun d'eux rapporta fidèlement le dépôt qui
» lui avait été confié ; pas une pièce d'or ne fut perdue. »
(Pages 420 et 421 [296].)

On conçoit que M. le maréchal-des-logis du palais ait
voulu citer avec éloge l'un de ses collègues *, M. le chambellan comte de Turenne, maître de la garde-robe de Napoléon ; mais comment la richesse de son imagination ne
lui a-t-elle pas fourni quelque chose de plus flatteur pour
M. de Turenne, que de le représenter distribuant des effets
de la toilette de l'empereur **, lorsque l'arrière-garde, conduite par le maréchal Ney, le dispensait du soin de contenir les cosaques ?

Au reste, cette anecdote, en même temps qu'elle amuse
le lecteur, lui donne, au milieu de tous ces désastres, une
consolation, c'est la pensée que, depuis le défilé de Ponari,
aucun de ces braves soldats de la garde n'a succombé.

---

* Les quatre officiers civils de la maison de l'empereur, qui se trouvaient à l'armée sous les ordres du grand-maréchal, étaient MM. de Ségur,
maréchal-des-logis du palais ; Canouville, *idem* ; Turenne, chambellan,
maître de la garde-robe ; Beausset, préfet du palais.

** C'est sans doute ce que l'auteur appelle *dépouilles de leur chef.*
L'empereur n'avait pas de trésor particulier, celui qui fut distribué à la
montagne de Ponari, était le trésor de l'armée.

~~~~~~

CHAPITRE IV.

LA méthode de retraite que suivit Ney, n'est pas celle que rapporte l'auteur. Il suppose que ce maréchal faisait marcher ses troupes pendant la nuit, et les faisait·battre pendant le jour. Si cet illustre guerrier eût adopté un aussi funeste système de marche, il est bien certain qu'aucune troupe n'aurait pu y résister, sur-tout quand on pense qu'il se faisait peu de distributions régulières de vivres, et que ce n'était que pendant le temps du bivouac, qu'on cherchait à s'en procurer.

Les tristes réflexions que M. l'officier du palais fait faire à l'armée, après le passage du Niémen, en jetant un dernier regard sur ce fleuve, contiennent une récapitulation de nos malheurs, présentés dans un cadre resserré, pour les faire encore mieux ressortir. Il ajoute : « Deux rois, un » prince, huit maréchaux suivis de quelques officiers, de » généraux à pied, dispersés et sans aucune suite ; enfin » quelques centaines d'hommes de la vieille garde, encore » armés, étaient ses *restes* ; eux seuls la représentaient. » (Page 427 [300].)

Son exagération habituelle et sa manière passionnée se font remarquer dans cette courte analyse. Voici l'évaluation réelle faite à cette époque, des forces de l'armée française :

Troupes qui ont repassé le Niémen à Kowno, à l'époque

du 15 décembre. . . . . 36,000 hommes.

Dixième corps. 30,000

Corps polonais aux ordres du prince
Poniatowski *. 20,000

Septième corps, Saxons et Français,
de Regnier. 15,000

Corps autrichien. 26,000

                                    127,000 hommes.

Dans chaque régiment, on avait une idée à peu près fixe du nombre des hommes tués, des hommes blessés et aux hôpitaux; on n'en avait point sur les hommes morts de froid; mais on avait des données sur ceux qu'on présumait prisonniers. Pourquoi, depuis 1814, s'est-on tu sur le nombre de ceux qui sont rentrés, et qu'on a dit avoir été si généreusement rendus par Alexandre? Non-seulement il en revient encore aujourd'hui quelques-uns, mais beaucoup sont restés dans différens gouvernemens de la Russie. M. de Ségur est loin de nous présenter nos malheurs avec ces consolations.

Quant à la garde, l'époque de sa réunion (le 15 décembre), à Wirballen, où elle séjourna le 16, elle était encore nombreuse, sur-tout en hommes. Dans la cavalerie, le régiment de chevau-légers polonais comptait seul un effectif de quatre cent douze hommes et de plus de deux cents chevaux, tous très-bons et de service, et d'autres malades ou blessés. Un grand nombre des hommes de ce régiment, ayant perdu leurs chevaux, s'étaient dirigés, pendant la retraite, à travers les bois de la Lithuanie, sur Varsovie, où ils arrivèrent protégés autant par les habitans que par la connaissance de la langue du pays.

---

* Le prince Poniatowski est arrivé à Varsovie le 25 décembre, ramenant trente pièces de canon avec son corps d'armée. (*Manuscrit de 1813, par le baron Fain*, tome 1, page 30.)

Ce chapitre se termine par un éloge mérité du maréchal Ney, qui déploya, dans cette mémorable campagne, tout ce que la force d'ame et le dévouement ont de plus héroïque, et qui n'abandonna la partie que quand elle lui manqua.

CHAPITRE V.

Lorsque l'armée eut atteint Gumbinnen, à trois journées du Niémen, les Russes ralentirent leur marche. Leur
détresse était presque aussi grande que la nôtre, et quand
ils nous virent hors des atteintes de la faim et du froid, ils
devinrent plus prudens ; ce qui permit au roi de Naples de
donner quelque repos aux troupes.

M. de Ségur, à propos d'un conseil tenu par ce monarque à Gumbinnen, met dans sa bouche des paroles qui furent, dit-il, *le premier symptóme de sa défection*. Il le
représente « plein de dépit de la responsabilité de la re-
» traite que l'empereur lui a laissée, se désespérant d'a-
» voir rejeté jusque-là les propositions des Anglais, etc. »
(Page 452-[304, 305].) A ces paroles inconsidérées, Davoust réplique avec autant de force que de raison. L'auteur
ajoute : « Murat resta décontenancé. Il se sentait coupable.
» Ainsi fut étouffée cette première étincelle d'une trahison
» qui devait plus tard perdre la France. L'histoire n'en
» parle qu'à regret, depuis que le repentir et le malheur
» ont égalé le crime. » (Page 434 [305].)

Il est malheureusement reconnu que le roi de Naples n'a
pas été à la hauteur des circonstances et de la mission dont
il fut chargé, lors du départ de l'empereur : il est donné à
peu d'hommes d'être également grands dans la prospérité
et dans le malheur. Depuis le commencement de sa carrière militaire, Napoléon n'avait point éprouvé de véritable

échec; il n'avait donc pas eu, comme si sa fortune eût été
variée, l'occasion de découvrir, parmi ses généraux, quelques-uns de ces êtres singuliers, dont l'adversité semble être
l'élément, et qui grandissent dans l'infortune. Ce prince
avait dû se contenter d'étudier les caractères dans les alternatives des combats; Murat avait toujours été sans reproche, et il a fallu des événemens extraordinaires, pour le
montrer sous un autre jour.

À tout prendre, sa défection n'est pas plus inconcevable
que celles qui se sont succédé en 1814, depuis mars jusqu'à
la mi-avril; et malgré sa perspicacité, l'empereur ne devait pas prévoir un pareil aveuglement.

Tout ce qu'un souverain doit faire pour s'attacher les
hommes qui le servent, Napoléon l'avait fait. Il les avait
unis à sa fortune par les deux liens les plus puissans, l'intérêt et l'amour-propre. Aucun prince, aucun gouvernement ne pouvait leur offrir des avantages équivalant à ceux
qu'ils tenaient de l'empereur.

Du reste, Napoléon avait trop étudié l'histoire, pour
n'être pas bien convaincu du sort qui attend les princes
malheureux. Il savait qu'il y a dans les nations modernes,
une masse très-influente d'individus uniquement occupés de
leurs richesses, de leurs commodités et de leurs plaisirs;
que ces hommes ne sont capables ni d'une longue constance
dans le malheur, ni de sacrifices trop onéreux; que leur
attachement à un gouvernement est toujours proportionné
à l'utilité qu'ils en retirent. Aussi, ne s'est-il point étonné,
après ses revers, de voir leur multitude s'éloigner de lui,
et aller se prosterner aux pieds de la nouvelle puissance qui
remplaçait la sienne.

Mais une chose à laquelle il ne devait point s'attendre,
c'est que des hommes qui affichaient des opinions généreu-
ses, qui parlaient avec emphase de leur esprit d'indépendance, et qui prétendaient avoir seuls conservé le senti-

ment national, feraient de sa personne, de ses actions et de son gouvernement, le but de leurs attaques et de leurs calomnies.

Que la grande ombre de Napoléon se console! Pendant que des ingrats outragent sa mémoire au milieu des palais qu'il a donnés, le peuple, qui pendant son règne a supporté presque en entier le fardeau de la conscription et des impôts, le peuple sait lui rendre justice; il révère son souvenir, et, dans le fond de ses chaumières, il glorifie son nom.

~~~~~~

CHAPITRES VI, VII, VIII ET IX.

———

Les chapitres VI, VII, VIII et IX contiennent l'historique de la campagne du maréchal Macdonald, et le récit de
la trahison du général Yorck. L'auteur nous fait rétrograder jusqu'au mois d'août. Il fait une belle part aux troupes
prussiennes, qui se battirent de bonne foi. Il n'en était pas
de même de leur chef, qui, selon l'auteur, *voyait de plus
haut.* (Page 440 [309].) Il établit à ce sujet une distinction
grammaticale entre *défection* et *trahison.* (P. 456 [321].)
Le lecteur jugera de la qualification que mérite la conduite
d'un général allié, qui, commandant l'arrière-garde de
l'armée, profite de sa position pour conclure un armistice
avec l'ennemi, sans la participation du général en chef; qui
appelle secrètement à lui le reste des corps prussiens; « qui
» s'échappe de Tilsitt en silence et à la faveur de la nuit »
(page 453 [318]); et qui abandonne ainsi, en présence de
l'ennemi, le corps français dont il faisait la principale force.
Le jugement que porte l'historien français de la conduite du
général Yorck, ne sera point ratifié par ceux qui mettent
l'honneur au-dessus de tout. L'espèce de transaction, par
laquelle il semble en diminuer l'odieux, tendrait à absoudre quiconque viendrait à penser que les obligations con-
tractées ne lient plus, dès qu'elles sont onéreuses, et qu'on
peut s'en dégager en sauvant les apparences. Nous avons
trop bonne opinion de la noblesse de sentimens, héréditaire
dans la famille de M. de Ségur, pour croire que, s'il avait

réfléchi mûrement, il n'aurait pas hésité à flétrir une action contraire à la morale. Nous sommes d'autant plus fondés à penser ainsi, que lui-même a dit (chapitre IX), « le sang » des six cents Français, Bavarois et Polonais, qui restè- » rent sur les champs de bataille de Labiau et de Tente, » accuse les Prussiens de n'avoir pas assuré, par un arti- » cle de plus, la retraite du chef qu'ils abandonnaient. » (Page 457 [321].)

~~~~~~

CHAPITRE X.

« AINSI tomba brusquement notre aile gauche.... notre
» aile droite se détachait de nous, mais insensiblement et
» avec les formes que sa position politique exigeait. Le 10
» décembre, Schwartzenberg était à Slonim, présentant
» successivement des avant-gardes vers Minsk, Nowogro-
» deck et Bienlitza. Il était encore persuadé que les Russes
» battus fuyaient devant Napoléon, quand il apprit à la fois
» le départ de l'empereur et la destruction de la grande-
» armée, mais vaguement, de sorte qu'il fut quelque temps
» sans direction. » (Page 459 [323].)

Le prince de Schwartzenberg n'apprit pas *vaguement* le
départ de l'empereur; il en fut instruit le plus officielle-
ment possible par M. le baron Sturmer, son secrétaire,
qui se trouvait en mission à Wilna, et qui lui fut renvoyé
pour l'en informer. Il fallait que M. de Ségur eût une conviction bien grande de la bonne foi du général autrichien,
pour croire que, le 10 décembre étant à Slonim, et ayant
une avant-garde vers Minsk, il ignorât que, le 16 novembre, c'est-à-dire vingt-cinq jours avant, Minsk était tombé
au pouvoir des Russes, et que notre retraite sur ce point était
coupée. Il ajoute : «Dans son embarras, il s'adressa à l'am-
» bassadeur de France à Varsovie, qui l'autorisa à ne pas
» sacrifier un seul homme de plus. » (Page 459 [323].)
Ainsi, sans rechercher la convenance ni les motifs du recours du prince de Schwartzenberg au ministre de France,

l'auteur paraît avoir à cœur de l'absoudre sur tous les points.

Cependant, il dit plus bas que « comme les intérêts des » Russes s'accordaient avec ceux des Autrichiens, on s'en- » tendit bientôt. » On s'entendit si bien que, vers le 21 décembre (M. de Ségur le raconte lui-même), « un ordre » d'Alexandre suspendit les hostilités sur le point par le- » quel Schwartzenberg se retirait; un armistice, que Murat » approuva, s'établit. Les deux généraux devaient manœu- » vrer l'un devant l'autre, le russe sur l'offensive, l'autri- » chien sur la défensive, mais sans en venir aux mains. » (Page 460 [323].)

C'étaient réellement des évolutions de parade, un assaut de politesse et de déférence, qui se bornaient aux seuls Russes et Autrichiens. « Car le corps de Regnier, qui fai- » sait partie de l'armée de Schwartzenberg, n'était pas com- » pris dans cet arrangement. » (Page 460 [323].)

La guerre se continuait contre ce corps, *réduit* par cette défection à *dix mille hommes*, comme elle avait été faite à Macdonald après le départ des Prussiens. Mais, poursuit imperturbablement M. l'officier du palais, « Schwartzen- » berg.... persévéra dans sa loyauté.... Il couvrit le front de » la ligne française, et la préserva.... Si, depuis, Regnier » fut atteint et surpris à Kalitch, ce fut pour s'y être arrêté » trop long-temps à protéger la fuite de quelques dépôts » polonais. » (Page 461 [324].) Ces citations sont un nouvel exemple de l'esprit de justice qui anime l'auteur. Combien de fois avons-nous été réduits à regretter, dans le cours de nos observations sur son ouvrage, qu'il n'ait pas accordé à l'armée française quelques parcelles de ce trésor de partialité!

Après ces exposés véridiques de la conduite des Prus- siens et des Autrichiens, vient un récit des barbaries exer- cées pas les habitans de Kœnigsberg envers nos malheureux blessés, et une horrible description du couvent de Saint-

Basile, à Wilna, où les Russes laissèrent mourir de faim et de dénuement nos prisonniers, au milieu de l'abondance qu'y répandaient les magasins de vivres que nous y avions laissés. Mais, dans le récit de l'écrivain français, ces abominations font éclater l'humanité, un peu tardive, il est vrai, de l'empereur russe et de son frère, qui arrivèrent treize jours après pour y remédier.

CHAPITRE XI.

L'AUTEUR dit que « le ralliement de l'armée sur la Vis-
» tule avait été illusoire; qu'au 22 janvier, la vieille garde
» comptait tout au plus . . . .   500 combattans *.
  » La jeune garde. . . . .   » »
  » Le premier corps. 1800
  » Le deuxième corps. 1000
  » Le troisième corps. 1600
  » Le quatrième corps. 1700

                                      6600 combattans.

  » Encore, ajoute-t-il, la plupart de ces soldats, restes
» de 600,000 hommes, pouvaient-ils à peine se servir de
» leurs armes. » (Page 465 [327].)

Nous avons donné (p. 359) l'état de l'armée à sa sortie de
Kowno. M. de Ségur, à l'époque de l'entrée en campagne,
l'avait portée à 445,000 hommes; à la page 426 [300], il
se rapprochait plus de la vérité, en la portant à 400,000;
maintenant, il la suppose de 600,000. Dans *les restes* qu'il
indique, il ne porte pas en compte le cinquième corps,
qui était arrivé depuis le 25 décembre à Varsovie,

---

* Une situation détaillée que nous avons entre les mains, des cinq
régimens d'infanterie vieille garde, porte le nombre des présens sous
les armes, le 20 décembre 1812, à 1471 hommes. Le 15 janvier la jeune
garde fut dirigée de Posen sur le Rhin pour s'y réorganiser, et la vieille
garde se rendit à Paris.

avec 20,000 hommes et trente pièces de canon; il ne compte pas le sixième corps, le septième, le neuvième, le dixième, et le corps autrichien de Schwartzenberg. Dans la page suivante, il dit : « Les troupes de Macdonald et la » division Heudelet conservèrent leur ensemble. On se hâta » de réunir tous ces débris dans Dantzick : 35,000 soldats » de dix-sept nations différentes y furent renfermés. » (Page 466 [328].)

L'auteur se dément ainsi lui-même. Pourquoi donc présente-t-il 6600 hommes comme *restes* de 600,000 hommes, si ce n'est pour induire en erreur, et enchérir encore sur nos pertes, déjà si considérables? Est-ce donc avec ces 6600 hommes qu'on a formé à Dantzick une garnison de 35,000 hommes? Est-ce encore avec ces 6600 hommes, que l'on a fourni des garnisons de 6000 hommes à Thorn, de 8000 hommes à Modlin, de 4000 hommes à Zamosc, etc., etc.?

« Alexandre arrêta la marche de ses troupes à Ka- » litch, etc. » (Page 467 [329].) M. de Ségur, qui exagère tant les pertes de l'armée française, aurait dû nous faire connaître celles que les Russes eux-mêmes ont éprouvées.

L'armée de Kutusof, qui, au combat de Krasnoi, était de 100,000 hommes, lors de l'évacuation de Wilna par les Français, n'était plus que de 35,000. Les Russes, à peine maîtres de cette ville, jetèrent dans les hôpitaux 18,000 de leurs malades, dont la plus grande partie l'était par suite de la rigueur du froid.

L'auteur d'un aperçu sur la campagne de 1813, publié en allemand à Weimar en 1814, porte à 20,000 hommes le nombre des troupes russes, qui avaient pu arriver jusqu'alors en Prusse, et à 30,000 celles que l'on réunissait à Kalitch, où l'empereur de Russie avait son quartier-général. Après avoir fait connaître l'emplacement des différens corps russes, il ajoute : « Il est clair, d'après cet

» exposé, que sans l'adhésion de la Prusse, la Russie n'au-
» rait pu, pour le moment, poursuivre ses succès, et
» qu'elle aurait été forcée de borner ses opérations à la
» Vistule. »

Sir Robert Wilson dit, dans son *Tableau de la puissance russe*, qu'il y avait à cette époque, dans l'armée
d'Alexandre, plusieurs compagnies sans un seul homme,
et un grand nombre de bataillons qui n'en avaient pas
cinquante.

CHAPITRE XII.

LA conclusion de M. le maréchal-des-logis est que « l'étoile du nord l'emporta sur celle de Napoléon..... que » la pente du genre humain est vers le sud; qu'il tourne le » dos au nord....... qu'on ne remonte pas impunément ce » grand cours des hommes; qu'on a vu les armées russes » sur l'Elbe, et peu après en Italie; qu'elles sont venues la » reconnaître ; qu'un jour elles viendront s'y établir..... et » que l'invasion du midi par le nord, recommencée par Ca- » therine II, continuera. » (P. 469, 470 et 471 [330, 331].)

Voilà une assertion formellement établie, et appuyée par des raisonnemens spécieux, quoique exprimés en termes quelquefois bizarres.

L'auteur s'adressant ensuite à ceux qu'il appelle ses *compagnons*, leur dit : « Quel qu'ait été le motif de notre ex- » pédition, voilà en quoi elle importait à l'Europe ; son but » fut d'arracher la Pologne à la Russie ; son résultat eût été » d'éloigner le danger d'un nouvel envahissement des hom- » mes du nord, d'affaiblir ce torrent, de lui opposer une » nouvelle digue. » (Page 471 [331].)

Voilà encore M. de Ségur pris en flagrant délit; la né- cessité de l'expédition se trouve démontrée par lui-même. Ce serait être trop exigeant que de demander qu'il eût as- signé la véritable cause de la guerre.

Enfin, il ajoute : « Et quel homme, quelle circonstance » pour le succès d'une si grande entreprise! » (P. 471 [331].)

Ici, éclate encore l'aveu que le moment de l'expédition était opportun, et que l'empereur était l'homme qui pouvait en assurer le succès.

Ainsi l'auteur, qui s'est plu dans tout le cours de son ouvrage à présenter l'expédition de Russie comme une agression injuste, comme l'œuvre de l'ambition personnelle de Napoléon, désavoue dans ce peu de mots ce qu'il a avancé, et justifie la nécessité, le but et l'opportunité de cette mémorable entreprise. Mais qu'importe cette sorte de rétractation tardive ! Que servent de vaines louanges, qui ne paraissent lui échapper que pour absoudre sa conscience des reproches injustes dont il a cherché à noircir la mémoire de ce grand homme ! Était-ce là peine de nous montrer Napoléon déchu de lui-même, livré à une honteuse faiblesse, dépourvu de toute énergie morale et physique, et d'avoir affligé l'ame du lecteur par d'horribles peintures répandues dans un millier de pages, pour en revenir au point d'où il aurait dû partir, c'est-à-dire à la vérité ?

Il termine ainsi : « Compagnons, mon œuvre est finie. » Maintenant c'est à vous de rendre témoignage à la vérité » de ce tableau. Ses couleurs paraîtront pâles sans doute à » vos yeux et à vos cœurs encore tout remplis de ces grands » souvenirs. » (Page 473 [332].)

Les vétérans de la grande-armée ne reconnaîtront pas la vérité dans ce tableau, où leur illustre chef, leurs sentimens, leur constance, leurs victoires sont si étrangement défigurés.

Comment l'auteur croit-il que ses couleurs paraîtront pâles, quand « sa mémoire, » comme il le dit lui-même (page 393 [277]), « ne remue que des cendres, ne compte » que des désastres, et n'écrit que sur des tombeaux ? »

Nous pouvons dire comme lui ; notre tâche est remplie, autant qu'il a dépendu de nous ; elle a été pénible. Nous n'avons pas entrepris de redresser en détail toutes les erreurs ou les injustices dont l'ouvrage abonde ; nous eussions été entraînés au delà des bornes que nous nous sommes prescrites. Nous n'avons pas signalé tous les passages qui démontrent que M. de Ségur n'a cherché qu'à flatter les passions du moment où il a écrit son livre, et qui s'éteignent chaque jour. Il aurait fallu s'arrêter à toutes les pages ; et d'ailleurs, ne serait-ce pas calomnier le gouvernement, que de supposer qu'un ouvrage qui rabaisse l'honneur de nos armes, et qui ne flatte que l'étranger, serait un titre à des faveurs militaires ?

Nous avons remarqué bien rarement les bizarreries du style de M. de Ségur, qui heureusement n'aura pas d'imitateurs ; notre but était trop élevé pour nous attacher à ces misères. Peu nous importe qu'il prétende aux palmes académiques. Nous avons voulu, non venger la mémoire d'un grand homme qui se défend assez d'elle-même, et dont le nom traversera les siècles ; non relever la gloire d'une armée, dont la renommée est au-dessus de toute atteinte ; mais rendre hommage à la vérité ; mais appeler les faits, les documens et les hommes en témoignage contre un écrivain qui, s'abandonnant aux écarts d'une imagination déréglée, ou spéculant sur le besoin des émotions fortes, contracté par la génération présente, s'est joué dans un livre, roman, poème ou mélodrame en deux volumes, de tout ce qui est en possession du respect des ames élevées, le génie, le courage et le malheur. Puissent les soldats de Napoléon, puissent les amis de la gloire française, apprécier le sentiment qui a conduit notre plume, et nous savoir quelque gré de nos efforts !

FIN DE L'EXAMEN CRITIQUE.

APPENDICE.

~~~~~~~~~~

Napoléon au major-général.

Thorn, le 4 juin 1812.

Mon cousin, écrivez au duc d'Elchingen que, lorsque vous lui avez donné l'ordre de se procurer pour vingt jours de vivres, vous avez entendu que cela se ferait régulièrement et sans fourrager le pays; que la terreur et la désolation sont en Pologne par la conduite des Wurtembergeois; qu'il est temps de mettre un terme à cette manière de faire; qu'il fasse mettre à l'ordre le mécontentement de sa majesté contre les Wurtembergeois, et qu'il prenne les mesures les plus promptes pour que le pays ne soit pas dévasté; sans quoi, nous allons nous trouver comme en Portugal.

Sur ce, etc.

Napoléon au major-général.

Wilna, le 2 juillet 1812.

Mon cousin, réexpédiez cet aide-de-camp du vice-roi, en faisant connaître au vice-roi que, n'ayant pas de nouvelles, mais prévenu du mouvement général, il est ridicule qu'il soit resté sans bouger à Piloni; que, puisqu'il avait connaissance des cosaques du côté de Stoklitzi, il pouvait envoyer sa cavalerie légère en avant pour éclairer le pays, avoir des nouvelles et s'approcher de Wilna; que la nouvelle que lui a donnée le général R...., que trente à quarante mille Russes sont sur la gauche, n'a pas le sens commun; que le général R.... prétend qu'il lui a dit sur sa droite; qu'alors ce sont les hussards qui ont été vus du côté de Stoklitzi; que toutes ces lenteurs contrarient fort l'empereur; qu'il en résulte que les plus belles occasions se passent sans en profiter, et que toutes les fatigues du quatrième corps deviennent par là en pure perte.

Écrivez au général R.... que je vois avec surprise qu'il est encore à Jizmory; qu'il faut qu'il ait perdu la tête pour ne pas avoir continué sa route sur Wilna; que, si son artillerie avait éprouvé des retards, il pouvait y laisser une garde de cent à cent cinquante hommes; qu'il a donné au vice-roi la nouvelle que trente à quarante mille Russes étaient sur la gauche; que cette nouvelle absurde a influé sur les opérations du vice-roi. Demandez-lui pourquoi il s'est avisé de donner cette nouvelle, et donnez-lui ordre de répondre sans délai.

Mandez au vice-roi que je lui ai fait connaître, le 28, qu'il devait se diriger sur la droite; qu'il pousse de forts partis de cavalerie sur Olita, pour avoir des nouvelles de tout ce qui s'y passe; qu'il s'approche avec le quatrième corps de Wilna, et qu'il ait sur la droite, c'est-à-dire entre le Niémen et Wilna, le sixième corps, qui poussera des partis sur Mereez et Olkeniki, de sorte que sa jonction se fasse avec le roi de Westphalie.

Napoléon au major-général.

Wilna, le 5 juillet 1812.

Mon cousin, écrivez au roi de Westphalie que je ne reçois qu'aujourd'hui sa dépêche du 3 juillet, tandis que j'ai reçu hier ses lettres du 4. Vous lui ferez connaître que je suis extrêmement mécontent qu'il n'ait pas mis toutes les troupes légères sous les ordres du prince Poniatowski aux trousses de Bagration, pour harceler son corps et arrêter sa marche; qu'arrivé, le 30, à Grodno, il devait attaquer sur-le-champ l'ennemi, et le poursuivre vivement. Vous lui direz qu'il est impossible de manœuvrer plus mal qu'il ne l'a fait, que le général Reguier et même le huitième corps étaient inutiles à cela; qu'il fallait faire marcher le prince Poniatowski avec tout ce qu'il avait de disponible pour suivre l'ennemi; que, pour s'être éloigné de toutes les règles et de ses instructions, il fait que Bagration aura tout le temps de faire sa retraite, et la fait à son aise; que, si Bagration est parti le 30 de Wolkowisk, il peut arriver le 7 à Minsk, et qu'importe alors que le roi y soit de sa personne le 10, puisque Bagration aura gagné quatre jours de marche sur lui? Dites-lui que le prince Poniatowski n'eût-il eu qu'une seule division, il fallait l'envoyer; mais que tout porte à penser qu'il pouvait envoyer tout ce corps en avant. Il n'aurait pu être compromis, puisque Bagration n'a pas le temps de combattre ou de manœuvrer, et qu'il ne cherche qu'à gagner du terrain, sachant bien qu'il est coupé par les manœuvres que je fais faire; que le prince d'Eckmülh est aujourd'hui avec une partie de son corps en avant de Volojin; mais ne sera pas assez fort pour arrêter Bagration, puisque celui-ci n'est gêné par rien. Mandez donc au roi qu'il donne ordre sur-le-champ au prince Poniatowski de partir avec sa cavalerie et tout ce qu'il aura de disponible pour se mettre aux trousses de Bagration. Vous lui direz que tout le fruit de mes manœuvres et la plus belle occasion qui se soit présentée à la guerre ont échappé par ce singulier oubli des premières notions de la guerre.

Napoléon au major-général.

Wilna, le 7 juillet 1812.

Mon cousin, faites connaître, par une lettre en chiffres, au roi de Westphalie la position du prince d'Eckmülh; hier 6; vous la tirerez des reconnaissances ci-jointes. Réitérez-lui l'ordre d'activer sa marche ; dites-lui que les renseignemens qu'il donne sur Bagration sont si imparfaits qu'ils nous embarrassent ; que, s'il sait la marche qu'il a prise, il nous la fasse connaître.

Napoléon au major-général.

Wilna, le 7 juillet 1812.

Mon cousin, la garde doit partir; son mouvement commence le 9 et se continue le 10 et le 11. Il est nécessaire que l'équipage de pont, les troupes du génie, de l'artillerie, et tout ce qui part, emportent pour six jours de vivres à demi-ration, et ait la viande assurée à trois quarts de livre ou une livre par homme. Il est donc nécessaire que, dans la journée du 10, on puisse avoir quatre-vingt-dix mille rations de pain à distribuer à la garde, à porter sur le dos, ce qui assurera les subsistances pour six jours, et trois cents quintaux de riz, pour distribuer une livre de riz à chaque homme, ce qui assurera les vivres de la garde pour dix jours ; que, le 11 et le 12, deux convois de pain, de trente mille rations chacun, partent de Wilna pour suivre le mouvement de la garde, ce qui lui assurera du pain pour quatre autres jours ; enfin, que, les 9, 10 et 11, il parte des convois de pain chargés sur les voitures du quartier-général ; sur des voitures auxiliaires, sur celles qui remplacent les voitures des neuvième, dixième et deuxième bataillons, sur celles du onzième bataillon et sur les voitures qui pourront arriver encore, de manière que, dans les journées du 10 et du 11, il y ait de parti quatre mille quintaux de farine à la suite de la garde, ce qui fera trois cent soixante mille rations de pain, ou dix jours de vivres assurés pour la garde et le quartier-général ; ce qui, joint aux dix jours qu'aura emmenés la garde, fera vingt jours de pain. Si l'armée ne marche pas, d'autres convois arriveront ; si elle marche elle trouvera des ressources dans les villes ; mais je ne puis avoir de tranquillité que la garde et le quartier-général n'aient vingt jours de vivres assurés, puisque la garde marche la dernière et doit donner l'exemple de la discipline. Dans ce compte ne doivent pas être compris le biscuit, l'eau-de-vie, etc., contenus dans les quarante caissons du quartier-général, qui sont une ressource extrême. Comme il y a du biscuit arrivé, faites voir s'il est en bon état, et faites-en remplir les caissons du quartier-général, ce qui est plus avantageux dans un cas imprévu.

Napoléon au major-général.

Wilna, le 9 juillet 1812.

Mon cousin, regardez comme non avenue la dernière lettre que je vous ai écrite pour le duc de Tarente, et substituez-y la lettre suivante:

« Le duc de Reggio a reçu ordre de se diriger sur Solok ; le duc

» d'Elchingen sur Kozatschizna ; le roi de Naples est à Widzy. L'ennemi
» paraît se concentrer à Dünaburg. Le prince d'Eckmülh est arrivé à
» Minsk. L'hetman Platow avec ses cosaques et le corps de Bagration,
» qui voulaient se porter sur cette ville, en ont été coupés ; ils se di-
» rigent sur Bobruisk. Le roi de Westphalie les poursuit, et était hier à
» Mir. Le vice-roi se dirige sur le haut de la Duna ; la garde et le quartier-
» général doivent partir d'ici dans peu de jours. L'empereur est dans
» l'intention de marcher sur Moskou et Saint-Pétersbourg, et, par là,
» obliger l'armée qui est à Dünaburg de remonter, et d'affranchir toute
» la Courlande et la Livonie.

» La garnison de Riga, commandée par le général Essen, dont le
» corps d'armée a été disloqué, est composée de trente-trois bataillons,
» chacun de deux à trois cents hommes, tous recrues de cette année, et
» qui ne méritent aucune considération. Il est probable qu'aussitôt que
» la place sera menacée, il s'y portera une division de Dünaburg ; car,
» d'après les renseignemens que nous avons, la composition actuelle de
» la garnison n'est pas propre à la défendre. L'empereur ne peut point
» vous donner d'ordre positif, mais seulement des instructions générales,
» parce que l'éloignement est déjà considérable et qu'il va le devenir
» encore davantage. Portez-vous sur Jacobstadt et Fredrichstadt, et me-
» nacez d'y passer la Duna ; ce mouvement aura l'avantage d'obliger l'ar-
» mée russe, qui est à Dünaburg, à faire un détachement sur la rive
» droite pour couvrir les deux points de passage. » Etc., etc.

Napoléon au major-général.

Wilna, le 11 juillet 1812.

Mon cousin, répondez au roi de Westphalie que vous recevez avec étonnement sa lettre du 9 juillet, à deux heures après-midi ; que l'ordre du
30 est positif ; qu'on s'y exprime en ces termes : *Vous devez vous diriger
sur Minsk ; le général Regnier, sans cependant perdre de vue de couvrir Varsovie, se dirigera sur Nieswj.* Ceci veut dire que le premier but
du général Regnier doit être de couvrir Varsovie ; que le second, si l'ennemi retirait toutes ses troupes de la Volhinie, et qu'il n'y eût plus rien à
craindre pour le grand-duché, serait de se diriger sur Nieswj. Mais,
comme tous les faits tendent à prouver que l'ennemi a laissé deux divisions dans la Volhynie, il est donc convenable que le général Regnier
ne perde pas de vue son principal but, qui est de couvrir Varsovie. Ar-
rêtez donc son mouvement à Slonim ; le prince de Schwartzenberg passera
devant lui pour se porter d'abord sur Nieswj, et ensuite sur la Duna.

Que le général Regnier envoie des partis sur Pinsk, et se place en
échelons de manière à tomber sur les flancs de tout ce qui voudrait déboucher sur Varsovie. Dans cette position, il rétrogradera sur Varsovie,

si ce pays est menacé ; mais, tant que l'ennemi le saura sur les débouchés de Pinsk, et ayant des corps prêts à tomber sur ses flancs, et que d'ailleurs il aura à craindre notre entrée en Volhynie, il sera hors de mesure de se porter sur le territoire de Varsovie, et, s'il le faisait, ce ne serait pas impunément. Le général Regnier doit aussi renvoyer à Praga le régiment qui était destiné pour la garnison de cette place, et qui en a été mal à propos ôté. La position du général Regnier sur les derrières est donc utile.

Sa majesté n'est pas surprise que vous ne compreniez pas que des instructions données à cent lieues de distance ont des buts opposés, que les événemens doivent éclaircir ; mais ce dont elle se plaint, c'est qu'au lieu d'étudier ces instructions, vous n'en teniez aucun compte. Pour couvrir le duché de Varsovie, il n'est pas du tout nécessaire d'être sur le Bug ; et si cela était, le premier but du général Regnier étant de couvrir le duché, il aurait dû laisser des troupes sur le Bug, apprenant que l'ennemi avait laissé deux divisions en Volhynie. Mais, comme vous n'étiez pas informé de ce que Bagration avait laissé en Volhynie, que vous ignoriez combien de divisions il avait avec lui, que vous ne vous êtes pas même mis à sa poursuite, et qu'il a pu faire sa retraite aussi tranquillement que s'il n'avait personne derrière lui ; tout cela étant à rebours des usages de la guerre, il n'est pas extraordinaire que tout soit de même. Le général Regnier, selon ce que l'ennemi aura laissé en Volhynie, est donc le maître, soit de retourner à Brezesc, soit de rester à Slonim, en envoyant des partis sur Pinsk. Mais le principal est, jusqu'à ce que l'ennemi ait retiré ses troupes de la Volhynie, qu'il laisse un corps d'observation à portée de couvrir Varsovie, et de tomber sur tout ce qui, de la Volhynie, menacerait le duché et les derrières de l'armée.

Donnez ordre au général Regnier d'écrire directement au major-général, et d'envoyer les renseignemens qu'il a. Sa majesté juge convenable que ce soit le général Regnier qui reste en observation pour gagner le grand-duché, et non le prince de Schwartzenberg : bien des raisons la déterminent sur cet objet. Le roi doit faire connaître au prince de Schwartzenberg que mon désir est qu'il se dirige, si Varsovie n'est pas imminemment menacé, sur Nieswj.

Napoléon au major-général.

Glubokoé, le 20 juillet 1812.

Mon cousin, écrivez au prince d'Eckmülh que je ne puis pas être satisfait de la conduite qu'il a tenue envers le roi de Westphalie ; que je ne lui avais donné le commandement que dans le cas où la réunion ayant eu lieu, et les deux armées étant sur le champ de bataille, un commandant eût été nécessaire ; qu'au lieu de cela, il a fait connaître cet ordre avant que la réunion fût opérée, et lorsqu'à peine il communiquait par quelques postes ; qu'après avoir fait cela, et après avoir appris que le roi de Westphalie s'était retiré, il devait conserver la direction et envoyer des ordres au prince Poniatowski ; que je ne sais plus aujourd'hui comment va ma droite ; que je lui avais donné une preuve de la grande confiance que j'ai en lui, et qu'il me semble qu'il ne s'en est pas tiré convenablement ; que, puisqu'il avait pris le commandement, il devait le garder ; mais qu'il eût mieux fait de ne pas le prendre, puisqu'il n'était pas réuni au roi ; qu'à présent que je suis éloigné, j'ignore ce qui se passe sur ma droite ; que mes affaires en souffrent, tandis que s'il avait écrit au prince Poniatowski que le roi ayant quitté le commandement, il lui donnait une direction, mes affaires n'auraient pas souffert.

Napoléon au major-général.

Glubokoé, le 22 juillet 1812.

Mon cousin, répondez au général Regnier que je l'autorise à ne point envoyer ce régiment à Praga, et que je le trouve bien placé dans le lieu où il l'a placé. Faites-lui connaître que le duc de Bellune avec le neuvième corps, fort de trente mille hommes, presque tous Français, sera le premier août à Marienbourg, et que si les circonstances étaient urgentes et que le duché de Varsovie fût réellement menacé, pendant que lui général Regnier défendrait le camp retranché de Praga et Modlin, il écrirait au duc de Bellune pour lui faire connaître l'urgence des circonstances, ce qui le mettrait à même de venir à son secours. Vous ajouterez que les circonstances de la guerre sont telles que déjà nous menaçons Moskou et Saint-Pétersbourg, et qu'ainsi il n'est pas probable que l'ennemi songe à des opérations offensives avec des troupes passables ; mais qu'on a supposé que dix à douze mille hommes de troupes des troisièmes bataillons, qui ne sont bonnes à rien en ligne, pourraient être envoyées avec un ou deux régimens de cavalerie pour inquiéter le duché. Jamais l'ennemi ne sera assez insensé pour détacher quinze à vingt mille hommes de bonnes troupes sur Varsovie, dans le temps que Pétersbourg et Moskou sont menacés de si près ; que d'ailleurs il est possible que dans peu de temps je porte la guerre en Volhynie, et qu'alors il ferait partie de ce corps.

Napoléon au major-général.

Vitepsk, le 2 août 1812.

Mon cousin, envoyez un officier au prince de Schwartzenberg, pour lui faire connaître que je mets le septième corps sous ses ordres ; qu'il rallie ce corps et marche à Tormasoff et Kamenskoï, et leur livre bataille, et qu'il les doit suivre par-tout jusqu'à ce qu'il en soit venu à bout. Faites connaître au général Regnier que j'ai donné au prince de Schwartzenberg le commandement supérieur sur les deux corps réunis.

Napoléon au major-général.

Vitepsk, le 3 août 1812.

Mon cousin, il est convenable que vous expédiez aujourd'hui, avant six heures du matin, un officier polonais intelligent et de confiance au prince de Schwartzenberg, avec le duplicata de la lettre que vous lui avez écrite par votre aide-de-camp Flahaut; vous lui ferez connaître que, conformément à l'intention qu'avait manifestée l'empereur d'Autriche, je voulais appeler son corps d'armée sous mes ordres immédiats; que je pensais que le corps du général Regnier pourrait être suffisant pour contenir les troupes de la Volhynie, projetant d'envoyer un corps considérable de Polonais par Mozyr dans la Volhynie, aussitôt que le corps du prince de Schwartzenberg serait entré en ligne. Mais qu'aujourd'hui l'ennemi ayant si fortement pris l'initiative, et le corps du général Regnier s'étant laissé entamer, mon intention est qu'il marche en toute diligence pour repousser l'ennemi, et l'empêcher de ravager cette partie du territoire; que, comme c'est particulièrement de cavalerie que manque Regnier, sa cavalerie peut prendre les devants; que je désire qu'il laisse un millier de chevaux, deux batteries d'artillerie et une brigade, au total quatre mille hommes, à Nieswj, afin de former une réserve commandée par un général de brigade, qui puisse servir selon les circonstances; que je le laisse maître de porter cette réserve à sept ou huit mille hommes, s'il croyait pouvoir la faire sans inconvénient; que Tormasoff a une division à Mozyr et probablement deux divisions avec lui; que ces deux divisions ne doivent être composées que de troisièmes bataillons comme celles de Courlande, qui ont été culbutées si facilement par les Prussiens; que deux cents chevaux italiens du vice-roi ont rencontré aussi quatre de ces bataillons et les ont culbutés d'une charge; que dans l'organisation générale de l'armée russe, nous savions que Tormasoff devait avoir la vingt-septième division, qui était une nouvelle division, et qui formait sa véritable force; mais que je crois que cette vingt-septième division n'a pas pu le joindre, et qu'il est probable alors qu'il aura gardé la neuvième ou la quinzième division; qu'il est nécessaire qu'il prenne tous les moyens pour bien connaître les divisions que l'ennemi a en Volhynie; que nous croyons que Bagration a passé le Borysthène avec six divisions; que cela étant, il en resterait tout au plus une en Volhynie, indépendamment des troisièmes bataillons de Tormasoff; que je désire donc qu'il marche avec rapidité, attaque et culbute l'ennemi, Kamenskoï et Tormasoff, et porte la guerre dans la Volhynie; que d'ailleurs les événemens qui se passeront et les renseignemens précis qu'il aura sur le nombre de divisions régulières que l'ennemi a en Volhynie, me mettront à même de lui faire connaître mes intentions ultérieures.

P. S. Que le général de brigade qu'il laissera à Nieswj ait ordre de correspondre avec le quartier-général et avec le général commandant à Minsk, pour instruire de tout ce qu'il y aurait de nouveau.

Napoléon au major-général.

Vitepsk, le 12 août 1812.

Mon cousin, écrivez au duc de Castiglione que vous ne comprenez pas comment il dit qu'il n'a pas un seul homme de cavalerie, puisqu'il a un beau régiment saxon de sept cents hommes qui lui sera fourni aussitôt qu'il en aura besoin, mais qui sert maintenant à la garde du roi de Saxe; qu'il a un régiment de dragons à Hanovre, déjà fort de huit cents hommes, et qui le sera bientôt de seize cents; que, quant à des expéditions de soixante mille hommes, cela est absurde; que les Anglais et les Russes ont autre chose à penser qu'à faire des descentes; que la Suède, si elle veut tenter quelque chose, attaquera la Norvége; que, dans tous les cas, cette puissance ne peut exposer plus de quinze mille hommes; qu'il est toutefois nécessaire qu'il aille inspecter la côte; qu'il passe la revue des troupes et reconnaisse par lui-même les localités.

Le major-général à Napoléon.

Smolensk, le 21 août 1812.

Sire,

J'ai l'honneur de rendre compte à votre majesté que, quoiqu'il y ait en ce moment six cents hommes employés à enterrer les cadavres, cette opération est encore loin d'être terminée; il est presque indispensable, pour l'accélérer, d'y employer des prisonniers russes. Je prie votre majesté de permettre qu'on en emploie deux cents, qui seront embrigadés dans les escouades, avec des officiers et sous-officiers à leur tête, et surveillés de manière à ce qu'aucun de ces prisonniers ne puisse s'évader.

Napoléon au major-général.

Smolensk, le 24 août 1812.

Mon cousin, vous trouverez ci-joint un bon sur l'intendant pour fournir au prince de Schwartzenberg une seconde avance de 500,000 francs. Faites connaître au prince ma satisfaction de la victoire qu'il a remportée, que demain je marche sur l'ennemi, qui a l'air de prendre position à vingt lieues d'ici sur la route de Moskou; que je désire qu'il fasse en sorte que les troupes que l'ennemi a en Volhynie ne viennent pas se porter sur moi; que je lui recommande de les occuper. Écrivez au général Regnier dans le même sens. Vous ferez connaître au prince de Schwartzenberg que j'ai demandé à l'empereur d'Autriche que tous les avancemens se fissent dans son corps, et qu'il leur fût accordé des récompenses; que je me réserve, de mon côté, d'en accorder sur le rapport qu'il me fera; que j'attends ses propositions. Écrivez au duc de Tarente pour lui faire connaître ce qui s'est passé et que je me mets en marche. Écrivez aussi au général Saint-Cyr ; faites-lui savoir que j'attends ses propositions pour accorder des récompenses à son corps d'armée ; qu'il résulte des bulletins russes que Wittgenstein n'a que deux divisions, formées de bataillons de réserve qui ne sont composées que de recrues.

Napoléon au major-général.

Dorogobouje, le 26 août 1812.

Mon cousin, écrivez au duc de Bellune de se rendre de sa personne à Wilna, afin d'y voir le duc de Bassano, et d'y prendre connaissance des affaires et de l'état des choses ; que je serai après-demain à Viazma, c'est-à-dire cinq marches de Moskou ; qu'il y aura probablement une bataille qui nous conduira à Moskou ; qu'il est possible que, dans cet état de choses, les communications viennent à être interceptées ; qu'il faut donc que quelqu'un prenne alors le commandement et agisse selon les circonstances ; que j'ai ordonné qu'on dirigeât sur Minsk le 129e régiment, le régiment illyrien, le régiment westphalien qui était à Kœnigsberg, et les deux régimens saxons ; que j'ai, en outre, placé entre Minsk et Mohilow la division Dombrowski, forte de douze bataillons et d'une brigade de cavalerie légère ; qu'il est important que son corps s'approche de Wilna, et qu'il se dirige selon les circonstances, afin d'être à même de soutenir Smolensk, Vitepsk, Mohilow et Minsk ; que la division Dombrowski doit être suffisante pour maintenir la communication de Minsk, par Orcha, jusqu'à Smolensk, puisqu'elle n'a à contenir que la division russe du général Hœrtel, qui est à Mozyr, forte de six à huit mille hommes, la plupart recrues, et contre laquelle d'ailleurs le général Schwartzenberg peut opérer ; que les nouveaux renforts que j'envoie à Minsk pourront aussi subvenir à tous les inconvéniens, et, dans tous les cas, le mouvement du duc de Bellune sur Minsk et Orcha, et de là sur Smolensk, me paraît propre à maintenir tous les derrières ; que j'ai quatre mille hommes de garnison à Vitepsk et autant à Smolensk ; que le duc de Bellune, prenant ainsi position entre le Dniéper et la Duna, sera en communication facile avec moi, pourra promptement recevoir mes ordres, et se trouvera en mesure de protéger les communications de Minsk et de Vitepsk, ainsi que celles de Smolensk sur Moskou ; que je suppose que le général Gouvion Saint-Cyr a suffisamment des deuxième et sixième corps pour tenir en échec Wittgenstein et n'en avoir rien à craindre ; que le duc de Tarente peut se porter sur Riga pour investir la place ; enfin que j'ordonne aux quatre demi-brigades de marche, formant neuf mille hommes, qui faisaient partie de la division Lagrange, de se diriger sur Kowno ; qu'ainsi ce ne serait que dans le cas où le général Gouvion Saint-Cyr serait battu par le général Wittgenstein et obligé de repasser la Duna, que le duc de Bellune devrait marcher à son secours d'abord ; que, ce cas excepté, il doit suivre sa direction sur Smolensk.

Le prince de Neufchâtel et de Wagram au duc de Bellune.

Slawkowo, le 27 août, à neuf heures du soir.

Monsieur le duc, vous avez reçu l'ordre de vous rendre à Wilna en partant de Kowno ; vous devez marcher sur quatre colonnes ; faites prendre à Kowno dix livres de riz par homme, que le soldat portera dans un sac, et vous tiendrez la main à ce qu'il n'en consomme qu'une once par jour. Vous ferez prendre du biscuit pour six jours, indépendamment de tout ce que vous pourrez faire porter à votre suite sur des chariots. Vous prendrez à Wilna, des vivres jusqu'à Minsk, et à Minsk vous en prendrez jusqu'à Borisoff, et à Borisoff jusqu'à Orcha. D'Orcha à Smolensk, il faut que votre corps marche par divisions, afin qu'il puisse marcher en trois jours : la cavalerie peut prendre les devants. Profitez de votre présence pour préparer le plus de vivres possible sur la route de Wilna, à Minsk et Orcha. L'empereur, se dirigeant sur Moskou, votre corps ne saurait arriver trop tôt à Smolensk, afin de maintenir nos communications et de nous servir de réserve.

Sa majesté vous donne le commandement de toutes les troupes qui sont en Lithuanie, dans le gouvernement de Mohilow, de Vitepsk, de Smolensk, afin que vous les dirigiez toutes, suivant que les circonstances pourront l'exiger, et vers le but général : ce but est de maintenir la grande communication de Wilna par Minsk et Smolensk avec le quartier-général. Voici les troupes que vous aurez dans la Lithuanie : la division Dombrowski, forte de sept à huit mille hommes, qui est employée à manœuvrer entre Mohilow, Minsk et Bobruisk ; quatre bataillons illyriens, deux bataillons du 129e avec ses pièces, deux bataillons du 33e léger avec ses pièces ; deux bataillons du 33e léger vont à Smolensk ; un bataillon de ce régiment est resté à Minsk. Réitérez au général Loison l'ordre de les faire partir ; cela mettra à votre disposition, avec la division Dombrowski, environ vingt-quatre bataillons. Quatre demi-brigades de marche, qui formaient la division Lagrange, sont à Kœnigsberg ; j'ai donné l'ordre qu'elles se rendent à Kowno, où ces conscrits resteront en réserve.

Les régimens polonais de cavalerie et d'infanterie de la Lithuanie, à mesure qu'ils se formeront, tiendront garnison à Wilna et sur les autres points ; beaucoup de bataillons isolés sont à Wilna et à Minsk ; plusieurs détachemens sont sur les routes de Glubokoé et Kamen ; aussitôt qu'ils seront réarmés et arrangés, il faut les diriger sur Smolensk, hormis ce qui appartient au dixième corps de Macdonald et aux deuxième et sixième.

Les troisièmes bataillons des 4e, 7e et 9e polonais ne doivent pas entrer en ligne aussitôt qu'ils arriveront à Wilna ; vous les dirigerez sur Minsk pour y tenir garnison ; ils ne rejoindront la division Gérard que quand ils seront à l'école de bataillon. Les trois troisièmes bataillons de la légion de la Vistule arriveront à Smolensk, qui aura une garnison de cinq à six mille hommes ; il y en aura autant à Vitepsk.

Vous devez observer la place de Bobruisk jusqu'à ce qu'on puisse faire des dispositions pour s'en emparer. Vous devez garantir la communication de Wilna à Smolensk, que l'ennemi cherche à intercepter avec ses troupes, qui pourront échapper à Schwartzenberg ; voilà le premier objet. Vous devez couvrir les communications de Smolensk avec le quartier-général, si elles venaient à être fermées, et venir au secours de l'armée si cela était nécessaire, et enfin former sa réserve. On ne suppose pas que la communication puisse être menacée par la Duna. Le siége de Riga va nécessairement fixer l'attention de l'ennemi sur la Basse-Duna. Saint-Cyr paraît plus que suffisant pour tenir l'ennemi en respect. Toutefois cependant, dans les cas imprévus, cet objet doit fixer votre attention ; vous devez aussi protéger le territoire de Vitepsk, Smolensk et Mohilow. Nous avons cinq dépôts de cavalerie : Kowno, Merecz, Minsk, Glubokoé, Lepel. Vous ferez former des escadrons de marche. Donnez un mouvement général à tout ce qui est sur les derrières de l'armée pour le diriger sur Smolensk. Vous vous porterez à Minsk et à Smolensk le plus tôt possible.

Napoléon au major-général.

Viazma, le 30 août 1812.

Mon cousin, écrivez au général Dombrowski, qu'après le mauvais état où se trouve la place de Bobruisk, il serait peut-être convenable qu'il cernât avec son infanterie cette place, et qu'avec sa cavalerie il éclairât les débouchés de Pinsk et de Mozyr ; il pourra se procurer des moyens du pays, et le gouverneur de Minsk pourra lui fournir des troupes pour cette opération. Avec des obus il peut mettre le feu à la ville et accélérer sa réduction, tout étant en bois.

Napoléon au major-général.

Viazma, le 30 août 1812.

Mon cousin, donnez ordre au roi de Naples de faire demain une journée ordinaire, mais de manière pourtant à se trouver à huit ou neuf lieues de Viazma, et à pouvoir, après-demain, arriver à Gjatz. Il est convenable qu'en cas d'événement, le vice-roi puisse tourner la droite de l'ennemi, et le prince Poniatowski sa gauche, et que les trois avant-gardes soient tellement à portée qu'elles puissent donner ensemble, ce qui nécessairement épargnera du sang, et mettra l'ennemi hors d'état de résister.

Donnez ordre au vice-roi de suivre l'ennemi sur la gauche, et de manière à pouvoir tourner la droite de l'ennemi ; de se trouver à la hauteur du roi de Naples, qui est au village de Koslowo, et qui va, demain 31, faire une petite marche, qui le conduira à huit ou neuf lieues de Viazma. Prévenez le vice-roi qu'il est nécessaire qu'avec toute sa cavalerie, et une bonne avant-garde d'infanterie et d'artillerie, il puisse tourner la droite de l'ennemi et prendre part aux coups de canon, s'il y en a; que c'est le seul moyen d'épargner le sang et d'accélérer la retraite de l'ennemi. Donnez le même ordre au prince Poniatowski pour la droite; il doit tourner la gauche de l'ennemi. Le prince d'Eckmülh suivra de manière à se trouver une lieue en arrière du roi de Naples, et le duc d'Elchingen à deux lieues en arrière du prince d'Eckmülh. Le duc de Trévise partira à dix heures du matin, pour se rendre à Fedorowskoé, derrière le duc d'Elchingen. Le duc d'Abrantès se rendra à Viazma, passera les ponts sur la droite de la ville, et prendra position à une lieue en avant.

Napoléon au major-général.

Gjatz, le 2 septembre 1812.

Mon cousin, l'état-major général ne m'est d'aucun secours, ni le grand-prévôt de gendarmerie, ni le vaguemestre, ni les officiers d'état-major, aucun ne sert comme il le devrait.

Vous avez reçu mon ordre du jour pour les bagages; faites en sorte que les premiers bagages que je ferai brûler ne soient pas ceux de l'état-major général; si vous n'avez pas de vaguemestre, nommez-en un; que tous les bagages marchent sous sa direction. Il est impossible de voir un plus mauvais ordre que celui qui règne.

Napoléon au major-général.

Gjatz, le 2 septembre 1812.

Mon cousin, donnez ordre au roi de Naples, au prince d'Eckmülh, au vice-roi, au prince Poniatowski, au duc d'Elchingen, de prendre aujourd'hui repos; de rallier les troupes, de faire faire, à trois heures après-midi, un appel, et de me faire connaître positivement le nombre d'hommes qui seront présens à la bataille; de faire faire l'inspection des armes, des cartouches, de l'artillerie et des ambulances; de faire connaître aux soldats que nous approchons du moment d'une bataille générale, et qu'il faut s'y préparer.

Il est nécessaire qu'avant dix heures du soir j'aie des états qui me fassent connaître le nombre d'hommes d'infanterie et de cavalerie, le nombre de pièces d'artillerie, leur calibre, le nombre de coups à tirer, le nombre de cartouches par soldat, le nombre de cartouches dans les caissons, le nombre de caissons d'ambulance appartenans soit aux régimens, soit aux divisions, soit aux corps d'artillerie, le nombre de chirurgiens, le nombre de pansemens qu'on pourra faire; ces états me feront connaître également les hommes détachés qui ne seraient pas présens à la bataille, si elle avait lieu demain, mais qu'on pourrait faire rejoindre si elle avait lieu dans deux ou trois jours, en indiquant le lieu où ils se trouvent, et les moyens à prendre à cet effet.

Ces états doivent être faits avec la plus grande attention, puisque de leur résultat doit dépendre ma résolution; ils doivent comprendre d'abord tous les hommes présens à l'appel et ensuite tous ceux qui se trouveraient présens à la bataille.

Vous ajouterez aussi qu'on me fasse connaître le nombre de chevaux qui seraient déferrés et le temps qu'il faudrait pour referrer la cavalerie et la mettre en état pour la bataille.

Le roi de Naples pourra, s'il le juge convenable, rectifier sa position en avançant sa cavalerie légère et sa petite avant-garde de quelques werstes; le prince Poniatowski et le vice-roi rectifieront également leur position.

Napoléon au major-général.

Mojaïsk, le 11 septembre 1812.

Mon cousin, écrivez au duc de Bellune que le 8ᵉ régiment westphalien, le régiment saxon de Low, celui de Rechten, le 3ᵉ régiment de marche d'infanterie, formé à Kœnigsberg, les troisièmes bataillons des 4ᵉ, 7ᵉ et 9ᵉ régimens polonais, les 8ᵉ, 9ᵉ, 10ᵉ et 11ᵉ régimens de marche, de cavalerie, doivent tous être dirigés sur Smolensk; que l'ennemi, attaqué au cœur, ne s'amuse plus aux extrémités; qu'il fait tout pour nous empêcher d'entrer à Moskou, et montre la résolution de tout faire pour nous en chasser le plus tôt qu'il lui sera possible. C'est donc de Smolensk à Moskou qu'il faut se porter, les nombreuses troupes qui arrivent derrière, et celles du grand-duché de Lithuanie étant suffisantes pour garder les derrières. Il est nécessaire également que le duc de Bellune se tienne prêt avec son corps d'armée réuni, pour se porter de Smolensk à Moskou, afin de renforcer l'armée à mesure que l'ennemi renforcera la sienne. Vitepsk n'a besoin de rien; si peu de troupes qu'il y ait, l'ennemi le laissera tranquille; je n'y tiendrai même personne aussitôt que mon hôpital sera évacué. Il faut donc que le duc de Bellune dirige tout, bataillons, escadrons, artillerie, hommes isolés, sur Smolensk, pour de là pouvoir venir sur Moskou.

Napoléon au major-général.

Du faubourg de Moskou, le 15 septembre 1812.

Mon cousin, donnez ordre au duc de Dantzick de se rendre avec la jeune garde au Kremlin, où il sera exclusivement chargé de la police de ce quartier.

Le général Durosnel fera les fonctions de gouverneur de la ville.

Le roi de Naples fera occuper par le prince Poniatowski et par sa cavalerie, depuis la route de Kolomna jusqu'à la route de Troitzka.

Le vice-roi portera son quartier-général à la barrière de Saint-Pétersbourg, et fera occuper la route depuis Troitzka inclusivement jusqu'à la route qu'il a prise.

Le prince d'Eckmülh fera couper toutes les routes depuis celle qu'a prise le vice-roi jusqu'à celle du prince Poniatowski.

Le vice-roi et le roi de Naples enverront de forts partis sur la route de Saint-Pétersbourg et sur la route qu'a prise l'ennemi, afin d'avoir des nouvelles et de ramasser les traîneurs.

Napoléon au général Lariboissière.

Moskou, le 18 septembre 1812.

Monsieur le général Lariboissière, je désire que les deux compagnies des marins de la garde aient chacune six pièces de 12 et deux obusiers. Vous prendrez les pièces à l'arsenal de Moskou. Les caissons existent également dans l'arsenal de Moskou. Les chevaux et les soldats du train seront pris parmi ceux des caissons que vous vouliez renvoyer. Par ce moyen, la réserve de la garde se trouvera augmentée de seize pièces de canon. — Il est également nécessaire d'augmenter la réserve du prince d'Eckmülh, de huit bouches à feu, dont six pièces de 12 et deux obusiers; si cela était nécessaire, vous les feriez servir par les deux compagnies prussiennes qui sont à la suite de la vieille garde. Le prince d'Eckmülh ayant un corps de cinq divisions, seize pièces de réserve ne sont pas suffisantes. — Faites-moi un rapport qui me fasse connaître quand toute la réserve de la garde se trouvera aussi considérable qu'au moment où elle est partie de Paris, et quand tout ce qui a été démonté à Wilna sera parti. — Il y a deux cents petits caissons à l'arsenal de Moskou, je désire qu'ils soient employés; on s'en servira avec plus de rapidité dans les mauvais chemins, et l'on pourra les atteler avec des cognats. — Faites-moi un rapport général sur mon artillerie, et sur les moyens de réparer toutes les pertes. Mon intention n'est pas de perdre une seule pièce, mais de conserver le complet de mon organisation, qui déjà n'est pas trop forte. Enfin, voyez s'il serait possible d'établir à Moskou des moulins pour faire de la poudre.

Le prince de Neufchâtel et de Wagram à S. M. le roi de Naples.

Moskou, le 22 septembre 1812, à quatre heures du soir.

Votre aide-de-camp vient de remettre à l'empereur votre lettre de ce jour, à cinq heures du matin. Vous trouverez ci-joint un second rapport du duc d'Istrie. L'empereur attend avec impatience des nouvelles positives. Des cosaques ont paru sur la route de Smolensk, à six ou sept lieues d'ici. Ils étaient une trentaine, qui ont surpris un convoi d'une quinzaine de caissons, qu'ils ont brûlés. Sa majesté vient de me dicter la lettre ci-jointe pour le général Sébastiani. Elle vient de prononcer la peine de mort pour

tout officier qui parlementerait sans autorisation avec les avant-postes ennemis. Sa majesté veut qu'on ne corresponde avec les ennemis qu'à coups
de canons et de carabines. Je vous réitère que l'empereur est très-impatient
de savoir à quoi s'en tenir sur les mouvemens de l'ennemi.

Le prince de Neufchâtel et de Wagram au duc d'Istrie.

Moskou, le 22 septembre 1812, à quatre heures du soir.

Monsieur le maréchal, je vous envoie un rapport du général Sébastiani,
que vient de faire passer le roi, et d'où il résulte que l'ennemi conti-
nuerait son mouvement sur Kolomna. Le roi de Naples a dû arriver à
son avant-garde ; il aura poussé vivement l'ennemi ; ainsi, dans la nuit,
nous aurons des renseignemens positifs. L'empereur désire que dans la
nuit vous lui envoyiez aussi des renseignemens sur tout ce que vous aurez appris, et particulièrement des nouvelles du prince Poniatowski, et
des rapports qu'il vous aura faits sur ce qu'il saura des Russes. Vous aurez
su ce qui s'est passé sur la route de Mojaïsk, mais cela n'est autre chose
qu'une quarantaine de cosaques qui ont surpris dans un village une quinzaine de nos caissons, qu'ils ont fait sauter. L'empereur a envoyé le
major Letort avec deux cent cinquante dragons sur la route de Mojaïsk,
où nous avons couché. Le major Letort a ordre d'arrêter toute la cavalerie
de marche, ce qui lui fera bientôt quinze cents à deux mille hommes,
avec lesquels il protégera la route. Toute l'armée est prête à se mettre en
mouvement, et l'empereur est décidé à rejeter l'ennemi derrière l'Oka.
Les renseignemens ultérieurs qu'on recevra dans la nuit, du roi et de vous,
décideront le parti que sa majesté prendra ; si l'armée marchera sur la route
de Tula ou sur celle de Kolomna. Si l'on suit celle de Tula, la cavalerie
que vous avez, celle de la garde, les Polonais de Poniatowski, la division
d'infanterie Frédérich se trouveront, par votre position, former l'avant-
garde. Envoyez-nous sur-tout des renseignemens le plus tôt que vous
pourrez.

Le prince de Neufchâtel et de Wagram au duc d'Istrie.

Moskou, le 23 septembre 1812, à quatre heures du matin.

J'ai mis sous les yeux de l'empereur votre lettre d'hier à onze heures du
soir. En conséquence, sa majesté attend de nouveaux renseignemens avant
de mettre l'armée en mouvement. Le prince Poniatowski a dû arriver hier
de bonne heure à Podolsk, et si vous n'en avez pas de nouvelles, c'est à
cause des cosaques qui rôdent. Les mouvemens que vous avez ordonnés à
votre cavalerie doivent infailliblement donner des nouvelles des Polonais
du prince Poniatowski. Sa majesté attend aussi les rapports que le roi lui
aura faits hier au soir, mais qui ne peuvent arriver que vers cinq ou six heures du matin de l'avant-garde. Sa majesté approuve tout ce que vous vous pro-

posez de faire. Faites nettoyer Desna. Les cinq à six cents cosaques qui ont infesté la route de Mojaïsk nous ont fait bien du mal ; ils ont fait sauter quinze caissons, et pris deux escadrons de marche de cavalerie, c'est-à-dire environ deux cents chevaux ; ces escadrons appartenaient à une colonne de marche que conduit le général Lanusse, qui les avait imprudemment portés sur sa droite. Ils ont voulu ensuite attaquer un plus grand convoi d'artillerie ; mais la fusillade les a éloignés. Comme je vous l'ai mandé hier, le major Letort s'est rendu hier à la maison du prince Gallitzin avec deux cents chevaux sur la route de Mojaïsk. D'après les renseignemens de votre dernière lettre, et d'après ceux donnés par le roi, sa majesté vient d'ordonner au général Saint-Sulpice de partir avec tous ses dragons pour appuyer le major Letort, si cela est nécessaire, ce qui sera probablement superflu, mais qui est sans inconvénient ; car les marches que vous faites faire par Podolsk et Desna doivent entièrement éloigner les cosaques de la route de Mojaïsk.

Le prince de Neufchâtel et de Wagram à S. M. le roi de Naples.

Moskou, le 23 septembre 1812, à quatre heures du matin.

Sire, l'empereur a reçu votre lettre du 22 septembre, à huit heures du soir. Il attend avec impatience de vos nouvelles, ainsi que de celles du duc d'Istrie. Des renseignemens particuliers nous font croire que l'ennemi n'est plus à Podolsk. Si cela est vrai, le prince Poniatowski doit y être arrivé hier au soir, et votre majesté saura à quoi s'en tenir. Le duc d'Istrie, de son côté, doit être aujourd'hui à Podolsk. Des nouvelles particulières disent également que l'ennemi aurait avacué Desna, et se serait porté sur Serpuchow et Kalouga. Votre majesté ne doit avoir qu'un seul but, celui de se remettre avec son avant-garde sur les traces de l'ennemi, etc., etc.

Napoléon au major-général.

Moskou, le 23 septembre 1812.

Mon cousin, écrivez sur-le-champ à Smolensk, au général Baraguay-d'Hilliers et au duc d'Abrantès, pour leur faire connaître que la cavalerie et l'artillerie qui composent chaque convoi doivent marcher ensemble, bivouaquer en bataillon carré autour du convoi, et ne se séparer sous quelque prétexte que ce soit ; que le commandant du convoi doit bivouaquer au milieu ; que tout commandant qui manquerait à ces dispositions serait puni comme négligent et coupable de la perte du convoi.

Réitérez les ordres à Smolensk pour qu'aucun convoi ne parte s'il n'est commandé par un officier supérieur, et escorté par quinze cents hommes, infanterie et cavalerie (ne comprenant point dans ce nombre les soldats du train, soit de l'artillerie, soit du génie, soit des équipages militaires) ; que je vois avec peine qu'on ait fait partir des convois qui n'avaient pas assez de forces pour leur escorte. Faites, en conséquence de ce que je viens de prescrire, un ordre du jour sur la manière dont les convois devront bivouaquer ; envoyez-le au commandant des cinquième et sixième convois. Indépendamment de cet ordre du jour, mettez-moi sous les yeux les termes des ordonnances sur les convois et leurs escortes ; il me semble qu'elles sont très-précises sur la manière dont les convois doivent se garder ; dans ce cas, il faudrait réimprimer ces dispositions, pour les faire afficher chez tous les commandans de place, depuis Kowno jusqu'ici.

Napoléon au major-général.

Moskou, le 24 septembre 1812.

Mon cousin, accusez au général Saint-Sulpice la réception de sa lettre ; faites-lui connaître que j'attache une grande importance, et que je m'en rapporte à lui pour maintenir libre la route de Mojaïsk à Moskou ; qu'il doit se cantonner dans le lieu où il est, qui est un point central, et se mettre en communication avec le duc d'Abrantès, qui est à Mojaïsk ; que je lui recommande, lorsque les estafettes passeront, d'envoyer des patrouilles pour les protéger ; que le colonel Letort va retourner sous ses ordres, et que je le laisse maître de le tenir en échelons dans le lieu qu'il jugera le plus convenable ; que l'occupation de Desna éloignera probablement l'ennemi.

Recommandez-lui, sur-tout, de pourvoir à ce qu'il y ait des patrouilles pour protéger les courriers. Il serait nécessaire qu'il tâchât de savoir s'il existe encore des cosaques détachés, pour les poursuivre. Je suppose qu'il aura envoyé deux ou trois cents hommes au lieu où le détachement appartenant au général Lanusse a été enlevé il y a quelques jours ; s'il ne l'a pas fait, qu'il le fasse. Le colonel Letort partira aujourd'hui ou demain matin ; cela fera toujours une patrouille sur la route.

Le prince de Neufchâtel et de Wagram au duc d'Istrie.

Moskou, le 26 septembre 1812.

Monsieur le maréchal, sa majesté s'attendait à recevoir des nouvelles du roi de Naples avant de vous expédier votre aide-de-camp ; nous ne recevons que dans le moment la nouvelle que le roi est arrivé hier à cinq heures à Podolsk, où il s'est réuni au prince Poniatowski. Vous en aurez été instruit, et cela aura décidé l'ennemi à évacuer Desna, dont nous vous croyons maître en ce moment. Mettez le corps du prince Poniatowski et le troisième corps d'armée de cavalerie aux ordres du roi ; et de votre personne, l'empereur désire que vous preniez position, en corps d'observation, avec la brigade Colbert, la cavalerie légère du premier corps, et la division d'infanterie, commandée par le général Frédérich, pour marcher au secours du roi de Naples, si cela était nécessaire, et pour intercepter les routes que l'ennemi pourrait prendre pour se porter sur notre ligne d'observations, et qui échapperait au roi. Un autre corps d'observations, composé des dragons de la garde et d'un millier d'hommes d'infanterie, est au château du prince Gallitzin, où l'empereur a couché. Le général Guyot, avec les chasseurs de la garde, deux brigades de cavalerie légère bavaroise, la division Broussier, d'infanterie, et six pièces de canon, est à mi-chemin de Moskou au château du prince Gallitzin, pour être à même de se porter où les circonstances l'exigeront. La canonnade que vous avez entendue hier matin sur votre droite, a eu lieu sur une reconnaissance de dragons de la garde, qui a été mal engagée par le major Martod, qui a été pris ou tué. Nous avons perdu dans ce mauvais engagement quelques dragons de la garde pris ou tués, le major, un capitaine, un adjudant-major, et une vingtaine de dragons blessés ; nous avons aussi perdu quelques hommes d'infanterie. La reconnaissance mal engagée a été surprise par trois mille hommes de l'ennemi, qui avaient du canon. Mettez-vous en communication, si vous le jugez sans inconvénient, avec le corps d'observations qui est sur la route de Mojaïsk au château du prince Gallitzin (j'avais bien recommandé cependant au général Saint-Sulpice de ne pas compromettre les dragons de la garde). L'empereur donne l'ordre au roi de Naples de poursuivre l'ennemi, afin de l'éloigner à plusieurs marches de Moskou, et de le décider à prendre ses cantonnemens au delà de l'Oka. Tenez-vous constamment en correspondance avec le roi, et donnez-nous des nouvelles de tout ce que vous apprendrez. Jusqu'à ce que l'ennemi soit éloigné, le corps d'observation que vous commandez est bien important.

Le prince de Neufchâtel et de Wagram au duc d'Istrie.

Moskou, le 27 septembre 1812, à sept heures du matin.

L'empereur a été fâché que vous ayez reçu à votre quartier-général les deux parlementaires qui apportaient des lettres. A l'avenir, vous ne devez recevoir personne par les avant-postes ; les lettres que feront parvenir les prisonniers peuvent être reçues par les vedettes, et celui qui les apporte renvoyé sur-le-champ. Tous les parlementages avec l'ennemi tournent toujours à notre désavantage, et ont un but pour celui qui les provoque. L'empereur pense que le mouvement de l'ennemi n'a eu qu'un seul but, couvrir Kaluga, et se trouver immédiatement sur la route de Kiow, par où il espère recevoir ses renforts. L'idée de marcher sur Mojaïsk ne paraît à sa majesté qu'une fanfaronnade : une armée victorieuse, dit-elle, ne se croirait pas dans une situation morale pour tenter une pareille opération ; comment croire qu'une armée vaincue, qui a abandonné sa plus belle ville, ait l'idée d'un pareil mouvement ?

Quant au mouvement de retraite de l'ennemi, après la bataille, sur Ka-

luga, cela aurait été évidemment inviter l'armée française à marcher sur
Moskou. Mais Kutusof a fait ce qu'il devait faire en se retirant par Moskou ;
il a remué de la terre sur plusieurs bonnes positions, et a cherché à nous
faire croire que, pour entrer à Moskou, il fallait une deuxième bataille.
Cette mesure était tellement bonne, que, si l'état remis par Lariboissière, commandant l'artillerie, avait porté vingt mille coups de canon de
moins, l'empereur se serait arrêté, quoique le champ de bataille ait été
un des plus beaux que nous ayons vus, parce qu'il est impossible d'enlever des redoutes sans artillerie et beaucoup de munitions.

L'empereur trouve ridicule ce que disent les parlementaires, qu'ils n'ont
perdu que mille officiers dans une bataille où les Russes ont eu quarante
officiers généraux tués ou blessés, et quarante à cinquante mille hommes
hors de combat de leurs meilleures troupes. Sa majesté observe que la
plupart des officiers sont de Moskou ; que tous les détails que l'on a disent qu'ils ont montré le désir de défendre cette capitale ; que ne l'ayant
pas fait, c'est montrer l'impuissance de leur armée.

L'avant-garde de notre armée s'étant laissé endormir en concluant une
espèce de suspension d'hostilité avec les avant-postes des cosaques, il paraît simple à sa majesté que l'ennemi ait poussé sa cavalerie sur sa gauche
pour nous faire du mal ; la route de Mojaïsk aurait pu même être interceptée pendant plusieurs jours. L'ennemi n'a point poussé là son ambition ; il a placé de la cavalerie sur toutes les routes pour être bien gardé
et prévenu de nos mouvemens.

Si l'ennemi reste en position sur la Pakhra, l'intention de l'empereur est
de marcher pour lui livrer bataille ; mais on doit supposer qu'il n'attendra
pas, et qu'il n'a d'autre but que de savoir si toute notre armée est devant
lui. L'empereur désire, 1° que vous gardiez les deux parlementaires jusqu'à ce que le roi de Naples ait passé la Pakhra ; alors vous les ferez partir de nuit pour les avant-postes du roi de Naples, par lesquels ils retourneront à leur armée ; 2° que vous ne receviez plus de parlementaires, mais
seulement les dépêches qu'ils porteront, et qu'il en soit de même des lettres que vous aurez à faire passer. L'intention qu'a l'empereur d'épargner
des fatigues à ses troupes le porte à désirer de ne pas faire marcher son armée pour déloger l'ennemi ; faites croire à tout le monde que sa majesté est
arrivée avec son armée derrière elle.

Il est convenable, si vous parlez avec les parlementaires, que vous leur
disiez que l'empereur aurait bien voulu que leur armée marchât sur Mojaïsk, parce qu'elle se serait trouvée alors entre deux armées.

Prévenez bien tous les généraux, Lahoussaye, Chastel et Girardin qu'ils
n'amènent plus, des avant-postes, des officiers ou soldats parlementaires ;
on doit seulement recevoir les lettres en disant qu'on fera passer les réponses.

Je vous ai déjà prévenu que le général Saint-Sulpice était, avec les dragons de la garde, au château du prince Gallitzin ; que le général Guyot, avec les chasseurs de la garde, six pièces d'artillerie, deux brigades de cavalerie bavaroise et la division Broussier, du quatrième corps, était en position sur la route de Mojaïsk, à moitié chemin de Moskou, au château du prince Gallitzin. J'ordonne au vice-roi d'envoyer le général Ornano, avec cinq cents chevaux de plus et six pièces d'artillerie, renforcer la brigade de cavalerie bavaroise qui est dans ce moment avec le général Guyot, et d'en prendre le commandement.

S'il arrivait des circonstances imprévues, vous êtes autorisé à écrire au général Ornano et au général Broussier de se porter sur la vieille route de Moskou à Kalouga, à votre hauteur, soit à Fedozino, soit à Szarapowo, avec leur cavalerie, infanterie et artillerie. Quant au général Guyot, aux chasseurs de la garde et à son artillerie, ils doivent rester en position sur la route de Moskou, à moitié chemin du château du prince Gallitzin, dans la même position qu'ils occupent.

Napoléon au major-général.

Moskou, le 27 septembre 1812.

Mon cousin, le général Baraguay-d'Hilliers est le maître de disposer du régiment polonais comme il voudra ; il arrive tant de détachemens des derrières qu'il doit être en mesure de donner une bonne leçon aux paysans.

Le prince de Neufchâtel et de Wagram à S. M. le roi de Naples.

Moskou, le 28 septembre 1812, à deux heures de l'après-midi.

L'empereur vient de recevoir votre lettre d'hier, 27, à neuf heures du soir. Sa majesté a donné l'ordre à l'armée de se tenir prête à marcher dans la nuit, vu qu'il est deux heures, et qu'il serait trop tard de se mettre en mouvement aujourd'hui ; d'ailleurs, d'ici à ce soir, l'empereur recevra de vos nouvelles et de celles de M. le duc d'Istrie, et ces dépêches le décideroit à juger s'il est nécessaire de faire marcher l'armée. Le duc d'Istrie écrit également d'hier, à neuf heures du soir, de son quartier-général, à quatre werstes en arrière de Gorki ; ainsi, votre majesté ne peut être tournée par Desna. Votre majesté sentira que ses dépêches sont attendues avec impatience. Le duc d'Istrie dit qu'il a aussi l'ennemi devant lui. Le général Lahoussaye est à Batukinka, derrière Gorki.

Le prince de Neufchâtel au général Lariboissière.

Moskou, le 1 octobre 1812.

L'empereur, monsieur le comte, vient d'arrêter les dispositions suivantes, pour l'armement et les fortifications du Kremlin.

Armement.

Les douze premières pièces de canon qui seront placées au Kremlin le seront dans la journée d'aujourd'hui et de demain, dans les emplacemens ci-après :

> 1 pièce à la Tour n° 2.
>
> 2 à la Tour n° 4.
>
> 1 à la Tour n° 8.

Ce qui armera le côté de la rivière, qui est long de 350 toises.

> 1 pièce à la Tour n° 1.
>
> 2 à la Tour n° 16.
>
> 1 à la Tour n° 14.

Ce qui armera le côté opposé, qui a 420 toises.

L'autre côté du trapèze a près de 500 toises ; on placera.

> 2 pièces à la Tour n° 12.
>
> 1 à la Tour n° 11.
>
> 1 à la Tour n° 9.

Ces douze pièces, obusiers, pièces de 12 et pièces de 3, seront dans le cas de donner des feux sur tout le pourtour de l'enceinte, et de la flanquer entièrement.

Dix-huit autres pièces seront destinées à achever l'armement du Kremlin. Vous désignerez les lieux où il faudra les placer.

Fortification.

Les ouvrages les plus importans à faire au Kremlin sont :

1° Démolir le bâtiment qui est adossé entre la Tour n° 1 et la Tour n° 2.

2° Ouvrir quatre des cinq portes, et les environner d'un tambour, de sorte qu'on puisse se servir de ces quatre portes pour déboucher et faire des sorties, et qu'en même temps ces portes se trouvent à l'abri d'être enfoncées par les coups de canon, moyennant les palissades et ouvrages en terre qui seront placés devant.

3° Couper plusieurs murailles dans l'intérieur, afin qu'on puisse en faire le tour rapidement.

4° Rétablir en forme de lunettes, les lunettes H, K et L, en les rattachant à la muraille, et les bien palissadant, de manière qu'on puisse y mettre beaucoup d'artillerie.

5° Achever la fermeture, et établir des espèces de chemins couverts, et de petites claies du côté de l'enceinte, entre la Tour 11 et la Tour 8, aux lieux qui paraissent la partie la plus faible de la place.

6° Démolir tous les bâtimens qui se trouvent autour du Kremlin, sur-tout ceux qui sont entre la Tour n° 14 et la Tour n° 8, et spécialement une mosquée à plusieurs clochers.

Concertez-vous, général, avec le général du génie pour l'exécution en ce qui concerne les dispositions ordonnées par l'empereur.

Napoléon au général Lariboissiére.

Moskou, le 3 octobre 1812.

Monsieur le comte Lariboissière, j'ai été visiter aujourd'hui les salles d'artifice. J'y ai trouvé peu d'activité et peu d'ardeur ; tous les renseignemens que l'on a, font connaître que l'ennemi avait cent mille boulets dans ce parc, et l'on croit qu'il les a jetés dans la pièce d'eau qui, étant un étang, est facile à dessécher. Il faut donc qu'on travaille avec activité à faire un petit fossé nécessaire pour cela, et qu'on retire ces fers coulés. On n'a fait, depuis quinze jours que nous sommes ici, que dix mille coups de cartouches à boulet. Je désire qu'à dater d'après-demain, vous ayez monté cet atelier pour y faire six mille coups de canon par jour qu'on emmagasinera au Kremlin, au fur et à mesure qu'ils seront faits. Indépendamment d'un approvisionnement et demi qu'il faut avoir attelé aux corps d'armée, il faut avoir en réserve un demi-approvisionnement attelé. J'ai été surpris de ne trouver aucun officier supérieur du parc. J'ai vu deux cents petits caissons russes ; je désire connaître si vous comptez vous en servir ou non : dans le cas où ces caissons ne serviraient pas pour l'artillerie, on pourrait les employer pour les transports militaires. Le prince Poniatowski se plaint d'avoir cent caissons de trop, ayant plus d'approvisionnemens qu'il ne lui en faut. Je désire savoir combien il a de pièces et combien il a d'approvisionnement. Il paraît qu'il désirerait qu'on lui ôtât une centaine de caissons pleins. Sur ce, je prie Dieu qu'il vous ait en sa sainte garde.

Le prince de Neufchâtel et de Wagram à S. M. le roi de Naples.

Moskou, le 4 octobre 1812, à quatre heures et demie du matin.

Sa majesté aurait désiré qu'on pût utiliser les chevaux pris aux voitures à la suite de la cavalerie pour atteler les caissons qu'on a laissés, ayant plus besoin d'artillerie que des voitures que traînent les troupes. L'empereur a accordé les graces pour le cinquième corps ; il a vu avec plaisir la bonne conduite qu'ont tenue les Polonais. Sa majesté a reçu votre lettre du 2 octobre, à neuf heures du soir ; elle a vu avec plaisir que vous ayez occupé Woronowo. Comme vous annoncez devoir écrire le 3, dans la matinée, l'empereur attend votre lettre pour vous répondre. Sa majesté, s'étant décidée à envoyer près du général en chef russe un de ses aides-de-camp, désire que vous fassiez écrire, par votre chef d'état-major, au général commandant l'avant-garde ennemie une lettre conçue en ces termes :

« L'empereur étant dans l'intention d'envoyer un de ses aides-de-camp » généraux près du général en chef Kutusof, on désire connaître le jour,

» l'heure et l'endroit où ce général veut le recevoir. » Cette lettre sera adressée au commandant de l'avant-garde, et l'on en tirera un reçu. Comme de raison, sire, l'empereur vous laisse le maître de choisir le moment où vous ferez cette démarche, afin de la faire en temps opportun, et qu'elle n'ait en rien l'air de tenir aux circonstances. L'aide-de-camp que sa majesté compte envoyer, arrivera probablement ce soir à votre quartier-général.

Napoléon au major-général.

Moskou, le 5 octobre 1812.

Mon cousin, le mémoire de l'intendant-général me paraît erroné. J'ai peine à croire qu'il faille quarante-cinq jours pour évacuer les blessés qui se trouvent à Mojaïsk, au couvent et à Gjatz ; car je remarque que dans ces quarante-cinq jours, en ne faisant rien, partie guérira, partie mourra, il n'y aurait donc que le surplus à évacuer, et l'expérience prouve que trois mois après une bataille il ne reste que le sixième des blessés. Ainsi, en comptant sur six mille hommes, il n'en resterait au bout de trois mois que mille à transporter. Mon intention est de rester maître de ma ligne d'opérations, et de faire évacuer mes blessés, etc.

Napoléon au major-général.

Moskou; le 6 octobre 1812.

Mon cousin, faites connaître au duc de Bellune que je ne lui ai pas encore donné d'ordres pour son mouvement, parce que cela dépend du mouvement de l'ennemi ; que l'armée russe de Moldavie, forte de trois divisions, ou de vingt mille hommes, infanterie, cavalerie et artillerie comprises, a passé le Dniéper dans les premiers jours de septembre ; qu'elle peut se diriger sur Moskou pour renforcer l'armée que commande le général Kutusof, ou sur la Volhinie, pour renforcer l'armée de Tormasoff ; que l'armée du général Kutusof, battue à la bataille de la Moskowa, est aujourd'hui sur Kalouga, ce qui pourrait faire penser qu'elle attend des renforts qui lui viendraient de la Moldavie par la route de Kiow ; que, dans cette hypothèse, le duc de Bellune recevrait ordre de se réunir à la grande-armée, soit par la route d'Ielnia et Kalouga, soit par toute autre ; que si, au contraire, les vingt mille hommes de Moldavie s'étaient portés au secours de Tormasoff, ce renfort porterait Tormasoff à quarante mille hommes ; mais que notre droite, que commande le prince de Schwartzenberg, serait encore d'égale force, puisque ce prince, avec les Autrichiens, les Polonais et les Saxons, a environ quarante mille hommes ; que d'ailleurs j'ai demandé à l'empereur d'Autriche que le corps que commande le général autrichien Reuss, à Lemberg,

fît un mouvement, et que le prince de Schwartzenberg reçût un renfort de
dix mille hommes; que d'un autre côté, l'empereur Alexandre renforce
tant qu'il peut la garnison de Riga et le corps de Wittgenstein, afin de pouvoir déposter le maréchal Saint-Cyr de Polotsk, et le duc de Tarente de
Riga et de Dünaburg; que des lettres qui arrivent du prince de Schwartzenberg, en date du 24, tendraient à prouver que l'armée de Moldavie,
au lieu de venir sur Moskou, s'est rendue à l'armée de Tormasoff, et l'a
renforcée; qu'il est donc nécessaire de savoir ce qui se passera; que, dans
cet état de choses, je désire que le duc de Bellune cantonne son corps de
Smolensk à Orsza; qu'il entretienne une correspondance exacte par toutes les estafettes avec le duc de Bassano, afin que ce ministre lui écrive et
lui donne toutes les nouvelles qu'il aurait des différens points; qu'il envoie
un officier sage, discret et intelligent auprès du général Schwartzenberg et
du général Regnier; que cet officier apprendra du général Schwartzenberg
ce qui se passe, et du général Regnier le véritable état des choses; qu'il se
mette en correspondance réglée avec le gouverneur de Minsk, et qu'enfin
il envoie des agens dans différentes directions pour savoir ce qui se passe;
que la division Girard sera placée du côté d'Orsza, où elle se trouvera à
quatre ou cinq marches de Minsk, à trois de Vitepsk, à quatre ou cinq
de Polotsk; que l'autre division, qui sera entre Orsza et Smolensk, pourra
l'appuyer rapidement, et qu'enfin la troisième division sera auprès de
Smolensk; que, par ce moyen, son corps d'armée se reposera et pourra se
nourrir facilement; qu'il faut le placer au haut de la route, afin de laisser
la grande communication pour les troupes qui arrivent; que, dans cette
position, il sera également à même de se porter sur Minsk et Wilna, si
le centre de nos communications et de nos dépôts était menacé, et si le
maréchal Saint-Cyr était poussé à Polotsk, ou d'exécuter l'ordre qu'il recevrait de venir à Moskou par la route d'Ielnia et de Kalouga, si la prise de
Moskou et le nouvel état des choses avaient décidé l'ennemi à se renforcer
d'une portion des troupes de Moldavie; qu'ainsi le duc de Bellune formera la réserve générale pour se porter, soit au secours du prince de
Schwartzenberg et couvrir Minsk, soit au secours du maréchal Saint-Cyr
et couvrir Wilna, soit enfin à Moskou pour renforcer la grande-armée; que
le général Dombrowski, qui a une division de huit mille hommes d'infanterie et douze cents chevaux polonais, est sous ses ordres, ce qui portera son corps d'armée à quatre divisions; que la brigade de réserve de
Wilna, composée de quatre régimens westphaliens, de deux bataillons de
Hesse-Darmstadt, qui, vers la fin de ce mois, arrivent de la Poméranie
suédoise, et de huit pièces de canon, sera aussi sous ses ordres; qu'enfin, dans le courant de novembre, deux nouvelles divisions se réunissent,
l'une à Varsovie, c'est la trente-deuxième division qui sera augmentée de
trois bataillons de Würtzbourg, et restera commandée par le général Durutte;
l'autre à Kœnigsberg, c'est la trente-quatrième division qui était en Po-

méranie sous les ordres du général Morand , et qui , augmentée également
de quelques bataillons , sera également sous les ordres du général Loison.
Ainsi , soit qu'il faille marcher au secours du prince de Schwartzenberg
ou au secours du maréchal Saint-Cyr , le duc de Bellune pourra toujours
réunir une masse de quarante mille hommes ; que , comme la correspondance de l'estafette est prompte , je serai toujours à même de donner mes
ordres , et que ce ne serait que dans le cas où Minsk ou Wilna serait menacé que le duc de Bellune devrait se mettre en marche , de son autorité ,
pour couvrir ces deux grands dépôts de l'armée ; que le duc de Bellune ,
ayant le commandement général sur toute la Lithuanie et sur les gouverneurs de Smolensk et de Vitepsk , doit pourtant activer la marche de l'administration , et sur-tout prendre des mesures efficaces pour que les réqui-
sitions de blé et de fourrages aient lieu ; qu'il y a des fours à Mohilow , à
Orsza , à Rasasna , à Dubrowna ; qu'il doit faire faire beaucoup de biscuits
et se mettre en situation d'avoir trente jours de vivres assurés pour son
corps, sans prendre rien ni sur les transports militaires , ni sur les convois qui viendraient de l'armée. Le duc de Bellune aura soin d'avoir aussi
une correspondance à Vitepsk : il est maître d'y envoyer des troupes pour
soutenir ce point et s'y maintenir. Il pourra de sa personne se porter à Mohilow , à Vitepsk , à Smolensk , pour connaître le terrain et faire marcher
l'administration. Si , par accident quelconque, la communication avec Moskou venait à être interceptée , il aurait soin d'envoyer de la cavalerie et
de l'infanterie pour la rouvrir.

Son quartier-général devra être à Smolensk.

Napoléon au major-général.

Moskou , le 6 octobre 1812.

Mon cousin , le duc de Trévise demande des vivres pour les employés de
la police ; il en demande pour les enfans trouvés ; il en demande pour les
Russes qui sont aux hôpitaux ; il en demande pour les habitans malades , etc. , etc. ; toutes ces demandes sont fort légitimes , mais nul n'est
tenu à l'impossible ; il faut que la municipalité russe forme une compagnie russe , qui se rendra par détachemens dans les villages , et prendra
des vivres en les payant. L'intendant-général accordera l'argent nécessaire sur les fonds que j'ai mis à sa disposition ; on fournira ici , à la
municipalité , un magasin qui sera destiné pour la ville , et approvisionné
ainsi qu'il vient d'être dit. Cette compagnie pourra s'appeler compagnie de
police , et , si cela réussit , on pourra en former trois ou quatre autres semblables , lesquelles parcourront les environs , et feront arriver ici , en
payant , tout ce qui est nécessaire aux habitans , sur-tout aux hôpitaux :
voilà le seul moyen de suffire à tout ; parlez-en au sieur Lesseps , et qu'on
ne perde pas un moment.

Napoléon au major-général.

Moskou, le 6 octobre 1812.

Mon cousin, ayant pourvu à ce que le duc d'Abrantès et le général Baraguay-d'Hilliers aient les hommes nécessaires pour être les maîtres du pays, tout à l'entour, mon intention est que les effets s'ensuivent. Vous chargerez, sous sa responsabilité, le duc d'Abrantès de faire évacuer tous les blessés sur Viazma, et le général Baraguay-d'Hilliers de les faire évacuer de Viazma sur Smolensk. A cet effet, le duc d'Abrantès et le général Baraguay-d'Hilliers feront battre le pays à dix lieues à la ronde, et ramasser un bon nombre de voitures pour pourvoir auxdites évacuations; on pourra aussi y employer les transports militaires qui y arriveraient jusqu'à Mojaïsk, et qui ne seraient pas chargés d'effets d'habillemens et d'hôpitaux, mais seulement de farine. On emploiera les farines pour le service des hôpitaux et des étapes, et les voitures feront un voyage pour aider aux évacuations de Mojaïsk, de Ruza et de l'abbaye jusqu'à Viazma. Ainsi les ordres de retenir les voitures des équipages militaires ne doivent être donnés qu'au duc d'Abrantès et à l'adjudant-commandant Simonin, qui commande à l'abbaye; ceux-ci emploieront les voitures jusqu'à Viazma, et ensuite les voitures reviendront à vide de Viazma à Moskou. Faites connaître à l'intendant ces dispositions qui modifient les ordres qu'il a donnés. Enfin, quelque chose qu'il arrive, mon intention est que d'ici à huit jours il n'y ait pas un blessé à Ruza, à l'abbaye, à Mojaïsk et à Gjatz; faites connaître aux généraux que cela est de la plus haute importance.

Napoléon au major-général.

Moskou, le 6°octobre 1812.

Mon cousin, écrivez au duc de Bellune que désormais mon intention est que les régimens formés d'hommes isolés, soit de Kœnigsberg, soit de Vitepsk, ne soient pas chargés d'escorter les convois d'artillerie. Ces convois doivent être escortés par des bataillons ou fractions de bataillons bien organisés.

Napoléon au major-général.

Moskou, le 6 octobre 1812.

Mon cousin, faites part au général Baraguay-d'Hilliers de toutes les dispositions qui regardent l'organisation du neuvième corps, et de la position qu'il doit tenir. Faites-lui connaître que j'adhère parfaitement à la demande qu'il fait d'avoir un gros corps à Viazma, un gros corps à Gjatz, un gros corps à Dorogobouje; qu'en conséquence j'ordonne de retenir les troupes suivantes, que vous prescrirez au commandant de Gjatz de ne pas laisser dépasser Gjatz, et au duc d'Abrantès de ne pas laisser dépasser Mojaïsk, si ces troupes n'avaient point encore dépassé ces points.

Napoléon au major-général.

Moskou, le 10 octobre 1812.

Mon cousin, la route de Smolensk à Mojaïsk étant épuisée, il est convenable que vous écriviez au général Baraguay-d'Hilliers pour qu'il charge les commandans de Dorogobouje, de Gjatz, de Viazma, etc., de faire reconnaître deux routes parallèles à deux ou trois lieues de la droite et où il y aurait des ressources, de sorte que les détachemens venant par ces routes touchassent aux points de Dorogobouje, de Viazma, de Mojaïsk, mais se détournassent pour chercher une route où il y aurait des villages et des abris.

Napoléon au major-général.

Moskou, le 10 octobre 1812.

Mon cousin, écrivez au duc de Bellune que mon intention est qu'à la réception du présent ordre, les détachemens d'infanterie, de cavalerie, d'artillerie, des équipages militaires, les convois d'artillerie, d'habillement, etc., soient retenus à Smolensk, de sorte qu'il n'arrive plus rien par la route de Viazma et de Mojaïsk, qui est ruinée. Les généraux et officiers qui viennent à l'armée, pour prendre du service, s'arrêteront également à Smolensk, si ce n'est ceux qui viennent commissionnés.

Il sera formé à Smolensk une division de douze mille hommes d'infanterie et de quatre mille hommes de cavalerie au moins, à laquelle on joindra cinq ou six cents caissons, des équipages militaires, des convois d'habillement et des convois d'artillerie, parmi lesquels il y aura au moins douze pièces de canons pour la défense de cette division, qui sera commandée par un général de division, trois généraux de brigade d'infanterie et trois généraux ou colonels de cavalerie. Cette division, forte de seize à dix-huit mille hommes, prendra des vivres à Smolensk pour dix jours et se tiendra prête à partir, non par l'ancienne route de Viazma, qui est fatiguée, mais par une nouvelle route que je désignerai.

Par ce moyen il n'arrivera plus rien par l'ancienne route, ni convois d'artillerie, d'équipages militaires, d'habillement, ni détachement d'infanterie ou de cavalerie; mais seulement les estafettes, les malles de l'armée, quelques officiers d'état-major allant pour le service et quelques objets pressans, tels que les cinq cents moulins à bras qui arrivent de Paris, dont le premier convoi doit être arrivé à Smolensk. Cette route sera également ouverte pour les évacuations des hôpitaux et pour les détachemens qui de l'armée vont à Smolensk; mais rien de Smolensk à Moskou n'y passera. L'ordre pourra ainsi être rétabli sur cette route, et je n'aurai pas la crainte que les détachemens d'infanterie ou de cavalerie qui arrivent à l'armée souffrent dans ce trajet. Tous les mois on fera partir un convoi par la nouvelle route, car, excepté l'endroit où est l'ennemi, six mille hommes peuvent passer par-tout.

Composez sur le papier la première colonne, selon les renseignemens que vous avez de Smolensk, et faites-moi connaître quand vous comptez qu'elle sera prête à partir. Je vois déjà qu'il y a, 1º les trois demi-brigades de marche formant six mille hommes ; 2º les quatrième, cinquième et sixième régimens de marche d'infanterie formés à Kœnigsberg, formant environ six mille hommes ; 3º deux bataillons formés d'hommes sortant des hôpitaux de Vitepsk et de Smolensk, qu'on peut évaluer à deux mille hommes.

Indépendamment de cela, je verrai s'il convient d'y joindre deux bataillons du cent vingt-neuvième et du régiment illyrien. Ces corps, avec les détachemens de toutes armes qui se réuniront à Smolensk, doivent former plus de quinze mille hommes d'infanterie. Quant à la cavalerie, l'artillerie et les équipages militaires, je n'en ai pas présens les détails. Il y aura assez de généraux de division et de brigade pour commander cette division.

Le général Baraguay-d'Hilliers me paraît déplacé à Viazma ; envoyez-y le général de brigade Charrière, ancien colonel du cinquante-septième, qui, étant actif et zélé, conviendrait à ce poste ; il aura à Gjatz un colonel ou adjudant-commandant sous ses ordres.

Vous pourrez charger le général Baraguay-d'Hilliers de se rendre à Smolensk pour prendre le commandement de la division qui s'y réunit.

Napoléon au général Lariboissière.

Moskou , le 11 octobre 1812.

M. le général Lariboissière, je donne ordre que les treize compagnies d'artillerie qui sont à Erfurt, à Magdebourg, à Spandau, à Glogau, à Custrin, à Stettin, à Stralsund, à Thorn, à Dantzick, à Pillau et à Kowno, rejoignent l'armée aussitôt qu'elles seront remplacées par vingt-deux compagnies que je fais venir de l'intérieur de la France ; par ce moyen, vous aurez ces vingt-deux compagnies qui vont se mettre en marche et les treize compagnies qui sont dans les places, dont vous disposerez de la manière suivante, savoir : Trois compagnies pour la garde ; une compagnie pour le troisième corps ; quatre compagnies pour les trente-deuxième et trente-quatrième divisions d'infanterie ; deux compagnies pour la vingt-huitième division ; deux pour la batterie de réserve attachée au neuvième corps ; deux pour être envoyées à Wilna ; une pour être envoyée à Minsk ; trois pour être envoyées à Smolensk ; ce qui fera dix-huit compagnies. Il vous en restera pour le parc général et pour subvenir à tous les événemens.

Le prince de Neufchâtel et de Wagram à sa majesté le roi de Naples.

Moskou, le 13 octobre 1812, à deux heures du matin.

L'empereur, d'après vos rapports et d'après les reconnaissances qui lui ont été envoyées, pense que la position de Woronowo est belle, resserrée, et peut se défendre par de l'infanterie qui couvrirait facilement la cavalerie. Si vous en jugez de même, vous êtes autorisé à prendre cette position.

L'empereur a fait partir ce soir ses chevaux, et après-demain l'armée arrivera sur vous pour se porter sur l'ennemi et le chasser. Il faut trois jours à l'armée pour arriver à votre hauteur; c'est donc encore quatre à cinq jours que vous avez à passer, et, pour peu que vous craigniez que l'ennemi vous attaque, ou que la nature des choses vous rende impossible d'éviter les pertes que vous avez faites depuis huit jours, vous avez la ressource de prendre la position de Woronowo. Toutes les voitures que vous avez envoyées sont chargées de vivres; celles arrivées ce soir partiront également demain. L'empereur désire bien qu'il soit possible d'arranger les choses de manière à ce que votre armée n'éprouve plus de pertes pareilles à celles qu'elle a faites. Ne pourriez-vous pas rendre responsables les chefs de corps?

Le prince de Neufchâtel et de Wagram à sa majesté le roi de Naples.

Moskou, le 14 octobre 1812, à dix heures du soir.

L'empereur reçoit votre lettre d'aujourd'hui à midi; le mouvement sur Borowsk paraît à l'empereur un mouvement difficile, si l'ennemi en est prévenu, puisque vous lui prêteriez le flanc pendant toute une journée. Le prince Poniatowski a aujourd'hui évacué sur Moskou une centaine de malades; on les évacuera sur Mojaïsk.

L'empereur faisant évacuer ses blessés sur Smolensk en même temps que sa majesté fait armer le Kremlin, afin de n'avoir aucun embarras dans Moskou, faites évacuer sur Mojaïsk les malades et blessés et les embarras que vous pouvez avoir en en formant un convoi. Faites bien reconnaître le débouché qui pourrait vous conduire sur Mojaïsk, afin que, si vous deviez faire une retraite devant l'ennemi, vous connussiez bien cette route. L'empereur suppose que vos bagages, votre parc et la plus grande partie de votre infanterie pourraient disparaître sans que l'ennemi s'en aperçût.

Est-il vrai qu'en repassant le défilé de Woronowo, votre cavalerie pourrait être couverte par votre infanterie, et dans une position moins fatigante que celle où elle se trouve dans un pays de plaine, ce qui l'oblige à être toujours sur le qui-vive? Dans tous les cas, il est bien important de procurer à vos troupes plusieurs jours de vivres; il y a à Moskou mille quintaux de farine et beaucoup d'eau-de-vie à votre disposition; ordonnez que toutes les voitures dont vous pouvez disposer viennent prendre ces provisions. Le duc d'Elchingen et une partie du corps du vice-roi ne sont pas encore arrivés; d'ailleurs l'empereur, avant de se mettre en mouvement, veut être assuré de n'avoir aucune espèce d'embarras dans Moskou.

Napoléon au major-général.

Moskou, le 16 octobre 1812.

Mon cousin, réitérez l'ordre au duc de Bellune pour que l'artillerie envoie des chevaux jusqu'à Viazma, pour retirer les caissons et voitures d'artillerie qui se trouvent abandonnés sur toute la route, et les ramener jusqu'à Smolensk.

Napoléon au major-général.

Moskou, le 18 octobre 1812.

Mon cousin, faites connaître au duc de Trévise que je pars demain matin avec l'armée pour poursuivre l'ennemi; que mon intention est que le duc de Trévise se loge au Kremlin, et y caserne:

1° La division Laborde;

2° La brigade du général Charrière, composée de quatre bataillons de cavalerie à pied, forte de près de quatre mille hommes;

3° Deux compagnies de sapeurs;

4° Une compagnie d'artillerie;

5° L'artillerie de la division Laborde;

Enfin une brigade de cinq cents hommes à cheval. Avec cette force, le duc de Trévise pourra garder la ville, mais avec la prudence convenable. L'intendant laissera un ordonnateur, plusieurs commissaires des guerres et des chefs de service. Le général du génie laissera un officier supérieur commandant. Le général d'artillerie laissera un officier supérieur d'artillerie et plusieurs officiers d'artillerie. Le duc de Trévise fera travailler avec la plus grande activité à l'armement du Kremlin, et mettra en batterie les pièces qui se trouvent ici; il fera construire une petite batterie en terre sur le terre-plein, où il fera mettre quatre pièces de campagne, de manière à bien battre le pont de pierre; il tiendra un fort poste au couvent du prince d'Eckmühl, dont la position est importante, parce qu'il commande un pont sur la Moskowa. Tous les malades qui se trouveront ici seront réunis aux Enfans-Trouvés; il doit y en avoir trois ou quatre cents; il faudrait donc les faire garder en force. Le magasin d'eau-de-vie près du pont de pierre doit être également gardé par un fort détachement. Tous les magasins qui sont trop éloignés, le duc de Trévise les fera réunir au Kremlin. Les généraux, officiers supérieurs, officiers supérieurs d'administration qui se trouvent ici se logeront dans le Kremlin. Le commandant de la place et l'intendant pourront continuer à loger dans le logement du gouverneur et dans le logement que le duc de Trévise occupe près du Kremlin. Le duc de Trévise verra s'il faut faire garder le couvent du maréchal Ney. Il serait utile de garder, par un poste, la prison qu'a fait retrancher le vice-roi sur la route de Pétersbourg. Pour tout le reste, il réduira le service comme il l'entendra, en conservant de préférence ce qui sera le plus près du Kremlin.

Demain, quand l'armée sera partie, il fera faire, par la municipalité, une proclamation pour prévenir les habitans que les bruits d'évacuation sont faux ; que l'armée se porte sur Kalouga, Tula et Briansk, pour s'emparer de ces points importans et des manufactures d'armes qui s'y trouvent ; engager les habitans à maintenir la police et empêcher qu'on ne vienne achever la ruine de la ville. Il fera, dès demain, commencer les travaux au Kremlin, et veillera à ce qu'ils soient poussés avec la plus grande activité ; il fera faire de fortes patrouilles dans la ville, sur-tout du côté des portes de Mojaïsk et de Kalouga, afin de pouvoir recueillir tous convois ou régimens de marche qui seraient en route de Mojaïsk pour se rendre ici. La division Roguet restera ici la journée de demain, elle partira demain au soir, escortant le trésor et le quartier-général de l'intendant. Le duc de Trévise fera dans la ville une police sévère ; il fera fusiller tout soldat russe qu'on trouverait dans la rue : à cet effet, il fera donner l'ordre à tous ceux qui sont aux hôpitaux de n'en plus sortir. On ne mettra nulle part de petits postes, afin d'être à l'abri de la malveillance des paysans et des surprises des cosaques. Enfin, le duc de Trévise doit réunir le plus de vivres qu'il pourra ; il fera confectionner beaucoup de biscuits : il s'assurera des vivres, au moins pour un mois, en farine, pommes de terre, choucroute, eau-de-vie, vin, etc. Il doit conserver cet approvisionnement pour les circonstances urgentes, en faisant moudre à tous les moulins, pour que, s'il est possible, cela puisse alimenter son journalier. Ayez soin de donner au duc de Trévise un chiffre, afin que la correspondance avec lui puisse être libre et sûre.

Napoléon au général Lariboissière.

Moskou, le 18 octobre 1812.

Monsieur le général Lariboissière, je porte ce soir mon quartier-général à la porte de Kalouga, où toute l'armée va bivouaquer. Demain dans la journée, je me mettrai en marche pour aller où est l'ennemi.

Le duc de Trévise, avec dix mille hommes, reste en ville, et, à tout événement, défendra le Kremlin. Il est donc nécessaire que demain matin, tous caissons et voitures quelconques soient réunis au Kremlin. Il est possible que je revienne à Moskou. Il ne faut donc rien détruire de ce qui serait précieux, tel que poudre, cartouches d'infanterie, coups de canon, plomb à faire des balles; mais le salpêtre, le soufre peuvent être brûlés, j'ai assez de poudre. Les hangars, magasins qui sont autour de la ville, peuvent être brûlés. Les caissons russes et autres matériaux qui ne peuvent pas être transportés au Kremlin seront brûlés demain à huit heures du matin, avec le soufre et le salpêtre.

Le duc de Trévise commande à Moskou. Il faut y laisser un officier supérieur d'artillerie avec des gardes-magasins. Il faut y laisser une compagnie d'artillerie pour le service du picus qui sert de rempart, et quatre officiers d'artillerie attachés au Kremlin pour ce service important.

Il est nécessaire d'avoir à la suite de l'armée, le plus de caissons possible. Il faut donc que les 400 chevaux de l'équipage de pont attèlent les caissons que l'on a, et suivent l'armée. Le grand quartier-général partira demain sous l'escorte d'une division d'infanterie.

Écrivez au duc de Trévise pour lui faire connaître le colonel d'artillerie, les officiers d'artillerie, et la compagnie d'artillerie que vous laissez, et tous les détails relatifs à l'artillerie du Kremlin. La compagnie d'artillerie emploiera la journée de demain et la suivante à augmenter la défense du Kremlin, charger les obus, bombes, grenades, et à pourvoir aux moyens qui peuvent assurer la défense de cette place.

Les officiers d'artillerie chargés de faire sauter le Kremlin quand il en sera temps, resteront au Kremlin.

Napoléon au major-général.

Krasno-Pachra, le 21 octobre 1812.

Mon cousin, faites connaître au duc de Trévise qu'aussitôt que son opération de Moskou sera finie, c'est-à-dire le 23 à trois heures du matin, il se mettra en marche et arrivera le 24 à Kubinskoé; que, de ce point, au lieu de se rendre à Mojaïsk, il ait à se diriger sur Wéréia, où il arrivera le 25. Il servira ainsi d'intermédiaire entre Mojaïsk, où est le duc d'Abrantès, et Borowsk, où sera l'armée; il sera convenable qu'il envoie des officiers sur Fominskoé, pour nous instruire de sa marche. Il mènera avec lui l'adjudant-commandant Bourmont, les Bavarois et les Espagnols qui sont à la maison de Gallitzin, tous les Westphaliens de la première poste et de la deuxième, et tout ce qu'il trouvera de Westphaliens, il les réunira et les dirigera sur Mojaïsk. S'ils n'étaient pas en nombre suffisant, il ferait protéger leur passage par de la cavalerie. Le duc de Trévise instruira le duc d'Abrantès de tout ce qui sera relatif à l'évacuation de Moskou. Il est nécessaire qu'il nous écrive demain 22, non plus par la route de Desna, mais par celle de Szarapowo et Fominskoé. Le 23, il nous écrira par la route de Mojaïsk. Son officier quittera la route de Kubinskoé, pour venir sur Fominskoé, le quartier-général devant être probablement le 23 à Borowsk ou à Fominskoé. Soit

que le duc de Trévise fasse son opération demain 22, à trois heures
du matin, soit qu'il la fasse le 23 à la même heure, comme je lui ai
fait dire depuis, il doit prendre ces mêmes dispositions. Par ce moyen,
le duc de Trévise pourra être considéré comme l'arrière-garde de l'armée.

Je ne saurais trop lui recommander de charger sur les voitures de
la jeune garde, sur celles de la cavalerie à pied, et sur toutes celles
qu'on trouvera, les hommes qui restent encore aux hôpitaux; que les
Romains donnaient des couronnes civiques à ceux qui sauvaient des citoyens : le duc de Trévise en méritera autant qu'il sauvera de soldats;
qu'il faut qu'il les fasse monter sur ses chevaux et sur ceux de tout son
monde, que c'est ainsi que l'empereur a fait à Saint-Jean-d'Acre; qu'il
doit d'autant plus prendre cette mesure, qu'à peine ce convoi aura re-
joint l'armée, on trouvera à lui donner les chevaux et les voitures que la
consommation aura rendus inutiles; que l'empereur espère qu'il aura sa
satisfaction à témoigner au duc de Trévise pour lui avoir sauvé cinq cents
hommes; qu'il doit, comme de raison, commencer par les officiers, ensuite par les sous-officiers, et préférer les Français; qu'il assemble tous
les généraux et officiers sous ses ordres, pour leur faire sentir l'importance
de cette mesure, et combien ils mériteront de l'empereur d'avoir sauvé
cinq cents hommes.

Napoléon au major-général.

Fominskoé, le 23 octobre 1812.

Mon cousin, écrivez au prince Poniatowsky, que tous les régimens de
marche d'infanterie, de cavalerie, et batteries d'artillerie et autres objets,
que le duc d'Abrantès enverra à Wéréia, seront sous ses ordres, et que
lorsqu'il aura un ordre de mouvement, il ne doit rien laisser, mais emmener tout avec lui, jusqu'à ce qu'il rejoigne l'armée. Faites-lui connaître également qu'il ne doit pas envoyer ses blessés et malades sur Mojaïsk, ce qui encombrerait cette route, qui l'est déjà trop; qu'il vaut
mieux qu'il les mène avec lui.

Écrivez au général Teste, qui commande à Viazma, une lettre que vous
ferez passer par l'officier que vous expédiez au prince Poniatowski, et que
celui-ci enverra au duc d'Abrantès pour la transmettre; dans cette lettre,
vous ferez connaître au général Teste que l'intention de l'empereur est que
le général Evers, avec une colonne de trois à quatre mille hommes, infanterie, cavalerie, artillerie, en prenant spécialement les régimens de
marche qui iraient rejoindre l'armée, se dirige de Viazma sur Iukhnow,
à dix-huit lieues de Viazma, et de là, pousse des postes jusqu'à l'intersec-
tion des routes à Znamenskoé. Le général mènera avec lui les estafettes
qui seraient arrivées de Smolensk; il placera à chaque poste, c'est-à-dire
Sosowa, Trofimowa et Andriewka, des détachemens de cent hommes

d'infanterie, et d'un piquet de cavalerie, sous les ordres d'un commandant de place, qui se retrancheront dans les maisons pour être à l'abri des cosaques et des paysans. Mandez au général Tèste d'écrire à Smolensk pour faire connaître que l'armée se dirige sur Kalouga, et de là prendre sa ligne d'opérations sur Ielnia. Donnez ordre au général Teste de retenir toutes les estafettes qui passeraient pour se diriger de Viazma sur Iukhnow, où il est probable que la jonction se fera très-promptement, c'est-à-dire du 25 au 27.

Napoléon au major-général.

Borowsk, le 24 octobre 1812:

Mon cousin, écrivez au duc de Bellune, en chiffres, puisqu'il ne recevra pas cette lettre avant le 26, et qu'alors il aura vu le général Nansouty. Faites-lui connaître qu'étant toujours sans estafettes, je ne sais pas le dernier état des choses de son côté; que j'ignore si les événemens l'ont forcé à quelque mouvement, mais que dans le cas où il n'en aurait fait aucun et que la division Girard serait encore disponible, ainsi que la brigade de cavalerie légère, je désirerais qu'il se mît sur-le-champ en marche, avec ses troupes, pour venir à Ielnia, et de là pousser sur la route de Kalouga, pour se rencontrer avec l'armée, afin de faire notre jonction : s'il peut se mettre en marche le 26, il pourrait être le 30 à cinq marches de Kalouga; que j'établis ma ligne d'opérations, d'abord par Viazma, Iukhnow, et Znamenskoé, jusqu'à ce que notre jonction soit faite avec lui; qu'alors je l'établirai par Smolensk et Ielnia; qu'en parcourant ainsi une quarantaine de lieues, il faut qu'il ait soin d'organiser cette partie de la route en plaçant à chaque poste un commandant d'armes, un détachement de cent hommes et un relai pour estafettes; que ceci ne doit pourtant pas influer en rien sur le parti qu'il aurait à prendre s'il survenait quelque chose d'extraordinaire.

Ajoutez au duc de Bellune, en clair, que l'armée est réunie à Borowsk; que Moskou a été évacué après avoir fait sauter le Kremlin, et que l'armée se dirige sur Kalouga; que la province de Kalouga est une des plus abondantes de la Russie, et qu'en effet nous sommes ici dans une grande abondance de tout.

Le prince de Neufchâtel et de Wagram au général Charpentier.

Viazma, le 1 novembre 1812.

L'empereur ordonne, monsieur le général, que vous envoyiez un officier de votre état-major au maréchal Saint-Cyr et au duc de Bellune, pour leur faire connaître que l'armée qui est aujourd'hui, 1er novembre, à Viazma, sera le 3 à Dorogobouje; que nous attendons avec impatience de leurs nouvelles; que sa majesté suppose que le duc de Bellune aura déjà pris l'offensive, et aura chassé l'ennemi de Polotsk. Vous enverrez également un officier au gouverneur de Mohilow pour lui faire connaître le mouvement de l'armée ; vous ajouterez que ce mouvement de l'armée est volontaire ; que c'est un mouvement de manœuvre pour être à cent lieues plus rapproché des armées qui forment nos ailes ; que, depuis que nous avons quitté les environs de Moskou, nous n'avons plus de nouvelles de l'ennemi que par quelques cosaques. Donnez-lui l'ordre, de ma part, de faire diriger le plus de vivres qu'il pourra sur Smolensk.

Faites connaître aussi les mouvemens de l'armée, et les motifs au commandant de Vitepsk ; prescrivez-lui de faire fabriquer beaucoup de pain, parce qu'une partie de l'armée doit s'approvisionner de cette place. Faites connaître au général Baraguay-d'Hilliers le mouvement de l'armée, etc. Je vous ai déjà fait connaître que ce général ne devait pas se compromettre : renouvelez-lui de ma part cette disposition.

Faites connaître au gouverneur de Minsk que l'armée manœuvre pour se rapprocher de cent lieues plus près de ses ailes, afin de se rapprocher de la Pologne et d'un pays ami. Envoyez-moi, pour demain au soir, ou le 3 au matin, à Dorogobouje, l'état de tous les magasins de subsistances, grains, farines, etc., artillerie attelée et non attelée, des munitions de toute espèce qui peuvent se trouver à Smolensk. Faites-moi connaître, au fur et à mesure, toutes les nouvelles directes ou indirectes que vous pourriez avoir sur les mouvemens du duc de Bellune, du général Saint-Cyr et du prince de Schwartzenberg.

Napoléon au major-général.

Viazma, le 2 novembre 1812.

Mon cousin, écrivez au duc de Reggio que j'ai appris avec la plus vive satisfaction que sa blessure était guérie, et qu'il était dans le cas de reprendre du service, qu'en conséquence mon intention est qu'il retourne au deuxième corps pour en reprendre le commandement.

Mandez au duc de Bellune que j'apprends les événemens de Polotsk, et sa marche de ce côté ; que j'espère qu'il aura repoussé Wittgenstein et repris Polotsk. Écrivez-lui en chiffres, que l'armée est en marche, comme je l'en ai déjà instruit ; que l'hiver était trop long pour le passer loin de mes flancs ; qu'il est probable que je me porterai la droite sur la Duna, et la gauche sur le Borysthène, et que par là nous nous trouverons en contact.

Le prince de Neufchâtel et de Wagram au duc de Bellune.

Mikalewka, le 6 novembre 1812.

Monsieur le duc de Bellune, je viens de mettre sous les yeux de l'empereur votre lettre du 2 novembre, qui m'arrive à l'instant par l'estatelle. Sa majesté ne conçoit pas qu'ayant réuni à vos troupes le deuxième corps d'armée, vous n'ayez pas pris l'offensive avec vigueur. En restant en position devant l'ennemi, vous avez tout à perdre à cause de la supériorité de sa cavalerie légère pour couper nos communications. L'empereur ordonne que vous marchiez sur le général Wittgenstein, et le rejetiez au delà de la Duna; que vous repreniez Polotsk, et obligiez Wittgenstein à quitter cette rive. L'empereur sera après-demain à Smolensk; annoncez-lui une victoire qui est indubitable avec les troupes que vous avez.

Napoléon au major-général.

Mikalewka, le 7 novembre 1812:

J'ai mis sous les yeux de l'empereur votre lettre du 2. L'armée étant à Smolensk demain, il est nécessaire que vous manœuvriez;

1° Pour jeter l'ennemi au delà de la Duna.

2° Pour vous maintenir toujours en communication avec l'empereur et l'armée. Vous en sentez l'importance et la nécessité.

Le prince de Neufchâtel et de Wagram au duc de Bellune.

Smolensk, le 9 novembre 1812, à quatre heures du soir.

Monsieur le duc de Bellune, je reçois votre lettre du 4 à Smolensk. Je l'ai mise sous les yeux de l'empereur. Sa majesté a vu avec peine que vous fussiez incertain de votre marche. Cette incertitude a déjà fait bien du mal. Je vous ai fait connaître par l'adjudant-commandant d'Albignac, que l'intention de l'empereur était que vous marchassiez droit à l'ennemi, dans la direction de Polotsk, et que vous le rejetassiez au delà de la Duna. La plus grande partie des troupes de Wittgenstein sont des milices qui n'ont point six semaines de détail. Sa majesté attend des nouvelles. Faites connaître qui occupe Beszenkowiczi et Ula. Vous n'avez pas un moment à perdre pour marcher à l'ennemi; cela est de la plus grande importance. Votre principale instruction était de défendre Wilna et Minsk, où sont les magasins de l'armée; cela est fort important. Voilà deux estafettes qui manquent à l'empereur, ce qui peut être le résultat du mouvement en arrière que vous avez fait sur Senno, et qui a découvert tout le pays à l'ennemi.

Le prince de Neufchâtel et de Wagram au duc de Bellune.

Smolensk, le 11 novembre 1812.

Monsieur le maréchal, l'adjudant-commandant d'Albignac vous a apporté les ordres de l'empereur, en date du 7 novembre; un officier d'état-major du général Charpentier vous en a apporté le duplicata le 9. Votre aide-de-camp, le colonel Château, arrive à l'instant, et me remet votre lettre du 9. Sa majesté a vu avec plaisir les avantages que votre avant-garde a obtenus sur l'ennemi dans les affaires de poste ; et sur votre rapport, elle a nommé le général Fournier, général de division. Cette marque des bontés de l'empereur le mettra à même d'en mériter de nouvelles dans la bataille qui va avoir lieu bien incessamment. Sa majesté va se porter, avec une partie de l'armée, sur Orsza ; mais ce mouvement ne peut se faire que lentement. Il devient d'autant plus urgent que vous attaquiez Wittgenstein ; si ce général a choisi un camp et une position avantageuse, où il soit difficile de livrer bataille, il vous est facile de manœuvrer de manière à lui couper sa retraite et ses communications sur la Duna. Vous devez partir du principe que Wittgenstein ne peut se laisser couper sur cette rivière. Avec les troupes que vous avez, l'empereur ne doute pas du succès que vous obtiendrez ; il doit être du plus grand résultat, s'il a lieu très-promptement, et que l'empereur puisse occuper Vitepsk, et prendre les quartiers d'hiver entre cette ville, Orsza et Mohilow, et le long de la Duna, sur Polotsk. Les quartiers d'hiver ainsi établis doivent nous donner la paix dans le courant de l'hiver, ou nous préparer des succès certains pour la campagne prochaine, en menaçant évidemment Saint-Pétersbourg. Si, au contraire, vous tardez à attaquer Wittgenstein, le général Kutusof aura le temps de se réunir à ce général, sur Vitepsk, et alors on ne pourra le déloger de cette position que par une bataille générale, qu'on ne pourrait pas livrer cet hiver ; nous serions donc obligés de prendre des quartiers d'hiver, en laissant la Duna à l'ennemi et une partie de la Lithuanie ; et dès lors, pour la campagne prochaine, l'ennemi se trouverait militairement mieux placé que nous. Vous sentez, M. le maréchal, les conséquences de ces dispositions.

Les grandes armées française et russe sont fatiguées : elles peuvent prendre des positions par des marches ; mais ni l'une ni l'autre n'est dans le cas de livrer une grande bataille pour l'usurpation d'un poste. Votre armée, au contraire, monsieur le duc, et celle du général Wittgenstein, sont dans l'obligation de se battre avant de prendre des quartiers d'hiver ; le plus tôt sera le meilleur. La victoire sera complète pour vous, si vous obligez Wittgenstein à repasser la Duna, et qu'un corps français puisse occuper Vitepsk. Si votre corps est battu, ce qui n'est pas probable, par la formation du corps de Wittgenstein, composé en partie de recrues, alors sa majesté se résoudra à prendre des quartiers d'hiver en conséquence. Wittgenstein a tout à gagner à rester en position, et vous tout à perdre. Communiquez cette lettre au duc de Reggio, et concertez-vous ensemble pour livrer bataille, ce qui sera de la plus grande importance pour la suite des opérations. L'empereur, monsieur le duc, se confie dans votre attachement, dans votre zèle et dans vos talens, dans une circonstance où vos succès sur l'ennemi sont d'une si haute importance pour les quartiers d'hiver des armées et l'avantage des opérations de la campagne prochaine.

Napoléon au major-général.

Smolensk, le 14 novembre 1812.

Mon cousin, écrivez au duc d'Elchingen que je me rends à Krasnoi, qu'il est nécessaire qu'il continue de faire l'arrière-garde; que le prince d'Eckmülh le soutiendra; qu'il doit rester dans la position où il est toute la journée d'aujourd'hui; que demain 15, il prendra la position du couvent et du faubourg, et que le 16, il fera sauter la ville en s'en allant, ou simplement prendra la position de la tête de pont pour ne faire sauter la ville que le 17, si tout n'était pas prêt; qu'il est nécessaire qu'il se concerte avec le prince d'Eckmülh; que je lui recommande sur-tout de faire en sorte que les pièces et les munitions soient détruites, et qu'on laisse le moins de traîneurs possible dans la place.

Le prince de Neufchâtel et de Wagram au prince d'Eckmülh.

Smolensk, le 14 novembre 1812, à sept heures du matin.

Monsieur le prince d'Eckmülh, l'intention de l'empereur est que vous souteniez le duc d'Elchingen dans la retraite d'arrière-garde qu'il fait. Le vice-roi, devant partir demain 15, pour se rendre à Krasnoi, vous verrez à faire relever et occuper les postes que vous jugerez convenables, et que le vice-roi sera dans le cas d'évacuer.

L'intention de l'empereur est que vous vous reployiez, avec votre corps d'armée et celui du duc d'Elchingen, sur Krasnoi, en faisant votre mouvement le 16 ou le 17. Le général Charpentier, avec sa garnison, composée de trois troisièmes bataillons polonais et d'un régiment de cavalerie, quittera la ville.

Avant de partir, vous ferez sauter les tours de l'enceinte de Smolensk, en faisant mettre le feu aux mines déjà préparées; vous veillerez à ce qu'on fasse brûler les munitions d'artillerie, et détruire les caissons et tout ce qu'on ne pourra pas emmener, ainsi que les fusils. Quant aux canons qu'on ne pourra pas emmener, l'artillerie fera scier les tourillons, et les fera enterrer. Les généraux Chasseloup et Lariboissière resteront ici pour exécuter, chacun en ce qui le concerne, les dispositions ci-dessus.

Vous aurez soin, monsieur le maréchal, d'ordonner des patrouilles, pour qu'il ne reste ici aucun traîneur français. Vous prendrez aussi des mesures pour ne laisser dans les hôpitaux que le moins de malades possible.

Le prince de Neufchâtel et de Wagram au duc d'Abrantès.

Liady, le 17 novembre 1812, à huit heures du soir.

Monsieur le duc d'Abrantès, vous devez continuer votre mouvement pour aller coucher demain à Dubrowna, d'où vous m'enverrez un officier au point où couchera l'empereur, entre Liady et Dubrowna, afin que je puisse vous expédier des ordres ; mais cependant, si vous n'en recevez pas, vous devez, après-demain matin, continuer votre marche sur Orsza ; là, vous prendrez position, vous ferez bien garder le pont, vous concourrez à établir le plus grand ordre dans la ville, vous ferez distribuer des rations à votre corps d'armée d'une manière régulière aux présens sous les armes ; vous ferez retenir à Dubrowna et à Orsza les hommes isolés ; vous les ferez classer par corps d'armée, vous empêcherez toute espèce de pillage et tous les excès que commettent les hommes isolés ; vous leur ferez faire des distributions en règle, et s'il y en a qui pillent et se conduisent mal, traduisez-les à une commission militaire pour être fusillés : c'est le cas de faire des exemples. Nous arrivons sur la ligne où l'armée va s'arrêter et se refaire, il faut donc économiser les subsistances et les ressources. Le général d'Alorma et le général Jomini sont à Orsza ; ils ont des ordres conformes à ceux que je vous donne ci-dessus. Veillez vous-même, monsieur le duc, à leur exécution ; c'est ce que l'empereur vous recommande particulièrement.

Napoléon au major-général.

Dubrowna, le 18 novembre 1812.

Mon cousin, écrivez au gouverneur de Minsk que je serai demain à Orsza ; faites-lui connaître que j'ai ordonné au deuxième corps avec une division de cuirassiers et cent pièces de canon, commandé par le duc de Reggio, de se porter en toute hâte et en ligne droite sur Borisoff, pour assurer ce poste important, et de là marcher sur Minsk. En attendant, le général Dombrowski se rendra avec sa division dans cette place, et observera ce que fait le corps qui est à Minsk. Recommandez-lui d'envoyer des agens du pays au duc de Bassano et au prince de Schwartzenberg, et d'avoir soin de vous écrire fréquemment.

Le prince de Neufchâtel et de Wagram au duc de Bellune.

Dubrowna, le 19 novembre 1812, à trois heures du matin.

Je vous envoie, monsieur le maréchal, par l'aide-de-camp du duc de Reggio, le duplicata des ordres que je vous ai adressés hier par votre aide-de-camp.

L'empereur arrive à Orsza aujourd'hui à midi. Il est nécessaire, monsieur le maréchal, que la position que vous prendrez vous mette plus près de Borisoff, de Wilna et d'Orsza que l'armée ennemie. Faites en sorte de masquer le mouvement du duc de Reggio, et de faire croire au contraire que l'empereur se porte sur le général Wittgenstein, manœuvre assez naturelle. L'intention de sa majesté est de se porter sur Minsk ; et quand on sera maître de cette ville, de prendre la ligne de la Bérésina. Il serait donc possible que vous reçussiez l'ordre de vous porter sur Bérésino ; de couvrir par là la route de Wilna, et de vous trouver réuni en communication avec le sixième corps. Étudiez ce mouvement et faites-moi connaître vos observations.

Aussitôt que vous m'aurez instruit de la situation de l'artillerie que vous pourrez céder aux autres corps, je vous enverrai des ordres pour le point vers lequel elle peut être dirigée. J'avais chargé le général Nansouty de vous remettre un chiffre ; je pense qu'il l'aura laissé au duc de Bassano, qui vous l'aura peut-être envoyé ; faites-moi connaître si vous l'avez reçu, afin de pouvoir écrire dans les lettres quelques mots en chiffres, qui empêchent que ces lettres ne soient utiles à l'ennemi, dans le cas où elles tomberaient entre ses mains. Cette mesure est indispensable, attendu la grande quantité de cosaques qui vont se trouver par-tout.

Le prince de Neufchâtel au duc de Reggio.

Au quartier-général près de Kokhanow, le 22 novembre 1812 ;
à deux heures et demie du matin.

Je reçois, monsieur le duc, votre lettre du 21 ; sa majesté voit avec plaisir que vous serez aujourd'hui à Borisoff ; l'empereur espère que le gouverneur-général de Minsk aura senti la nécessité de garder la tête de pont qui assure le passage. Le général Dombrowski, ayant dû arriver le 20 avec une partie de sa division, doit avoir mis ce point important à l'abri de toute insulte.

Si l'ennemi s'était emparé de la tête de pont, et qu'il ait brûlé le pont, de manière qu'on ne puisse passer, ce serait un grand malheur, et le général Dombrowski serait bien coupable de la mauvaise direction qu'il a donnée à sa division. Il serait nécessaire que vous vissiez sur les lieux s'il y a moyen de passer la Bérésina quelque part, et dans le cas où cela serait difficile, il faudrait se disposer à marcher sur Lepel. Mais l'empereur espère que le gouverneur de Minsk n'aura pas rendu la tête de pont à la cavalerie, et que le général Dombrowski aura pu arriver, et successivement votre corps. Laissez des officiers en arrière, échelonnés, afin que la principale nouvelle de Borisoff puisse nous arriver très-promptement.

Napoléon au major-général.

Bobr, le 23 novembre 1812.

Mon cousin, écrivez au duc de Bellune, qui doit être ce soir à Kolopeniczi, pour lui faire connaître que je suis à Bobr, que le duc de Reggio est sur Borisoff, qu'il est important qu'il fasse couper la route de Lepel, comme il se le proposait, du côté de Baran, afin d'être certain que Wittgenstein ne porte rien sur le duc de Reggio, et que s'il y portait quelque chose, il doit l'attaquer vigoureusement ; que j'espère qu'il m'aura écrit, et que je recevrai ce soir un de ses officiers ; qu'il est probable que je partirai demain pour Borisoff ; qu'aussitôt que j'aurai reçu l'officier qu'il n'aura pas manqué de m'envoyer, je lui écrirai de nouveau que notre arrière-garde est à Toloczin.

Le prince de Neufchâtel et de Wagram au duc de Bellune.

Bobr, le 23 novembre 1812, à quatre heures du soir.

L'empereur, monsieur le maréchal, vient d'arriver à Bobr. Le duc de Reggio est sur Borisoff ; il est important que vous fassiez couper la route de Lepel, comme vous vous proposiez de le faire, du côté de Baran, afin d'être certain que Wittgenstein ne porte rien sur Oudinot ; s'il y portait quelque chose, vous devez l'attaquer vigoureusement. Sa majesté espère que vous aurez écrit, et qu'elle recevra ce soir un de vos officiers. Il est probable que l'empereur partira demain pour Borisoff. Aussitôt que nous aurons reçu l'officier que vous n'aurez sûrement pas manqué de nous envoyer, je vous écrirai, et vous ferai connaître de nouveau les intentions de sa majesté. Notre arrière-garde est à Toloczin.

Le prince de Neufchâtel et de Wagram au lieutenant-général baron Éblé.

Bobr, le 24 novembre 1812, à quatre heures et demie du matin.

Monsieur le général Éblé, l'empereur ordonne que vous partiez avant six heures du matin, pour vous rendre en toute diligence au quartier-général du duc de Reggio, à Borisoff, et travailler à établir plusieurs ponts sur la Bérésina pour le passage de l'armée ; vous vous diviserez en deux. Si tout votre monde ne peut pas aller assez promptement, vous prendrez avec vous tout ce qui peut le mieux marcher, de manière à ce que vous arriviez dans la nuit, et que vous soyez au travail demain à la pointe du jour, et que l'autre partie puisse être au travail demain avant midi. Ayez soin de laisser en route des ateliers pour réparer les ponts et les plus mauvais passages. Je donne le même ordre au général Chasseloup ; vous vous entendrez avec lui et avec M. le duc de Reggio, pour les travaux à faire sur la Bérésina, où il est indispensable que l'armée puisse passer au plus tard demain.

Le maréchal duc de Reggio au prince de Neufchâtel et de Wagram, major-général.

Borisoff, le 24 novembre 1812, à cinq heures et demie du matin.

Monseigneur, ainsi que j'ai eu l'honneur de l'annoncer à votre altesse sérénissime, j'ai envoyé reconnaître le gué de Studianka, qui était occupé par l'ennemi, ainsi qu'elle le verra par le rapport du général Corbineau.

Il existe encore deux passages, l'un à Stakow, à un mille au-dessus, l'autre à Ukholoda, à deux milles au-dessous de Borisoff. Les mouvemens qu'on a remarqués hier au soir sur les deux flancs de l'ennemi avaient pour objet l'occupation de ces passages, qui tous sont gardés.

Il a été impossible de faire pendant la nuit des reconnaissances assez exactes pour s'assurer quel est le point le plus favorable pour jeter un pont ; je me propose de faire aujourd'hui des démonstrations sur les trois points indiqués ci-dessus, de tenter le passage, et de jeter mon pont dans la nuit sur celui que j'aurai choisi.

J'ai vingt mille hommes devant moi, qui se porteront sans doute sur le point où je chercherai à effectuer mon passage ; je n'ose donc garantir le succès de cette entreprise, quoique résolu à tout tenter pour la faire réussir.

D'après les renseignemens qu'on a recueillis ici, il paraît que les Russes sont persuadés que l'empereur veut y passer la Bérésina ; qu'hier l'avant-garde de Langeron était arrivée, et qu'on annonçait aussi l'arrivée de l'amiral Titchakoff ; que Wittgenstein a fait annoncer sa prochaine jonction ; que le prince de Schwartzenberg suit d'assez près le général Muller, qui commande les trois divisions que l'ennemi a laissées devant lui ; que cette poursuite inquiète les Russes. On ajoute enfin que les troupes qui avaient d'abord été dirigées sur Wilna ont été rappelées.

Je suis, avec un respectueux dévouement, monseigneur, de votre altesse sérénissime, etc.

Le maréchal duc de Reggio au prince de Neufchâtel et de Wagram, major-général.

Borisoff, le 24 novembre 1812, a une heure après midi.

Monseigneur, je me suis décidé pour le point de Studianka, où je compte effectuer mon passage dans la nuit suivante, et demain matin je fais faire des démonstrations à Ukholoda et Stakow ; l'ennemi ne les néglige pas de son côté ; ses troupes sont devant nous dans un mouvement continuel. Il a même eu l'air de faire apporter des matériaux pour rétablir le pont de Borisoff ; mais celui de ses mouvemens qui paraît être le plus prononcé, c'est celui qui se fait par sa droite dans la direction de Bérésino. Je le fais suivre et ne le perds pas de vue ; mais nous pensons tous ici que ce mouvement fait sous nos yeux avec affectation cache quelque autre projet, et qu'il est toujours convenable d'en donner avis à votre altesse.

Quoi qu'il en soit, j'espère être demain sur l'autre rive, et je compte y tenir assez pour assurer le passage de ce que sa majesté jugera à propos de faire passer à ma suite ; il n'est pourtant pas permis de douter que Wittgenstein et Steinheil, qui ont l'éveil, ne fassent tous leurs ef-

forts pour nous contrarier. J'ai envoyé des officiers au duc de Bellune
pour en avoir des nouvelles et l'informer de mes opérations ; je n'en ai
point encore obtenu de réponse. Je viens encore de lui envoyer un parti
sur Baran pour lui faire connaître la marche que je me propose d'exécuter cette nuit.

Le maréchal duc de Reggio au prince de Neufchâtel et de Wagram,
major-général.

Borisoff, le 24 novembre 1812, à cinq heures moins un quart du soir.

Monseigneur, votre altesse sérénissime verra, par le rapport ci-joint
de M. le général Aubry, qui revenait de Studianka au moment où j'ai reçu
la dernière dépêche, que le passage est loin d'être assuré ; l'ennemi paraît
ne point prendre le change, et il est certain que ce sont maintenant les
troupes de Steinheil, venues par Bérésino, qui sont devant ce gué ; ceci
explique le mouvement vers sa droite que l'ennemi a fait aujourd'hui. Un
paysan qui avait hier servi de guide à une colonne d'environ six mille
Russes qui s'étaient portés vers leur gauche, et qui s'est échappé d'entre leurs mains, a déclaré que cette colonne avait fait aujourd'hui un mouvement inverse ; mais malgré les obstacles que présente le passage de Studianka, je pense que nous parviendrions à les surmonter si j'étais prompt-
tement soutenu, car en peu d'heures je puis me trouver entre deux corps
ennemis. J'avais ordonné mon mouvement, et il devait commencer à six
heures ; mais ceci me paraît d'une conséquence trop sérieuse pour ne pas
différer et attendre les ordres de sa majesté, d'autant sur-tout qu'ils peuvent
m'arriver encore à temps pour qu'il s'opère dans la nuit, puisque nous
n'avons que trois lieues d'ici au point de passage.

Je joins à cette lettre un croquis de la reconnaissance qui a été faite à
Ukholoda, village situé sur la route de Bérésino, à deux milles d'ici, et
que j'ai occupé jusqu'à présent.

J'ai fait reconnaître par un parti le gué de Weselowo, et on l'a trouvé
également gardé par de la cavalerie et de l'infanterie ; ce gué n'est qu'à
une lieue au-dessus de celui de Studianka.

Je suis, etc., etc.

Napoléon au major-général.

Losnitza, le 25 novembre 1812, à une heure du matin.

Mon cousin, expédiez sur-le-champ votre aide-de-camp Flahaut au duc
de Reggio ; qu'il y arrive le plus tôt possible, et lui remette la lettre suivante :

« Par votre lettre du 24, à cinq heures du soir, vous me faites connaître
» que vous croyez avoir besoin d'être soutenu pour opérer le passage de
» la rivière. Le duc de Trévise sera aujourd'hui à Borisoff de bonne heure

27

» avec deux divisions de la garde. Le duc de Bellune a eu hier 24 un
» combat qui, à en juger par la canonnade, a dû durer quelque temps
» entre Kolopeniczi et Baran. Vous aurez sans doute fait préparer des che-
» valets au moins pour deux ou trois ponts. Le général Éblé doit être
» arrivé à Borisoff; si vous n'avez pas passé cette nuit, il devient très-
» urgent, dans les circonstances actuelles, de passer aujourd'hui. »

Le prince de Neufchâtel et de Wagram au duc de Bellune.

Losnitza, le 25 novembre 1812, à cinq heures du matin.

J'ai mis votre lettre du 24 sous les yeux de l'empereur. Vous ne parlez
pas de la forte canonnade qui a commencé hier à trois heures et demie;
vous ne faites pas connaître non plus si vous avez vu de l'infanterie. Votre
principal but, M. le duc, est d'empêcher le général Wittgenstein d'atteindre Oudinot, et il vous avait toujours été ordonné d'arriver rapidement
sur Baran, afin de couper la route de Lepel, vous n'en avez rien fait, de
sorte que le général Steinheil s'est déjà joint à l'armée de Tormasoff, et
a suspendu notre mouvement du passage de la Bérésina, qu'il est cependant si important, dans la situation où nous nous trouvons, d'opérer
promptement. Vous avez, dites-vous, deux divisions qui sont à quinze
werstes de Kostritza; portez-vous avec elles en toute diligence, de manière
à arriver de bonne heure à Kostritza; éclairez tout ce qui se passe depuis
Kostritza jusqu'à Baran; attaquez vigoureusement tout ce qui se pré-
sentera; mettez-vous en communication avec Oudinot, qui est à Borisoff,
où l'empereur va de même se porter. Il est nécessaire que vous envoyiez
beaucoup d'officiers, afin de faire connaître plusieurs fois par jour
votre position, et que vous puissiez, dans la nuit du 25 au 26, passer
la Bérésina sur les ponts qui vont y être jetés, avec le duc de Reggio, la
garde impériale et votre corps d'armée, ce passage ne pouvant plus être
différé. Votre arrière-garde, étant plus éloignée, pourra continuer à couvrir l'armée, dont l'arrière-garde part aujourd'hui de Bobr, pour se porter à Nacza, et venir à marche forcée au pont; aussitôt que le passage
sera ouvert, si le général Fournier rencontre des forces inférieures aux
siennes, il doit les attaquer.

Le prince de Neufchâtel et de Wagram au duc de Bellune.

A une lieue de Borisoff, le 25 novembre 1812, à deux heures après-midi.

Je reçois votre lettre du 25, à dix heures du matin. L'empereur est
étonné que vous ayez ôté l'arrière-garde qui couvrait la route de Bobr
à Nacza, et que vous ayez entièrement abandonné la route de Lepel à
Borisoff. Puisque vous êtes sur la route de Losnitza, cela est sans aucun
remède; ce surcroît d'encombrement nuira beaucoup à votre troupe. Il est
fâcheux, puisque vous étiez en présence de l'ennemi, de ne l'avoir pas

bien rossé. S'il vous a suivi et s'il vous inquiète, tombez·lui dessus avec votre arrière-garde et l'une de vos divisions. Demain, avant le jour, partez avec deux de vos divisions pour arriver à Borisoff et de là au point de passage.

Il serait très-dangereux d'évacuer Ratuliczi si l'ennemi est en présence ; dans ce cas vous devez faire volte-face avec un nombre de divisions égal à celui de l'ennemi et le battre ; si vous faisiez autrement, vous compromettriez tous les corps qui sont à Krupki. L'empereur voit que l'ennemi vous a offert de belles occasions de le battre, et que vous n'avez jamais su en profiter. Je vous réitère l'ordre de l'empereur, qui est que vous attaquiez l'ennemi s'il est en vue de vous ; cela est de la plus grande importance, s'il est en position de s'intercaler dans nos colonnes. Le quartier-général de l'empereur est à Borisoff ce soir. Le passage de la rivière doit s'effectuer demain matin.

Napoléon au major-général.

Studianka, le 27 novembre 1812, à minuit et demi.

Mon cousin, donnez ordre au maréchal duc d'Elchingen de passer la rivière avec tous les Polonais, ce qu'il a réuni du troisième corps et la division Claparède, qui va arriver à la pointe du jour et que je mets sous ses ordres, et avec ces troupes, de soutenir le maréchal duc de Reggio, s'il était attaqué ce matin.

Aussitôt que le duc de Bellune sera arrivé, il se portera également pour soutenir le duc de Reggio. Enfin le duc de Trévise, avec la jeune garde, passera la rivière pour soutenir également le duc de Reggio. Je voudrais retarder ce dernier mouvement jusqu'à ce que les troupes du vice-roi fussent arrivées ici, dans la crainte qu'il ne vienne à paraître des troupes de Wittgenstein sur cette rive.

Napoléon au major-général.

Zaniwki, le 28 novembre 1812, à neuf heures du matin.

Mon cousin, donnez ordre au général de Wrede, qui est à Dokszitzi, de se rendre à Viléika, d'y réunir des vivres, d'assurer les ponts, d'envoyer des partis sur la route d'Ilia et sur la vieille route de Minsk, et de communiquer à Smorgoni avec l'adjudant-commandant d'Albignac. Cette lettre sera portée par l'homme qu'a envoyé le général de Wrède. (l'adresser au général Krazinski). Si elle est remise en quinze heures de temps il y aura une récompense de cinquante napoléons qui seront donnés aussitôt qu'il viendra nous l'apprendre.

Le prince de Neufchâtel et de Wagram au vice-roi d'Italie.

Selitzka, le 3 décembre 1812, à une heure et demie du matin.

Monseigneur, l'empereur ordonne que vous envoyiez un officier polonais à Dolbinow et à Dokszitzi à la rencontre du général de Wrède, pour lui faire connaître qu'hier, 1er décembre, le général Wittgenstein était à Pleszeniczi, que le 3 nous serons à Malodetchzno, qu'on lui a déjà envoyé plusieurs fois l'ordre de se rendre sur Viléika, afin de se trouver sur notre gauche.

Aussitôt que votre altesse aura communiqué avec l'adjudant-commandant d'Albignac, l'empereur désire que vous lui fassiez connaître la situation des troupes qu'a cet adjudant-commandant, et que vous lui donniez l'ordre de nous faire passer, sous une forte escorte, les vingt estafettes qu'il doit avoir avec lui. Vous lui recommanderez de mettre des troupes à tous les postes pour que les maraudeurs ne les désorganisent pas, et que le service des estafettes et des communications puisse être rapide avec Wilna et Paris.

L'empereur désire également que votre altesse fasse connaître si l'on pourrait s'arrêter un instant sur la ligne de la Vilia qui revient sur Wiezyn et Radoszkowiczi; si l'adjudant-commandant a avec lui des convois de vivres; on sait qu'il y en a en route de Wilna.

Pendant ces jours de repos on ferait filer les blessés, les hommes à pied de cavalerie et les bagages inutiles de l'armée; mais tout cela doit être subordonné à la possibilité d'avoir des vivres.

L'empereur me charge de demander à votre altesse combien de monde elle a rallié, et si elle a rétabli un commencement d'organisation dans ses régimens.

Je vous envoie un ordre pour le général Hogendorp, gouverneur-général de la Lithuanie, et un pour le géuéral Bourcier. Je prie votre altesse d'expédier un officier en poste pour les leur porter. Vous lui ordonnerez de faire la plus grande diligence.

Le prince de Neufchâtel et de Wagram au vice-roi d'Italie.

Selitzka, le 2 décembre 1812, à deux heures du matin.

Monseigneur, j'ai mis sous les yeux de l'empereur votre lettre datée en route de Malodetchzno, le 2. L'intention de l'empereur est que votre altesse envoie une bonne avant-garde sur la route de Minsk, afin de savoir ce qui se passe de ce côté, et si l'on a des nouvelles de l'ennemi. L'empereur espère, à son arrivée à Malodetchzuo, y trouver des estafettes.

Sa majesté ordonne que votre altesse dirige sur Wilna, sous l'escorte que fourniront les troupes de l'adjudant-commandant d'Albignac, ses gros bagages, le trésor, toutes les voitures ou charrettes qui portent des blessés ou malades.

Votre altesse donnera également l'ordre au duc d'Abrantès de réunir et de partir avec tous les hommes de la cavalerie démontés pour se diriger par journées d'étapes par la route la plus directe de Malodetchzno sur Merecz, sans passer par Wilna.

Quant aux Polonais, l'empereur ordonne que vous les fassiez également partir de Malodetchzno pour se diriger directement sur Olita, sans passer par Wilna.

Envoyez des agens à Minsk pour avoir des nouvelles. En résumé, débarrassez-vous sur Wilna des bagages et des blessés, et sur le dépôt de Merecz de tous les hommes démontés; enfin sur Olita de tous les Polonais.

Vous cantonnerez vos troupes dans les environs de Malodetchzno; le prince d'Eckmülh y cantonnera aussi les siennes, afin de se rallier et de prendre un moment de repos.

Le prince de Neufchâtel et de Wagram au général comte de Wrède.

Selitzka, le 3 décembre 1812, à une heure du matin.

Monsieur le général de Wrède, je reçois votre lettre du 2. Le quartier-général sera ce soir à Malodetchzno; il se repliera successivement jusqu'à l'endroit où l'on pourra faire des distributions régulières. L'armée souffre de ses longues privations.

Envoyez-moi l'état de situation de vos troupes et de votre artillerie. Si vous pouvez nous envoyer des vivres, pain, bestiaux, sur un des points de la route, ce serait le plus grand service que vous puissiez nous rendre. Nous avons un grand nombre d'hommes à pied; faites-moi connaître de quelle arme sont les chevaux non montés que vous avez. Faites évacuer vos parcs, vos hôpitaux et vos vivres sur Wilna, ainsi que vos parcs de bestiaux et vos magasins. Faites-moi connaître le lieu où se trouvent les troupes bavaroises et les dix mille recrues parties il y a plusieurs mois de Munich, afin qu'il soit pris des mesures pour rallier tout cela sur un point central.

Le prince de Neufchâtel et de Wagram à l'adjudant-commandant d'Albignac.

Malodetchzno, le 3 décembre 1812, à trois heures du matin.

Monsieur l'adjudant commandant d'Albignac, l'empereur ne trouve pas votre correspondance assez claire; vous ne m'envoyez pas l'état de la composition des convois que vous escortez; vous ne faites pas connaître sur quelle espèce de voiture; je ne peux donc vous donner des ordres. Faites retourner sur Wilna tous les effets d'habillement : on les distribuera dans cette ville. Envoyez à notre rencontre à la poste, à mi-chemin, sur la grande route à Markowo, des vivres pour les distribuer à l'armée à son passage. Faites que les magasins de Smorgoni et d'Osmiana soient approvisionnés. Faites diriger les bœufs sur Wilna, afin qu'ils ne soient pas compromis et pris par les cosaques, hormis ce qui est nécessaire pour nourrir l'armée pendant deux ou trois jours.

Le prince de Neufchâtel et de Wagram au comte Kreptowictz.

Malodetchzno, le 4 décembre 1812, à quatre heures du matin.

L'empereur ordonne, monsieur le comte, que vous preniez des mesures pour envoyer au duc de Bellune, des magasins de Smorgoni, dix mille rations de biscuit, et autant pour les troupes du duc d'Elchingen, qui commande les deuxième et troisième corps d'armée. L'intention de sa majesté est que vous envoyiez aussi à chacun de ces maréchaux vingt mille rations de viande et dix mille rations d'eau-de-vie. Faites en sorte que ces vivres arrivent le plus tôt possible; et; si l'on peut, demain, parce que, du lieu où ces vivres seront reçus, s'arrêtera le mouvement rétrograde.

On mande de Wilna qu'il y a à Smorgoni soixante mille rations de biscuit; vingt mille seront distribuées ainsi qu'il est dit ci-dessus; trente mille seront données à la garde, qui enverra en prendre possession aujourd'hui; cinq mille seront données au prince d'Eckmülh, et autant au vice-roi; le double de rations de viande sur pied, et la même quantité d'eau-de-vie seront remis à chacun de ces corps. Il y a à Smorgoni trois cent cinquante mille rations de farine, et l'on assure que le gouvernement de Lithuanie a pris des mesures pour qu'une grande quantité de pain y soit préparée. Si tous ces détails sont vrais, et que les magasins d'Osmiana soient aussi bien fournis, on ralliera là l'armée, pour lui donner de la viande, du pain et de l'eau-de-vie, d'une manière régulière. Il est donc nécessaire, monsieur le comte, que vous fassiez connaître à l'empereur, le plus tôt possible, les ressources réelles qu'offrent les magasins de Smorgoni et d'Osmiana, et que vous m'en rendiez compte.

Le prince de Neufchâtel et de Wagram au lieutenant-général comte Hogendorp, gouverneur de la Lithuanie.

Miedniki, le 7 décembre 1812, à sept heures du soir.

Monsieur le général Hogendorp, je vous préviens que la garde impériale arrivera demain à Wilna; sa majesté désirerait qu'elle pût prendre des cantonnemens dans le faubourg d'Osmiana; la cavalerie de la garde arrivera aussi demain, et prendra des cantonnemens provisoires dans les emplacemens qu'elle a déjà occupés. Les corps du vice-roi et celui du prince d'Eckmülh s'arrêteront pour la journée de demain à Rukoni. Nous espérons que vous avez pris des mesures pour qu'on prenne aux traîneurs et isolés tous leurs cognats ; qu'ils soient conduits directement dans les couvens ou emplacemens que vous aurez choisis , pour les réunir par corps d'armée. Il faut beaucoup de patrouilles en ville, afin de n'y souffrir aucun soldat isolé. Nous désirerions avoir un état des villages qui se trouvent à deux lieues autour de Wilna, et qui offrent des ressources pour y mettre des troupes. Le roi pense que vous ne perdez pas un instant pour faire évacuer nos malades et tous les embarras de l'administration. Il faut faire partir les six millions qui sont à Wilna, en diriger deux sur Varsovie, et quatre sur Kœnigsberg. Quant aux hommes démontés des troupes à cheval, il faut les réunir dans un même local, et les faire partir par troupes de cinq cents hommes pour Kowno et Varsovie. Le général Bourcier fera connaître le nombre d'hommes et de quelle arme il faut diriger sur chacun de ces points. Je vous ai déjà écrit de faire partir également toutes les remontes de Wilna pour Kœnigsberg. Beaucoup de soldats vont demander à entrer dans les hôpitaux. Il faudrait tâcher de les diriger au fur et à mesure sur Kowno. La quantité de cognats et de petites charrettes que l'on enlèvera aux soldats en entrant en ville, fourniront plus de moyens qu'il n'en faut pour évacuer nos malades. Préparez-moi des états de situation exacts et détaillés de tout ce qui se trouve à Wilna.

Le prince de Neufchâtel et de Wagram au général comte de Wrède.

Wilna , le 8 décembre 1812 , à cinq heures du soir.

L'intention de sa majesté, M. le général comte de Wrède, est que vous quittiez votre position de Slob-Chomska pour vous rendre à Rukoni ; où vous recevrez des ordres du duc d'Elchingen, à qui sa majesté confie le commandement de l'arrière-garde. Le duc d'Elchingen, avec les troupes des deuxième et troisième corps, vous soutiendra. Il est important que vous soyez rendu le plus tôt possible à Rukoni : arrivé là, c'est votre excellence qui se trouvera faire notre arrière-garde. Si nous avons des traîneurs, vous les protégerez, et vous aurez grand soin de vous faire éclairer, aussi loin que possible, sur votre droite et sur votre gauche. Les troupes du duc d'Elchingen, qui doivent vous soutenir, seront en position à Niesmicza : elles sont chargées de couvrir et d'éclairer la route de Rudomin. Le vice-roi et le prince d'Eckmülh couchent ce soir à Rukoni , et en partiront demain matin; le corps du duc de Bellune est aujourd'hui à Miedniki , et doit également se replier demain sur Wilna , en vous laissant le soin de l'arrière-garde. Sa majesté compte sur vos talens et sur votre zèle dans cette circonstance , où vous êtes à même de rendre de grands services à l'armée.

Le prince de Neufchâtel et de Wagram au duc d'Elchingen.

Wilna, le 8 décembre, à six heures du soir.

M. le duc d'Elchingen, sa majesté juge convenable de vous confier ce soir même le commandement de l'arrière-garde de l'armée. Vous aurez sous vos ordres les deuxième et troisième corps d'armée et la division Loison, qui s'y trouve déjà, et en outre le corps bavarois de sept à huit mille hommes commandé par le général de Wrède. Je donne ordre à ce général de partir sur-le-champ de sa position de Slop-Chomska, pour se rendre à Rukoni. Je joins ici copie des instructions que je lui donne. Je prescris au duc de Bellune de ne point quitter la position de Rukoni que le général de Wrède ne soit arrivé ; avec le reste de vos troupes, vous prendrez la position de Niesmicza, et vous couvrirez la route de Rudomin.

Vous voudrez bien, M. le maréchal, donner au général de Wrède toutes les instructions que vous jugerez nécessaires. Vous sentez, M. le duc, que le salut de l'armée est dans vos mains ; sa majesté vous porte toute confiance, et vous prie de lui faire connaître les nouvelles que l'avant-garde pourra avoir de l'ennemi sur les différentes directions. On va s'occuper de rallier les premier, quatrième et neuvième corps, ainsi que la garde, pour vous soutenir s'il était nécessaire.

Le prince de Neufchâtel et de Wagram au duc d'Elchingen.

Wilna, le 9 décembre 1812.

M. le duc d'Elchingen, le général de Wrède ayant été forcé dans ses positions, et se trouvant aux portes de la ville, et la division Gratien * ne vous ayant point donné le moyen de le soutenir et de repousser l'ennemi, le roi a porté son quartier-général à la barrière de la porte Kowno, où il a réuni la garde. L'intention de sa majesté est de se mettre en marche demain à quatre heures du matin, avec la garde impériale, pour arriver, le plus promptement possible, à Kowno, rallier, autant que possible, les fuyards et les militaires isolés, et y prendre position.

L'intention du roi est que vous continuiez à faire l'arrière-garde, et à protéger la retraite avec la division de Wrède, la division Loison, et tout ce que vous pourrez rallier à ces troupes. Faites évacuer, autant que possible, cette nuit, l'artillerie et tout ce que l'on pourra, notamment le trésor. L'intention de sa majesté est que l'on abandonne quelques caissons pour atteler les voitures du trésor. Je donne l'ordre au général Éblé de faire sauter les caissons que nous sommes obligés d'abandonner dans l'arsenal, et de faire détruire cette nuit les fusils. Dans la circonstance présente, le roi ne peut que marcher, le plus vite possible, sur Kowno.

---

* Le général de brigade baron Gratien avait remplacé le général Loison, tombé malade.

Sa majesté vous laisse le maître de marcher, selon que les circonstances l'exigeront, en faisant pour le mieux dans cette occurrence pénible, où les froids rigoureux ont achevé de désorganiser l'armée. Il faut brûler, autant que possible, ce que nous ne pourrons pas emmener: Prévenez le général Hogendorp, pour qu'il ne quitte la ville qu'en même temps que vous. Le roi vous autorise à écrire en partant, au général commandant les troupes russes, pour recommander nos malades.

Le prince de Neufchâtel et de Wagram au comte Daru.

Wilna, le 9 décembre 1812.

M. le comte Daru, le roi a transporté son quartier-général à la barrière de Kowno. Le duc d'Elchingen fait la retraite, et partira demain le plus tard qu'il pourra. Faites partir, dans la nuit, le trésor. J'ai autorisé le général Éblé à donner des chevaux d'artillerie, s'il est nécessaire. Il faut tout faire pour le sauver; qu'il vienne cette nuit au quartier-général; à la barrière de Kowno, où nous le ferons escorter.

· Faites distribuer, sans formes lentes d'administration et avec abondance, des vivres et des effets d'habillement à tous ceux qui en demanderont, puisque la position de l'ennemi ne nous permet pas d'espérer de tenir demain toute la journée à Wilna. Rejoignez cette nuit le quartier-général, et mettez tout en mouvement pour évacuer sur Kowno ce qui sera possible.

Le prince de Neufchâtel et de Wagram au prince de Schwartzenberg.

Wilna, le 9 décembre 1812.

Monsieur le prince de Schwartzenberg, l'armée est en ce moment à Wilna; mais tout porte à penser que sa majesté va se déterminer à lui faire repasser le Niémen pour prendre ses quartiers d'hiver sur ce fleuve: ce mouvement exige que vous manœuvriez en conséquence avec votre corps et celui de Regnier, afin de vous mettre en harmonie avec nous dans la nouvelle ligne que nous prendrons sur la rive gauche du Niémen. L'intention de l'empereur ayant été que votre corps et celui du général Regnier couvrissent le duché de Varsovie, sa majesté me charge de vous mander de manœuvrer sur Bialistock; mais sa majesté me charge en même temps de vous faire connaître que votre mouvement doit se faire le plus lentement possible, à moins d'y être forcé par ceux de l'ennemi.

L'armée va se porter sur Kowno, qu'elle conservera comme tête de pont; c'est sur ce point que vous devrez nous faire parvenir vos rapports: donnez-nous de vos nouvelles le plus souvent qu'il vous sera possible.

Le prince de Neufchâtel et de Wagram au duc de Tarente.

Wilna, le 9 décembre 1812.

Monsieur le duc de Tarente, l'armée est en ce moment à Wilna et aux environs. L'intention de sa majesté est donc que vous vous rapprochiez de notre nouvelle ligne d'opérations, en vous rapprochant de Tilsitt, afin de couvrir Kœnigsberg et Dantzick. Mais sa majesté me charge en même temps de vous faire connaître que votre mouvement doit se faire le plus lente ment possible, à moins d'y être forcé par ceux de l'ennemi.

L'armée va se porter sur Kowno, qu'elle conservera comme tête de pont. C'est sur ce point que vous devrez nous faire parvenir vos rapports. Don-nez-nous de vos nouvelles le plus souvent qu'il vous sera possible.

Le prince de Neufchâtel et de Wagram au duc d'Elchingen.

Kowno, le 12 décembre 1812, à midi.

Monsieur le maréchal, le roi a reçu le rapport verbal que vous lui avez fait faire. Sa majesté a appris avec peine que l'ennemi vous serre de si près. Je viens de vous envoyer six pièces d'artillerie de la division Loison ; nous espérons que vous tiendrez aujourd'hui au défilé de Rumsziki : vous sentez combien il est important de ne pas nous laisser acculer ici, où nous avons des magasins immenses. Dans les circonstances actuelles, le roi a pensé que la première chose à faire était de faire évacuer tout ce qui était dans Kowno et d'y employer la journée d'aujourd'hui et celle de demain ; nous avons ici une tête de pont, ou espèce de camp retranché armé de douze pièces d'artillerie, ouvrage dans lequel on peut tenir jusqu'à ce qu'il paraisse de l'infanterie ennemie en force supérieure. Le roi a ordonné à la cavalerie démontée, à toute la garde impériale, infanterie et cavalerie, aux premier et quatrième corps de prendre ici des vivres pour huit jours, et de passer sur la rive gauche du Niémen. Douze pièces d'artillerie attelées qui étaient dans la place ont été mises sur les hauteurs de la rive gauche. L'intention de sa majesté est que tout ce qui appartient aux deuxième et troisième corps, ce qui comprend la division Loison et la légion de la Vistule qui font partie du troisième corps, restent dans Kowno pour défendre l'ap-proche de la tête de pont, et enfin la place où il y a de l'artillerie, beau-coup de munitions, de vivres et d'effets d'habillement. Le quartier-général du roi sera vraisemblablement demain sur la rive gauche avec les troupes de la garde et celles des premier et quatrième corps.

Le roi pense que dans cette position on pourra donner une leçon aux cosaques s'ils nous serrent de trop près ; au surplus, sa majesté attend vos rapports avant de prendre un parti définitif. La division Loison va trouver ici ce qui lui manque : ainsi cela nous formera un corps d'infanterie respectable.

Napoléon au major-général.

Moskou, le 25 septembre 1812.

Mon cousin, écrivez au général Baraguay-d'Hilliers que je donne l'ordre à l'intendant-général, pour qu'il envoie deux cent mille francs en roubles (à raison d'un rouble en papier pour un franc) sur toute la ligne de Mojaïsk, Gjatz, Viazma, Dorogobouje et Smolensk, et j'autorise à passer des marchés pour tous les lieux de passage, en farine et viande, pour le service de la route ; que je ne vois pas qu'il ait encore rien fait pour organiser le gouvernement de Smolensk.

FIN.